面向“十三五”教学课程改革立项教材
会计与财务管理专业规划系列教材

管理会计

GUANLI KUAIJI

主　编　黎小长
副主编　欧阳珍元　裴学增
　　　　王明腾　柳国海
参　编　苏　利

中国商业出版社

图书在版编目(CIP)数据

管理会计／黎小长主编.—北京:中国商业出版社，2016.3

ISBN 978－7－5044－6908－3

Ⅰ.①管… Ⅱ.①黎… Ⅲ.管理会计－高等学校:技术学校－教材 Ⅳ.①F234.3

中国版本图书馆 CIP 数据核字(2010)第 102797 号

责任编辑:刘毕林

中国商业出版社出版发行

(北京广安门内报国寺 1 号　100053)

新华书店总店北京发行所经销

涿州市华建印刷有限公司印刷

*　*　*　*　*

787×1092 毫米　16 开　18.5 张　300 千字

2016 年 3 月第 1 版　2016 年 3 月第 2 次印刷

定价:39.80 元

*　*　*　*

(如有印装质量问题可更换)

总　序

当今世界科学技术在高速发展，随着我国新会计准则、新税法的颁布和实施，我国的会计与国际会计惯例基本接轨，我国即将建立起社会主义经济体制和与它相适应的中国会计核算规范体系。从会计教育改革与发展的大环境考虑，现在许多老版的会计教材都不能适应当前的教学所需，改革和建立会计教育的教学内容与课程体系，不仅非常紧迫而且十分重要，它关系到我们应培养什么样的会计人才，才能适应我国快速发展及对世界开放不断扩大的需要。为此，我们及时组织全国三十多所会计专业教学实力比较强的院校代表齐聚北京，针对当前会计人才的需求，对会计专业职业教育进行了研讨，与会代表决定依据中小企业人才需要的教育目标和人才培养定位编写此套教材。本套教材的特点是：

第一，“新”。该套系列教材，在内容和体系上立意新、整体性强，不仅是按新会计准则编写的，而且又专门针对中小企业会计的需要设计了一门课程——《中小企业会计》，这是过去会计类教材很少有的。

第二，“强”。该套教材具有较强的前瞻性，由于受中国经济改革越来越深入，金融、证券等资本市场越来越规范，财务与会计改革的节奏日益加快，会计专业教材的“经济寿命”越来越短等因素影响，本套教材在课程设计时，尽量使课程之间相互递进、相得益彰，符合教学规律，并且有一定的后续性。

第三，“巧”。该套教材总体结构比较巧妙，本着“必需、够用、可教、可学”的原则构思，以案例模块的方式编写，同时穿插具有趣味性的会计小知识，力求改变会计教学中的“数字教学”方式，提高学生的学习兴趣，丰富教学内容。

新会计专业教材编写组

2016 年 3 月

编写说明

管理会计是现代会计的一个分支，是同现代会计相适应的一门新兴会计学科，是为企业的领导者和管理人员提供管理信息的会计，它突破了传统会计的界限，服务并参与企业内部的经营管理，是会计适应现代化管理要求而不断发展的必然结果。21世纪技术进步及企业生产制造和服务经营环境的巨大变化。使企业从工业时代的竞争转为信息时代的竞争，这为管理会计系统创造了一个全新的充满竞争的环境，为顺应形势发展的需要，管理会计的理论和实践也发生了重大的变化。因此，积极探索培养符合时代要求的管理会计人才，出版适应和推动管理会计发展的教材显得尤其迫切。

本书是根据我国高等教育发展的要求，依据最新颁布的企业会计准则，为满足和适应高等院校经济、会计等专业的教学要求而编写的。本书可以作为高等院校会计专业及财经类专业的教科书，也可作为在职人员培训和企业管理人员的参考用书。本教材既保留了管理会计传统的精髓，又吸收了管理会计最新的理念和方法，有助于开拓学生的视野；教材的体系完整，共分9章，每章都配有练习题及其参考答案，有助于学生学以致用。

本书由海南琼州学院黎小长副教授、高级会计师主编，西北师范大学欧阳珍元讲师、会计师、河南质量工程职业学院裴学增讲师、注册会计师、海南琼州学院王明腾讲师、会计师、海南琼州学院柳国海讲师副主编，湖北财税职业学院苏利讲师、会计师参编。

由于时间仓促，水平有限，书中难免存在错误及不当之处，敬请广大读者批评指正，以便作进一步的修正。

编者

2016年3月

目 录

第一章 管理会计概述

本章知识点简介

本章管理会计概念体系。

主要内容包括管理会计产生和发展、管理会计的研究基础、管理会计与财务会计的区别与联系以及管理会计人员的工作流程、职业道德和应具备的知识体系。

第一节 管理会计的产生和发展

一、管理会计的含义

管理会计是企业会计的一个分支。它是以现代经营管理学为理论基础，运用一系列专门的方式方法，对财务信息和其他各种信息进行收集、计算、对比、分析和报告，实现对经济活动的预测、决策、规划、控制、评价和考核，以强化企业内部经营管理，提高经济效益的会计信息系统。

从上述管理会计的定义可以得出，管理会计的特征主要有：①管理会计是现代会计的一个分支，是一个服务于企业内部经营管理的信息系统。②管理会计的主体是多层次的，既要反映企业整体的经营活动，又要反映企业内部各责任主体的经营活动。③管理会计主要是为管理部门提供信息服务工具。④管理会计的职能侧重于对未来的预测、决策和规划，对现在的控制、考核和评价。

二、管理会计的产生

从客观内容上看，管理会计的实践最初萌生于19世纪末20世纪初，其雏形产生于20世纪上半叶，正式形成和发展是在第二次世界大战之后，20世纪70年代后在世界范围内得以迅速发展，至今已初形成了现代管理会计的理论体系与方法体系。

（一）孕育管理会计的社会环境

19世纪至20世纪初，工业的发展和管理方式的改变孕育着管理会计的萌芽。

1. 工业的发展使成本管理发生变化

会计的管理功能最初集中体现在成本管理方面。19世纪初期，工业取得了较大的发展。在当时的单一活动的企业组织里，业主、经营主持者及其管理人员都逐渐认识到，降低成本有助于提高生产效率，增加企业利润。因此，他们设法记录工厂在生产过程中的加工成本和单位成本。此时，企业成本资料的目的是用于计量和评价企业内部生产过程的效率，而不在于衡量企业利润，财务报告对存货的计价也不依赖于成本，而是采用市价。因此，此时的成本计算是独立于财务会计之外的。19世纪下半叶，尤其是在最后的20年，工业化大生产格局正在形成，英国工业革命促使企业生产规模迅速扩大，合伙经营、股份公司等企业组织形式相继出现，企业的所有者逐渐将企业经营权委托给专门的管理阶层。工业革命在生产方式上开始从工场手工业向机器大工业过渡。在工业公司中重型机器设备在资产中所占比重越来越大，产品制造程序日趋复杂，于是人们又开始着手研究、解决产品成本形成过程中的间接费用分配问题。同时，竞争的压力又要求分产品提供较正确的成本数据，以实现成本计算与利润计算的直接联系。这种情况客观上要求成本计算的技术方法着重于解决折旧费用的计算和产品间接费用的分配上，并且这已成为一个必须研究、处理好的重要问题。而此时的注册会计师们，也要求对外财务报告的数据取自归集成本的账户，要求成本计算能为财务报告提供直接可靠的销售产品的成本数据。由此促进了成本计算的系统化、科学化发展，使成本的形成、积累与结转纳入复式记账体系，到 1920 年实现成本会计与财务会计的全部结合，标志着成本会计的正式诞生。

2. 科学管理学说促进了管理会计的萌芽

19 世纪末 20 世纪初，西方资本主义国家完成了工业革命，机械化的大生产取代了作坊式的小生产，竞争日趋激烈，以经验和直觉为核心的传统管理方式已不能适应生产发展的需要，客观上促使企业管理向科学化、系统化和标准化发展，于是，体现科学管理方式的“泰罗制”取代了旧的落后的“传统管理”。“泰罗制”是以科学管理学为基础的，强调提高生产效率和工作效率，通过时间研究和动作研究，制定一定条件下可以实现同时又最具有效率的标准，以实现生产各个方面的标准化。标准制定后，必须严格执行，不允许一切可避免的浪费存在。

科学管理学说的产生促进了管理会计的萌芽。为了“泰罗制”的实施，会计如何为提高企业的生产和工作效率服务，开始提到议事日程上来，于是标准成本，差异分析，预算控制等这些与泰罗的科学管理直接相联系的计划,控制方法引进到会计中来。这些技术方法在运用中不断地发展和完善,形成了独特的标准成本系统,使会计在核算和监督方面取得了重大的发展。特别是它将严密的事前规划引进到会计体系中来,实现事先规划,事中控制和事后分析相结合,这些变化是会计发展史上的一个突变,开创了会计直接为企业管理服务的一条新途径。当时,就有人把这些内容综合起来,称之为传统的管理会计。

可见,伴随着企业管理方式的变革,会计开始了由近代会计向现代会计转变的进程,原始的管理会计也初见端倪。标准成本与预算控制这两项制度在美国的推广,使管理会计的理论体系初具雏形。以外,管理会计的形成还受到差异分析及本量利分析方法应用的影响。

同时,在管理会计理论研究方面也有了相应的进展。主要代表著作有 1922 年出版的奎因坦斯的《管理会计:财务管理入门》, 1923 年学者布利斯的《经营管理中财务效率和营业效率》，次年有出版了他的《通过会计进行管理》, 1924 年出版的麦金西的《管理会计》, 1928 年学者 H · F · 格雷戈里发表了《企业管理中的会计报表:结合为维持有效管理和控制所实行的标准和业绩记录程度，论述财务报表和营业报表的使用》, 1929 年学者 M · V · 海斯的《供经理控制用的会计》。但是，当时这些著作并未被大家广泛承认。

(二)管理会计的创建

从 20 世纪 50 年代起，世界经济进入战后发展的新时期，现代科学技术大规模的应用与生产领域，使生产获得迅猛发展。资本集中加强，跨国公司大量涌现，企业规模不断扩大，生产经营日趋复杂，市场竞争日益加剧。由于需要进行科学的预测、决策与控制，管理会计才开始变得重要，并在实际管理活动中得到广泛应用。管理会计逐渐从财务会计中分离出来，形成一门独立的学科。此时的管理会计是以泰罗的科学管理学说为基础形成的，其主要内容包括独立的标准成本、预算控制和差异分析。

然而，随着经济不断发展，泰罗的科学管理学说存在着一定的局限性，已无法适应企业管理的需要。这种局限性主要表现在两个方面:一是泰罗的科学管理学说只着眼于对生产过程进行科学管理，只重视生产过程中个别环节、个别方面的高度标准化，以此来提高生产效率和工作效率。但它对企业管理的全局、企业与外部的关系几乎很少考虑。二是泰罗的科学管理学说只将人当作机器的附属品，强调只有管得严，才能提高效率，使工作处于消极被动和极度紧张的状态，这必然引起工人的强烈不满和反抗，从而导致劳资关系恶化，生产效率降低。这也导致传统管理会计存在较大的缺陷。

针对泰罗科学管理学说的缺陷，一些有远见的管理人员认为除了对生产过程进行科学管理外，更重要的是将正确的经营决策放在首位，提出了“管理的重心在经营，经营的重心在决策”的指导方针，并认识到调动工人在生产上的主动性和创造性，比对工人进行严格的管理和控制更有效，从而形成了现代管理科学体系。现代管理科学体系以运筹学和行为科学为两大重要支柱，将会计与现代管理科学体系相结合，形成了决策会计和责任会计，充实了管理会计的内容。因而，专门为加强企业内部管理，提高经济效益服务的管理会计体系逐渐形成。1952 年，时间会计学年会上正式通过了“管理会计”(Management Accounting)这个名词。

三、管理会计的发展

(一)管理会计发展的动因

1. 社会生产力的进步、市场经济的繁荣及其对经营管理的客观要求，是导致管理会计形成与发展内在原因

管理会计作为企业会计的一个组成部分，是会计本身的进化和发展的结果。而会计和管理都是社会生产力发展到一定阶段的产物，并随着社会生产力的进步而不断发展。会计作为经济管理的组成部分，必然要适应社会生产力的进步对经济管理不断提出新的要求。因此，从本质上看，生产力的进步是管理会计产生与发展的根本原因。进入 20 世纪以来，世界经济形势的变化，尤其是信息社会条件下的现代化大生产，为现代会计发挥预测、决策、规划、控制、责任考核评价职能创造了物质基础。全球范围内市场经济的迅速发展也为管理会计开辟了用武之地。

2. 现代电子计算机技术的发展加速了管理会计的完善与发展

会计的职能从事后反映已经发展到预测、决策、计划、控制、考核，信息需要量大大增加，计算工作量也大大增加，因此，必须具有良好的计算工具，才能展开工作。第二次世界大战后现代科学技术的发展，尤其是电子计算机在会计上的广泛应用，为管理会计的发展创造了客观条件。

3. 现代管理科学理论对管理会计形成与发展起到了积极的促进作用

20 世纪 30 年代至 40 年代以来科学理论、管理理论的发展深刻地影响到 20 世纪 50 年代以后的会计领域。管理会计作为一门新生学科，与财务会计分离后，由于不断吸收现代管理科学、老三论(系统论、信息论、控制论)、新三论(耗散结构论、协同论、突变论)，以及决策论、增长极限论等方面的研究成果，使它的内容逐步丰富、完整起来。因此，管理科学的发展为管理会计形成与发展创造了有利的外部条件，成为现代管理会计的理论基础。

4. 企业内部管理的需要是管理会计发展的直接动力

一方面，企业决策的需要。第二次世界大战后，企业规模扩大化、生产经营复杂化和市场竞争激烈化。企业管理者为了能在竞争中生存下去，要求会计不仅事后反映，更重要的是对企业未来的经营管理提出多种方案，事先预测其效果并作为企业经营决策的依据，以便取得最佳的经营效益。因而，会计人员把运筹学与会计相结合，形成了决策会计，奠定了现代管理会计的基础。

另一方面，控制、考核的需要。20世纪50年代以来，现代企业管理中行为科学理论的新发展应用到企业管理中，主要应用心理学、社会学原理来探讨人与人之间关系的调整和改善，引导、激励职工在生产经营中充分发挥主观能动作用。在企业中实行目标管理，各管理层次有权自行安排人力、物力、财力来保证目标的完成，只有出现例外的情况企业才进行干预。这就要求企业必须掌握各管理层次和有关工作人员完成目标的情况，以便据以奖励。因此，企业管理者不仅要求会计反映整个企业的经营成果，而且要控制和考核各责任部门和有关工作人员的工作业绩。于是，会计与责任的控制、考核自然结合起来，形成了管理会计另一个重要的内容——控制与责任会计。

总之，现代管理会计是以现代管理科学为基础，以电子计算机的应用为条件，大量吸收了现代管理科学中的运筹学、行为科学等方面的成果而形成的。从发展趋势方面考察，资本市场的全球化，乃至整个经济的全球化，以及数字化时代、知识经济时代、环境经济时代的到来，都将对未来管理会计的发展产生持续性影响。

（二）管理会计发展状况

从20世纪70年代起，管理会计开始进入一个大变革、大发展的时期，由传统管理会计向新型的现代管理过渡。管理会计已在世界范围内普遍推行，其应用范围也逐步扩大，从制造业推广到服务业以及非营利事业等，成为实现管理现代化的重要手段。在这个阶段上，管理会计的特征是:以预测决策会计为主、以规划控制会计和责任会计为铺。

1972年，美国成立了单独的管理会计师协会(Institute of Management Accountants,IMA)，英国成立了成本和管理会计师协会(Institute of Cost and Managenment Accountants,ICMA),并分别出版了《管理会计公告》月刊，在全世界范围内发行。同时，美国举行了执行管理会计师资格考试，出现了专门的执业管理会计师，他们可以在专门领域内开展工作，并取得较高的社会地位。早在20世纪50年代设立的美国管理会计委员会从20世纪80年代开始，对管理会计的研究从实用的角度转向理论研究，该委员会自1980年以来，系统地发布了《管理会计公告》，将其作为解决管理会计问题的指导原则，至1988年2月，该委员会共发布了14个《管理会计公告》。

近30年来，高新科技蓬勃发展，电子数控机床、电脑辅助工程、电脑辅助制造和弹性制造系统广泛应用于生产中，使企业的生产组织和生产管理出现许多革命性的变革，适时生产系统、全面质量管理等新观念、新理论和新方法的相继形成，拓展了现代管理会计的视野。因而，在管理会计中不断孕育出新的领域，如作业管理与作业成本计算、适时生产系统与存货管理、质量成本管理会计、产品生命周期成本管理会计、资本成本管理会计、增值会计、人力资源管理会计、环境管理会计等。此外，随着市场经济高度发展。国际化大市场竞争日趋激烈，要求进一步科学的加强宏观调控的力度。这一大趋势导致宏观管理会计理论与方法在新的领域得到了广泛的应用，包括投资项目的国民经济评价、宏观资金流动会计、国际管理会计、战略管理会计等。

20世纪70年代至80年代，会计界又对现代管理会计体系展开了深度研究，在管理会计理论研究方面也取得许多新的成就。如1971年E·H·科普兰的《管理会计和行为科学》、1973年出版的A·G·霍普伍德的《会计系统与管理会计》、1976年G·J·斯托伯斯教授的《作业成本计算和投入产出会计》和J·M·弗里姆金的《管理分析用会计》、1980年C·L·穆尔与R·K·杰达克合著的《管理会计》、1981年R·N·安东尼与G·A·韦尔什合著的《管理会计基础》、1982年杰克.格雷与唐·里基特合著的《成本与管理会计》、1982年R·S·卡普兰的《高级管理会计》，以及C·T·霍恩格伦所著《管理会计导论》等。

我国从20世纪70年代末才开始逐渐引进、介绍管理会计知识。随着改革开放的深入，有关管理会计的知识在我国很快得到传播。30多年来，管理会计在理论上和实际应用上都取得了较大的发展，为提高企业的经营管理水平和经济效益发挥了积极的作用。

(三)管理会计的发展趋势

近30年来，越来越多的国家加大了应用和推广管理会计的力度，最新的研究成果(如作业成本、适时制等)被迅速应用到企业的管理实践中，一些国家成立了管理会计师职业管理机构，相继颁布了管理会计工作规范和执业标准。国际会计标准委员会(Inernational Accounting Standard Board,IASB)和国际会计师联合会(International Federation of Accountants Committees,IFAC)等国际组织也成立了专门的机构，尝试制定国际管理会计准则，颁布了有关管理会计师的职业道德规范等文件。

近期，人们将研究的热点集中在管理会计工作系统化和规范化、管理会计职业化和社会化，以及国际管理会计和战略管理会计等课题上。可见，现代管理会计具有系统化、规范化、职业化、社会化和国际化的发展趋势。

第二节 管理会计的研究基础

一、管理会计的基本假设

管理会计假设应当围绕管理会计工作系统构成要素和工作质量标准来设计。管理会计的基本假设，是指为实现管理会计目标，合理界定管理会计工作的是时空范围，统一管理会计操作方法和程序，组织管理会计工作的前提条件或制约条件，是对客观情况合乎逻辑的推断，它对于构架管理会计的基本理论体系具有重要意义，也从根本上促进管理会计实务的发展。

管理会计假设主要有:会计主体、持续经营、会计分期、多种计量点位假设和货币时间价值、风险价值可计量、目标利润最大化、成本性态可分等假设。

(一)会计主体假设

会计主体假设是对管理会计对象运作的空间范围和活动立场所作的限定。由于管理会计主要面向企业内部管理，而企业内部可划分为许多层次，因此，管理会计假设其会计主体不包括企业整体，而且还包括企业内部各个责任层次的责任单位，它主要根据管理当局在企业内部经营管理活动中的具体需要而定，具有多样性和灵活性的特点。正是因为管理会计的会计主体假设区别与财务会计的会计主体假设，才使得管理会计的管理活动得以深入到责任单位，深入到作业层面。

（二）持续经营假设

持续经营假设规定了会计活动在时间上的不间断性，对管理会计而言，它是假设企业以及各级责任单位的生产经营活动、筹资和投资活动将无限期地延续下去，只有这样，管理会计的预测、决策、控制和业绩评价等各项工作所使用的方法才能保持稳定、有效。这是对管理会计对象运行的基本方式的规定。

（三）会计分期假设

会计分期是对管理会计对象运行的时间范围的规定，即把企业持续不断的生产经营过程和筹资、投资活动，划分为一定的期间活动，以便提供有用的管理信息。由于管理会计的工作重点是为企业内部各部门管理人员服务，因此，会计分期的时期跨度不局限于对外报告的月、季、年，而因根据企业本身的具体情况和需要，灵活的分期——可以短到一天、一周、一旬，也可以长到10年、20年来编制内部报告，用于控制和评价各责任单位的经济活动。因此，管理会计的会计分期具有较大的灵活性和不确定性。

（四）多种计量单位假设和货币时间价值假设

在现代管理会计中，由于规划、控制和评价企业经济活动时，除应有货币作为计量单位外，还可以使用实物量单位、时间量单位和相对数单位等。多种计量单位的选择，既根据企业内部经营管理的不同需要来选择不同计量单位。

货币时间价值假设，是指等量货币在不同时点上具有不同的价值。它是管理会计预测、决策、控制和预算编制的基础。在长期投资决策和筹资决策中，不能假设货币价值不变，而必须考虑货币在不同时间的价值是不相等的，以此作为前提条件，因此，财务会计的货币计量和币值不变都不能成为管理会计的基本假设，而货币的时间价值恰应成为长期投资决策和长期筹资决策的重要前提，只有这样，才能使决策的结论更加科学、合理。

（五）风险价值可计量假设

风险价值可计量假设，是指所有不确定的决策都可以转化为风险性决策，不仅风险具有价值，而且风险价值可以计量，决策按照风险程度的大小，可分为确定性决策和不确定性决策。这一假设为管理会计解决现实问题提供了可能。

（六）目标利润最大化假设

目标利润化最大化假设，是指企业在经营管理决策中，以目标利润最大化的方案为最优方案，并假设在实施最优方案时能够实现目标利润。管理会计在经营管理决策时必须以利润最大化为目标。

（七）成本性态可分假设

成本形态可分假设，是指一切成本都可以按其性态划分为固定成本和变动成本。成本性态，是指成本总额与业务量变动之间的数量关系。管理会计的许多概念和方法都是建立在成本性态可分假设的基础上的，如固定成本、变动成本、贡献毛益、本量利分析法、弹性预算编制方法和标准成本差异分析方法等。另外，固定成本和变动成本的划分是有条件的。它是假设在一定的期间和一定的业务量范围内，企业的全部成本可以划分为固定成本和变动成本，超出了这个限定，固定成本就会发生变化。而且实务中广泛存在的混合成本，在决策时往往采取一定的方法进行分解，与实际情况有一定的差异，有一定的主观随意性。因此，固定成本与变动成本的划分并不是绝对的，它带有一定的假设性。

二、管理会计的基本目标

管理会计的目标，是指管理会计信息系统要达到的目的和要求，它对整个管理会计系统的有效运行具有决定性的影响，管理会计目标是管理会计本质的能动体现。管理会计目标既有总目标，也有具体目标。目标要制定得科学管理，要让管理会计人员争取能够达到，要对企业经营管理确实能有所贡献。但在管理会计具体目标的论述中，存在下列不同的观点。

(1)1966 年，美国会计学会(AAA)在《基本会计理论》中提出，管理会计的目标是为管理者服务，帮助管理者制定合理的经济目标，并为实现该目标进行合理决策。

(2)美国会计学会下设的管理会计学科委员会认为，确定管理会计的目标是建立管理会计理论结构的一项基础工作，并在 1972 年提出管理会计目标分基本目标和辅助目标两个层次，其中基本目标是向企业管理人员提供内部经营管理信息，协助企业管理人员制定决策。辅助目标有四个:①协助履行计划管理职能，包括目标的确定，资源最佳流动的规划及其计量。②协助履行控制职能，包括将公司的结构与其目标联系起来;设置并维持一套有效的传输和报告系统;测定现有资源的利用情况，揭示“例外”的业绩，并查明造成这些“例外”的因素。③协助履行组织职能，包括确定对公司分部目标有重要影响的相应的业绩范围的经济特征;通过与目标有关的实际业绩信息的传输，来促进各个预期业绩的实现;在可确认的业绩和责任范围内衡量业绩，应强调与目标部不一致的程度。④参与企业的经营管理，包括相关成本的投入、收回或产出统计上的计量;及时地把适当的、具有基本经济特征的数据传输到与评价业绩有关的人员手中。

(3)1986 年，美国会计师协会下属的管理会计实务委员会在《管理会计公告——管理会计的目标》中指出，管理会计应实现以下两个目标:①管理和决策提供信息，包括与计划、评价和控制企业经营活动有关的各类信息;与维护企业资产安全、完整及资源有效利用有关的各类信息;与股东、债权人及其他企业外部利益关系者的决策有关的信息。②参与企业的经营管理。

(4)李天民教授认为，管理会计的总目标是协助管理当局作出有关改进经营管理、提高经济效益和社会效益的决策。其具体目标分为四个方面:①确定各项经济目标。②合理使用经济资源。③调节控制经济活动。④评价考核经济业绩。

总之，上述观点都认为，管理会计是为管理和决策提供信息，并参与企业的经营管理。本书也认为管理会计是为了加强企业内部经营管理，提高企业竞争力而产生和发展起来的，因此，管理会计的最终目标是提高企业经济效益。其目标主要包括以下两个方面:①为企业内部经营管理提供信息，包括管理会计应及时向各级管理人员提供与计划、评价和控制企业经营活动有关的各类信息，如历史信息和未来信息;为企业管理者提供和维护企业资金安全、完整及资源有效利用有关的各类信息;为企业外部投资人、债权人及其他企业外部利益关系者提供与决策有关的信息，这些信息将有利于投资、借贷及有关法规的实施。②参与企业的经营管理，管理会计主要是以企业内部的各个责任中心为核算对象，对其工作业绩和成果进行控制和考核，不仅要分析过去、控制现在，更重要的是要规划未来。同时也从企业全局出发，认真考虑各项决策和计划之间的协调配合和综合平衡。

三、管理会计的研究方法与分析方法

(一)管理会计的研究方法

对于管理会计的研究，在很大程度上受到财务会计研究的影响，其研究方法也有相同之处，经历了规范研究和实证研究两个阶段。大约在20世纪70年代以前，管理会计的理论研究主要属于规范研究，这一时期产生了许多重要的概念，如多种成本概念的提出，边际理论、增量理论、差量理论等也都是规范化研究的成果。20世纪70年代以后，信息经济与代理理论对研究方法产生了重大影响，研究者开始采用实证研究方法和实证模型去检验规范研究的成果，因而管理会计研究进入了以实证研究为主的阶段。早期的实证会计主要研究会计信息与资本市场的关系问题，后来又转向研究会计选择的动机及考虑的因素，到20世纪70年代末实证会计研究兴盛起来，20世纪80年代实证成为会计研究的主流学派。

实证研究作为一种与传统的规范性研究特点迥异的研究流派，其特征主要表现在:①强调经验总结的重要性，崇尚归纳推理。②广泛采用实验、问卷调查、采访、实地研究和历史文献研究等被自然科学和社会科学证明是行之有效的数据搜集方法。③打破就会计论会计研究格局，注重学科间的相互渗透。④广泛运用统计理论和方法进行定量分析，且要求精益求精。

从管理会计的角度来看，实证研究比规范研究在解释和预测管理会计实践方面更具有理论价值。鉴于管理会计学属于多学科相互交叉、相互渗透的综合性学科，具有鲜明的实践性和显著的灵活性，实证研究在管理会计领域比较有用武之地。但是，这种研究也有其局限性。因为以经济学为基础的实证研究主要是以经济计量学为主要技术手段，且经济计量学方法基本上属于线性分析的范畴。而实际中对一些管理会计系统变量关系的线性假设缺乏客观依据。而且这种研究方法忽略了管理会计系统中社会人文因素对研究变量的影响，使得管理会计信息和管理决策之间的相关性降低，甚至消失。为了适应新的经济环境和现实需要，更好地解决现代管理会计理论和实际脱节的问题，应当提倡在实证研究的基础上进一步采用实地研究和案例研究的方法。

实地研究方法主张到企业组织的实地去观察了解实际的管理系统是如何运行的，管理会计技术在实际系统中又是如何使用的，旨在弥补理论和实践之间的差距。一般地讲，管理会计中的实地研究包括以下几个环节:①项目选择，这是实施实地研究的第一步。一个高质量的项目就是这项研究的良好开端。②进行实地研究设计，包括针对选定的管理会计研究项目选择研究现场、采用实地方法(直接观察法、自然实验法、访谈调查法等)搜集研究项目所需数据及创造性的使用其他方法对各种变量数据进行补充分析。③对实地研究数据的表达与解释。④对实地研究结果进行评估。

案例研究方法则是研究人员通过对一些成功企业经营管理的有关资料的搜集、整理，写出详细的研究报告和有关分析结果，并以此指导管理会计实践和管理会计教学的一种研究方法，案例研究的结论是在特定的条件下，采用某种方法确定的，因而并非任何条件下的最佳答案和标准。它给实践者提供的是一种正确的思维方式，展示的是变化多端而又行之有效的方法。

综上所述，尽管实证研究方法为我们提供了可借鉴的范例，但在实证会计发展的过程中，它们的做法并非尽善尽美，因此，在选择研究方法时，应该把实证研究方法和规范研究方法结合起来，特别是在推崇某种方法时，要防止走极端，应当具体问题具体分析。

（二）管理会计的分析方法

管理会计的分析方法，是指管理会计本身所采用的各种方法，即解决有关管理会计实务问题的相关技术手段和程序。管理会计主要采用会计、统计与现代数学的方法，具体的管理会计方法更多地是体现在它的职能中，有预测分析法（趋势分析、因果分析、调查分析、判断分析）、决策分析方法（生产决策、定价决策、成本决策、存货控制决策、投资决策）、预算编制方法（弹性预算、零基预算、滚动预算）、控制方法（包括事前、事中、事后控制，有目标控制、制度控制、价值工程、标准成本、差异计算），以及业绩评价与考核方法（主要是建立责任会计制度）。可见，管理会计的分析方法众多，根据不同的分类标准，有各种不同类型的管理会计方法。各种方法的先进性、科学性、实用性将决定管理会计的工作效果。

四、管理会计的基本职能

管理会计的职能是管理会计在企业经营管理中的内在功能，即它能发挥什么作用。它随着管理会计工作和理论的演进在不断发展。由于管理会计是为了加强企业内部经营管理而产生和发展起来的，它吸收和融合了现代管理科学的许多内容，因此，管理会计是现代管理科学和现代会计科学相结合的产物，它的职能与管理的职能有着紧密的联系，并受到企业管理职能的约束。但目前人们对企业管理的职能尚缺乏统一的认识，因而对管理会计的职能的表述也存在一定差异。多数学者认为，企业管理具有预测、决策、规划、控制和考核评价等五项职能。也有人认为，企业管理的职能应当是计划、组织、指导和考核等四项。

本书按照管理五职能的观点，将管理会计的主要职能概括为以下五个方面：预测经济前景、参与经济决策、规划经营目标、控制经济过程和考核评价经营业绩。

（一）预测经济前景

预测是采用科学的方法预计推测客观事物未来发展必然性或可能性的行为。从管理会计领域看，预测就是按照企业未来的总目标和经营方针，充分考虑经济规律的作用和经济条件的约束，选择合理的量化模型，有目的地预计和推测未来企业销售、成本、利润及资金的变动趋势和水平，为企业经营决策提供信息。

（二）参与经营决策

决策是在预测的基础上，在充分考虑各种可行性的前提下，遵循客观规律的要求，通过一定程序对未来实践的方向、目标、原则和方法作出决定的过程。管理会计发挥参与经济决策的职能，主要体现在根据企业决策目标搜集、整理有关经济信息资料，选择科学的方法计算有关长短期决策方案的评价指标，并作出正确的财务评价，最终筛选出最佳的方法。它是企业经营管理的核心，贯穿于企业管理的全过程。

（三）规划经营目标

管理会计的规划职能是利用财务会计信息和其他信息，对企业未来经济活动进行科学的预测分析，并在对未来生产经营和长期投资的项目中的重大经济问题作出专门决策分析的基础上，编制各种计划和预算。它要求在最终决策方案的基础上，形成反映企业预算期中去，形成以各责任中心为主体的责任预算，以便合理有效地组织协调供、产、销及人、财、物之间的关系，并为控制和责任考核创造条件。

（四）控制经济过程

管理会计的职能主要是根据规划所确定的各项目标，形成各责任中心的责任预算，对预算期可能发生的或实际已经发生的各项经济活动进行对比和分析，以便在事前或日常对经济活动进行控制和调节，保证预算目标的实现。控制职能要求企业将经济活动过程的事前控制与事中控制、事后反馈有机地结合起来，分析各项预算执行中存在的差异及其原因，以便及时采取切实可行的措施，改进工作，以确保经济活动的正常运行和循环。

（五）考核评价经营业绩

现代管理十分注重充分调动人的积极性，贯彻落实责任制是企业管理的一项重要任务。管理会计履行考核评价经营业绩的职能，是通过建立责任会计制度来实现的。管理会计的考评职能主要是在事后，根据各责任单位编制的业绩报告与企业及各责任单位的全面预算和责任预算进行对比分析，即把实际数与预算数进行比较，分析差异发生的原因，用来评价和考核各责任中心尤其有关人员的工作业绩，并通过信息反馈，及时对企业生产经营的各个方面充分发挥制约和促进作用。考评职能要求企业各部门及相关人员在明确各自职责的前提下，逐渐评价和考核责任指标的完成情况，找出成绩与不足，从而为奖惩制度的实施和未来工作改进措施的形成提供必要的依据。

综上所述，预测、决策、规划、控制和评价是管理会计的五大职能，也属于管理会计的主要特征。在实际工作中，这五个职能是相互联系、相互作用，结合在一起，综合地发挥作用，形成一种综合性的职能。而且它们环环相扣，形成了周而复始的管理会计循环过程。其中，预测是决策和规划的基础，决策是核心，规划又为控制和考核提供标准，控制是保证规划执行的手段，考评是整个经营管理活动过程及其结果的分析与评价。

第三节　管理会计与财务会计的关系

现代会计的发展使管理会计从传统的会计中分离出来，形成了一个独立的会计分支，这样会计形成了财务会计和管理会计两大分支，而财务会计主要是组织日常会计核算和对外提供财务报告。因此，管理会计与财务会计之间既有联系，又有区别，两者之间的关系是管理会计学研究的最基本的理论问题。

一、管理会计与财务会计的区别

管理会计与财务会计有较大区别，这些区别大致可以概括以下几个方面。

（一）服务对象不同

管理会计主要是向企业内部管理当局、各职能部门、职工及董事会等提供财务非财务信息，以便它们进行正确的经营决策、理财决策与投资决策，并评价企业的经营业绩、加强内部经营管理以及维护职工正当利益。它主要是为企业内部管理服务的，因此管理会计又被称为内部会计。

财务会计则主要是向企业外部的投资者、债券人和政府有关部门等与企业有经济利害关系的团体和个人报告企业的财务状况、经营成果和现金流量，以便它们进行宏观调控、优化社会经济资源配置、进行合理的投资决策与信贷决策等。它主要是为企业外界服务的。因此，财务会计又被称为外部会计。

（二）会计的工作主体不同

为了适应管理的需要，管理会计的工作主体可分为多个层次，主要以企业内部各层次的责任单位为主体，它既可以将整个企业（如投资中心、利润中心）作为主体，又可以将企业内部的局部区域或个别部门甚至某一管理环节（如成本中心、利润中心）作为其工作的主体。这样做，可以更突出以人为中心的行为管理，同时兼顾企业主体。

财务会计的工作主体往往只有一个层次，即以整个企业为主体，反映整个企业财务状况、经营成果和资金变动情况，从而适应财务会计所强调的完整反映、监督整个经济过程的要求。

（三）职能不同

管理会计的主要职能是预测与规划未来、控制现在和考评过去。其侧重点是规划未来。观花未来是确定企业管理当局的目标，而控制现在是为了规划的实现，考评过去是为了更好地规划未来和控制现在。管理会计的这些职能提高了企业对经济活动的预见性和计划性，为企业的各种决策服务。

财务会计的职能是核算和监督，即运用货币形式对经济活动进行确认、计量、记录、汇总和报告，将经济活动的内容转换成会计信息，并对企业经济活动运行的合法性和合理性进行监督，其侧重点是反映会计信息。

（四）规范性程度不同

尽管管理会计在一定的程度上要考虑公认的企业会计准则和企业会计制度的要求，体现一些传统的会计观念，但并不受企业外部法规严格约束，企业可以根据其内部经营管理的需要，选择实施管理会计的理论和方法，其使用的许多概念都突破了传统会计要素的基本概念框架，完全遵从于企业内部管理决策的特定要求。

财务会计则必须严格遵循公认的企业会计准则、企业会计制度和会计基本假设，以保证其所提供的财务会计指标的一致性和可比性。而且其基本概念的框架结构相对稳定。

（五）方法体系不同

管理会计可以选择灵活多样的方法，对不同的问题进行分析处理。即使对于相同的问题，也可以根据需要和不同的条件而采用不同的方法进行处理。由于受经营管理水平和自身条件的限制，即使同一行业，不同企业所采用的管理会计方法也可能大相径庭。在信息处理过程中大量运用现代数学和统计学的方法。

财务会计必须按照企业会计准则、企业会计制度和财务制度的规定，选择核算方法，而且核算方法在前后各期要保持一致和相对稳定，不得随意变更。如确实需要变更，应将变更的情况、原因及其对企业财务指标的影响在财务会计报告中予以披露。因而，财务会计的方法比较稳定。

（六）会计程序不同

管理会计核算程序无固定性。企业可以根据经营管理的条件和需要，自行设计其核算工作流程，这将导致不同企业和同一企业不同时期的管理会计核算程序表现出较大的差异性。因而，管理会计具有比较大的灵活性。

财务会计必须执行固定的会计循环程序。财务会计必须按照"填制和审核会计凭证——登记账簿——编制财务会计报告"这一固定的会计核算程序进行，而且在通常情况下不得随意变更其工作内容或颠倒工作顺序。因而，财务会计工作具有规范性和统一性，体系相对成熟，形成了通用的会计规范和统一的会计模式。

(七)核算要求不同

管理会计主要侧重于对未来的预测、规划和决策，核算的内容存在着不确定因素。管理会计要及时地向企业管理当局提供管理信息，以便其迅速作出正确的决策。因此，管理会计提供的信息注重及时性和相关性，所提供的信息主要是预计数，它可以是近似值，甚至可以是概率值。

财务管理主要侧重于核算过去已经发生的经济业务，反映在会计凭证、会计账簿和财务会计报告中的信息必须相符，在各财务会计报告有关指标之间存在着勾稽关系。因此，财务会计提供的信息注重真实性和标准性。

(八)对提供报告的要求不同

管理会计报告是为了满足企业内部经营管理而编制的，它没有统一的种类、内容、格式和填制方法。其计量单位即可采用货币单位，又可采用实物量度单位、劳动量度单位、时间量度单位和相对数单位等。其中，凡涉及未来的信息不要求绝对精确，只要求满足信息披露及时性和相关性的质量要求。编制的各种内部报告在时间上是不固定的，可以是过去的某个特定时期，也可以是未来的某个时期。管理会计报告不对外公布，故不具有法律效力，只有参考价值。因此，管理会计是事前的"经营管理型会计"。

(九)对行为的影响不同

管理会计可以提供一些指标和内部报告，以用于评价各个主体、产品、部门和经理的业绩，因而，管理会计各项业务的计量和报告对管理人员日常行为产生影响。

财务会计着眼于公司的整体业绩，侧重于如何计量和报告各项业务，而对管理人员日常行为关注较少。

(十)对会计人员素质的要求不同

由于管理会计涉及的内容比较复杂，其方法灵活多样，其核算程序不固定，报告体系缺乏统一性和规范性，这就决定了管理会计的水平在很大程度上取决于会计人员素质的高低。要求从事这项工作的人员必须具备广博的知识和深厚的专业造诣，具有较强的分析问题、解决问题的能力和果断的应变能力。因此，管理会计工作需要由复合型高级会计人才来承担。

财务会计对人员的综合素质要求比管理会计要低，而且侧重点也不同。财务会计工作需要操作能力较强、工作细致的专门人才来承担。

二、管理会计与财务会计的联系

由于管理会计和财务会计都是现代企业会计的有机组成部分，因此，两者之间存在着密切的联系。主要表现在以下四个方面。

(一)两者相互依存、相互促进

管理会计和财务会计均属于企业会计信息系统。一方面，管理会计进行分析所需要的许多信息主要来源于财务会计信息系统，管理会计的主要工作内容是对财务会计信息进行深加工和再利用，因而受到财务会计工作质量的约束；另一方面，管理会计也促进了财务会计的发展，如现金流量表，最初只是管理会计长期投资决策使用的一种内部报表，后来陆续被一些国家（包括我国）列作财务会计对外报告的内容。此外，目前财务会计的改革也有助于管理会计的发展。

（二）两者的工作对象相同

管理会计与财务会计的工作对象均是企业的资金及资金运动，只是各自的侧重点有所不同。管理会计的工作对象在时间上侧重于企业局部的或特定的经济活动；而财务会计的对象在时间上侧重于企业过去的资金及其运动，在空间上侧重于企业全局的经济活动。

（三）两者都以经营信息作为信息来源

管理会计与财务会计所使用的原始资料许多是相同的。财务会计为反映、监督企业的资产与权益的变动，只能以反映各种经济业务的原始资料为依据；管理会计所需的经济信息，主要来源于财务会计信息系统，它对财务会计所提供的财务信息进行加工，从而为企业的管理决策提供有用的信息。因此，一般把财务会计看作是管理会计的基础，两者的资料是同源的。

（四）两者的目的一致

管理会计与财务会计所处的工作环境相同，共同为实现企业和企业管理目标服务。两者的最终目标是为提高企业经营管理水平和经济效益服务的。管理会计是通过预测、决策、控制和考核业绩等直接参与企业的经营管理；而财务会计通过核算和监督企业的各项经济活动，并定期向企业外部的投资者、债权人和政府有关部门报送财务会计报告，使他们了解企业的财务状况、经营成果和现金流量情况，并通过采取法律、经济等手段，来促使企业不断地提高管理水平和经济效益。因此两者目的是一致的。

第四节　管理会计人员的工作流程、职业道德和应具备的知识体系

一、管理会计人员的工作流程与工作组织

（一）管理会计人员的工作流程

管理会计程序，是指开展管理会计工作所采取的步骤，可以分为总体的管理会计程序和具体的管理会计程序。总体的管理会计程序即管理会计循环，它与企业的经营管理循环相配合。具体的管理会计程序即管理会计工作的具体步骤，因工作内容不同而有很大差异，要结合企业具体实际加以确定。

（三）管理会计工作的组织

管理会计工作的组织是由管理会计机构、管理会计人员和规章制度三部分组成。下面对前两项作一介绍。

1. 管理会计机构

在西方国家的企业组织内，通常实行董事会领导下的总经理负责制。会计部门和财务部

门直接受财务副总经理的领导。会计部门的负责人称为首席会计官，财务部门的负责人称为财务长。其组织形式如图 1－1 所示。

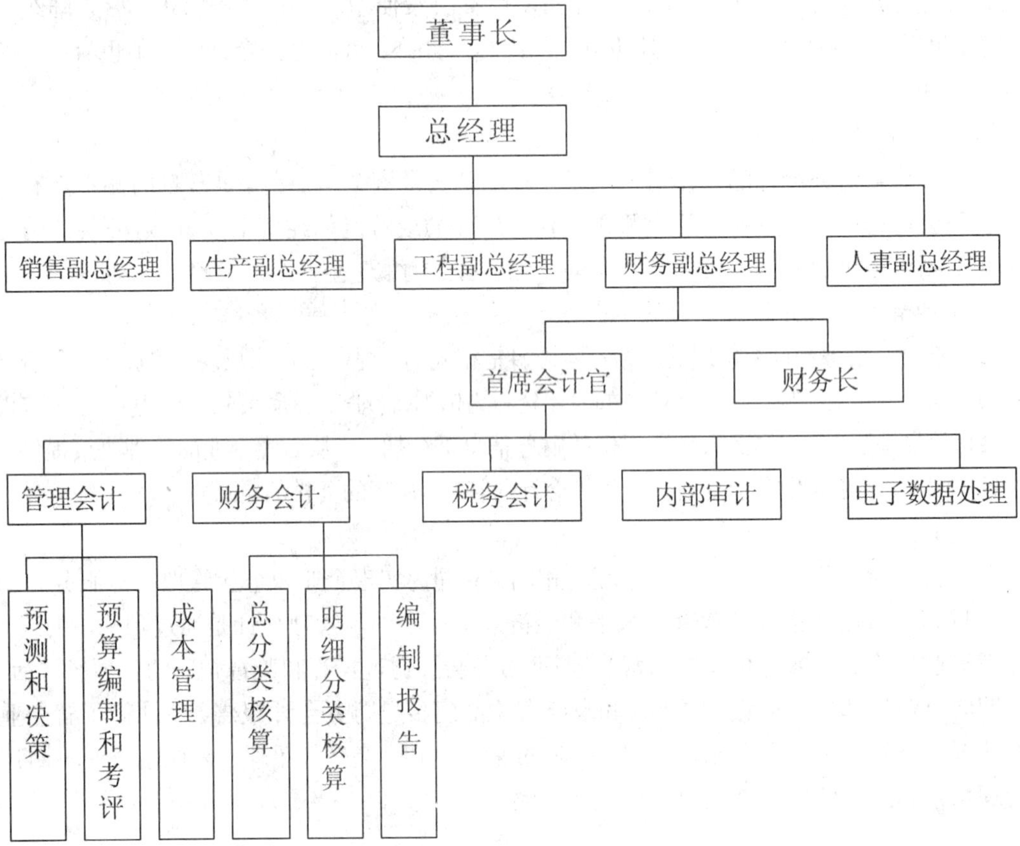

图 1－1　西方国家企业组织形式

在我国，总会计师负责全面的会计工作。由于管理会计这门学科引进的时间不长，一般企业尚未设立专门的管理会计机构，通常由财务会计部门会计人员兼管这方面的工作，如财务组负责编制预算，成本组负责成本控制，存货组负责存货控制等。然而，管理会计工作与财务会计工作毕竟有质的差异，这样合二为一往往会顾此失彼，影响了管理会计的应用。因此，先进的大中型企业已经向西方企业学习，设置了与财务会计机构平行的管理会计机构，并配备了管理会计人员来从事管理会计工作，充分发挥了管理会计在企业内部管理中的作用。

2.管理会计人员

管理会计机构是做好管理会计组织工作的保证，而管理会计人员则是搞好管理会计工作的关键。因此，每个企业的管理会计机构均应当根据实际工作的需要，配备一定数量的、符合要求的管理会计人员，确保完成各项管理会计工作。

管理会计是一门多学科相互渗透的综合性的边缘学科，因此对管理会计人员有着较高的要求。首先，管理会计人员应当具备较为广博的知识，不但要熟悉财务会计工作，还要掌握管理学、统计学、行为学、营销管理、生产管理、作业研究等方面的知识；其次，管理会计人员应当能够熟练地应用管理会计的各种专门方法；最后，管理会计人员应当具备良好的职业道德。

二、管理会计人员的职业道德

（一）管理会计人员的职业道德的概念与作用

职业道德是职业品质、工作作风和工作纪律的综合。管理会计人员的职业道德，是指管理会计人员在会计职业活动中循环的、体现会计职业特征的、调整会计职业关系的职业行为准则和规范。会计职业道德的含义包括以下几个方面。

（1）会计职业道德是调整会计职业活动利益关系的手段。随着会计职业活动中的各种经济关系日趋复杂，各经济主体的利益与国家利益、社会公众利益时常发生冲突，会计职业道德可以配合国家法律制度，调整职业关系中的经济利益关系，维护正常的经济秩序。会计职业道德允许个人和各经济主体获取合法的自身利益，反对通过损害国家和社会公众利益而获取违法利益。

（2）会计职业道德具有相对稳定性。在市场经济活动中，作为对单位经济业务进行确认、计量和报告的会计，会计标准的设计、会计政策的制定、会计方法的选择都必须遵循其内在的客观经济规律和要求。由于人们面对共同的客观经济规律，因此，会计职业道德主要依附于历史继承性和经济规律，在社会经济关系不断的变迁中，保持自己的相对稳定性。

（3）会计职业道德具有广泛的社会性。会计职业道德体现着管理会计人员行为是否符合社会价值标准。管理会计道德既是历史的，又是现实的，它具有丰富的内容，是提高管理会计人员精神境界的重要营养。其主要作用在于：①会计职业道德是对会计法律制度的重要补充。②会计职业道德是规范会计行为的基础。③会计职业道德是现实会计目标的重要保证。④会计职业道德是会计人员提高素质的内在要求。

（二）对管理会计师职业道德的相关规定

1. 美国管理会计师职业道德准则

在西方，有不少管理会计师组织规定了具体的职业道德。其中，美国管理会计师协会于1982年颁布的“管理会计师职业道德行为准则”，是目前世界上较完整的关于管理会计师职业道德的规定。管理会计师协会主张管理会计师在对其服务的组织、职业组织、公众及其本身履行职责时，有必须遵守最高职业道德标准的义务，遵守这些准则是现实管理会计目标必不可少的要素。管理会计师不应执行与这些准则相冲突的条例，他们也不应允许组织中的其他人员违反这些准则。该准则由技能、保密、廉正、客观性四个部分组成。

（1）专业能力。这部分内容要求管理会计人员做到以下三点：①不断加强自身知识和技能，使专业能力保持在一定水平上。②依据相关的法律、法规和技术规范履行自己的职责。③都在对相关的和可靠的信息进行分析后，编制完整、清晰的报告与建议书。

（2）保密。这部分内容要求管理会计人员做到以下三点：①除法律规定外，未经批准，不得披露工作过程中所获取的机密信息。②告知下属应重视工作中所获取信息的机密性，并且监督下属的行为以保证保守机密。③禁止利用或变相利用在工作中所获取的机密信息为个人或通过第三方谋取不道德或非法利益。

（3）诚实正直。这部分内容要求管理人员做到以下七点：①避免事实上或表面上可能引起的利益冲突，并对任何潜在冲突的各方提出忠告。②不得从事道德上损于履行职责的活动。③拒绝接受影响或行将影响他们作出正确行动的任何馈赠、好处或招待。④不得积极地或消极地破坏企业合法的、符合道德的目标。⑤找出妨碍业务活动的可靠判断或顺利完成工作的限制与约束条件，并与有关方面进行沟通。⑥告知有利和不利的信息以及职业的判断及意见。⑦不得从事或支持各种有损企业的活动。

(4)客观性。这部分内容要求管理会计人员做到以下两点：①公正而客观地交流信息。②充分披露相关信息，帮助使用者对所公布的报告、评论和建议获得正确的理解。

2. 我国关于会计人员职业道德的有关规定

全球大部分会计师组织发布了职业道德准则，其许多内容与上面类似。我国目前还没有明确管理会计师这种技术职称，但我国已加入 WTO，将来必定会出现一大批管理会计师。管理会计师职业道德标准的制定，对于我国管理会计的发展将会起到重要作用。而且我国对会计人员职业道德的规定同样适用于管理会计人员。我国《会计法》第三十九条规定："会计人员应当遵守职业道德，提高业务素质。"这是对会计人员职业道德教育问题的规定，也是修订后的《会计法》在原《会计法》第二十三条关于"会计人员应当具备必要的专业知识"规定的基础上充实、强化的一项重要内容。

关于会计职业道德的基本内容，《会计法》没有作出具体规定，但依财政部 1996 年 6 月发布的《会计基础工作规范》的规定，会计人员职业道德的内容主要包括以下六个方面。

(1)爱岗敬业。会计人员应当热爱本职工作，努力专研业务，使自己的知识和技能适当所从事工作的要求。爱岗敬业是做好一切工作的出发点。

(2)熟悉法规。会计工作不只是单纯的记账、算账、报账工作，会计工作时时、事事、处处涉及执法守规方面的问题。会计人员应当熟悉财经法律、法规和国家统一的会计制度，做到自己在处理各项经济业务时知法依法、知章循章，依法把关守口，同时还要进行法规的宣传，提高法制观念。

(3)依法办事。一方面，会计人员应当按照会计法律、法规和国家统一会计制度规定的程序和要求进行会计工作，保证所提供的会计信息合法、真实、准确、及时、完整；另一方面，依法办事要求会计人员必须树立自己职业的形象和人格的尊严，敢于抵制歪风邪气，同一切违法乱纪的行为作斗争。

(4)客观公正。会计信息的正确与否，不仅关系到微观决策，而且关系到宏观决策。做好会计工作，不仅要有过硬的技术本领，也同样需要实事求是的精神和客观公正的态度。否则，就会把知识和技能用错了地方，甚至参与弄虚作假或者通同作弊。

(5)搞好服务。会计工作是经济管理工作的一部分，把这部分工作做好对所在单位的经营管理至关重要。会计工作的这一特点，决定了会计人员应当熟悉本单位的生产经营和业务管理情况，因此，会计人员应当积极运用所掌握的会计信息和会计方法，为改善单位的内部管理、提高经济效益服务。

(6)保守秘密。会计工作性质决定了会计人员有机会了解本单位的财务状况和生产经营情况，有可能了解或者掌握重要商业机密。这些机密一旦泄露给竞争对手，会给本单位的经济利益造成重大的损害，这对被泄密的单位既不公正又很不利。泄露本单位的商业秘密也是一种很不道德的违法行为。因此，作为会计人员，应当确立泄密失德的观点，对于自己知悉的内部机密，不管在何时何地，都要严守秘密，不得为一己私利而泄露机密。

(三)道德行为冲突的解决

管理会计师在工作中会遇到许多职业道德冲突。能否圆满解决这些冲突，对于做好管理会计工作至关重要。应用各项道德行为准则时，管理会计师可能会遇到如何确定不道德行为或者怎样决绝道德冲突等问题。经调查发现最经常遇到的职业道德冲突包括：客户和管理者提出的避税建议，利益冲突，操纵财务报表的建议，允许管理会计师自身的错误，为遵循领导的命令而去做不道德的行为。如遇到严重的职业道德问题，管理会计师必须遵守权威机构制定的有关这种问题的各种规则，如果这些规则不能解决职业道德问题，管理会计师应采取如下行动。

(1)与直接上级讨论这些问题(如果他没有卷入冲突)，但当直接上级与出现的冲突相关时，应在矛盾发生时，直接报告给更高一级主管。如果还不能令人满意地解决，管理会计师可将这些争论问题反映(提交)给更高一级主管。一般来讲，解决道德行为冲突的权威性机构为审计委员会、董事会、理事会或大股东等。

(2)与一位客观公正的顾问进行秘密讨论，澄清有关概念，并获得一个能够接受的解决方案。

(3)如果经过各种尝试后，道德行为冲突依旧未能解决，且道德冲突发生在很关键的事项上，管理会计师只能提出辞职，并为企业内部一个合适的代表提供一份备忘录。

除非法律另有规定，否则把这些问题告知无关的上级机关或非服务于组织的个人，一般认为是不合适的。

举例说明管理会计师在工作中会遇到的道德冲突。

【例1-1】某公司的管理会计师知道软件部门已经将研究开发费用资本化。他知道如果不资本化，会导致软件部门内部报告出现亏损，并导致进一步裁员。虽然软件部经理一直想证明研究开发的新产品会在市场上取得成功，但是却无法提供可靠的证据支持自己的观点，而且以前开发的两个旧产品的市场销售也并不好，因而他对该部门的商业前景担忧。管理会计师有很多朋友在软件部门工作，他想避免与软件部经理发生个人冲突。这位会计师应不应该将研究开发费用予以资本化?

【例1-2】一个包装供应商邀请一家公司的管理会计师去旅游胜地免费度周末。该供应商正在参与这个公司新业务的招标活动，但在发出邀请时他没有提到这一情况。管理会计师不是这个供应商的私人朋友，他担心供应商会向他询问有关其他竞争对手的成本细节。

上述例子中管理会计师面临职业道德冲突。【例1-1】涉及了能力、客观性和公正性；【例1-2】涉及保密性和公正性。职业道德并不是非黑即白的简单选择。【例1-2】中的供应商也许并不打算提到有关的问题。但是，【例1-2】所出现的利益冲突会使很多公司禁止员工接受免费的恩惠。

(四)管理会计人员的职业道德活动

管理会计人员的职业道德活动表现在道德评价、道德教育和道德修养三方面。职业道德评价是使职业道德标准和原则得以贯彻，并转化为行动的保证。职业道德教育是铸造优良职业道德品质的熔炉，是形成良好职业道德风尚的重要措施。职业道德修养则是管理会计师本身进行自我修炼的积累，直接关系到管理会计师自身品质的形成。

1. 职业道德评价

职业道德评价对象是管理会计师职业道德行为或行动，包括：①管理会计师之间和社会对管理会计师的职业道德行为的评价。②管理会计师对自己的职业道德行为的评价。③对管理会计师职业道德作用发挥的评价。

2. 职业道德教育

职业道德教育是根据管理会计师工作的特点，有目的、有组织、有计划地对其进行系统的职业道德训练，促使其形成优良的职业道德观念，履行好职业道德义务的一系列活动。这一系列活动都可以看成是管理会计师职业道德教育的重要组成部分。职业道德教育要求：①形成优良的职业道德观念，调整好自身的职业行为。②促进管理会计师参与社会行为的调整过程，对其他管理会计师提出道德要求和进行道德评价。③发挥好管理会计师的职能作用。

优良的职业道德品质的形成离不开职业道德教育，整个职业及社会道德风尚的改善也需要职业道德教育。从职业道德品质的形成和要求来看，把职业道德认识和职业感情转化为职业道德行动是很有必要的。这就要在晓之以理、动之以情的基础上，开展规范化的职业道德行为训练，并持之以恒，以形成良好的职业道德习惯。要形成牢固的职业道德习惯，就需要不断地教育和练习，需要增强职业道德意识、培养良好的职业道德情操、达到较高的职业道德境界，这也是社会赋予职业道德教育的历史使命。

3. 职业道德修养

职业道德修养是管理会计师进行自我道德教育和修炼的积累，直接关系到管理会计师自身职业道德品质的形成。职业道德修养与职业道德评价紧密相连，职业道德修养通过职业道德评价来实现。职业道德评价的深入开展可以促使职业道德修养提高。

职业道德修养与职业道德教育是相铺相成的。只有当职业道德修养水平真正提高了，教育目标才能实现。职业道德修养同时也是职业道德教育的重要组成部分。

二、管理会计人员应具备的知识体系

我国加入 WTO 以后，管理会计工作应尽快与西方发达国家接轨。借鉴西方发达国家的经验、了解国外管理会计师的知识体系与职业道德标准，对于促进我国管理会计教育的发展和对管理会计人员的培养，以及提高管理会计人员的职业水平，都具有重要意义。

1986 年，美国会计师协会所属的管理会计实务委员会颁布了有关管理会计师共同知识体系的公告。该公告将管理会计师应具备的知识体系分为以下三类。

(一)信息和决策过程知识

1. 管理决策过程，包括重复性决策程序、非规划性决策程序和战略决策程序。

2. 内部报告，包括信息的搜集、组织、表达和传递。

3. 财务计划的编制和业绩评价，包括预测和预算的编制、分析和评价。

(二)会计原则和职能知识

1. 组织结构与管理，包括会计职能的结构和管理、内部控制和内部审计。

2. 会计概念和原则，包括会计的本质和目标、会计实务。

(三)会计经营活动知识

1. 企业的主要经营活动，包括财务和投资、项目研究和开发、生产和经营、销售和人力资源。

2. 经营环境，包括法律环境、经济环境、道德和社会环境。

3. 税务，包括税收政策、税收的结构和种类、税收计划。

4. 外部报告，包括报告准则，满足信息使用者需要。

5. 信息系统，包括系统分析和设计、数据库管理、软件应用、技术基础知识和系统分析等。

本章小结

1. 管理会计既是会计的一大分支，又是企业管理的一大分支，是会计与企业管理不断发展的必然产物。管理会计的形成和发展受社会实践和经济理论的双重影响。

2. 管理会计的基本假设，是指为实现管理会计目标，合理界定管理会计工作的是时空范围，统一管理会计操作方法和程序，组织管理会计工作的前提条件或制约条件，是对客观情况合乎逻辑的推断，它对于构架管理会计的基本理论体系具有重要意义，也从根本上促进管理会计实 务的发展。管理会计假设主要有：会计主体、持续经营、会计分期、多种计量点位假设和货币时间价值、风险价值可计量、目标利润最大化、成本性态可分等假设。

3. 管理会计的职能是管理会计在企业经营管理中的内在功能，即它能发挥什么作用。本书将管理会计的主要职能概括为以下五个方面：预测经济前景、参与经济决策、规划经营目标、控制经济过程和考核评价经营业绩。

4. 现代会计的发展使管理会计从传统的会计中分离出来，形成了一个独立的会计分支，这样会计形成了财务会计和管理会计两大分支，而财务会计主要是组织日常会计核算和对外提供财务报告。因此，管理会计与财务会计之间既有联系，又有区别，两者之间的关系是管理会计学研究的最基本的理论问题。

◇◇ 练习题

一、单项选择题

1. 现代管理会计是一门以(　　)为基础的综合性交叉学科。

A. 财务会计学　　B. 现代管理科学

C. 经济学　　D. 统计学

2. 管理会计是以强化企业内部管理、(　　)为最终目的。

A. 降低成本　　B. 降低保本点

C. 实现最佳经济效益　　D. 增加销售量

3. 现代管理会计的对象是(　　)。

A. 利润　　B. 收入

C. 现金流量　　D. 成本

4. 不属于管理会计职能的有(　　)。

A. 对会计事项进行账务处理　　B. 预测资金需用量

C. 规划与决策会计　　D. 规划与决策会计和控制与责任会计

5. 现代管理会计以(　　)为主体。

A. 决策会计　　B. 控制会计

C. 规划与决策会计　　D. 规划与决策会计和控制与责任会计

6. 从服务对象看，现代管理会计侧重服务于(　　)。

A. 企业的投资人　　B. 企业的债权人

C. 企业内部各级经营管理者　　D. A、B、C 三者

二、多项选择题

1. 管理会计的主要职能有(　　)。

A. 制定经营目标　　B. 提供管理信息
C. 直接参与决策　　D. 实行业绩考核

2. 管理会计信息系统主要为企业管理人员提供(　　)等管理信息。
A. 制定决策和计划　　B. 业绩评价和激励
C. 评价企业竞争地位　　D. 指导和控制经营活动

3. 管理会计的特点包括(　　)。
A. 重点在于规划未来　　B. 兼顾企业生产经营的全局与局部
C. 受企业会计制度(或会计准则)的制约　　D. 管理会计报告不具备法律责任

4. 规划与决策会计的内容包括(　　)。
A. 短期经营决策　　B. 长期投资决策
C. 成本控制　　D. 预算管理

5. 管理会计与财务会计的相同点表现在(　　)。
A. 使用的方法相同　　B. 工作对象相同
C. 最终目的一致　　D. 基本信息同源

三、判断题

1. 与财务会计相比，管理会计使用的方法更为灵活多样。(　　)

2. 管理会计从传统、单一的会计系统中分离出来，成为与财务会计并列的独立领域，它与财务会计有着显著地区别，没有内在的联系。(　　)

3. 管理会计与财务会计核算的原始资料完全不同。(　　)

4. 规划与决策会计和控制与责任会计是管理会计的两大基本内容。(　　)

5. 财务会计和管理会计都必须遵循企业会计准则。(　　)

第二章　成本性态分析与变动成本计算

本章知识点简介

本章介绍成本性态分析与变动成本计算。

主要内容包括：

一是成本概念及分类。主要介绍成本的含义及按照不同的标准做出相应的分类。企业为了实现其经营目标，在预测、决策、规划和控制等各个环节，都必须对成本进行认真分析和研究。我国传统会计学认为，成本是在一定条件下企业为生产一定产品所发生的耗费的货币表现。现代管理会计则认为，成本是指企业在生产经营过程中对象化的、以货币表现的、为达到一定目的而应当或可能发生的各种经济资源的价值牺牲或代价。

二是成本性态分析。主要介绍固定成本、变动成本及混合成本。显然，在管理会计中，将对成本进行更广泛的研究，以发挥管理会计的预测、决策、规划、控制和责任考核评价等职能。

三是变动成本计算。主要介绍变动成本法与完全成本法计算的区别及各自的优缺点。

第一节　成本概念及分类

成本，是为生产一定产品而发生的各种生产耗费的货币表现。它包括产品生产中耗费的活劳动和物化劳动的价值。产品成本指标是反映企业生产经营管理工作质量的综合性指标。企业在生产经营过程中劳动生产率水平、产品的数量、产品的质量、原材料的节约使用情况、设备合理利用程度、费用开支是否节约以及经营管理工作水平的高低都会直接或间接地从产品成本指标上得到反映。这一指标对于加强企业经营管理，降低成本，提高经济效益有重要意义。

在实际工作中，为适应经营管理上的不同需要，成本可以从各种不同角度进行分类。例如，成本按其经济用途，可分为制造成本和非制造成本；成本按生产过程中与产量增减的变化关系，可分为固定成本，变动成本和半变动成本；成本按照可控性，可分为可控成本与不可控成本两类。此外，根据决策的不同要求，成本还有差别成本、机会成本、边际成本、应负成本、现金支出成本、重置成本等等概念。现将这些成本概念具体说明如下：

一、成本按经济用途的分类

企业的成本按照其经济用途可以区分为制造成本与非制造成本两类。

（一）制造成本

制造成本是指在产品制造过程中发生的，它由三种基本要素所组成，即直接材料、直接人工和制造费用。

1. 直接材料，是指在产品生产过程中用来构成产品实体的那部分材料的成本。

2. 直接人工，是指在生产过程中对材料进行直接加工使它变成产品而所耗用的人工成本。

3. 制造费用，是指除了直接材料和直接人工以外的所有制造成本。这个项目还可以再细分为：

间接材料：指在生产中发生的但不便归入某一特定产品的材料成本，如机器设备维修用的材料等。

间接人工：指为生产服务而不直接进行产品加工的人工成本，如维修人员、警卫人员等的工资。

其他制造费用：指不属于上述两种的其他各种间接费，如厂房、机器设备的折旧、维修和修理费等。

对制造成本中的上述三个主要项目，若再按照不同的方式进行组合，可以得到如下不同的成本概念。如，将直接材料和直接人工两者合在一起，称为主要成本。将直接人工和制造费用加在一起，统称为加工成本。因为这两者都是将直接材料加工为产成品的手段。

（二）非制造成本

非制造成本是指销售与行政管理方面发生的费用。一般可以分为销售成本、管理成本两类。

销售成本，是指企业在产品销售过程中发生的费用。具体包括广告费、展销费、保险费，以及为销售本企业产品而专设的销售机构的职工工资、福利费、业务费等经营费用。

管理成本，是指企业行政管理部门为组织和管理生产经营活动而发生的各项费用支出。具体包括：工资和福利费、折旧费、办公费、邮电费和保险费等。

根据上述的成本分类，为了说明各种成本之间的关系，可用下列图示列示：

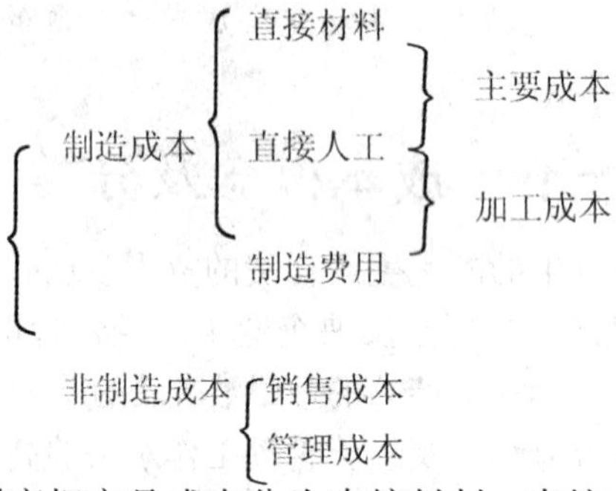

我国新的企业会计制度把产品成本分为直接材料、直接人工、其他直接支出和制造费用项目。基本上也是按照经济用途分类。企业生产经营过程中发生的管理费用、财务费用和销售费用，作为期间费用，不计入产品的生产成本，直接计入为当期损益。这种的分类方法便于反映和考核企业生产车间的成本水平和管理责任，有利于企业进行成本预测和决策。

二、成本按性态分类

成本的性态，是指成本总额的变动与产量之间的依存关系。按照成本与产量的依存关系，可将成本分为固定成本、变动成本和半变动成本三类。固定成本，是指在一定产量范围内与产量增减变化没有直接联系的费用。其特点是：在相关范围内，成本总额不受产量增减变动的影响，但从单位产品分摊的固定成本看，它却随着产量的增加而相应地减少。如厂房、机器设备的折旧等。

例如，假设某厂生产过程中所用的某种机器是向外租用的，其月租金为 6 000 元，该机器设备每月的最大生产能量为 1 000 件。所以，当该厂每月的产量在 1 000 件以内时，其租金总成本一般不随产量的变动而变动。现假定该厂每月的产量分别为 20 件、200 件、1 000 件，每单位产品分摊的固定成本（租金）如下表所示：

产　　量	固定成本总额(租金)	每单位产品的固定成本
20 件	6 000 元	300 元
200 件	6 000 元	30 元
1 000 件	6 000 元	6 元

上述简例说明了随着产量的增加，每单位产品分摊的固定成本将相应地减少。

产量与总固定成本和每单位固定成本的关系如图 2－1 所示。

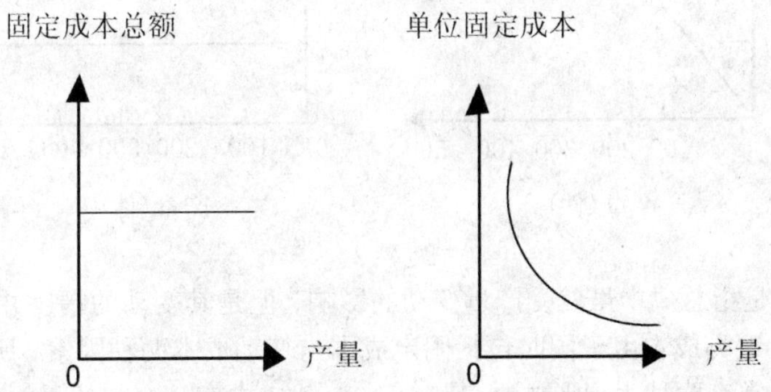

图 2－1

固定成本通常又可分为酌量性固定成本与约束性固定成本两类。酌量性固定成本则是企业根据经营方针由高阶层领导确定一定期间的预算额而形成的固定成本。主要包括研究开发费、广告宣传费、职工培训费等项。约束性固定成本主要是属于经营能力成本，它是和整个企业经营能力的形成及其正常维护直接相联系的，如厂房、机器设备的折旧,保险费等。企业的经营能力一经形成，在短期内难以作重大改变。因而与此相联系的成本也将在较长期内继续存在。

变动成本，是指在关联范围内，其成本总额随着产量的增减成比例增减。但是从产品的单位成本看，它却不受产量变动的影响。例如，假设某厂生产一种产品，单位产品的变动成本为 5 元，产量在一定范围内变动对于成本的影响如表 2－1 所示。

表 2－1

产　　量(件)	总成本(元)	单位成本(元)
100	500	5
200	1 000	5
300	1 500	5
400	2 000	5
500	2 500	5

可见，当产量从 100 件增加到 500 件，成本总额也从 500 元增加到 2500 元，但单位产品成本仍保持 5 元。

产量与总变动成本和每单位变动成本的关系如图 2－2 所示。

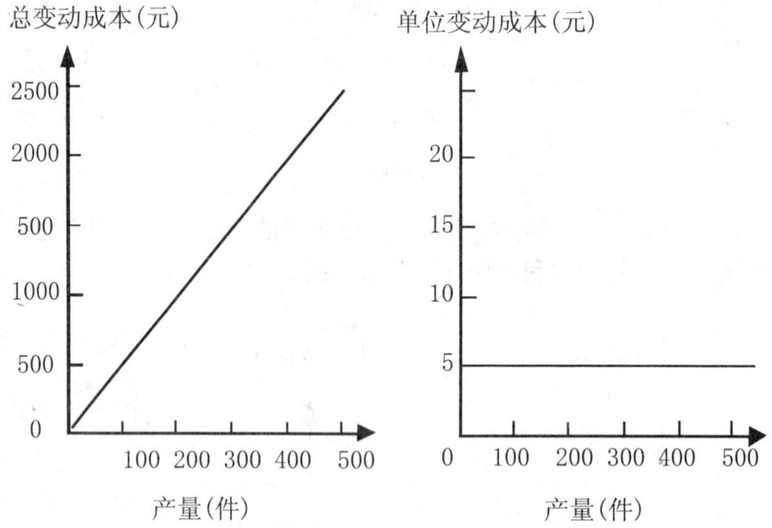

图 2－2

半变动成本，是指总成本虽然受产量变动的影响，但是其变动的幅度并不同产量的变化保持严格的比例。这类成本由于同时包括固定成本与变动成本两种因素，所以，实际上是属于混合成本。它通常有两种表现形式要:其一，半变动成本有一个初始量，这类似固定成本，在这基础上，产量增加，成本也会增加，又类似变动成本。如机器设备的维护保养费。其二，半变动成本随产量的增长而呈阶梯式增长，称为阶梯式成本。其特点是，产量在一定范围内增长，其发生额不变;当产量增长超过一定限度，其发生额会突然跳跃上升，然后在产量增长的一定限度内又保持不变。如化验员、检验员的工资。现举一个例子来说明。设某厂租用一台数控机床，合同规定除每年支付租金 5000 元外，机床每开机一天，还得支付营运费 0.80 元，该机床某年累计开机的天数为 360 元，则当年支付的租金总额为 5288 元(5000＋360×0.80＝5288)。可见，这台机床的租金 5288 元属于半变动成本，其固定部分为 5000 元，变动部分将随各个年度机床的开机天数的变动而变动。

半变动成本所显示的成本总额与产量间的依存关系如图 2－3 所示。

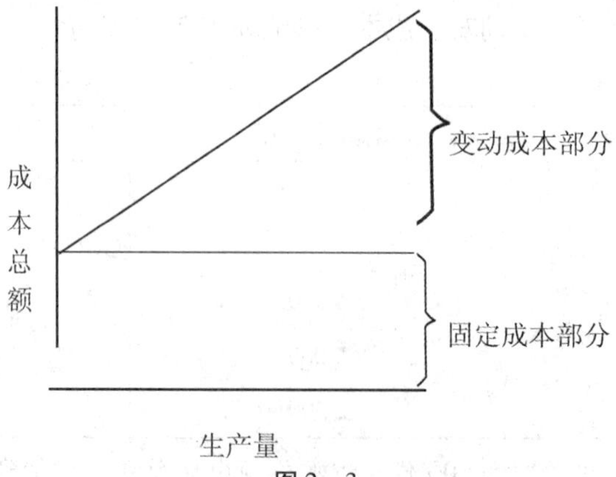

图 2－3

研究成本按性态分类有着重要意义:便于利用成本资料进行预测和决策，而且有利于成本控制和差异原因的分析。

三、成本按可控性分类

成本按照可控性可以区分为可控性成本与不可控成本两类。从一个单位或部门看，凡成本的发生，属于这个单位或部门权责范围内、能为这个单位(部门)所控制的，叫做这个单位(或部门)的可控成本。反之，成本的发生，不属于某一单位或部门的权责范围内、不能为这个单位(部门)加以控制的，叫做这个单位(部门)的不可控成本。成本的可控与否是有条件的。成本按其可控性分类，是以一个特定的单位和一个特定的时期作为出发点。某项成本从某一个单位看是不可控的，而对于另一个单位则是可控的。例如，新产品试制费，从产品生产部门看是不可控的，而对于新产品试制部门来说，则是可控的。此外，成本的可控与否，还因不同层次决定问题的权利大小而异，某些成本从基层领导看是不可控的，而对于高层领导来说.则是可控的。例如，机器设备的增加或减少，对于最高层领导来说，是可控的，但对基层领导来说，则是不可控的。

成本之所以要按其可控性分类，目的在于明确成本责任部门、单位的经济责任，以便评价或考核其工作成绩的好坏，促使可控成本的不断降低。

四、成本按照可追踪性分类

按照生产成本可追踪性可以分为直接成本和间接成本两类。直接成本是指能直接计入或归属于各种产品(劳务或作业)成本的费用。例如原料及主要材料。间接成本是指不能直接计入，而须先进行归集，然后按照一定标准分配计入各种产品(劳务或作业)成本的费用。例如，制造费用。正确的划分直接成本和间接成本是正确计算产品成本的重要条件。所以，在计算产品成本时，应考虑哪些费用可以直接计入，哪些费用不能直接计入，然后分别采取不同的处理方法。对那些可以直接计入产品成本的，应尽可能直接计入，以保证产品成本计算的准确性。

五、成本按可盘存性的分类

成本的可盘存性是指一定期间内发生的成本是否计入产品成本，并作为资产结转下期。据此，一定期间内发生的成本可分为期间成本和产品成本两类。

产品成本是指同产品的生产有着直接联系的成本，如直接材料、直接工资和变动性制造费用，它们汇集于产品，随产品而流动。如果有关产品已在本期内销售出去，已汇集于它的成本应作为本期的已销售产品成本列入收益表，使之同本期已销售产品实现的销售收入相配合，据以确定本期的财务成果。如果有关产品尚未加工完成或已加工完成但尚未销售出去，则对已汇集于它的成本应列入资产负债表，作为流动资产(在产品、产成品存货)的一个组成部分结转下期。

期间成本是一种和企业生产经营活动持续期的长短成比例的成本，其效益会随着时间的推移而消逝，因而，不应结转下期，而应在其发生的当期，全额列入利润表，作为该期销售收入的一个扣减项目。

六、成本按经营决策的不同要求分类

经营决策要运用一系列独特的成本概念，作为分析、评价有关方案经济效益大小的重要依据。下面就经营决策要着重考虑的一些成本概念作简要的阐述。

（一）差别成本

广义的差别成本，是指不同方案之间的预计成本的差额。狭义的差别成本是指由于生产能力利用程度不同而形成的成本差别。除现有生产能力的变动所造成的成本上的差别外，其他方面的决策，如零部件外购或自制的选择，特定订货应否接受的选择，某种产品的生产应否停产的选择，均有差别成本。例如，某厂按正常生产能力，每生产甲产品 1000 件，其正常的单位成本如下：

直接材料	4
直接人工工资	5
变动费用	3
固定费用	4
合计	16 元

根据目前的生产情况，该企业的生产能力还有一定的剩余，可以接受追加的订货。现有一客户拟按 15 元的单价订购甲产品 400 件。该企业应否接受这批订货？

从表面观察，接受这批订货似乎会损失 400 元【400 ×（16 – 15）】。但是用差别分析方法来考虑，情况就不同。因为目前该企业尚有剩余的生产能力，接受这批订货后并不需要增加额外的固定费用，因而不应把已归属于原有产品的固定成本计入差别成本之内，所应考虑的只是接受订货后所增加的差别收入与所增加的差别成本，即：

差别收入　400 × 15 = 6 000（元）

差别成本　400 × 12 = 4 800（元）

差别收入超过差别成本 1 200(6 000 – 4 800)元。可见，接受这批订货可以给企业带来一定的经济效益。

（二）机会成本

决策时必须从多种可供选择的方案中选取一种最优方案，这时必须有一些次优方案要被放弃。因此，要把已放弃的次优方案的可计量价值看作被选取的最优方案的“机会成本”加以考虑，才能对最优方案的最终利益作出全面的评价。

例如，经过一定工序加工后的半成品可立即出售，也可以继续加工后再出售。假设立即出售可获利 4 000 元，继续加工后再出售可获利 4 750 元。这两种方案是相互排斥的，只能选择其中的一个方案。考虑继续加工，就意味着放弃立即出售的机会，所以立即出售可获利 4 000 元就成为继续加工的机会成本。

机会成本并非实际支出，也不记入账册，但在决策时应作为一个现实的因素加以考虑。对于一个企业（或部门）来说，在任何一定时期由所拥有的资源，可以分别用于几个不同的方面，但是却不能同时在几个方面发挥作用，因此它用于某一方面的真正代价，就是它用于其他方面所能取得的利益，这是决策时需认真考虑的。

（三）边际成本

从经济学的观点来看，边际成本是指成本对产量无限小变化的变动部分。但在实践中，产量无限小的变化，最小只能小到1个单位，产量的变化小到1个单位以下，就没有什么实际意义了。所以，边际成本的实际计量，就是产量增加或减少一个单位所引起的成本变动。很明显，管理会计中的单位变动成本和差量成本都是边际成本这个理论概念的具体表现形式。

在经营决策分析中，边际成本可以用来判断产量的增减在经济上是否合算。当企业的生产能力有剩余时，只要增加产量的销售单价高于单位边际成本，也会使得企业利润增加或亏损减少。

（四）付现成本

付现成本是指所确定的某项决策方案中，需要以现金支付的成本。例如，企业五年前购买了一台机器，现已陈旧，拟购置一台价值为30 000元的新机器取代。卖方提出可以旧机器作价1 500元交换，其余的28 500元（30 000 - 1 500）以现金支付。所以，这28 500元就是现金支出成本。在经营决策中，特别是当企业的资金处于紧张状态，支付能力受到限制的情况下，往往会选择付现成本最小的方案来代替总成本最低的方案。

例如，某企业急需购置一种零件，但近期企业的资金又很缺乏。有两家供应商可提供此种零件，甲公司要价50 000元，货款必须马上支付。乙公司要价55 000元，但货款只需先付7 000元，其余分十二个月付清，每月归还4 000元。上述可见，向甲公司购买，总成本较低，但企业选择了向乙公司购买。因为该方案所需支付的总成本虽然较高，但近期的付现成本则较低，是企业现有支付能力所能承受的；而方案尽早实现所带来的收益，可弥补现金支出成本较高而形成的损失。上述的决策分析表明，当资金紧张时，特别要把现金支出成本作为考虑的重点。

（五）应负成本

应负成本是机会成本的一种表现形式。它不是企业实际支出，也不记账，是使用某种经济资源的代价。这种代价在进行方案选择时也要认真考虑。例如，企业要购买生产设备，有多种方案可供选择，如正确地对各种可供选择的方案进行分析对比，以选择最优方案，不论企业为此所用的资金是自有的还是外借的，都必须把利息作为机会成本看待。自有资金部分应计的利息就是假计成本的一种。

（六）重置成本

重置成本是指按照现在的市场价格购买目前所持有的某项资产所需支付的成本。例如企业原有一批库存材料，现因此种材料的市场价格发生变动，即由原单位历史成本10元提高到15元，所以企业必须按照目前的市场价格进行计算。这里，此种库存材料的现价15元，就称为重置成本。在定价决策时，必须认真考虑重置成本这一因素。因为如果在制定材料售价时，按历史成本考虑，每单位按14元出售，还可取得4元的利润；但如果出售后再重新购买它，每单位要花15元，不仅不能获利，反而亏损1元。

（七）沉没成本

沉没成本是指过去发生、无法收回的成本。这种成本与当前决策是无关的。例如，某企业在六年前购置一台车床，原价为9 000元，拟报废清理或修理后作价出售。假定报废清理可得残值600元，修理则需花修理费2 000元，可作价4 000元，究竟采用哪个方案较合适？

上例中车床原价9000元是企业过去的支出，已经无法收回，属于沉没成本。这种沉没成本与当前决策无关，所以在决策时不必考虑。对这项决策可以直接按净收入大小进行计算比较，即经修理后作价出售可得收入2 000元(4 000 - 2 000)，比报废清理多得1400元(2000 - 600)，可见修理后作价出售较合算。

（八）可避免成本

可避免成本是指通过某项决策行动可改变其数额的成本。也就是说，如果某一特定方案采用了，与其相联系的某项支出就必然发生；反之，如果某项方案没有采用，则某项支出就不会发生。例如，某企业只生产一种甲产品，在完成生产任务外，还有一定的剩余生产能力，现接受了某项特定订货，对方对这批订货有一个特殊要求，为满足这一要求，需要购买一项价值为1 000元的专用设备，这1 000元专用设备最终是否发生，完全取决于这一批特定订货的接受与否，如果不接受这一订货，这1 000元的专用设备费就不会发生，所以它是可避免的成本。

（九）不可避免成本

不可避免成本是同可避免成本相对应的一个成本概念。是指某项决策行动不能改变其数额的成本，也就是同某一特定决策方案没有直接联系的成本。其发生与否，并不取决于有关方案的取舍。例如甲企业在正常的生产能力范围内接受了某项特定订货，假定厂房、设备等固定资产的折旧费为25000元，这部分的折旧费与特定订货的接受与否无关，它不会随着某项定货接受与否而改变，所以是不可避免的成本。

（十）可延缓成本

某一方案已经决定要采用，但如推迟执行，对企业全局影响不大，因此，同这一方案相关联的成本就称为可延缓成本。例如，某厂已决定粉刷墙壁，但不一定马上付诸实施，因为这一方案不马上实施，对企业目前的生产经营活动的正常进行影响不大。因此，同粉刷墙壁有关的成本可视为可延缓成本。

（十一）不可延缓成本

如果已选定的某一决策方案必须马上实施，否则会影响企业的生产经营活动的正常进行，那么与这一方案有关的成本称为不可延缓成本。例如某厂机工车间的机器零件损坏，需马上进行修理，不能推迟，否则将会给企业的生产经营活动带来不利的影响，使企业遭受经济损失。因此同这一决策方案相联系的成本，就称为不可延缓成本。

（十二）相关成本与非相关成本

相关成本是指与决策有关的未来成本。例如差别成本、机会成本、应负成本、重置成本、可避免成本等均属于相关成本。

非相关成本是与相关成本相对应的成本概念。它是指过去已发生、与某一特定决策方案没有直接联系的成本。例如，不可避免成本、沉没成本等均属于非相关成本。掌握了成本的相关性，有助于在决策中正确运用各种成本概念。

第二节　成本性态分析

不同的成本概念反映不同的成本内涵，不同的成本信息服务于不同的管理需要。虽然一般可按经济用途的不同将成本区分为生产(制造)成本和非生产(制造)成本两大类。但是，这种分类没有将成本与企业的生产经营能力挂起钩来，不利于进行成本的事前规划和控制，不便于进一步挖掘企业内部的生产潜力，不能有效地将成本信息应用于企业的内部管理。为此，就管理会计而言，还应针对企业内部管理的特定需要，按照成本性态这一标志对成本进行分类。

成本性态也称成本习性，是指成本与业务量之间的相互依存关系。这里的业务量指的是广义的业务量，包括绝对量和相对量。研究成本与业务量之间的依存性，进行成本性态分析，从数量上具体掌握成本与业务量之间的规律性联系，可以为企业正确地进行最优管理决策和改善经营管理提供有价值的资料，能帮助企业及时采取有效措施，挖掘降低成本的潜力，提高生产经营的经济效果。

一、成本性态分析

全部成本按其同业务量之间的依存关系分为固定成本、变动成本和混合成本。

（一）固定成本

固定成本是指业务量在一定范围内增减变动，其总额始终保持不变的有关成本，如按直线法计提的厂房、机器设备的折旧费、管理人员工资、劳动保护费、职工培训费等。这就是说，作为固定成本，只要业务量不突破某一特定范围，其数额将会始终稳定在某一既定的水平上。固定成本的主要特点是：

（1）在相关范围之内，固定成本总额不受业务量变动的影响。

（2）在相关范围之内，随着业务量的增加或减少，单位固定成本将随之相应降低或升高。固定成本的上述特征，如图2－4和图2－5所示。

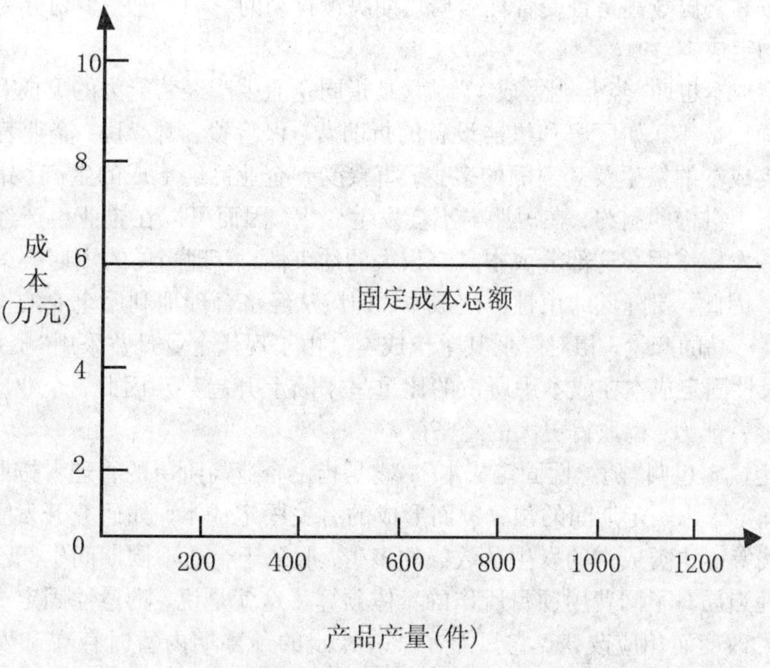

图2－4

图2－4说明，当某产品的产量在0至1 000件的范围之内时，其所发生的固定成本总额一直保持在60 000元的既定水平上，并未随着产量的增减变动而发生相应的增减变动。

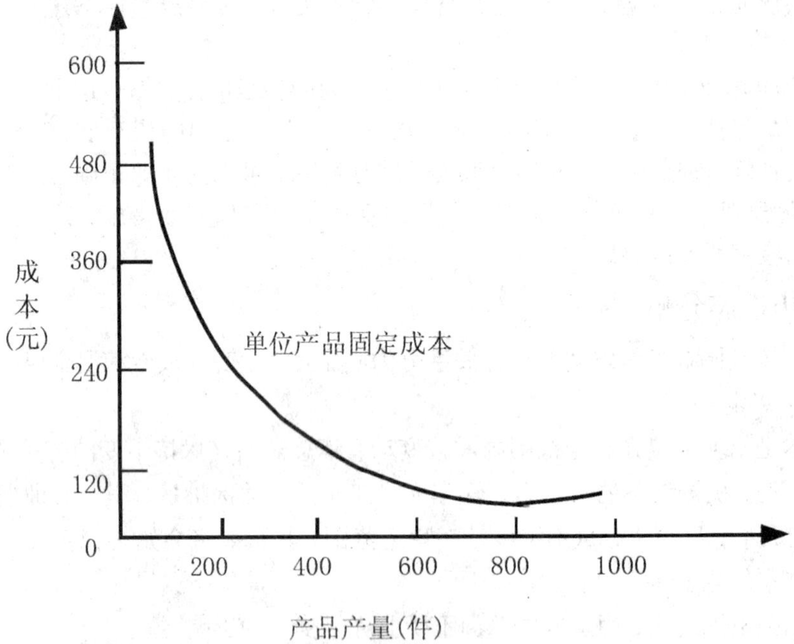

图2－5

图2－5说明，当某产品的产量在0至1000件的范围内发生增减变动时，单位产品平均固定成本将同产量增减保持反方向变动状态。

固定成本按其支出数额是否受管理当局短期决策行动的影响，进一步划分为约束性固定成本和酌量性固定成本。

约束性固定成本也叫“经营能力成本”，它是指同企业生产经营能力的形成及其正常维护相联系的有关固定成本，如厂房和机器设备的折旧费、保险费、财产税、企业管理人员的基本工资等。这类成本的发生及其数额的多少，直接受到企业已经形成的生产、销售能力和已经建立的基本组织机构的制约，在短期内不会发生变化，因而可以在企业生产经营的较长时期内继续存在并发挥作用。这部分成本具有很大的约束性，管理当局的短期决策行动不能轻易改变其数额。因此，要降低约束性固定成本，即应从经济合理地利用企业的生产经营能力入手，通过提高产品的产量，相对降低其单位成本。由于现代企业日益采用“资本密集型”的经营方式，约束性固定成本在成本中所占的比重呈不断上升趋势。因此，企业应更经济、合理地利用生产经营能力，以取得更大的经济效益。

酌量性固定成本也叫“随意性固定成本”，它是指由企业高阶层的管理者按照经营方针的特定要求、经确定未来一定期间的预算额而形成的有关固定成本，如研究开发费、广告宣传费、职工培训费等。这类成本的发生及数额的多少，服从于企业不同期间生产经营的实际需要，取决于管理当局对不同费用项目所作的具体预算。这就是说，酌量性固定成本可以随着企业经营方式的改变而相应改变，它只能在某一特定的预算期内暂时存在和发挥作用。因此，要降低酌量性固定成本，即应从严格控制费用预算入手，精打细算，厉行节约，尽量减少有关固定费用的绝对额。

固定成本总额不受业务量变动的影响是有条件的，即业务量在特定范围内增减变动，其成本总额方能保持不变。这里所说的特定范围通常称为“相关范围”。相关范围是指能使成本保持某种特定状态不变的产量范围。超过相关范围，固定成本总额也会发生变动。如企业在现有的生产能力条件下，其固定成本总额相对稳定。一旦超过现有的生产能力增加产量，势必要扩建厂房、增添设备或扩充必要的人员，从而使固定资产折旧费、大修理费和管理人员工资等相应增加；为了使增加的产品能够顺利销售出去，还需要增加广告宣传费支出等。固定成本的相关范围可用图 2－6 表示。

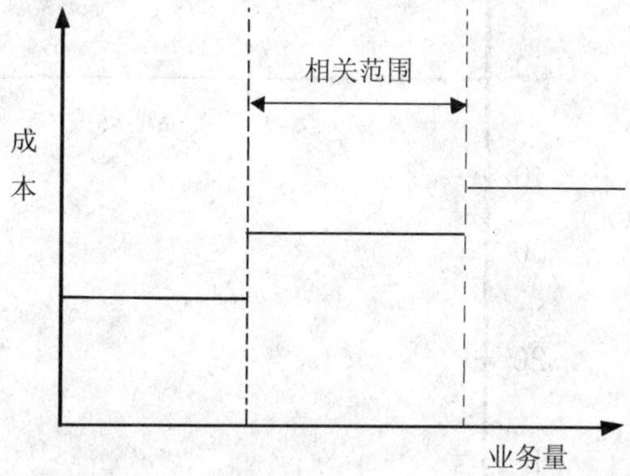

图 2－6

（二）变动成本

变动成本是指随着业务量的增减变动，总数额也将发生相应的正比例变动的有关成本，如直接材料费、直接人工费、产品包装费等。这就是说，作为变动成本，只要业务量发生某种变动，其总数额也要随之发生相应的变动，且变动方向和变动比例都与业务量的变化情况完全相同。变动成本的主要特点是：

（1）变动成本总额直接受到业务量变动的影响，与业务量保持正比例变动关系。

（2）单位变动成本不因业务量变动而发生相应的变动额将始终保持在某一特定的水平上。

变动成本的上述特点如图 2－7 和图 2－8 所示。

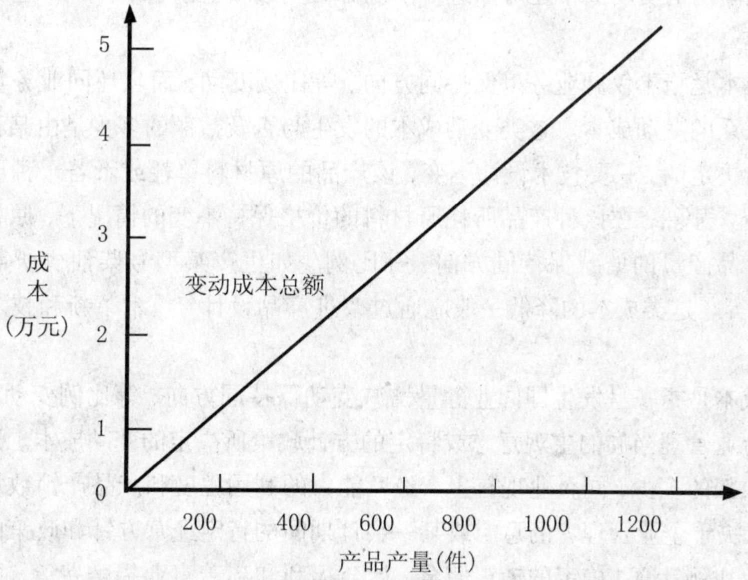

图 2－7

图 2－7 说明，当某产品的产量在 0 至 1 200 件范围内增减变动时，变动成本总额也将发生相应的增减变动，且同产量增减变动保持同方向、等比例变动状态。

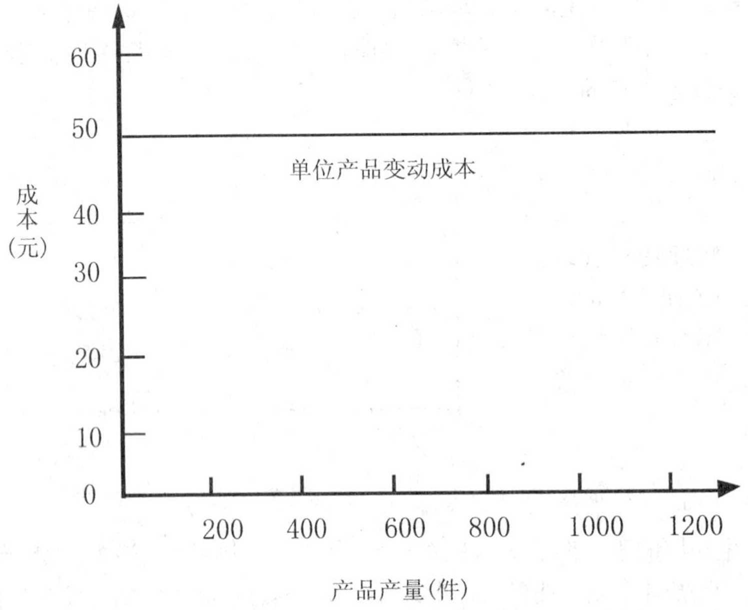

图 2－8

图 2－8 说明，当某产品的产量在 0 至 1 200 范围内增减变动时，单位产品平均变动成本的数额并未随之发生相应的变动，它始终保持在每件产品 50 元的特定水平上。

企业在一定期间内的变动成本还可以进一步划分为“技术性变动成本”和“选择性变动成本”。

技术性变动成本是指不仅同业务量保持同方向、等比例变动，而且还同业务量保持着某种特定的技术性联系的变动成本。这类变动成本的发生与否及数额的多少是由某种产品的特定工艺技术设计所决定的，只要技术设计不变，该产品的原材料单耗或者若干种原材料之间的配比等也将不变。显然，在该种产品所耗原材料的价格保持不变的情况下，原材料成本总额的增减必定同产品产量的增减保持同方向、等比例。如生产某型号柴油机所需外购的油嘴、油，电脑主板等。这类成本的降低一般应通过改进产品设计、技术革新和技术革命等措施来实现。

选择性变动成本是指一旦发生即同业务量增减变动保持同方向、等比例变动关系，但究竟是否发生却由企业管理当局的主观意志或特定的方针政策所决定的变动成本。这类变动成本的发生与否及数额的多少，同企业现有生产经营能力的利用程度和产品产销数量并没有多大关系，它只是取决于企业管理者的意志或某一会计期间的特定经营方针和政策的要求。如按销售收入的一定比例计算、确定的销售佣金、社会福利和慈善事业捐赠费等，即属于选择性变动成本。这类成本的降低一般应通过提高决策水平、强化预算控制等措施而实现。

变动成本总额和业务量之间的依存关系，同固定成本一样，也存在着一定“相关范围”的限制。也就是说，在相关范围内，变动成本总额和业务量之间呈完全的线性关系；一旦超过相关范围，就可能表现为非线性的关系。例如，当一种产品刚开始生产时，生产批量小，单位产品的材料消耗和工时消耗可能比较多，变动成本与产量不一定成正比例变动，而是表现为成本的增长幅度小于产量的增长幅度，使其总成本线呈现一定的向下弯曲(其斜率随产量的增加而缩小)；但当产量增长到一定程度后，各项材料消耗和人工消耗都比较稳定，从而使变动成本总额和业务量之间呈现出完全的线性关系，这个范围就是变动成本的“相关范围”；如果产量超出这一范围继续增产，就可能出现一些新的不经济因素，如高价采购原材料、多支付工人加班加点的工资等，使产品的单位变动成本大幅度增加，从而使变动成本总额线呈现一定的向上弯曲(其斜率随产量的增加而增大)。变动成本的相关范围如图 2 –9 所示。

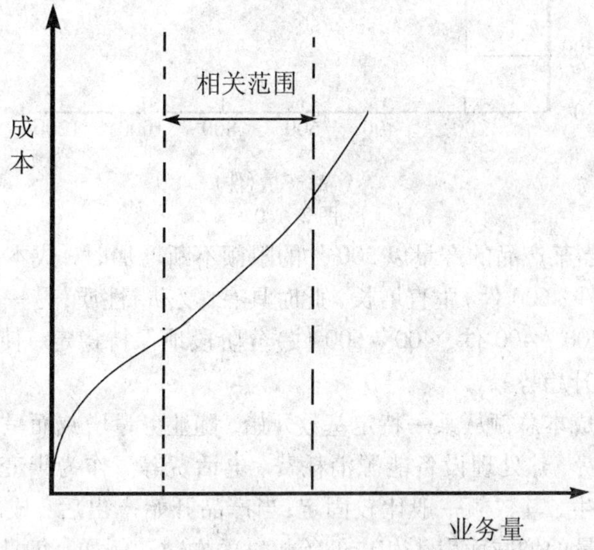

图 2 –9

(三)混合成本

混合成本是指随着业务量的增减变动，总数额也将发生与之相应的、变动幅度不等的有关成本，如设备维修费、机械动力费、检验人员工资、水电费等。作为混合成本，它的增减变动要受业务量变动的影响，业务量增加，混合成本总额也将增加；业务量减少，混合成本总额也将减少。但是，混合成本的这种变动并不完全取决于业务量的变动，它还要受到生产经营过程中某些特定因素的影响和制约，其总额的变动通常不直接比例于业务量因素的变动。

混合成本可以进一步区分为半固定成本、半变动成本、延期变动成本、曲线式混合成本等。

半固定成本又称阶梯式成本，是指总数额依次在不同业务量水平上保持相对固定的有关成本，如产品检验人员和货运人员的工资等。作为半固定成本，当业务量在某一特定范围内增减变动时，其总数额固定不变；当业务量一旦突破该特定范围而达到另一特定范围时，其总数额即跳跃式上升(成倍增长)，随后保持不变。直到业务量再次突破这一特定范围时才又一次跳跃式上升(成倍增长)。

半固定成本的这种性状，如图 2 – 10 所示。

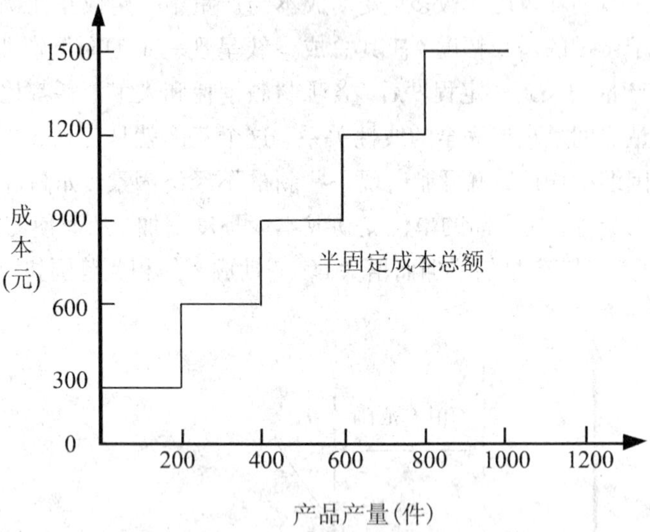

图 2－10

图 2－10 说明，当某产品的产量以 200 件的限额不断增加时，成本总额一方面在不同产量点上(200 件、400 件、600 件)垂直增长，此时具有“变动”性质；另一方面它又在不同产量范围内(0～200 件、200～400 件、400～600 件)分阶段地保持稳定，使之具有“固定”性质，全部成本呈阶梯状上升趋势。

半变动成本是指成本总额从某一特定基数开始，随业务量增减而呈正比例增减的有关成本，如机器设备维修费、热处理设备能源消耗费、电话费等。作为半变动成本，当业务量为零时也有某些成本发生，其数额一般比较固定；当产品开始产出后，成本总额在原固定基数的基础上，伴随业务量的增减而发生相应的等幅度的增减。例如，每月的电话费包括两个部分：一部分是基费，不管该月通话与否都应支付；另一部分是根据实际通话时间的长短收取的费用，实际通话时间越长，其电话费就越多。

半变动成本的这种性状，如图 2－11 所示。

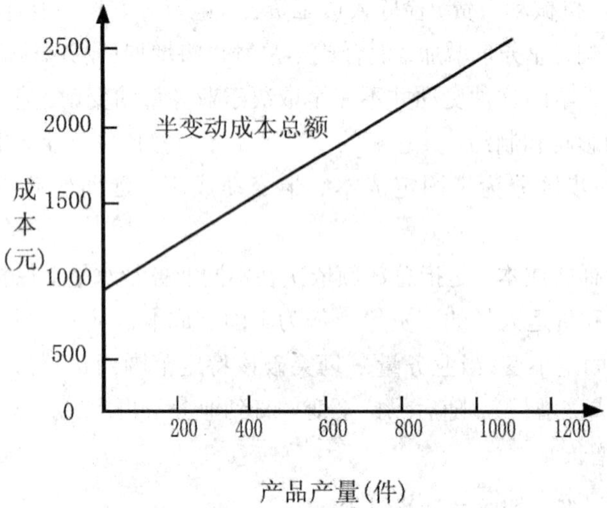

图 2－11

图 2－11 说明，当某产品的生产尚未正式开始时，成本总额已为 800 元，此时的成本具有"固定"性质；当开始生产时，且其产量分别增加到 200 件、400 件、600 件……1 000 件（每次增加 200 件）时，相应地，其成本总额即在 800 元的基础上，依次增加到 1 140 元、1 480 元……2 500 元（每次增加 340 元），此时的成本具有"变动"性质，全部成本从纵轴上的某一截点开始呈斜线上升趋势。

延期变动成本是指成本总额在一定的业务量范围内保持固定，一旦超过该范围，则随业务量呈正比例增长的成本。例如，企业在正常产量情况下，支付给职工的工资是固定不变的，属于固定成本；当产量超过正常水平后，根据超产数量支付的加班费或超产奖金则属于变动成本。其性态模型如图 2－12 所示。

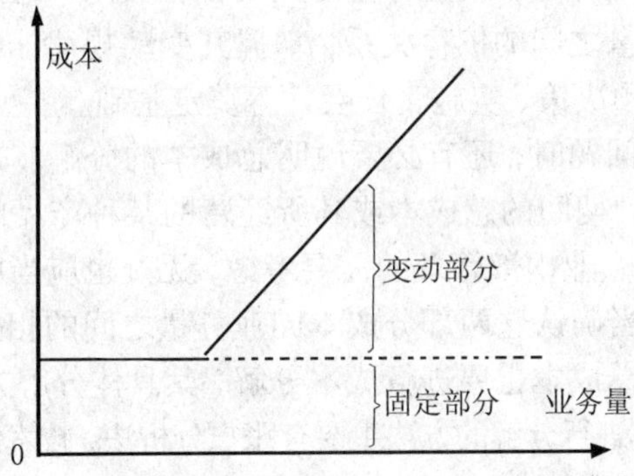

图 2－12

曲线式混合成本是指成本总额与业务量之间表现为非线性关系的成本。这类成本通常有一个基数，一般不变，相当于固定成本；在这个基数的基础上，随着业务量的增加，成本也逐步增加或减少，但两者之间的变动幅度并不一致，而是呈抛物线上升或下降的趋势。这类成本中，有的随业务量的增加而增加，且其增长率高于业务量，变化率呈递增状态，故通常称之为递增曲线成本，如累进计件工资、各种违约罚金等。递增曲线成本的变化趋势如图 2－13。有的则于最初阶段不随业务量的增加而增加，只是当业务量增加到一定限度之时才开始逐渐增加，但其增长速度却低于业务量，变化率呈递减状态，故通常称之为递减曲线成本，如电炉设备热处理电耗等。递减曲线成本的变化趋势如图 2－14 所示。

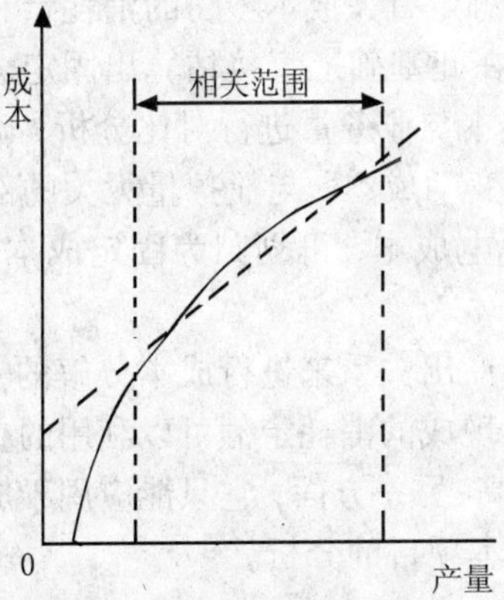

图 2－13　递增曲线成本

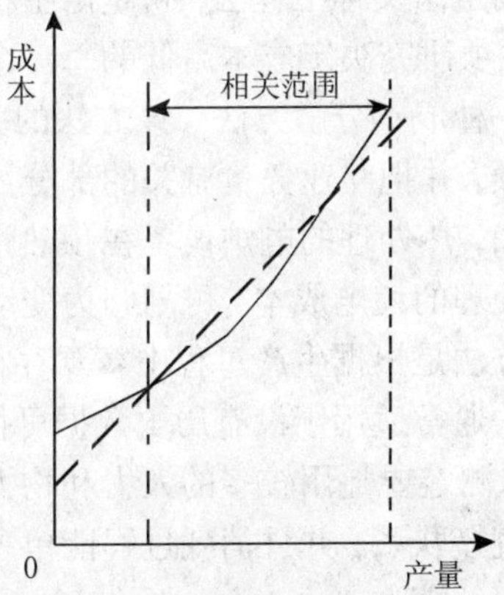

图 2－14 递减曲线成本

二、成本分解方法

前已述及，混合成本实际上既含有不受业务量变动影响而保持相对稳定的成本因素，又含有比例于业务量增减而相应增减的成本因素，是一种同时具有固定成本和变动成本双重特性的“中间”成本。这种既固定又不完全固定，既变动又不完全变动的双重性成本，同业务量之间的关系不甚清楚，人们无法据以对成本与业务量之间的依存性作出正确的分析和判断，因而也就不能满足企业内部管理的需要，不能为企业管理者规划、控制企业的生产经营活动提供有价值的资料。为此，必须采用一定的方法对混合成本进行适当的分解，将其所包含的固定部分和变动部分区别开来，并分别纳入前述一般意义上的固定成本和变动成本之中，以正确反映企业一定期间内全部成本同业务量之间的依存关系。通过对成本进行分解，可以把握成本的各个部分与业务量之间的依存关系，掌握其变动规律，为企业应用变动成本法、开展本量利分析、进行短期预决策、实施责任会计等奠定基础。

在论及混合成本分解问题时，还有必要说明总成本的分解。这是因为，对于一个基层工商企业而言，它在某一会计期间的总成本或其所经营的某种产品的总成本，事实上是一种更大范围的“混合”成本。从企业内部管理的需要考虑，无疑也应当区分总成本中所包含的固定成本和变动成本部分，应当确认这两部分成本同业务量之间的相互关系。这就是说，对某会计期间总成本或某种产品总成本也要进行成本分解，其具体分解方法与混合成本完全相同。

在实际工作中，对成本进行分解的方法主要有账户分析法、技术测定法、历史成本分析法等。

（一）账户分析法

账户分析法是根据有关成本账户的性质和具体内容，通过分析判断，使其分别归属于固定成本或变动成本的一种成本分解方法。该方法所依据的成本账户可以是总账，也可以是明细账，根据明细账所确定的结果将更加准确。例如，制造费用中的间接材料费，虽不与业务量呈正比例关系，但其变动与业务星的关系较大，可视为变动成本处理。制造费用中的固定资产折旧费、设备租金、办公费等，与业务量的变动关系不甚明显，可按固定成本处理。

账户分析法的优点是简便易行，工作量小，能够获得有关成本和业务量依存关系的直观认识。但这种方法需要分析人员作出主观判断，其结果不可避免地带有一定的主观随意性。在实际工作中，该方法一般和其他方法结合使用。

（二）技术测定法

技术测定法又称工程法，它是由工程技术人员测定有关成本项目的消耗量和业务量之间的关系，逐项研究决定成本高低的每一个因素，并在此基础上直接估算出固定成本和单位变动成本的一种成本分解方法。该方法的关键是将成本与业务量进行对比分析，确定单位产品的消耗定额，并把与业务量有关的部分汇集为单位变动成本，与业务量无关的部分汇集为固定成本。如，热处理的电炉设备在预热过程中的耗电成本，可划归为固定成本；预热后对产品进行热处理的耗电成本，可划归为变动成本。

这种方法是根据生产过程中客观存在的投入与产出关系来进行成本分解的，结果比较准确。该方法通常适用于没有历史数据可供参考或有现成的消耗定额可以利用的企业。其缺点在于，技术测定要耗用较多的人力和物力，代价较高；另一方面，它只能应用于成本的发生和业务量有直接联系，并且消耗过程能单独观察的成本项目的分析。

（三）历史成本分析法

历史成本分析法是根据过去一定时期内成本与业务量之间的历史资料，采用一定的数学方法对其进行加工处理，从而确定成本中固定成本和单位变动成本的一种定量分析方法。该方法认为，只要企业的生产经营不发生重大变化，历史成本信息就可以较为准确地反映企业现在和未来的成本变动趋势(规律)。该方法要求企业具有完备的历史成本资料，成本数据与业务量资料应该存在相关性。因此，该方法适用于生产条件较为稳定、成本水平波动不大，以及历史资料比较完备的企业。在实际工作中，常用的历史成本分析法包括高低点法、散布图法、回归分析法等。

1. 高低点法

高低点法是根据一定时期内最高业务量和最低业务量之间的差额，以及与之相应的最高成本和最低成本之间的差额，推算成本项目中固定成本和变动成本含量的一种成本分解方法。

高低点法的具体步骤是：

(1)从历史资料中，找出最低点业务量及相对应的成本和最高点业务量及相对应的成本。

(2)计算成本中的单位变动成本。其计算公式为：

$$\text{单位变动成本}=\frac{\text{最高点混合成本}-\text{最低点混合成本}}{\text{最高点业务量}-\text{最低点业务量}}$$

(3)计算成本中的固定成本。其计算公式为：

固定成本 = 最高点混合成本 - 最高点产量 × 单位变动成本

或

固定成本 = 最低点混合成本 - 最低点产量 × 单位变动成本

(4)建立成本性态模型。其计算公式为：

成本总额 = 固定成本总额 + 单位变动成本 × 业务量

【例 1】某企业本年发生的维修成本和机器工作小时之间的资料如表 2 - 2。要求采用高低点法对维修成本进行分解，并预测当下年 1 月份机器工作小时为 5 000 小时时，其预计的维修费用是多少？

表 2 - 2

本年月份	机器工作小时(机时)	维修成本(元)
1	3 000	1 800
2	3 300	1 950
3	3 450	2 025
4	3 750	2 175
5	3 900	2 250
6	4 200	2 400
7	4 500	2 550
8	4 800	2 700
9	5 200	2 985
10	5 250	2 925
11	3 800	2 200
12	4 600	2 600

具体计算、分析如下：

首先，确定该企业本年机器工作小时的最高点和最低点，以及与之相对应的维修成本。最低点为 1 月份，为 3 000 机器小时，维修成本 1 800 元；最高点为 10 月份，为 5 250 机器小时，维修成本 2 925 元。

其次，计算维修成本中的单位变动成本。

$$单位变动成本=\frac{2\ 925-1\ 800}{5\ 250-3\ 000}=0.5(元/机时)$$

再次，计算维修成本中的固定成本总额。将上述最高点的维修成本和机时数据代入公式，得：

固定成本总额 $=2\ 925-0.5\times5\ 250=300$（元）

或者，将上述最低点的维修成本和机时数据代入公式，得出相同的结果：

固定成本总额 $=1\ 800-0.5\times3\ 000=300$(元)

维修成本和机器工作小时的关系可描述为：$y=300+0.5x$

最后，预测下年 1 月份的维修成本。

预计维修成本 $=300+0.5\times5\ 000=2\ 800$(元)

值得注意的是，采用高低点法时，选择资料应以业务量的高低为标准，而不能以成本的高低来选择。如本例中，9 月份的成本虽然最高，但该期数据不能作为最高点。

高低点法的优点是计算简便，易于理解。但由于它以业务量最高和最低时的状态来代表整体情况，使得建立起来的成本模型可能不具有代表性，其结果误差较大。这种方法主要适用于生产经营活动比较正常、成本增减变动趋势比较小的中、小型企业。

2. 散布图法

散布图法是在以横轴代表业务量、纵轴代表成本的坐标图中，分别标明一定期间内业务量及与之相应的成本的坐标点；然后，经目测，于坐标点中确定可以近似地反映业务量与成本之间相互关系的趋势直线，借以确定成本总额中的固定成本和变动成本含量的一种成本分解方法。

散布图法的基本步骤是：

(1) 根据业务量和成本的历史观测数据，确定相应的坐标点(散布点)。

(2) 用目测法确定成本趋势直线，并使该直线上、下各方的坐标点数目大致相等。

(3) 确定成本中的固定成本总额。成本趋势直线与纵坐标的交点即为固定成本数额。

(4) 确定成本中的单位变动成本。根据成本趋势直线上的任何一点业务量以及与之相对应的成本，即可计算出成本中的单位变动成本。

(5) 建立成本性态模型：成本总额 = 固定成本总额 + 单位变动成本 × 业务量

【例 2】现仍按上例中表 2－2 的有关数据，采用散布图法进行成本分解。

首先，作出直角坐标图，以横轴(x 轴)表示机器工作小时，以纵轴(y 轴)表示维修成本。分别标出各月份机器工作小时和与之相应的维修成本的坐标点，即散布点。如图 2－12 所示。

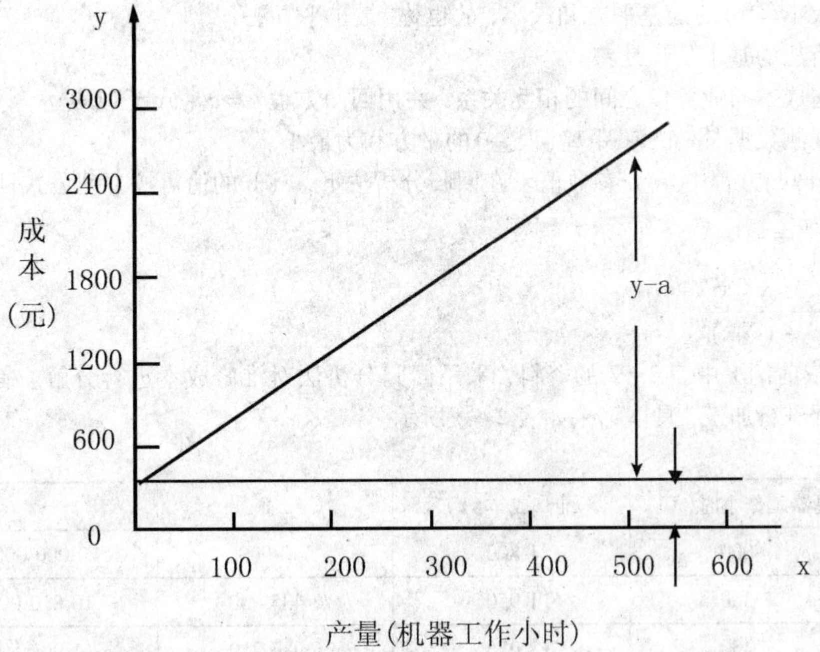

图 2-15

其次，通过目测，做出能使散布点个数上、下均等的成本趋势直线，并将其向左下方延长，使之与纵轴相交。此时，纵截距的读数即认定为固定成本，而成本趋势直线的斜率则认定为单位机器工作小时平均维修成本，亦即单位变动成本。固定成本、单位变动成本的具体确定方法如图 2-15 示。

图 2-15 说明，成本趋势直线同纵轴相交所形成的截距即为维修成本中的固定成本部分，其数额约为 305 元，在图中以 a 表示。根据数学原理，图中趋势直线的斜率（设以 b 表示）应为此直线倾角的正切，即图中 $y-a$ 同产量（x）相除所得的商数。因而，若令产量为 5 250 机时，则：

$$b=\frac{y-a}{x}=\frac{2\ 925-305}{5\ 250}=0.499\text{（元/机时）}$$

这就是说，当产量为 5 250 机时，维修成本为 2 925 元时，固定成本部分为 305 元，变动成本总额为 2 619.75 元（0.499 ×5250），单位变动成本 0.499 元。为此，该企业维修成本同机器工作小时之间的相互关系可以描述为：

$$y = 305 + 0.499x$$

散布图法的优点是形象直观，易于理解。由于考虑了所提供的全部历史资料，排除了高低点法两组资料带来的偶然性，其计算结果比高低点法准确。但由于成本趋势直线是通过目测法绘制的，目测因人而异，从而影响计算结果的客观性和准确性。

3. 回归分析法

回归分析法是根据过去一定期间业务量（x）和成本（y）的历史资料，应用最小平方原理，计算出最能代表业务量（x）和成本（y）的回归直线，借以确定混合成本中固定成本和单位变动成本含量的一种成本分解方法。如前述散布图法的基本原理，在散布点之间可以绘制许多条反映 x 与 y 之间相互关系的直线，究竟哪一条最准确呢？从数学的观点来看，与全部观测数据的误差平方和最小的直线最为准确，这条直线在数学上称为回归直线。由于这种方法要使所有成本(Y)的误差平方和最小，故也称“最小平方法”。

回归分析法的基本步骤是：

（1）确定成本与业务量之间的相互关系，并用回归方程 $y=a+bx$ 予以表达，该方程表示回归直线同观测数据“散布点”距离(误差)的平方和为最小。

(2)求解回归方程中 a、b 参数值。在回归分析法下，a、b 的值可按下列公式计算：

$$a=\frac{\sum y-b\sum x}{n}$$

$$b=\frac{n\sum xy-\sum x\sum y}{n\sum x^2-(\sum x)^2}$$

【例 3 】依前例 1 中表 2 - 2 的资料，采用回归分析法对维修成本进行分解。首先，对前例中历史数据进行加工，具体结果如表 2 - 3 所示。

表 2 - 3

月份	机器工作小时(X)	维修成本(Y)	XY	X^2
1	3 000	1 800	540 000	9 000 000
2	3 300	1 950	6 435 000	10 810 000
3	3 450	2 025	6 986 250	11 902 500
4	3 750	2 175	8 156 250	14 062 500
5	3 900	2 250	8 775 000	15 210 000
6	4 200	2 400	10 080 000	17 640 000
7	4 500	2 550	11 475 000	20 250 000
8	4 800	2 700	12 960 000	23 040 000
9	5 100	2 850	14 535 000	26 010 000
10	5 250	2 925	15 356 250	27 562 500
11	3 800	2 200	8 360 000	14 440 000
12	4 600	2 600	11 960 000	21 160 000
$n=12$	$\sum x=$ 49 650	$\sum y$ =28 245	$\sum xy$ = 120 478 750	$\sum x^2$ =211 167 500

其次，计算 A、a、b 的值。将加工所得有关数代入参数 a、b 的计算公式，其具体结果为：

$$b=\frac{12\times120\ 478\ 750-49650\times28\ 425}{12\times211\ 167\ 500-49\ 650\times49\ 650}=0.5(\text{元/机时})$$

$$a=\frac{28\ 245-0.5\times49\ 650}{12}=300(\text{元})$$

上述计算结果表明，该企业维修成本中的固定成本为 300 元，单位变动成本为 0.5 元。若产量为 5 250 机时，则变动成本数额为 2 625 元，其分解结果与高低点法相同。为此，本例中该企业维修成本同机器工作小时之间的相互关系可以用下式表示：

$Y=300+0.5x$

最后，预测下年 1 月份维修成本。

预计维修成本 =300 +0.5 ×5 000 =2800 (元)

回归分析法的计算结果比前两种方法更为准确，但计算过程比较繁琐。如果采用计算机，则其计算过程将大为简化。

采用历史成本分析法进行成本分解时，必须强调业务量(x)与成本(y)应具有相关性。历史成本分析法最终要近似地描述成本和业务量之间的线性关系，描述的关系是否准确，除了依赖数学方法本身的科学性外，更重要的是成本与所选用的业务量是否确实存在线性联系。判断成本与业务量之间是否存在线性关系可通过计算相关系数R。相关系数R的计算公式为：

$$R = \frac{n\sum xy - \sum x\sum y}{\sqrt{[n\sum x^2 - (\sum x)^2][n\sum y^2 - (\sum y)^2]}}$$

相关系数R的值一般在0与+1之间，它说明x与y之间关系的密切程度。$R=-1$时，说明x与y完全负相关；$R=0$时，说明x与y不存在任何联系，为零相关；R趋向$+1$时，说明x与y完全正相关，即完全可以用$y=a+bx$来描述；$R=+1$，说明x与y基本正相关，可近似地写成$y=a+bx$的形式。如前例的相关系数R可计算如下：

$$R = \frac{12\times 120\,478\,750 - 49\,650\times 28425}{\sqrt{[12\times 211\,167\,500 - 49\,650^2][12\times 17245875 - 28\,425^2]}} = 0.988$$

R接近于1，说明维修成本与机器工作小时之间基本呈线性关系，可近似地用回归直线$y=a+bx$来描述。

四、成本性态分析的扩展

传统的成本性态分析，根据成本同产品产销量之间的依存关系，将全部成本划分为固定成本和变动成本两大部分，从数量上揭示成本与业务量之间的规律性联系，不仅可据此把产品生产过程中发生的有关耗费明确地区分为产品成本和期间成本，为变动成本计算奠定客观基础；而且可为开展本量利分析、经营预测和经营提供科学依据，在加强企业管理、改善生产经营、提高经济方面发挥重要作用。然而，科学技术和社会经济的迅猛发展，使现代企业管理观念与方法发生了巨大变化，既改变了成本发生的基础，也改变了成本信息的需要，进而引发了成本性态分析的相应变化。

管理观念与管理方法的变化，使管理深入到作业层次，产生了作业管理。与作业管理的需要相适应，产生了作业成本管理，形成了作业成本制。作业成本制下，产品生产过程中的费用消耗表现为作业的费用消耗，成本费用的发生被视作与作业相关，产品成本由作业成本构成。作业成本计算的基本思路是，产品消耗作业，作业消耗成本，生产费用应根据其产生的原因汇集到作业，计算出作业成本，再按产品生产所消耗的作业，将作业成本计入产品成本。借助作业成本计算，既可确定产品成本以满足损益计算的需要，又可确定作业成本以满足作业管理的需要。

作业成本计算的突出特点是按多个成本动因分配制造费用。成本动因是指引起成本发生的作业或因素，成本动因驱动成本，发生的成本按成本动因进行分配。在传统的成本计算方式下，制造费用是按各产品消耗的人工工时或机器工时等的比例分配给各产品，连同直接材料、直接人工构成各该产品的产品成本，成本动因是产品消耗的某种数量。作业成本制下，成本动因是作业，发生的成本按作业的消耗量进行分配。根据这一原则，制造费用按作业的不同划分为不同的组成部分，每一部分按与之相关的作业进行分配，选用的成本动因较多。

以作业为成本动因并据以进行成本分析，使成本性态分析的内容和方法发生了显著的变化，这种变化主要集中在制造费用上。概括起来，制造费用按其同作业的关系可以分为以下4种：

(1)与作业时间相关的变动费用，如与人工时间相关的照明费、劳动保护费用及与检验时间相关的检验费用等，与机器工作时间相关的费用如动力费、固定资产维护费用等。由于与这类费用相关的作业时间通常与产品产量相关，因而这类费用与作业时间相关也就是与产品产量相关，故称为与作业时间相关的变动费用(与产量相关的变动费用)。

(2)与作业次数及产量相关的变动费用，如材料整备费用等等。

(3)与作业次数相关而与产量无关的费用，如设计制图费等。

(4)与作业量及产量都不相关的固定费用，如厂房及机器设备的折旧费、租赁费。

综上所述，在作业成本制下，全部成本按其性态可以分为三类：

第一类，产品变动成本。这类成本通常既与产品量又与作业量线性相关。

第二类，作业变动成本。这类成本主要是指与作业量相关但与产品量不相关的费用。

第三类，固定成本。这类成本主要是与作业量及产量均不相关的费用。

为此，前述传统的成本性态模型 $y = a + bx$

即应扩展为 $y = a + x_1 b + cx_2$

式中 Y——总成本；

a——固定成本总额；

b——单位产品变动成本；

c——单位作业变动成本；

x_1——产销量；

x_2——作业量。

第三节　变动成本法

一、变动成市法计算的特点

为了取得企业内部经营管理所需要的变动成本和固定成本数据，一种方法是对成本进行分解；另一种方法是采用变动成本计算，通过会计账簿系统来提供。变动成本计算提供的成本数据，是特定会计期变动成本和固定成本的实际成本，而不是历史平均值或标准值，主要用于业绩的评价与考核。

变动成本计算，是一种成本计算的方法，称为变动成本法。按照这种方法，在计算产品成本时只包括变动成本而不包括固定成本，固定成本作为期间成本在发生的当期全部直接转为费用，列作利润表的减项。变动成本法出现后，为了加以区别，人们把各种传统的成本计算方法统称为完全成本法或吸收成本法(因为产品成本中吸收了固定成本)。

图2-16是完全成本法和变动成本法流程的比较。图中实线为完全成本法的数据流程，虚线是采用变动成本法时发生的变化。从图中可以看出，两种方法有以下区别：

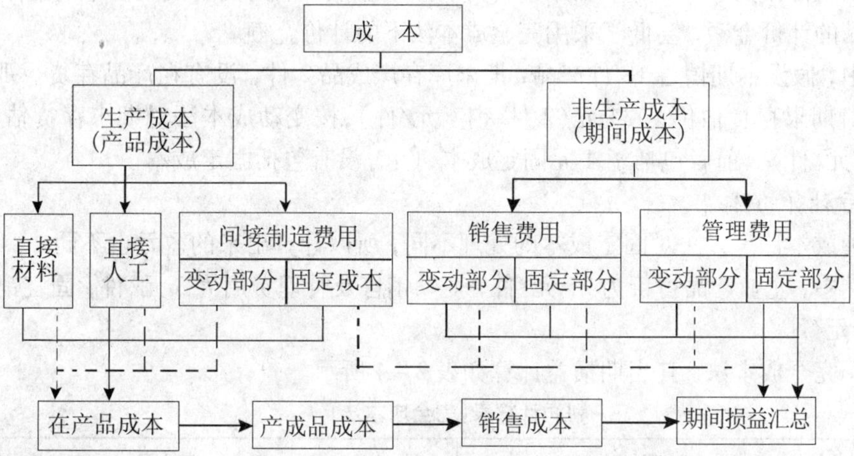

图 2－16

(一)产品成本内容的区别

在此之前，我们曾经介绍过，成本区分为生产过程中发生的成本(即生产成本)和非生产过程中发生的成本(即非生产成本)。将生产成本(包括变动成本和固定成本)全部计入产品成本(完全成本法因此而得名)，而非生产成本不计入产品成本，直接作为期间成本，列入利润表的减项。

变动成本法要求将所有成本(包括生产成本和非生产成本)区分为变动成本和固定成本两大类。其中，生产成本中的变动成本部分计入产品成本，它们包括直接材料、直接人工和变动制造费用成本；生产成本中的固定部分即固定制造费用成本作为期间成本处理，在发生的当期转为费用，列入利润表；全部非生产成本也作为期间成本处理，并列入利润表。非生产成本，虽然全部作为期间成本，但从管理需要考虑，非生产成本也应区分固定成本和变动成本。

例　企业生产 20 件产品，耗用直接材料 100 元，直接人工 120 元，变动制造费用 80 元，固定制造费用 40 元。

如果采用完全成本法：

产品总成本 = 100 + 120 + 80 + 40 = 340(元)

单位成本 = 340 ÷ 20 = 17(元)

如果采用变动成本法：

产品总成本 = 100 + 120 + 80 = 300(元)

单位成本 = 300 ÷ 20 = 15(元)

(二)产成品和在产品存货估价的区别

采用完全成本法时，各会计期发生的全部生产成本要在完工产品和在产品之间进行分配。通过销售，已销售的产成品中包含的固定成本，随着销售转为当期费用；而在产品和库存产成品中的固定成本，仍作为存货成本的一部分。这就是说，各会计期末的在产品和产成品存货，是按完全成本计价的，其中既有变动成本又有固定成本。

采用变动成本法时，由于只将变动成本计入产品成本，无论在产品、库存产成品还是已销产品成本中只包含变动成本，所以，期末在产品和库存产成品存货计价时不包含固定成本。固定成本全部作为期间成本，在当期转为费用。显然，采用变动成本法下的期末在产品和库存产成品的计价金额，会低于采用完全成本法下的计价金额。

在上例中，假设本期销售 18 件产品，期末库存产成品 2 件，没有在产品存货。那么，按完全成本法对期末存货估价为 34 元(2 件 ×17 元/件)；按变动成本法对期末存货估价为 30 元(2 件 ×15 元/件)。前者包括了 4 元固定成本，后者没有包括固定成本。

(三)盈亏计算的区别

由于两种成本计算方法对固定成本的处理不同，所以计算出来的盈亏也不同。

假设上例中，企业产品售价为 25 元/件，变动销售及管理费用为 3 元/件，固定销售及管理费用为 50 元/月。

如果采用完全成本法，其当期损益计算如表 2－4 所示。

表 2－4　　利润计算表(完全成本法)

项　　目	金　　额(元)
销售收入(25 元 ×18 件)	450
减:销售成本(17 元 ×18 件)	306
毛利	144
减:销售及管理费用	104
利润	40

如果采用变动成本法，固定成本不计入产品成本，全部作为期间成本，发生时转为费用，抵减收入，其利润计算如表 2－5 所示。由于从产品成本中剔除了固定成本，销售收入与“产品成本”的差额不能再称为毛利，而应称为边际贡献。边际贡献是销售收入减去变动成本后的余额，它首先要负担固定成本，剩余的部分才是利润。

表 2－5　　利润计算表(变动成本法)

项 目	金 额(元)
销售收入(25 元 ×18 件)	450
减:销售成本(15 元 ×18 件)	270
边际贡献(制造)	180
减:期间成本	
其中:固定制造费用	40
变动销售与管理费用(3 ×18 件)	54
固定销售与管理费用	50
利润	36

两种成本计算方法确定的利润相差 4 元(40 －36)。其原因是:由于本期销售量小于产量，期末存货增加了 2 件，在采用完全成本法时 2 件存货的成本包含了 4 元本期发生的固定成本。如果这 2 件产品在下期销售，这 4 元的固定成本将随产品的销售，转为下期的费用，本期只负担了 40 元的固定成本中的 36 元(40 －4)；采用变动成本法时，期末产成品不负担固定成本，本期发生 40 元固定成本全部在本期转为费用，比完全成本法多 4 元。

二、变动成本法的应用

变动成本计算的基本原理问世之初，并未引起社会广泛重视，很少被企业实际应用。但到了 20 世纪 50 年代末，由于企业广泛实行预算管理，强烈要求会计部门提供与此相适应的成本资料，变动成本法才被逐渐运用到会计实务中。目前，变动成本法的应用已相当普遍，而且在企业内部经营管理中发挥了良好的作用。

（一）采用变动成本法的必要性

变动成本法提出的理由是，完全成本法下确定的利润受存货变动的影响，往往出现每年销售量相同，但利润却明显不同。甚至出现销售得多，而利润少；相反，销售得少反而利润多。这种现象不仅让人难以理解，而且不利于决策和管理。

例　某企业生产一种产品，销售单价为 10 元，单位变动成本为 4 元，固定成本为 24 000 元/年。最近连续 3 年的销售量均为 6 000 件，产量分别为 6 000 件、8 000 件、4 000 件。销售和管理费用为 5 000 元/年。

如果采用完全成本法，固定成本要分摊到产品中去。因各年的产量不同，单位产品分摊的固定成本数额不同，由此引起产品单位成本不同。

$$单位产品成本=单位变动成本+\frac{固定成本总额}{产品产量}$$

第一年产品单位成本 = 4 +（24 000 ÷ 6 000） = 4 + 4 = 8（元）

第二年产品单位成本 = 4 +（24 000 ÷ 8 000）= 4 + 3 = 7（元）

第三年产品单位成本 = 4 +（24 000 ÷ 4 000）= 4 + 6 = 10（元）

这三年的比较利润表如表 2－6 所示。从中可以看出，三年销售量相同，但是，利润波动很大。

表 2－6　　比较利润表（完全成本法）

项　目	第一年	第二年	第三年	合计
产量（件）	6 000	8 000	4000	18 000
生产成本（固定成本＋产量×变动成本）	48 000	56 000	40 000	144 000
单位产品成本	8	7	10	
期初存货（件）	0	0	2 000	
期初存货成本			14 000	
期末存货（件）	0	2 000	0	
期末存货成本	0	14 000	0	
销售数量	6 000	6 000	6 000	18 000
销售收入	60 000	60 000	60 000	180 000
减销售成本（期初存货成本＋本期生产成本－期末存货成本）	48 000	42 000	54 000	144 000
毛利	12 000	18 000	6 000	36 000
减：销售与管理费用	5 000	5 000	5 000	15 000
利润	7 000	13 000	1 000	21 000

为什么每年销量相同，而利润不同呢？各期销售单价未变，销售收入相同，利润波动显然是由于成本波动造成的。在成本支出水平稳定的情况下，销量相同时，各年变动成本总额也应相同，不同的只是已销产品所负担的固定成本。按照完全成本法，固定制造成本要计入

产品成本，其中已销产品的成本转为当期费用从销售收入中被抵减，未销产品的成本作为存货成本列为资产。

本例中，第一年发生的24 000元固定成本，全部随产品销售转化为当期费用。第二年，产量大于销量，形成期末2 000件存货，当期发生的固定成本，有6 000元滞留在存货中；随销售转为当期费用的只有18 000元(24 000 - 6000)。第三年，销量大于产量，不仅当年生产的产品全部销售，而且销售了年初的存货2 000件。也就是说，不仅当年进入产品成本的24 000元固定成本全部转为当期费用，而且，年初存货成本中的6000元固定成本也转为当期费用。从本期销售收入中抵减固定成本是30 000元，比第一年多6000元，比第二年多12 000元。结论是：尽管三年每年的销售量相同，单位售价相同，每年固定成本总额相同，单位变动成本相同，但是，由于每年从销售收入中抵减的固定成本不同，造成各年利润不同。

完全成本法下，更让人难以理解的现象是，销售量增加，单价不变，利润却下降。本例中，如果第一年生产6 000件产品中，销售4 000件；第二年生产4 000件，销售6 000件，其他条件不变，当年实现销售收入和利润的情况如表2-7所示。

表2-7　　销售增加而利润下降　　单位:元

项 目	第一年	第二年
产量(件)	6 000	4 000
生产成本(固定成本 + 产量 × 变动成本)	48 000	40 000
单位产品成本(生产成本 ÷ 产量)	8	10
期初存货(件)	0	2 000
期初存货成本(存货单位成本 × 数量)	0	16 000
期末存货(件)	2 000	0
期末存货成本(存货单位成本 × 数量)	16 000	0
销售数量	4 000	6 000
销售收入	40 000	60 000
减销售成本(期初存货成本 + 本期生产成本 - 期末存货成本)	32 000	56 000
毛利	8 000	4 000
减:销售与管理费用	5 000	5 000
利润	3 000	-1 000

表2-7中的数据表明，第二年销售虽然增加了2 000件，但是利润却比第一年降低了4 000元(-1 000-3 000)。

为什么会出现这种情况？这是因为第一年生产6 000件，单位产品成本为8元，其中，变动成本4元，固定成本4元。当年销售4 000件，期末库存2 000件。这就是说，当年发生的24 000元固定成本，只有16 000元随产品销售已转化为当期费用，从当年的销售收入中抵减了；另外8 000元，作为期末存货成本的一部分转为资产了。第二年生产4 000件，销售6 000件，不仅销售了当年生产的4 000件，而且销售了期初存货2 000件。这就是说，随当年销售转为费用的固定成本，不仅包括当年的24 000元，而且包括期初存货中的8 000元，共计32 000元，比上年增加16 000元。销售增加2 000件，边际贡献增加了12 000元(单价10元，变动成本4元，单位边际贡献6元，增加销售2 000件，边际贡献总额增加12 000元），结果全部被增加的固定成本抵销了，造成利润比上年减少4 000元。

按照完全成本法确定的利润，不仅受销量和成本水平的影响，而且受产量的影响，既不符合经济学原理，也不易被人们理解。尤其是不易被销售人员理解。本例就充分说明了这一点，销售人员努力扩大产品销售市场，使销售量在上年基础上增长了50%（2 000 ÷4 000）。但结果却使企业由盈利变成亏损，利润额下降4 000元，的确令人费解。与此相反的另一种情况是，企业为了完成和超额完成当年的利润目标，通过增加产量，也可实现利润的增长，而无论是否销售实现增加。这是因为产品成本中的固定成本，随着产成品成本结转到了下一年度，而减少了本年费用。因此，按照完全成本法确定的利润，往往不能真实反映经营者的业绩。解决这种不合理现象的办法是，放弃固定成本在存货和销售之间的分配，让固定成本作为期间成本，全部在当年转化为费用，即采用变动成本法。

（二）变动成本法的应用

采用变动成本法时，各成本费用科目要按变动费用和固定费用分别设置，即分别设置"变动制造费用"、"固定制造费用"、"变动销售费用"、"固定销售费用"、"变动管理费用"和"固定管理费用"等。与此同时，"生产成本"和"产成品"科目的使用也要相应变化，即它们只记录存货的变动成本，而不包括固定成本。

下面举例说明变动成本法的具体应用。

例　某企业采用变动成本法计算产品成本，有关资料如下：

1. 本期投产100件产品，期末完工50件，期初产成品存货30件，本期销售60件。

2. 期初产成品存货成本900元，"本年利润"期初余额760元，库存材料成本2 000元。

3. 在产品和完工产成品分配采用约当产量法，在产品约当完工产品的系数为0.6。

4. 本月发生费用：直接材料1 000元，直接人工900元，变动制造费用500元，固定制造费用400元，变动销售费用和管理费用60元，固定销售和管理费用40元。

本月有关经济、业务说明如下：

（1）投产100件产品，领用材料1 000元：

借：生产成本　　　　　　　　　　1 000
　贷：原材料　　　　　　　　　　　　　1 000

（2）本月发生直接人工成本900元，计入生产成本：

借：生产成本　　　　　　　　　　900
　贷：应付职工薪酬　　　　　　　　　　900

（3）本期发生变动制造费用500元，计入生产成本：

借：生产成本　　　　　　　　　　500
　贷：变动制造费用　　　　　　　　　　500

（4）本月完工产品50件，计算其成本：

本月投产100件，完工50件，在产品50件，在产品约当产量系数为0.6，则：

在产品约当产量 = 50 × 0.6 = 30（件）

本期生产成本 = 1 000 + 900 + 500 = 2 400（元）

成本分配率 = 2400 ÷（50 + 30）= 30（元/件）

完工产品成本 = 50 × 30 = 1 500（元）

在产品成本 = 30 × 30 = 900（元）

产成品入库：

借：库存商品　　　　　　　　　　　　1 500

　贷：生产成本　　　　　　　　　　　　　　1 500

(5)本期销售60件，单价50元，销售收入为3 000元：

借：银行存款　　　　　　　　　　　　3 000

　贷：主营业务收入　　　　　　　　　　　　3 000

(6)结转已销产品成本：

期初产成品成本余额900元(30件)，本期入库1 500元(50件)。无论采用"加权平均"法还是"先进先出"法计价，单位成本都是30元。

已销产品成本＝30 × 60＝1 800(元)

借：主营业务成本　　　　　　　　　　1 800

　贷：库存商品　　　　　　　　　　　　　　1 800

(7)结转本年利润。

将本期发生的产品销售成本、本期发生的固定制造费用成本、固定管理费用、销售费用、变动管理费用、变动销售费用等，转入"本年利润"科目的借方；将产品销售收入转入"本年利润"科目的贷方，结出本年利润。

本月账务处理如图2－17所示。

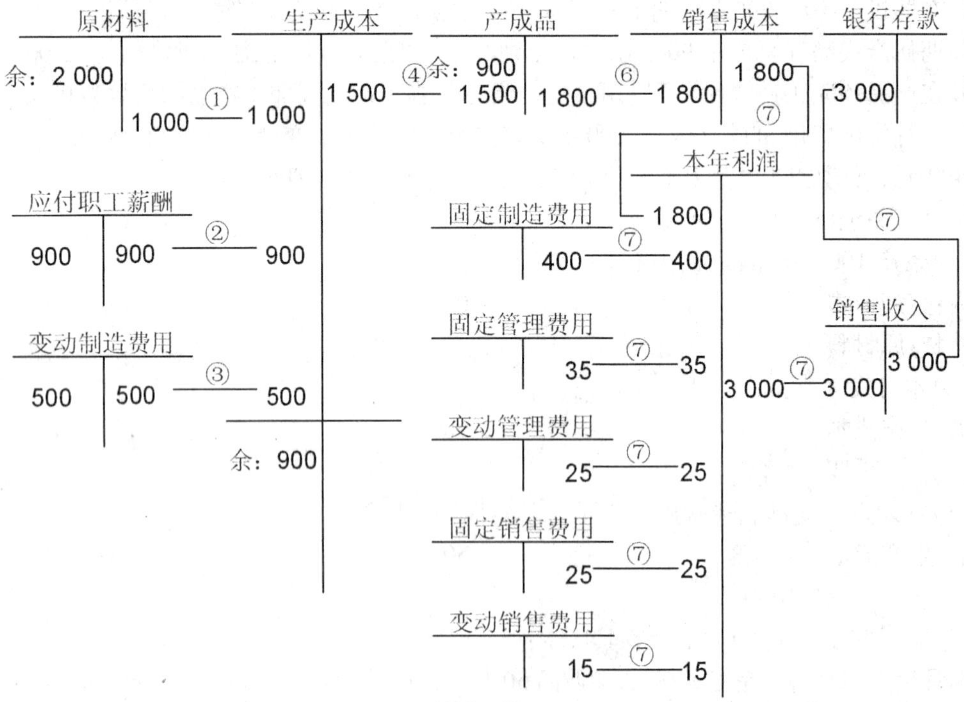

图2－17

(三)变动成本法的局限性

无可否认，变动成本法克服了完全成本法的一些缺点，在内部成本管理中十分有用。但是对其能否用于对外报表存在不同看法和意见分歧。主要在以下方面：

1. 变动成本法的产品成本观念不符合会计准则

按照会计准则，存货的成本应当包括固定制造费用成本，因为无论成本是变动的还是固定的，都是生产过程中的企业资源的耗费，都是存货成本构成的一部分。

2. 改用变动成本法时会影响有关方面及时获得收益

几乎所有正常生产经营的企业，年末都有一定的产成品存货。如果从完全成本法改为变动成本法，就要将存货中的固定成本剔除，并作为当期费用处理，从而影响当期利润减少。只有当剔除了固定成本的存货销售以后，才能补回减少的利润。这就延迟了所得税和股东分红。此外，如果当年产量大于销量，形成期末存货增加时，完全成本法下的利润大于变动成本法下的利润。尽管从长期看，变动成本法和完全成本法计算的利润是一致的，只是各期分布不同。但是，在考虑货币时间价值的情况下，还是影响各方面的实际利益的。

3. 变动成本法提供的资料不能充分满足决策的需要

无论变动成本法还是完全成本法，都是关于过去经济活动的反映。而决策面向未来，尤其在预计未来将发生较大变化时，变动成本法同样不能提供对决策有用的信息。

企业的长期决策需要使用包括了全部支出的成本资料，以判断每种产品能否以收抵支，而变动成本法不能提供这种资料，因而不能满足长期决策，尤其是长期定价决策的要求。

（四）变动成本法如何提供对外报告成本信息

按照会计准则规定，产成品存货成本应包括固定制造费用；期间成本只包括管理费用（包括固定制造费用和变动制造费用）、销售费用（包括固定销售费用和变动销售费用）和财务费用，不包括产品的固定制造费用。而在变动成本法下，产成品存货成本中不包括固定制造费用，而将应列入产成品存货中的固定制造费用作为期间成本处理，这不符合会计准则的要求，所提供的成本信息不能用于对外报告。从上例和图 2-17 中可以看出，“生产成本”中不含固定制造费用，因而，从“生产成本”转入“产成品”的产品制造成本中，也不包括固定制造费用。“固定制造费用”科目期初没有余额，期末也没有余额，这就是说，“固定制造费用”当期发生额全部转入“本年利润”科目，全部在当期的产品销售收入中抵减了。

为了使变动成本法下的成本信息能够满足对外报告的需要，应该对变动成本法下的成本计算系统进行必要的调整。调整的主要科目是“固定制造费用”科目。具体方法是：在该科目下设置两个二级科目：“在产品”和“产成品”：使该科目成为归集和分配固定制造费用的科目。“在产品”二级科目的借方，记录本期发生的固定制造费用，期末按照一定的方法将发生的固定制造费用在完工产品和在产品之间进行分配，同时将属于完工产品负担的部分，从该“在产品”二级科目的贷方转入该科目“产成品”二级科目的借方。在结转当月产品成本的同时，结转固定制造费用，从“固定制造费用——产成品”科目的贷方，按照已销产品应负担的固定制造费用的数额，转入“产品销售成本”科目的借方。“固定制造费用”所属两个二级科目的期末余额，反映的是期末在产品和库存产成品存货应负担的固定制造费用。需要说明，从“固定制造费用——产成品”科目贷方转出的数额，不再直接结转到“本年利润”，作为期间成本抵减当期产品销售收入，而是转入“产品销售成本”，构成产品销售成本的组成部分。

本章小结

1. 变动成本法又称直接成本法。其主要特点是产品包括产品生产过程中所消耗的直接材料、直接人工和变动性制造费用，而把固定性制造费用作为当期的“期间成本”，全额列入损益表，作为当期销售收入的一个扣减项目；

2. 变动成本法与完全成本法的区别表现在如下三方面：

(1) 产品成本组成的不同；

(2) 产成品与在产品存货估价方面的区别；

(3) 在盈亏计算方面的区别。

3. 采用完全成本法的优点是可以鼓励企业提高产品生产的积极性。其缺陷是按照这种方法为基础计算的分期损益难以为管理部门所理解。

4. 采用变动成本法的优点是：

(1) 所提供的成本资料能较好地符合企业生产经营的实际情况，易于为管理部门所理解和掌握；

(2) 能提供每种产品盈利能力的资料，有利于管理人员的决策分析；

(3) 便于分清各部门的经济责任，有利于进行成本控制与业绩评价。

但这种成本计算法也存在某些局限性：

(1) 这种成本计算不符合传统的成本概念的要求；

(2) 所确定的成本数据不符合通用会计报表编制的要求；

(3) 所提供的成本数据较难适应长期决策的需要。

5. 两种成本法可以结合应用。其做法是：把日常核算建立在变动成本计算的基础上，在产品、产成品账户均按变动成本反映，同时另设“存货中的固定性制造费用”账户，把所发生的固定性制造费用先计入这一账户；期末，把其中应归属于本期已销售产品的部分转入“收益汇总”账户，并列入损益表，作为本期销售收入的一个扣减项目；而其中归属于期末在产品、产成品的部分，则仍留在这个账户上，并将其余额附加在资产负债表上的在产品、产成品项目上，使它们仍按所耗费的完全成本列示。

◇◇ 练习题

一、单项选择题

1. 某企业成品库有固定员工5名，工资总额5 000元，当产量超过5 000件时，就需雇佣临时工。临时工实行计件工资，每包装发运1件产品支付工资2元，则该企业成品库的人工成本属于(   )。

A. 半变动成本　　B. 延期变动成本　　C. 曲线成本　　D. 阶梯式成本

2. 按照变动成本法确定的利润，不受(   )的影响。

A. 销售单价　　B. 销售量　　C. 成本费用水平　　D. 产量

3. 如果本期产量小于本期销量，按照后进先出法核算发出存货的成本，则按完全成本法所确定的利润(   )按变动成本法所确定的利润。

A. 等于　　B. 大于　　C. 小于　　D. 均有可能

4. 下列说法不正确的是(　　)。

A. 在相关范围内，一定期间的固定成本总额是固定不变的，每月的实际发生额都一样

B. 变化率递减的曲线成本总额随产量的增长而增长

C. 半固定成本又称为阶梯式成本

D. 延期变动成本的曲线在初始阶段是水平的直线

5. 在变动成本法中，产品成本是指(　　)。

A. 制造费用　　B. 生产成本　　C. 变动生产成本　　D. 变动成本

二、多项选择题

1. 下列说法中正确的有(　　)。

A. 维护和修理费属于半固定成本

B. 检验人员工资属于阶梯式成本

C. 累进计件工资属于变化率递增的曲线成本

D. 自备水源的成本属于变化率递减的曲线成本

2. 以下属于酌量性固定成本的有(　　)。

A. 科研开发费　　B. 广告费　　C. 固定资产折旧　　D. 职工培训费

3. 在变动成本法下，不能计入产品成本的有(　　)。

A. 变动制造费用　　B. 固定制造费用　　C. 变动生产成本　　D. 变动非生产成本

4. 下列说法正确的有(　　)。

A. 变动成本法提供的资料不能充分满足决策的需要

B. 变动成本法下，利润 = 销售收入 - 销售成本 - 固定制造费用 - 销售和管理费用

C. 完全成本法下，各会计期发生的全部生产成本要在完工产品和在产品之间分配

D. 完全成本法下，全部成本都计入产品成本

5. 如果企业期初与期末均有存货，则按完全成本法和按变动成本法计算的利润可能(　　)。

A. 相等

B. 全部成本法计算的结果较高

C. 变动成本法计算的结果较高

D. 以上三者均不对

6. 下列方法中必须根据历史成本数据进行成本估计的有(　　)。

A. 高低点法　　B. 散布图法　　C. 工业工程法　　D. 回归直线法

三、判断题

1. 在不改变企业生产经营能力的前提下，采取降低固定成本总额的措施通常是指降低约束性固定成本。(　　)

2. 高低点法，是根据历史成本资料中成本最高和成本最低期成本以及相应的产量，推算单位产品的增量成本，以此作为单位变动成本，然后根据总成本和单位变动成本来确定固定成本的一种成本估计方法。(　　)

3. 成本按其同业务量之间的依存关系分为固定成本、变动成本和混合成本。(　　)

4. 实际工作中，对成本进行分解的方法主要有账户分析法、技术测定法、历史成本分析法等。(　　)

5. 差别成本、机会成本、应负成本、重置成本、可避免成本等均属于非相关成本。(　　)

四、计算题

1. 某企业生产的甲产品7－12月份的产量及成本资料如下表所示：

	7	8	9	10	11	12
产量(件)	40	42	45	43	46	50
总成本(元)	8 800	9 100	9 600	9 300	9 800	10 500

要求：

(1)采用高低点法进行成本估计；

(2)采用回归直线法进行成本估计。

2. B公司2月份的单位产品成本中包括直接材料9元，直接人工8.1元，变动制造费用4.5元。2月份发生固定制造费用5 400元，变动非生产成本每件1.8元(均为销售费用)，固定非生产成本3 000元。

月初的在产品为100件(平均完工程度为40%)，月末的在产品为200件(平均完工程度60%)，本月完工入库产品1 000件，销售900件，单位售价50元。月初没有库存产品。该公司只生产一种产品。

要求：

(1)计算2月份加工的产品的约当产量；

(2)分别采用完全成本法和变动成本法确定2月份的期间成本和单位产品成本；

(3)分别采用完全成本法和变动成本法确定2月末的库存产品成本；

(4)分别采用完全成本法和变动成本法确定2月份的利润，计算利润差额并说明原因。

3. 某企业仅有一个基本生产车间，只生产一种产品。该企业采用变动成本计算制度，月末对外提供财务报告时，对变动成本法下的成本计算系统中有关账户的本期累计发生额进行调整。有关情况和成本计算资料如下：

(1)本月投产1 000件产品，期末完工950件，期初产成品存货100件，本月销售900件，单价为1 200元。

(2)变动成本计算法下期初产成品存货成本9 000元，期初库存材料成本10 000元，期初在产品存货50件，期初在产品存货成本6 000元。

(3)固定制造费用账户的期初余额为36 000元，其中，在产品30 000元，产成品6000元。

(4)在产品和完工产成品成本分配采用约当产量法，材料及加工费用在产品约当完工产品的系数均为0.5。

(5)本月购买材料160 000元，本月发生费用：

直接材料　　100 000元

直接人工　　10 000元

变动制造费用　　9 000元

固定制造费用　　70 000元

变动销售和管理费用　　80 000元

固定销售和管理费用　　40 000元

要求：

(1)计算变动成本法下本月发生的生产成本。

(2)计算变动成本法下本月完工产品成本和期末在产品成本。

(3)企业对产成品存货计价采用先进先出法，要求确定变动成本法下月末存货成本。

(4)月末对有关账户的本期累计发生额进行调整时，固定制造费用在完工产品与在产品之间的分配采用约当产量法;发出产成品应负担的固定制造费用转出也应按先进先出法计算，写出有关调整数额的计算过程和调整会计分录。

(5)计算对外提供财务报告时的税前经营利润。

4. 某企业生产20件产品，耗用直接材料100元，直接人工120元，变动制造费用80元，固定制造费用40元。

【要求】

(1)采用两种方法计算产品总成本和单位成本。

(2)假设本期销售18件产品，期末库存产成品2件，没有在产品存货。采用两种方法计算期末存货成本。

(3)假设产品售价25元/件，变动销售及管理费用3元/件，固定销售及管理费用50元/月。采用两种方法分别计算当期利润。

(4)分析两种方法下利润差异的原因。

5. 企业产销甲产品，各年价格与成本水平不变，存货均采用先进先出法，资料如下表：

项 目	单位	2006年	2007年
年初产品存货量	件	0	A
当年产量	件	10 000	12 000
当年销量	件	10 000	10 000
年末产品存货量	件	0	B
年固定生产成本	元	2 400 000	C
变动法下年税前利润	元	1 200 000	D

要求:① 确定表中用字母表示的空余栏目数据 。

② 计算2007年末完全成本法下期末存货中所含固定生产成本额 。

③ 计算2007年度完全成本法下税前利润额。

第三章　本量利分析

本章知识点简介

本章介绍本量利分析方法。

主要内容包括：

一、本量利分析的意义、基本假设与应用范围

本量利分析是一种主要反映成本、数量和利润三者依存关系的分析方法，又称盈亏平衡点分析。它是在成本性态分析和变动成本法的基础上进一步展开的一种分析方法，也是管理会计中的基本内容之一。

任何分析理论与方法都应该建立在一定的假设前提条件下才能成立，其内容才能严谨和完善。本量利分析也是建立在一定的基本假设条件基础上的。

本量利分析中的线性假设分析和实际情况不完全符合，在企业经营中，总收入、业务量、变动成本、固定成本之间并非总是一种固定的线性关系。因此本量利线性分析有一定的范围。对于非线性分析，本章未涉及。

二、本量利分析的基本模型

企业的利润是销售收入扣除成本后的余额。如果我们把成本、业务量、利润三者之间的依存关系用方程式来描述，就是基本的本量利公式，即：

利润 =（单价 − 单位变动成本）× 销售量 − 固定成本。

贡献毛益，也称边际贡献，它是企业的销售收入减去变动成本后的差额。贡献毛益率是单位贡献毛益与单位产品销售价格或贡献毛益总额与销售收入总额的比率，它表示每 100 元销售收入中提供的贡献毛益额。

在本量利分析的基本模型中，引入贡献毛益的概念，可以得出本量利分析基本模型的另一种变换形式，即贡献毛益方程式。

企业在生产单一产品的情况下，成本、业务量与利润之间的关系可用方程式表示为：

利润 = 单位贡献毛益 × 销量 − 固定成本

三、保本分析

保本点分析是本量利分析的基础。保本点是一个十分重要的概念，在这一点上贡献毛益总额与固定成本总额正好相等，企业处于不盈不亏、损益平衡的状态。保本点还可以用盈亏平衡图来表示。计算保本点是本量利分析基本模式十分重要的核心内容。

四、保利分析

在本量利分析的基本模式基础上，引入目标利润，可得出本量利分析的扩展模式—保利分析。保利分析模型反映了为实现目标利润所应达到的产销量、销售额，以及变动和固定成本等水平。

五、本量利分析中的敏感性分析

是对基本模型的各种变量可能的变化，计算模式的各种不同结果，并分析对模式产生的

不同影响，以测定选用数值对模式的敏感程度。在本量利分析中，通过敏感性分析，以求得适用模式的最优解，有利于管理者分析、找到最敏感的因素，并可判断由此产生的敏感程度，以利于决策分析。

第一节　本量利分析概述

就企业自身发展而言，利润(Profit)是企业最根本、最直接的目标。利润的实现是以企业说实现的业务量(Volume)收入为前提的，收入减去成本(Cost)就是利润。由此可见成本、收入、利润之间存在某种必然的联系。本章通过成本、数量、利润分析(简称本量利分析或CVP分析)，来揭示企业中有关因素的相互影响、制约的规律。

一、本量利分析的意义

本量利分析(cost－volume－profit analysis)，全称“成本－数量－利润分析”，简称CVP分析。它是一种主要反映成本、数量和利润三者依存关系的分析方法，又称盈亏平衡点分析、损益平衡点分析、保本点分析和利量分析等。它是在成本性态分析和变动成本法的基础上进一步展开的一种分析方法，也是管理会计中的基本内容之一。

本量利分析中的数量，一般是指产销量。为方便分析，假定企业的产量和销量是相等的。在企业的目标管理和经营决策中，本量利分析是一种十分有效的工具，它是在成本习性分析的基础上，重点研究产品的数量、价格、成本和利润之间的依存关系，计算确定企业的盈亏平衡点，进而分析在不同产销水平下，成本、售价等有关因素的变动对企业盈亏的影响。这种分析方法在企业的经营决策、目标制定和控制分析中得到广泛的应用。

在企业经营活动中，销售数量、销售成本和销售利润之间存在着错综复杂的关系。产品的销售数量乘上销售单价可以得出销售收入；销售收入减去销售成本就是销售利润。一般情况下，降低产品售价，产品销售数量就会上升，于是会出现以下情形：一方面产品销售数量增加，即使成本耗用水平不变，单位产品成本也会下降，产品单位成本的降低和销售数量的增加会使销售利润增加；另一方面产品售价降低，使销售利润减少。本量利分析就是要剖析它们之间这种错综复杂的依存关系。在企业的经营中，管理人员往往想知道以下一些问题：企业至少应销售多少产品才能保本；在销售一定数量产品的情况下，能获多少利润；期望获得一定数量的利润，必须销售多少产品；怎样在降低产品售价与增加销售数量之间进行决策，使得获利最优等等。诸如此类涉及产品的价格、数量、成本和利润之间关系的问题，都需要经过本量利分析来解决。

本量利分析与传统会计分析是有很大区别的。传统会计分析往往认为，产品的售价和成本水平在保持不变的情况下，销售利润的增减变化与销售数量的增减变化是一种变化方向一致的正比关系。按本量利分析观点，实际情况并非如此，企业销售利润增减幅度往往要大于销售量的增减幅度。在本量利分析中，根据成本习性将产品在生产过程中的耗费划分为变动成本和固定成本。由于固定成本总额在企业一定的生产技术条件下，即在一定的生产能力范围内是相对固定的，它不随产销量的变化而变化，因此，当产销量增加时，总成本增加，但总成本增加额中增加的仅仅是相应产销量的变动成本，固定成本总额并没有增加。这样，利润的增幅势必大于产销量的增幅。同样，当产销量减少时，总成本减少，但总成本的减少额中减少的只是相应产销量的变动成本，固定成本总额并没有减少。因此，利润的减幅也大于产销量的减幅。销售数量的增减变化与销售利润的增减变化并不存在同样的正比关系，在企业目标利润已确定的情况下，用传统会计方法就难以进行控制分析。这样，从管理上就需要建立新的分析模式来为企业决策、目标和控制服务。这种反映数量、成本、价格和利润之间关系的模式即为本量利分析模式。

二、本量利分析的基本假设与应用范围

假设规定了科学理论应用的范围。因此，任何分析理论与方法都应该建立在一定的假设前提条件下才能成立，其内容才能严谨和完善。本量利分析也是建立在一定的基本假设条件基础上的。为了便于揭示成本、业务量及利润三者之间的数量关系，在管理会计中，对于本量利分析研究应用的基本假设通常有以下几个方面：

1. 成本性态分析假设

将全部成本划分为变动成本和固定成本。盈亏平衡点的分析与计算是建立在将企业的全部成本分解为变动成本和固定成本的基础之上的。因此，所有需要本量利分析的产品，企业都应将其成本划分为变动成本与固定成本，这是进行本量利分析的一个先决条件。

2. 变动成本法假设

产品成本计算方法的确定是影响企业利润指标大小的重要因素。因此，在本量利分析中，假定产品成本是按变动成本法计算的，即产品成本只包括变动生产成本，而固定制造费用全部作为期间成本一次性从当期损益中扣除。

3. 相关范围和线性关系假设

假定在一定时期内，业务量总是在保持成本水平和价格水平不变所能允许的范围内变动，从而固定成本总额的不变性和单位变动成本的不变性在相关范围内能够得到保证，成本函数与销售收入函数均表现为直线方程。这一假定排除了在时间和业务量变动的情况下，各生产要素的价格、技术条件、工作效率和生产率以及市场条件变化的可能性。

4. 产销平衡及产品品种结构稳定假定

假定在单一产品生产的条件下，企业各期生产出来的产品总能在市场上找到销路，即能够实现产销平衡；假设在一个多品种生产和销售的企业中，产销品种的组合不变，也就是在产销总量发生变化时，各种产品的产销额在全部产品产销总额中所占的比重保持不变。这样，可以排除产品品种结构变化对利润的影响，减少问题的复杂性，集中分析单价、成本及业务量对利润的影响。

需要说明的是，本量利分析的线性关系假设和实际情况并不相符。企业经营中，当业务量减少到一定水平时，通常采用减少管理人员、关闭生产线或停开部分机器、处理固定资产等措施，目的主要是减少固定成本；当企业的业务量要超过某一水平时，又会增加管理人员、增添设备，从而使固定成本上升。同时，业务量的变动超过一定幅度也会使变动成本的变动业务量呈非线性关系。另一方面，企业在市场上推销产品时，价格也是变量，所以总收入和业务量也不一定呈线性关系。

一般的线性假设分析，尽管和实际有一定的距离，但是由于许多情况下还是能揭示成本、业务量与利润之间的一般规律；更由于其简单明了，易于绘制图形，所以很受实际管理人员欢迎。至于非线性本量利分析，本书不涉及。

三、本量例分析的基本模型

(一)本量利分析的基本公式

企业的利润是销售收入扣除成本后的余额。如果我们把成本、业务量、利润三者之间的依存关系用方程式来描述，就是基本的本量利公式，即：

利润 = 销售收入 - 总成本

= 销售收入 -（变动成本 + 固定成本）

= 单价 × 销售量 -（单位变动成本 × 销售量 + 固定成本）

=（单价 - 单位变动成本）× 销售量 - 固定成本

设销售单价为 p，销售量为 x，固定成本总额为 a，单位变动成本为 b，利润为 E，则这些变量之间的关系，可表达为

$$E = px - (bx + a) = (p - b)x - a。 \qquad (3.1.1)$$

上述公式中的利润 E，在我国管理会计中，是指未扣除利息和所得税以前的“营业利润”，也就是西方财务会计中所谓的“息税前利润”（Earning before Interest and Tax，简称 EBIT）。

【例 3 - 1】某企业生产一种产品，单价为 16 元，单位变动成本为 14 元，本月计划销售 3000 件，固定成本为 3000 元，预计利润是多少？

解：利润 = 单价 × 销量 - 单位变动成本 × 销量 - 固定成本

= 16 × 3000 - 14 × 3000 - 3000

= 3000（元）

若企业生产多种产品，则本量利分析的基本公式变换为：

利润 = 销售收入总额 -（变动成本总额 + 固定成本）

$= \sum(px) - \sum(bx) - a$

$= \sum[(p - b)x] - a$

【例 3 - 2】某企业同时生产甲、乙、丙三种产品，其销量分别为 100 公斤、200 件、100 台，其他资料见表 4 - 1，计算出该企业的预计利润。

表 3 - 1 **产品有关资料图**

产品名称	单价	单位变动成本	固定成本	销量
甲	200	120		100 公斤
乙	150	75		200 件
丙	500	200		100 台
合计			31800	

解：利润 =（200 × 100 + 150 × 200 + 500 × 100）-（120 × 100 + 75 × 200 + 200 × 100）- 31 800

= 21 200（元）

(二)本量利公式的变换形式

在上述 CVP 分析的基本公式中，涉及 5 个因素，即 p、a、b、x、E，并将 E 放在等号右边，这种形式便于计算预期息税前利润。在目标利润一定的情况下，将上述基本本量利公式进行恒等变换，即可得出 CVP 分析的 4 个变型等式如下。

（1）单价

$$p=(a+bx+E)/x=b+(a+E)/x \quad (3.1.2)$$

（2）单位变动成本

$$b=(px-a-E)/x=p-(a+E)/x \quad (3.1.3)$$

（3）固定成本

$$a=px-bx-E=(p-b)x-E \quad (3.1.4)$$

（4）销售量

$$x=(a+E)/(p-b) \quad (3.1.5)$$

（三）贡献毛益和贡献毛益率

1. 贡献毛益。贡献毛益（contributionmargin），也称边际贡献、边际收益或创利额，它是企业的销售收入减去变动成本后的差额。贡献毛益可分为单位产品的单位贡献毛益和全部产品的贡献毛益总额。

单位贡献毛益（C）是指某一产品的销售单价减去该产品的单位变动成本后的差额，其含义是每销售一件产品的盈利能力，即一件产品作出的贡献能使固定成本得到补偿的数额。用公式表示为：

单位贡献毛益 = 单价 - 单位变动成本

即 $$C=p-b \quad (3.1.6)$$

贡献毛益总额（TC）是指在企业同时生产多种产品时，其在一定时期内全部产品的销售收入总额减去相应的变动成本总额后的差额，其含义是企业在一定时期内产销的全部产品为企业营业利润作出的贡献，即创利额的多少。用公式表示为：

贡献毛益总额 = 销售收入总额 - 变动成本总额

= ∑（单位贡献毛益 × 销量）

即： $$TC=\sum(p-b)x \quad (3.1.7)$$

【例 3-3】资料同【例 3-2】，求各种产品的贡献毛益及贡献毛益总额。

解：甲产品的贡献毛益 = (200 - 120) × 100 = 8 000（元）

乙产品的贡献毛益 = (150 - 75) × 200 = 15 000（元）

丙产品的贡献毛益 = (500 - 200) × 100 = 30 000（元）

贡献毛益总额 = 8 000 + 15 000 + 30 000 = 53 000（元）

2. 贡献毛益率。贡献毛益率（contributionmarginratio）是单位贡献毛益与单位产品销售价格或贡献毛益总额与销售收入总额的比率，它表示每 100 元销售收入中提供的贡献毛益额，其计算公式如下：

产品贡献毛益率 = 单位贡献毛益/单位售价 × 100%

即： $$R=C/p\times100\% \quad (3.1.8)$$

或 综合贡献毛益率 = 贡献毛益总额/销售收入总额 × 100%

即： $$R=TC/P\times100\%$$

3. 变动成本率。变动成本率是指变动成本占销售收入的比率。它表示每 100 元的销售收入所消耗的变动成本的金额，用公式表示为：

变动成本率 = 变动成本/销售收入 × 100%

变动成本率与贡献毛益率之间为互补的关系。即：

贡献毛益率 + 变动成本率 = 1

这种互补关系表明：凡是变动成本率高的企业，其贡献毛益率必然低，其创利能力也低；反之，变动成本率低的企业，其贡献毛益率必然高，其创利能力也高。

4. 贡献毛益方程式。在本量利分析的基本模型中，引入贡献毛益的概念，可以得出本量利分析基本模型的另一种变换形式，即贡献毛益方程式。

(1) 企业在生产单一产品的情况下，成本、业务量与利润之间的关系可用方程式表示为：

利润 = 产品贡献毛益 − 固定成本

= 销售收入 × 产品贡献毛益率 − 固定成本

= 单位贡献毛益 × 销量 − 固定成本

即：

$$P = c - a \tag{3.1.9}$$

(2) 企业在同时生产多种产品时，由于不同产品计量单位不同，成本、业务量与利润之间的关系则必须用下列方程式表示：

利润 = 贡献毛益总额 − 固定成本

= ∑(某产品销售收入 × 该产品贡献毛益率) − 固定成本

= 销售收入总额 × 综合贡献毛益率 − 固定成本

= 联合单位贡献毛益 × 联合单位销量 − 固定成本

从以上公式可以看出，尽管贡献毛益不是企业的利润，但它与企业的利润有着密切关系。企业的贡献毛益首先用于补偿固定成本，补偿后若有剩余则为企业的利润；若不能补偿全部固定成本，则企业亏损；若贡献毛益总额正好等于固定成本总额，则企业不盈不亏。所以贡献毛益是一个反映产品为企业创利能力的指标，也是反映能为企业营业利润做多大贡献的指标。

第二节 保本分析

保本分析(break - evenanalysis)是研究企业处于保本状态时本量利关系的一种定量分析。它是本量利分析的基础，其分析的关键，是确定产品的保本点，从而确定企业经营的安全程度。

一、保本点的含义

保本点(break - evenpoint，简称 BEP)，又称盈亏平衡点、盈亏临界点，是指企业在一定条件下处于不盈不亏的销售数量或销售收入。它是一种专门研究企业恰好处于不亏不盈时，成本与业务量之间关系的定量分析方法，其主要目的是确定企业一定时期的保本点指标。

计算和确定保本点，能帮助企业管理人员控制和分析销售量与利润之间的关系，即企业要盈利，其产销量必须达到并超过保本点。计算和确定保本点的另一重要作用在于，超过保本点后的产销量所提供的贡献毛益就是企业的利润。这是因为全部固定成本已在保本点时由贡献毛益所补偿，超过保本点以后的贡献毛益不再需要补偿固定成本，因而它们全部是已实现的利润。这样，通过保本点分析就能预测企业的未来利润。

二、保本点的计算

企业在生产单一产品时，保本点可以用保本量和保本额两种形式表示。我们用 x_0 表示保本量，用 Y_0 表示保本额，则：

利润 =（单价 - 单位变动成本）× 销量 - 固定成本

保本点销售量 = 固定成本/（单位售价 - 单位变动成本）

= 固定成本/单位贡献毛益

即： $$x_0 = \frac{a}{p-b} = \frac{a}{c} \tag{3.2.1}$$

保本点销售额 = 单价 × 保本量 = 单价 × 固定成本/单位贡献毛益

= 固定成本/贡献毛益率

即： $$Y_0 = \frac{a}{c} \tag{3.2.2}$$

【例 3-4】假定某企业只生产一种甲产品，预计该产品的单价为 12 元，单位变动成本为 9 元，产品贡献毛益率为 25%，年固定成本为 60 000 元，试测算该年度甲产品的保本点。

保本点销售量 x_0 = 60 000/（12 - 9）

= 20 000（件）

保本点销售额额 Y_0 = 12 × 20 000 = 240 000（元）

或： = 60 000 ÷ 25% = 240 000（元）

下面用坐标图来表示保本点。

以横轴表示销售量，纵轴表示金额，建立坐标系。在坐标系中，分别绘制销售收入线和总成本线。绘图如下：

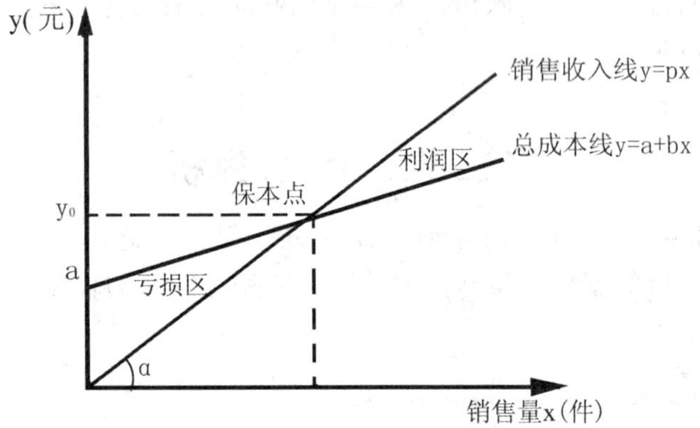

图 3-1　确定保本点的图解法

销售收入线与总成本线的交点即为保本点。在销售量小于保本点时，企业处于亏损状况，亏损额随销售量的增长而逐渐减少。在销售量大于保本点时，企业处于盈利状态，盈利额随销售量的增长而逐渐增加。

三、企业盈利安全程度的分析

本量利分析中除了保本分析以外，还要进行企业盈利安全程度的分析和风险分析，它与保本点密切相关。反映企业经营安全程度的指标有安全边际和安全边际率。

（一）安全边际及其分析

安全边际（marginofsafety），是指产品的销售量（或金额）与保本点销售量（或金额）之间的差额，即超过保本点的销售量(或金额)，它表明现有或预计的销售量(或金额)与保本点销售量(或金额)有多大差距。这个差距反映了产品盈利的安全程度。安全边际越大，即超过保本点销售量越大，说明企业盈利性越大，发生亏损的可能性越小，盈利的安全程度越高;反之，安全边际越小，即销售量越接近保本点，说明企业盈利性越小，发生亏损的可能性越大，企业经营就不安全。如果低于保本点销售量，企业就会发生亏损。

安全边际计算公式如下：

安全边际 = 现有或预计销售量(金额) - 盈亏平衡点销售量(金额)

【例 3-5】某企业只产销一种产品，该产品的单价为 26 元，单位变动成本为 16 元，全年固定成本为 60000 元，预计下年度销量达到 10000 件。要求计算安全边际。

解:保本量 $X_0 = a/(p-b)$

$= 60\,000/(26-16)$

$= 6\,000$(件)

安全边际量 = 10 000 - 6 000 = 4 000(件)

安全边际额 = 26 × 4 000 = 104 000(元)

安全边际量和安全边际额属于正指标，它们表示了距离亏损边缘的安全程度。同一企业，可以通过比较不同时期的安全边际绝对量的大小，来评价企业经营安全程度的变化。但是在评价不同企业和不同行业经营安全程度时，就只能利用安全边际的相对数指标。安全边际的相对数，称为安全边际率。

(二)安全边际率及其分析

安全边际率(margin of safety ratio，简称 M/S)，是指安全边际与现有或预计销售量(或金额)之间的比率，它是上述安全边际的一种相对数的表现形式，从比率指标上反映盈利的安全程度。安全边际率越高，表示产品盈利的安全程度越高，安全系数越大。安全边际率的计算公式如下：

安全边际率 = 安全边际(金额)/现有或预计销售量(金额)

西方国家一般用安全边际率来评价企业经营的安全程度，其评价标准见表 3-2。

表 3-2　　安全边际率评价标准

安全边际率	40% 以上	30% ~40%	20% ~30%	10% ~20%	10% 以下
安全程度	很安全	安全	较安全	值得注意	危险

【例 3-6】根据【例 3-5】的资料，可求得：

安全边际率 = 4 000/10 000 × 100% = 40%

或　　= 104 000/(26 × 10 000) × 100% = 40%

由于该企业的安全边际率在 40% 以上，所以其下年度的经营是很安全的。

(三)保本作业率

企业经营的安全程度，除了用安全边际和安全边际率指标来评价以外，还可以用保本作业率来反映。保本作业率又称危险率，或称保本开工率，是指保本量(额)占正常或预计销售量(额)的比率。所谓正常销售量，是指在正常市场环境和企业正常开工情况下产品的销售数量，它是保本点临界值的另外一种表达形式。其计算公式为：

$$保本作业率=\frac{保本量(额)}{正常预计销售量(额)}\times 100\%$$

保本作业率是一个反指标，数值越小，说明企业经营的安全程度越高；反之，说明企业经营的安全程度越低。企业要想盈利，作业率必须达到保本作业率以上，否则就会出现亏损。当正常或预计销量(额)等于保本量(额)时，保本作业率等于100%，企业正好处于保本状态。目前，某些西方国家评价企业安全程度不用安全边际率，而是用保本作业率。

保本作业率是保本业务量在正常业务量中所占的比重。所以它可以反映企业保本状态下生产经营能力的利用程度，对企业的生产安排具有一定的指导意义。

(四)安全边际率与保本作业率的关系

从以上分析可知，正常的销售量(额)分为两部分：一是保本量(额)，二是安全边际量(额)。即：

正常销售量(额)=保本量(额)+安全边际量(额)

将该公式两边同时除以正常的销售量(额)，则得：

安全边际率+保本作业率=1

由此可知，安全边际率与保本作业率的关系是互补的，安全边际率高的企业，则其保本作业率就低；反之，安全边际率低的企业，则其保本作业率就高。

【例3-7】根据【例3-5】的资料可知：

保本作业率=保本量/正常或预计销量×100%

=6 000/10 000×100%

=60%

保本作业率+安全边际率=40%+60%=1

这说明该企业达到保本点的作业率是60%，企业要想获得利润，作业率必须达到60%以上，否则就会出现亏损。

(五)安全边际与利润的关系

综上所述，只有安全边际才能为企业提供利润，而保本点的销量(额)只能为企业补偿固定成本，所以安全边际和利润之间存在着必然的联系，安全边际额减去其自身的变动成本后的差额即为企业的利润，即安全边际中的贡献毛益等于企业利润。所以企业利润的计算可以借助安全边际这一概念。下面推导出它们之间的关系：

利润=贡献毛益-固定成本

=销售收入×贡献毛益率-固定成本

=销售收入×贡献毛益率-保本额×贡献毛益率

=(销售收入-保本额)×贡献毛益率

所以 利润=安全边际额×贡献毛益率

据【例 3－5】可知：

利润＝10 000×(26－16)－60 000

　　＝40 000(元)

若企业只生产单一产品，其公式还可以进一步推导为：

利润＝安全边际量×单位贡献毛益

将公式(1)两边同除以销售收入，可得安全边际率与销售利润率的关系：

销售利润率＝安全边际率×贡献毛益率

根据【例 3－5】的资料，企业的利润为：

利润＝安全边际量×单位贡献毛益

　　＝4 000×(26－16)＝40 000(元)

安全边际在以后的预测和决策分析中应用很广泛。从完整的意义上看，在一定时期内，如果企业不盈不亏、收支相等、利润为零、贡献毛益等于固定成本、安全边际为零、保本作业率等于 100%，则可以断定该企业一定处于保本状态。

四、保本图

保本分析也可采用绘制“保本图”(break－evenchart)的方式进行。保本图，是指将保本点分析反映在直角坐标系中，将影响利润的有关因素及其相应关系，以图的形式表现出来。保本图具有直观、简明的特点，便于使用者理解和接受。但由于它是依靠目测绘制而成，所以难以准确，通常应结合其他方法一起使用。

1. 基本式保本图

这是保本图最传统的形式，其特点是将固定成本置于变动成本之下，从而清晰地表明固定成本不随业务量变动的成本特性，揭示保本点、安全边际、盈利区与亏损区的关系。

保本图的绘制程序如下。

(1)在直角坐标系中，以横轴表示销售量，以纵轴表示金额。

(2)绘制固定成本线。在纵轴上确定固定成本的数额，并以此为起点，绘制一条平行于横轴的直线，即为固定成本线。

(3)绘制销售收入线。根据

　　销售收入＝单价×销售量(销售量≥0)的函数关系式绘制销售收入线。

(4)绘制总成本线。根据总成本＝单位变动成本×销售量＋固定成本(销售量≥0)的函数关系式绘制总成本线。

(5)标明保本点、盈利区与亏损区。销售收入线与总成本线的交点即为保本点。在销售量小于保本点时，企业处于亏损状况，亏损额随销售量的增长而逐渐减少。在销售量大于保本点时，企业处于盈利状态，盈利额随销售量的增长而逐增加。

图 3－2 是基本式保本图的示例。

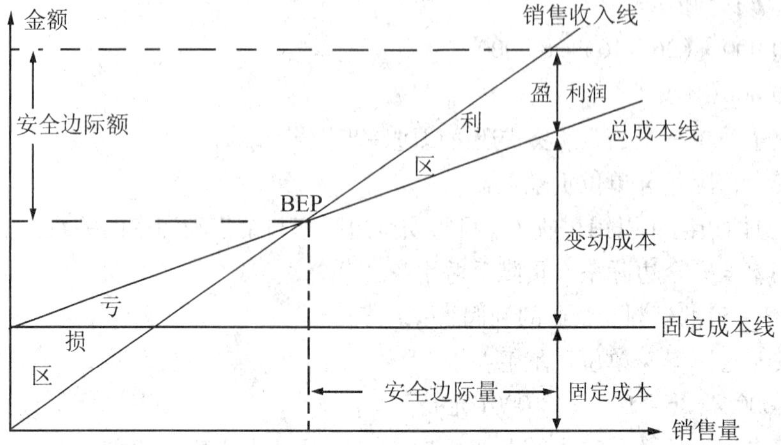

图 3－2　基本式保本图

2. 贡献毛益式保本图

贡献毛益式保本图的特点是将固定成本置于变动成本之上。其绘制方法是:先确定销售收入线和变动成本线,然后在纵轴上确定固定成本值并以此为起点画一条与变动成本线平行的直线,也就是总成本线。这条线与销售收入线的交点即为保本点。图 3－3 是贡献毛益式保本图的示例。贡献毛益式与基本式的主要区别在于:贡献毛益式保本图形象地反映出贡献毛益的形成过程和构成。产品的销售收入减去变动成本以后就是贡献毛益;保本点的贡献毛益刚好等于固定成本;超过保本点的贡献毛益大于固定成本,则表明实现了利润;而不足保本点的贡献毛益小于固定成本,则表明发生了亏损。而基本式保本图主要表明固定成本在相关范围内不变的特征。应该说贡献毛益式保本图更符合变动成本法的思路,也更符合保本点分析的思路。

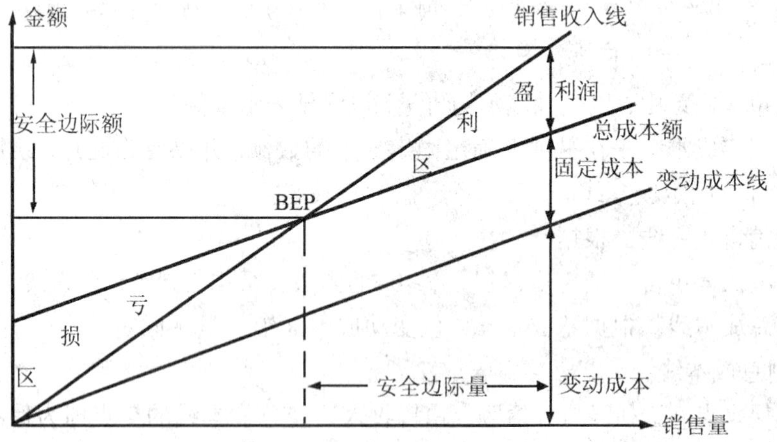

图 3－3　贡献毛益式保本图

3. 利量式保本图

利量式保本图是一种简化的保本图,它以利润线代替了销售收入线和总成本线,仅仅反映销售量与利润之间的依存关系。它提供的信息简明扼要,易于理解,更易为企业高层管理人员所使用。利量式保本图的绘制方法如下:

(1)在直角坐标系中,横轴表示销售量(或销售额),纵轴表示金额。

(2)在纵轴上标出固定成本点，该点即为销售量为零时的亏损额。

(3)在横轴上任取一整数销售量，并计算在该销售量下的损益数，并依此在坐标图中再确定一点，连接该点与纵轴上相当于固定成本的那一点相连，即为利润线。

图3－4是利量式保本图的示例。从图中可以看出，当销售量为零时，企业的亏损就等于固定成本；随着销售量的增长，亏损逐渐减低直至盈利。利量式保本图将固定成本置于横轴之下，还能更清晰说明固定成本在企业盈亏中的特殊作用。

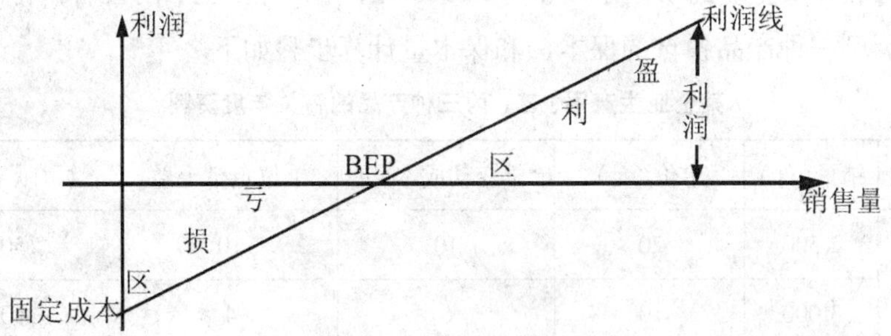

图3－4　利量式保本图

五、多品种保本点的计算

以上所介绍的保本分析和保本图，都是假定在单一产品条件下进行的。但在实际经济生活中，企业生产的产品往往有数种、几十种甚至成百上千种，因此研究多品种条件下的保本分析具有重大的现实意义。

在企业产销多品种产品的情况下，其保本点的分析不能用实物量来表示，因为不同质的各种产品，在数量上是不能相加的，而必须选用能够反映各种产品销售量的货币指标，即计算它们的保本销售额。多品种下保本点的计算和分析可采用以下几种方法。

1. 加权平均法

所谓加权平均法，是指根据各产品的销售单价、单位变动成本、销售量计算出一个加权平均贡献毛益率，然后根据固定成本和加权平均贡献毛益率计算出保本销售额，在此基础上再计算各产品保本额。

加权平均法，是一种常见的计算多产品保本点的方法，该方法不要求分配固定成本，而是将各种产品所创造的贡献毛益视为补偿企业全部固定成本的利润来源。这种方法提供的总括预测资料是高层管理人员所必需的，也是进行总体规划所不可缺少的。

其计算步骤如下。

(1)计算全部产品的销售总额

销售总额＝∑(各种产品的销售单价×各种产品的销售量)

(2)计算各种产品的销售比重

某种产品的销售比重＝该产品的销售额/销售总额。

(3)计算各种产品加权贡献毛益率

加权贡献毛益率＝∑(各种产品的贡献毛益率×各种产品的销售比重)

(4)计算整个企业的综合保本额

综合保本额 = 固定成本总额/加权贡献毛益率

(5)计算各种产品的保本额和保本点

某种产品保本额 = 综合保本额 × 该种产品的销售比重

某种产品保本量 = 某种产品保本额/某种产品单价

【例 3－8】假设某企业的年固定成本为 21000 元，生产甲、乙、丙三种产品，有关资料如表 3－3 所示。则三种产品各自的保本额和保本量计算步骤如下。

表 3－3　　某企业生产甲、乙、丙三种产品的有关年度资料

产品	销量(件)	单价(元)	单位变动成本(元)	单位贡献毛益	贡献毛益率
甲	2 500	20	10	10	50%
乙	3 000	10	6	4	40%
丙	1 250	16	12	4	25%

(1)计算全部产品的销售总额

销售总额 = 2 500 × 20 + 3 000 × 10 + 1250 × 16 = 100 000(元)

(2)计算各种产品的销售比重

甲产品的销售比重 = (2 500 × 20)/100 000 = 50%

乙产品的销售比重 = (3 000 × 10)/100 000 = 30%

丙产品的销售比重 = (1 250 × 16)/100 000 = 20%

(3)计算各种产品加权贡献毛益率

加权贡献毛益率 = 50% × 50% + 30% × 40% + 25% × 20% = 42%

(4)计算综合保本额

综合保本额 = 21 000 ÷ 42% = 50 000(元)

(5)计算各种产品的保本额和保本点

甲产品保本额 = 50 000 × 50% = 25 000(元)

甲产品保本量 = 25 000/20 = 1 250(件)

乙产品保本额 = 50 000 × 30% = 15 000(元)

乙产品保本量 = 15 000/10 = 1 500(件)

丙产品保本额 = 50 000 × 20% = 10 000(元)

丙产品保本量 = 10 000/16 = 625(件)

2. 分别计算法

所谓分别计算法，是指管理上能方便地将固定成本总额正确分配到各产品上，可先计算各产品盈亏平衡点销售额，再最终确定企业总盈亏平衡点销售额的一种计算方法。

【例 3－9】某玩具厂生产甲、乙、丙三种玩具，各种玩具的销售单价、单位变动成本、单位贡献毛益和固定成本资料，以及计算得到的各产品保本点销售额，一并如表 3－4 所示。

表 3-4　多品种保本点计算(分算法)

项目	甲产品	乙产品	丙产品	合计
销售单价	20	10	40	-
单位变动成本	15	6	20	-
单位贡献毛益	5	4	20	-
贡献毛益率	25%	40%	50%	-
固定成本	5 000	10 000	20 000	35 000
保本点销售额	20 000	25 000	40 000	85 000

上面所列各种产品的保本销售额是计算得到的。但在实际工作中，有的产品销售可能超过了保本点，有的则不到。在这种情况下，整个企业的销售是否达到了保本点如何计算呢?

在管理会计实践中，把超过保本点的那部分销售额和不到保本点的那部分销售额，分别乘以各自产品的贡献毛益率，然后相加，如果其代数和为零，则说明企业正好盈亏平衡，即销售正好达到保本点;如果超过保本点销售额的贡献毛益之和小于保本点销售额的贡献毛益之和，表示企业销售还没有达到保本点;反之，表示企业销售已超过保本点。

【例 3-10】上例中，该玩具厂甲种玩具已销售 25 000 元，乙种玩具已销售 35 000 元，丙种玩具只销售 29 500 元。该厂是否达到保本点，可通过下述计算求得。

甲玩具超过保本额的贡献毛益 = (25 000 - 20 000) ×25% =1 250(元)

乙玩具超过保本额的贡献毛益 = (35 000 - 25 000) ×40% =4 000(元)

丙玩具超过保本额的贡献毛益 = (29 500 - 40 000) ×50% = -5 250(元)

合 计 0(元)

由于三种玩具超过保本额的贡献毛益和低于保本点销售额的贡献毛益之代数和为零，说明该企业第三季度末正好达到保本点，不盈不亏。

【注】按此方法在选择分配固定成本标准时容易出现问题，尤其是品种较多时比较麻烦，而且对共同固定成本的分配无论用什么方法，都有一定的主观性。所以，此方法也是一种近似计算法。固定成本所选择分配的标准不同，分配给产品的固定成本数额不同，计算出的销售额也就不同。不过，不难见到，将共同的固定成本分配到各种产品中去时，采用不同的标准，不会使上例盈亏金额的计算产生误差。

3. 联合单位法

如果多品种企业所生产的各种产品的产销量之间存在着比较稳定的数量关系，而且其产品的销路都有保障，就可用联合单位代表按实物量比例构成的一组产品。例如 A、B、C 三种产品的产销量比为 3∶1∶2，则一个联合单位相当于 A 产品 3 个单位、B 产品 1 个单位和 C 产品 2 个单位，其中 B 产品为标准产品。根据这种产销量比，可以算出每一联合单位的联合单价、联合单位变动成本、联合单位贡献毛益、整个企业的联合保本量及各产品保本量依次为:

联合单价 = Σ(某种产品单位售价 × 该产品销量比)

联合单位变动成本 = Σ(某种产品单位变动成本 × 该产品销量比)

联合单位贡献毛益 = 联合单价 - 联合单位变动成本

联合保本量 = 固定成本/联合单位贡献毛益

某种产品的保本量 = 联合保本量 × 该产品销量比

【例 3 - 10】根据【例 3 - 8】的资料，采用联合单位法计算各产品的保本量和保本额如下。

选择丙产品为基准，则产品销量比为：

甲：乙：丙 = 2 : 2.4 : 1，

联合单价 = 20 × 2 + 10 × 2.4 + 16 × 1 = 80（元）

联合单位变动成本 = 10 × 2 + 6 × 2.4 + 12 × 1 = 46.4（元）

联合单位贡献毛益 = 80 - 46.4 = 33.6（元）

联合保本量 = 21 000/33.6 = 625（联合单位）

甲产品保本量 = 625 × 2 = 1 250（件）

乙产品保本量 = 625 × 2.4 = 1 500（件）

丙产品保本量 = 625 × 1 = 625（件）

甲产品保本额 = 20 × 1 250 = 25 000（元）

乙产品保本额 = 10 × 1 500 = 15 000（元）

丙产品保本额 = 16 × 625 = 10 000（元）

4. 顺序法

顺序法，是指按照事先确定的品种顺序，依次用各产品的贡献毛益补偿全部固定成本，从而进行保本分析的一种方法。通常以各产品贡献毛益率的高低来确定品种顺序，由高到低是比较乐观的排列，也就是假定贡献毛益高、获利能力强的产品先销售，反之，则是悲观的排列。

【例 3 - 11】根据【例 3 - 8】的资料，说明顺序法的应用（此例设固定成本为 30 000 元）。

根据顺序法的要求，将产品甲、乙、丙依贡献毛益大小顺序排列，并计算累计贡献毛益额与固定成本比较，最后算得保本额。计算过程如表 4 - 4 所示。

表 3 - 5　　顺序法计算表　　单位：元

产品	销售收入	贡献毛益率	贡献毛益	累计贡献毛益	固定成本	累计损益
甲	50 000	50%	25 000	25 000	30 000	-5 000
乙	30 000	40%	12 000	37 000	30 000	7 000
丙	20 000	25%	5 000	42 000	30 000	12 000
合计	100 000	42%	42000	42 000	30 000	12 000

由上表可知，该企业的保本产品为乙产品，其综合保本销售额为从甲产品销售收入开始，累计到乙产品使利润为零的销售收入为止。这里，保本销售额为：

保本额 = 保本产品前累计销售收入 + 保本产品应补偿的固定成本/保本产品的贡献毛益率，其中，“保本产品前累计销售收入”是指“累计损益”栏中第一次出现正数前的产品销售收入累计数，例中为甲产品的销售收入 50 000 元；“保本产品应补偿的固定成本”是指“累计损益”栏的最后一个负数，例中为 5 000 元；“保本产品”是指“累计损益”栏中第一次出现正时所对应的产品，本例为乙产品，其贡献毛益率为 40%。则上述保本额为

保本额 = 50 000 + 5 000/40% = 62 500（元）。

5. 历史资料法

历史资料法，就是根据若干时期的历史资料，求出平均每年的销售收入和贡献毛益总

额，然后再求出平均的贡献毛益率来预测保本点销售额。当企业生产品种很多时，该方法较简单。例如超市等，往往有几千种甚至几万种，这样用上述方法进行保本点分析就很麻烦。对于这类企业，可采用历史资料法进行计算和分析。

【例3－12】某大型超市当年固定成本总额为160万元。过去3年有关历史资料，以及按历史资料法计算的保本额，如表3－6所示。

表3－6 多品种下贡献毛益和保本额的计算（历史资料法）

项目	第1年	第2年	第3年	合计	平均值
销售收入	960	800	940	2 700	900
变动成本	760	680	720	2160	720
贡献毛益	200	120	220	540	180
贡献毛益率	20%				
当年固定成本	160				
保本额	800①				

注①：当年的保本点销售额＝160÷20%＝800（万元）。

用历史资料法可解决品种繁多企业保本点的计算，对于销售品种结构及各种产品的贡献毛益率相对稳定的企业，这种方法的优点尤为明显。但如果在品种结构变化较大，而且各种产品的贡献毛益率变化不一的情况下，其准确程度就较差，因而只能作为保本分析的辅助参考数据。

从上述介绍的几种方法可以看出，在企业生产多种产品的条件下，可选用多种方法计算其综合保本额，而每一种方法可能会得出不同的综合保本额。产生这个问题的原因，一是各方法都存在一定的适用条件；二是不同方法出自于综合保本额的不同理解。因此，在企业生产多品种的产品时，应根据具体情况，选择适合本企业特点的方法，进行多品种保本分析。

六、各因素变动对保本点影响的分析

以上关于保本点的分析，不论是单一产品生产还是多种产品的生产，都是假定在相关范围内，即单价、单位变动成本、固定成本和产品产销结构等基本因素始终保持不变的情况下进行的。而在实际经营活动中，每个因素都会发生变动，所以事先了解有关因素的变动对保本点的影响，有助于为企业管理部门及时提供决策有用的信息，采取一切措施努力降低保本点，对企业避免亏损或增加盈利具有十分重要的意义。

根据以上保本点的分析可知单一产品的保本点为：

$$保本量=\frac{固定成本}{单价-单位变动成本}$$

$$保本额=\frac{固定成本}{产品贡献毛益率}$$

多种产品的保本点为：

$$保本额=\frac{固定成本}{综合贡献毛益率}$$

从以上公式可看出，影响保本点的因素主要有单价、单位变动成本、固定成本和产品产销结构。

（一）单价对保本点的影响

从保本点的计算公式看出，在其他因素保持不变的情况下，若提高产品单价，会使单位贡献毛益和贡献毛益率上升，企业保本点则会相应降低；反之则会提高企业保本点。所以，单价与保本点呈反方向变化趋势。

【例3－12】某企业生产甲产品，预计单价30元，单位变动成本25元，固定成本总额500 000元。销售时，售价比预计提高了10%，其他资料不变，比较保本点的变化。

提价前的保本量 $X_0=\dfrac{500\ 000}{30-25}=100\ 000$（件）

提价后的保本量 $X_0'=\dfrac{500\ 000}{30\times(1+10\%)-25}=62\ 500$（件）

由此看出，由于价格提高了10%，而使保本点的销量在原来的基础上减少了37 500件。二者呈反方向变动。

（二）单位变动成本对保本点的影响

在其他因素保持不变的情况下，当单位变动成本上升时，会使单位贡献毛益和贡献毛益率下降，相应会提高保本点；反之则会降低保本点。所以，单位变动成本与保本点呈同方向变动。

根据【例3－12】的资料，若价格和固定成本不变，只是由于企业提高了工作效率，从而使单位变动成本降低了10%，比较其保本点的变化。

单位变动成本降低10%后的保本点为：

$$X_0'=\frac{500\ 000}{30-25\times(1-10\%)}\approx 66\ 667\text{（件）}$$

可见由于单位变动成本降低了10%，使保本点销量比原来减少了33 333件。二者呈同方向变动。

（三）固定成本对保本点的影响

在其他因素保持不变的情况下，当固定成本提高时，相应会提高保本点；反之则会降低保本点。所以，固定成本与保本点也呈同方向变化趋势。

根据【例3－12】的资料，若价格和单位变动成本不变，企业固定成本在原来基础上增加了10%，比较其保本点的变化。

固定成本增加10%后的保本量为：

$$X_0'=\frac{500\ 000\times(1+10\%)}{30-25}=110\ 000\text{（件）}$$

可见由于固定成本增加了10%，使保本点销量比原来增加了10 000件，二者同时增加。

（四）产品产销结构变动对保本点的影响

当企业同时生产多种产品时，由于不同产品的盈利能力各不相同，因此产品产销结构的变化会直接影响到综合贡献毛益率的变化，进而对保本点产生影响。提高贡献毛益率大的产品的销售比重，会使综合贡献毛益率上升，相应会降低保本点；反之则会提高保本点。

【例3－13】根据【例3－8】的资料，假定在其他因素不变的情况下，企业根据市场需求，使丙产品销量增加200台，比较保本点的变化。

解：根据【例3－8】可知，企业原保本点销售额为60000元。丙产品销量增加后有关计算如表3－6：

表 3-6 产品保本点计算表

产品名称	单位	单价(元)	销量	销售收入(元)	贡献毛益率(%)	销售比重(%)
甲	公斤	200	100	20 000	40	10
乙	件	150	200	30 000	50	15
丙	台	500	300	150 000	60	75
合计			200 000		100	

综合贡献毛益率 $R=40\%\times10\%+50\%\times15\%+60\%\times75\%=56.5\%$

保本额 $Y_0=\dfrac{31800}{56.5\%}\approx56\ 283$(元)

由此可知，本例中原保本额为 60 000 元，由于提高了贡献毛益率大的丙的销售比重，从而使保本额减少了 3717 元。所以，对一个同时生产多种产企业来讲，为了提高盈利水平，必须综合考虑产、供、销等各个方面，及时调整品种结构，适当地增大贡献毛益率较高的产品的销售比重。

第三节 保利分析

保利分析又称实现目标利润分析，是指在假定销售单价、单位变动成本、固定成本总额不变的条件下，为保证目标的实现而应达到的销售量或销售额的一种方法。应用该方法之前，首先要确定企业计划期应达到的目标利润，然后再根据保利分析法测算实现目标利润的业务量，并为实现目标利润提供各种有关生产、销售和价格的可行性方案服务。

一、目标利润的确定

传统的利润预测，是根据事先预计的销售量、成本、价格水平测算可以实现的利润额。利润在这里是因变量，它只能随着销售量、成本、价格的变动而变动。现代的利润预测，则是以目标利润预测为中心。这里的目标利润，是指企业在未来一定期间内，经过努力能够达到的最优化利润水平。

为了能够确定一个既积极又可靠的利润目标，除应全面考虑其经济上的合理性、技术上的可行性和生产经营上的现实(可能)性之外，还应综合考虑企业生产经营的各种分项目标，如有关产品的数量目标、结构目标、质量及功能目标、价格及成本目标等，在总体目标所含各个组成部分的关联中，综合地确定利润目标，对企业未来一定期间内的生产经营做出正确的利润规划。

在我国，目前可根据各种不同预定的利润率来规划目标利润。最常用的有以下三种方法：

1. 根据基期销售利润率来确定

　目标利润 = 预计销售收入 × 销售利润率

　其中:销售利润率 = 利润/销售收入

2. 根据基期资金利润率来确定

　目标利润 = 预计资金平均占用额 × 资金利润率

　其中:资金利润率 = P/资金平均占用额

3. 根据基期产值利润率来确定

目标利润 = 预计工业总产值 × 产值利润率

其中：产值利润率 = P/工业总产值

【例 3－14】某公司只生产经营一种产品，单价为每件 100 元，单位变动成本为 60 元，固定成本全年 3 000 万元，2007 年实现销售 100 万件，利润 1 000 万元。企业按同行业先进的资金利润率预测 2006 年的目标利润，已知资金利润率为 20%，预计企业 2008 年资金平均占用额为 8 000 万元。要求计算企业 2008 年的目标利润。

解：2008 年目标利润 = 8 000 × 20% = 1600（万元）。

二、保利点销售量和销售额的计算

所谓保利点是指在单价和成本水平既定的情况下，为确保目标利润能够实现而应达到的销售量和销售额的统称。为此，保利点也就是实现目标利润的销售水平，具体包括保利量和保利额两项指标。

1. 单一产品条件下。企业只生产单一产品时，保利点既可以用保利量表示，也可以用保利额表示，其计算公式为：

$$保利点销售量 = \frac{固定成本 + 目标利润}{单价 - 单位变动成本} = \frac{固定成本 + 目标利润}{单位贡献毛益}$$

即 $$X_0 = \frac{a+I}{p-b} = \frac{a+I}{C}$$

保利点销售额 = 单价 × 保利量

即 $$Y_0 = \frac{a+I}{R}$$

【例 3－15】某企业产销一种产品，单价为 50 元，单位变动成本为 30 元，固定成本为 50 000 元，若目标利润定为 30 000 元，求保利点。

解：$$保利点销售量 = \frac{30\ 000 + 50\ 000}{50 - 30} = 4000（件）$$

保利额 = 50 × 4 000 = 200 000（元）

上述计算结果说明，该企业产品销售在补偿了固定成本后，需要 4 000 件的销售量才能保证实现目标利润 30 000 元。

2. 多产品条件下。企业同时生产多种产品时，保利点只能用销售额表示。其计算公式为：

$$保利额 = \frac{固定成本 + 目标利润}{单位贡献毛益率}$$

即 $$y_0 = \frac{a+I}{R}$$

【例 3－16】假定某企业同时生产甲、乙、丙三种产品，其销售比重分别为 20%、30%、50%，目标利润为 50 000 元，固定成本为 20 000 元，综合贡献毛益率为 40%，计算保利点。

解：该企业的保利额为：

$$y_0 = \frac{20\ 000 + 50\ 000}{40\%} = 175\ 000（元）$$

甲产品的保利额 = 175 000 × 20% = 35 000（元）

乙产品的保利额 = 175 000 × 30% = 52 500（元）

丙产品的保利额 = 175 000 × 50% = 87 500(元)

三、保净利点的确定

保净利点又称实现目标净利润的业务量。它包括保净利量和保净利额。目标利润是指未扣除所得税前的利润。所得税费用对于实现利润的企业来讲，是一项必然的支出，目标净利润等于目标利润扣除所得税后的余额。所以，从税后利润的角度进行目标利润的分析，对企业更为适用。

1. 单一产品生产条件下。企业只生产单一产品时，保利点既可以用保净利量表示，也可以用保净利额表示，其计算公式为：

目标净利润 = 目标利润 ×(1 - 所得税税率)

$$保净利点销售量 = \frac{固定成本 + \frac{目标净利润}{1 - 所得税率}}{单价 - 单位变动成本} = \frac{固定成本 + \frac{目标净利润}{1 - 所得税率}}{单位贡献毛益率}$$

$$保净利额 = \frac{固定成本 + \frac{目标净利润}{1 - 所得税率}}{产品贡献毛益率}$$

【例 3 - 17】假设某企业目标净利润为 30 000 元，所得税税率为 33%，其他资料同【例 3 - 15】，计算保净利点。

$$保净利量 = \frac{50\ 000 + \frac{30\ 000}{1 - 25\%}}{50 - 30} = 4\ 500(件)$$

保净利额 = 50 × 4 500 = 225 000(元)

2. 多产品条件下。企业同时生产多种产品时，保净利点只能用销售额表示，其计算公式为：

$$保净利额 = \frac{固定成本 + \frac{目标净利润}{1 - 所得税率}}{综合贡献毛益率}$$

3. 目标利润中其他因素的计算

保利分析是保本分析的拓展和延伸，导致保本点发生变化的各个因素都可能对实现目标利润产生影响。

在销售量和成本水平保持不变的情况下，为保证实现目标利润，目标销售单价 p 应为：

$$p = \frac{a + I}{x} + b$$

在销售量、固定成本、销售单价水平保持不变的情况下，为保证实现目标利润，目标单位变动成本 b 应为：

$$b = p - \frac{a + I}{x}$$

在销售量、单位变动成本、销售单价水平保持不变的情况下，为保证实现目标利润，目标固定成本 a 应为：

$a = (p - b)x - I$。

【例 3 - 18】按【例 3 - 14】的资料，假定 2008 年的目标利润为 1 600 万元，则在销售量和成本保持上年水平时，实现目标利润的销售单价 p 应为

$p=b+(a+I)/x=60+(3\ 000+1\ 600)/100=106$(元);

在固定成本、销售量和销售单价保持上年水平时，实现目标利润的单位变动成本 b 应为:

$b=p-(a+I)/x=100-(3\ 000+1\ 600)/100=54$(元);

在单位变动成本、销售量和销售单价保持上年水平时，实现目标利润的固定成本 a 应为:

$a=(p-b)x-I=(100-60)\times100-1\ 600=2\ 400$(万元)。

上述分析是在假定其他因素不变时，为实现目标利润而应采取的单项措施。但在现实经济生活中，往往更多地采取综合措施以实现目标利润。

【例3-19】仍按上例的资料，假定2008年的目标利润为1600万元，经过各方面的预测，为了扩大销售量，企业只能采取降价措施。当价格降至95元时，销售量可达到125万件，但还实现不了目标利润。企业决定再追加150万元约束性固定成本，可以提高人工效率，降低材料消耗，从而降低单位变动成本。这时，为实现目标利润，单位变动成本b应降至

$b=p-(a+P)/x=95-(3\ 000+150+1\ 600)/125=57$(元)。

也即在采取上述措施后，只要单位变动成本从原来的60元降至57元，企业也能实现目标利润。

第四节　本量利的敏感性分析

敏感性分析(SensibilityAnalysis)就是研究与某一变量相关的因素发生变动时对该变量的影响程度，它是确定性模型中常用的分析。

在本量利关系中，敏感性分析的主要目的，是研究:能引起目标发生质变，如由盈利转为亏损时的各种因素变化的界限;各个因素变化对利润变化影响的敏感程度;当个别因素变化时，如何保证原定目标利润的实现。这种对确定性模型的敏感性分析，可以揭示致使企业亏损或项目失败的原因及关键变量，使企业管理当局对敏感变量进行控制，作出相应的决策。

利润敏感性分析的主要内容包括两个方面:一是研究与提供能引起目标发生质变，如由盈利转为亏损时各因素变化的界限，即临界值;二是各因素变化对利润变化影响的敏感程度分析。

(一)有关因素临界值的确定

从本量利分析中可知，影响利润的因素主要有:单价、单位变动成本、销量和固定成本。因素临界值是指计算出来的确保企业不亏损的各项因素的变动极限。具体是求达到保本点的销量和单价的最小允许值，以及单位变动成本和固定成本的最大允许值。如果超越了这些临界值，企业就会由盈利转为亏损，发生了质的变化。敏感性分析的目的就是确定能引起这种质变的各因素变化的临界值。因此，可以理解为如果目标利润变动率为-100%时，即企业处于保本状态，从而得出各因素临界值或极限变动率。

企业生产单一产品时，本量利关系的基本公式为:

$E=(p-b)x-a$

当 $E=0$ 时，即:$(p-b)x-a=0$ 时，便可求得各因素的盈亏临界值。

1. 单价的最小允许值 $p=(a+bx)/x$

2. 销量的最小允许值 $x=a/(p-b)$

3. 单位变动成本的最大允许值 $b=p-a/x$

4. 固定成本的最大允许值 $a=(p-b)x$

【例 3－20】假定某企业生产一种产品，单价 2 元，单位变动成本 1.2 元，全年固定成本预计 40 000 元，销量预计 100 000 件，求各因素的临界值。

解：全年利润为：

$E=100\ 000\times(2-1.2)-40\ 000=40\ 000$(元)

根据上述资料，即可求得各因素的临界值：

(1)单价的最小允许值为：

$p=(a+bx)/x=(100\ 000\times1.2+40\ 000)/100\ 000=1.6$(元)

说明单价不能低于 1.6 元，否则企业就发生亏损。

(2)销量的最小允许值为：

$x=a/(p-b)=40000/(2-1.6)=100\ 000$(件)

说明企业的销量最小不能小于 100000 件，否则企业就发生亏损。

(3)单位变动成本的最大允许值

$b=p-a/x=2-40\ 000/100\ 000=1.6$(元)

说明单位变动成本最大不能超过 1.6 元，否则企业就发生亏损。

(4)固定成本的最大允许值为：

$a=(p-b)x=(2-1.2)\times100\ 000=80\ 000$(元)

说明固定成本最大不能超过 80 000 元，否则企业就发生亏损。

(二)利润敏感性分析

1. 利润敏感性分析的假定条件。进行敏感性分析，通常以下列假设条件的存在为前提：

(1)四个因素假定。在现实经济生活中，任何一个相对重要的经济指标都不可避免地受到大量因素直接或间接的影响，为了简化利润敏感性分析的过程，必须假定制约利润指标的因素是有限的，而且都可以计量。即假定影响利润的因素只有单价、单位变动成本、固定成本和销量四个因素。

(2)各因素单独变动假定。各因素单独变动假定又称因素不相关假定，即假定影响利润的一个因素变动时，其他因素不变。在实际情况下，影响利润的诸多因素之间往往存在着相互制约的关系，为了正确反映各因素变动对利润的影响程度，还必须假定上述四个因素中任何一因素的变动均不会引起其他三项因素的变动。

(3)变动幅度相同假定。在实际经济生活中，影响利润的各因素变动的概率和幅度是不同的，即有的因素经常变动，有的因素偶尔变动；有的因素变动幅度大，有的因素变动幅度小。这样各因素变动对利润的影响程度的大小缺乏可比性，所以进行敏感性分析还必须假定各因素单独变动的概率和幅度相同。

2. 利润敏感系数。在影响利润的因素单价、单位变动成本、销量和固定成本中，每一个因素的变化都会引起利润的变化，但利润对它们的敏感性大小不同。有些因素发生微小的变化，就会使利润发生很大的变动，说明利润对该因素的变动非常敏感，这些因素被称为强敏感性因素；反之，有些因素虽有较大变化，但对利润的影响却不大，说明利润对该因素敏感性弱，这些因素被称为弱敏感性因素。用来反映利润对各因素敏感程度大小的指标称为敏感系数。某因素的敏感系数是指利润的变动率相当于引起利润变动的该因素变动率的倍数。其计

算公式为:

$$敏感系数 = \frac{利润变动百分比}{某因素变动百分比}$$

敏感系数绝对值大，说明该因素对利润的影响程度大;反之，敏感系数绝对值小，说明该因素对利润的影响程度小。确定敏感系数的目的，是使经理人员清楚地知道，在影响利润的诸因素中，利润对哪个因素的敏感性高，对哪个因素的敏感性低，以便分清主次，及时采取必要的调整措施，确保目标利润的完成。

在【例 3－20】中，假定在原来单价、单位变动成本、销量和固定成本的基础上，各增加 20%，则各因素的敏感程度分别为:

(1)单价的敏感系数

当单价提高 20% 时，$p = 2 \times (1 + 20\%) = 2.4$(元)

$E = (2.4 - 1.2) \times 100\ 000 - 40\ 000 = 80\ 000$(元)

利润变动百分比 $= (80\ 000 - 40\ 000) / 40\ 000 \times 100\% = 100\%$

单价的敏感系数 $= 100\% / 20\% = 5$

(2)单位变动成本的敏感系数

当单位变动成本提高 20% 时，$b = 1.2 \times (1 + 20\%) = 1.44$(元)

$E = 100\ 000 \times (2 - 1.44) - 40\ 000 = 16\ 000$(元)

利润变动百分比 $= (16000 - 40\ 000) / 40\ 000 \times 100\% = -60\%$

单位变动成本的敏感系数 $= -60\% / 20\% = -3$

(3)固定成本的敏感系数

当固定成本提高 20% 时，$a = 40\ 000 \times (1 + 20\%) = 48\ 000$(元)

$E = (2 - 1.2) \times 100\ 000 - 48\ 000 = 32\ 000$(元)

利润变动百分比 $= (32\ 000 - 40\ 000) / 40\ 000 \times 100\% = -20\%$

固定成本的敏感系数 $= -20\% / 20\% = -1$

(4)销量的敏感系数

当销量增加 20% 时，$x = 100\ 000 \times (1 + 20\%) = 120\ 000$(件)

$E = (2 - 1.2) \times 120\ 000 - 40\ 000 = 56\ 000$(元)

利润变动百分比 $= (56\ 000 - 40\ 000) / 40\ 000 \times 100\% = 40\%$

销量的敏感系数 $= 40\% / 20\% = 2$

由上例分析可知，在影响利润的因素中，最敏感的是单价，其次是单位变动成本，再次是销量，最后是固定成本。其中敏感系数是正值的，表明该因素与利润是同方向变动;敏感系数是负值的，表明该因素与利润是反方向变动。

若在【例 3－20】中，各因素均降低 20%，它们的敏感系数绝对值大小顺序仍是单价、单位变动成本、销量和固定成本，只是符号相反。由以上敏感性分析可知，单价和单位变动成本是利润的最敏感因素，是经理人员要注意的两个重要环节。但也不能拘泥于敏感系数的高低，而忽视了销量的影响。在销路看好、生产又有保障的情况下，可以大幅度增加销量，而单价的增幅可能很小甚至不动。尤其是在市场供大于求，销路欠佳，销量大幅下跌时，宁可降低售价以打开(或保证)销路。

敏感性分析提供了各因素变动百分比和利润变动百分比之间的比例，但不能直接显示变化后的利润值。为了弥补这一不足，使经理人员能直接地了解各因素的敏感程度，可以用各因素变动敏感性分析表来揭示其敏感程度。在表中可以看出各因素变化后的利润值。如表3－6所示。

表3－6　　用敏感性分析揭示各因素的敏感程度

利润（元）变动率（%）项目	－20	－10	0	10	20
单价	0	20 000	40 000	60 000	80 000
单位变动成本	64 000	52 000	40 000	28 000	16 000
固定成本	48 000	44 000	40 000	36 000	32 000
销售量	24 000	32 000	40 000	48 000	56 000

本章小结

本量利分析，全称"成本－数量－利润分析"，简称CVP分析。它是一种主要反映成本、数量和利润三者依存关系的分析方法，又称盈亏平衡点分析，是管理会计中的基本内容之一。它是在成本习性分析的基础上，重点研究产品的数量、价格、成本和利润之间的依存关系，计算确定企业的盈亏平衡点，进而分析在不同产销水平下，成本、售价等有关因素的变动对企业盈亏的影响。这种分析方法在企业的经营决策、目标制定和控制分析中得到广泛的应用。

本量利分析是建立在一定的基本假设条件基础上的。本量利分析研究应用的基本假设通常有成本性态分析假设、变动成本法假设、相关范围和线性关系假设、产销平衡及产品品种结构稳定假定。需要说明的是，本量利分析的线性关系假设和实际情况并不相符，不过在许多情况下还是能揭示成本、业务量与利润之间的一般规律；而且简单明了，易于绘制图形，所以很受实际管理人员欢迎。

保本分析是研究企业处于保本状态时本量利关系的一种定量分析。它是本量利分析的基础，其分析的关键，是确定产品的保本点，从而确定企业经营的安全程度。保本点，又称盈亏平衡点、盈亏临界点，是指企业在一定条件下处于不盈不亏的销售数量或销售收入。计算和确定保本点，能帮助企业管理人员控制和分析销售量与利润之间的关系，计算和确定保本点的另一重要作用在于，超过保本点后的产销量所提供的贡献毛益就是企业的利润。

在以目标管理为基本特征的现代企业管理中，本量利分析还可用于企业目标利润的预测。将本量利分析模式用于企业目标利润预测，需要对本量利分析基本模式进行一定的扩展。在本量利分析基本模式的基础上引入目标利润，可得出本量利分析的保利分析模型。保利分析反映了企业为实现目标利润所应达到的产销量、销售额，以及变动成本和固定成本等水平。

利润敏感性分析是研究制约利润的有关因素发生变动时，对利润所产生影响的一种定量分析方法。它是本量利分析的一项重要内容。进行利润敏感性分析，便于掌握利润对各因素变化的敏感程度的大小，使人们对各因素的重视程度有所区别，以便分清主次，抓住分析的重点，它对于以后进行利润预测分析，尤其是目标利润预测具有十分积极的指导意义。

利润敏感性分析的主要内容包括两个方面：一是研究与提供能引起目标发生质变，如由盈利转为亏损时各因素变化的界限，即临界值；二是各因素变化对利润变化影响的敏感程度分析。

◇◇ 练习题

一、单项选择题

1. 利润 =（实际销售量 - 保本销售量）×（　　）

A. 边际利润率　　B. 单位利润

C. 单位售价　　D. 单位贡献边际

2. 某企业只生产一种产品，月计划销售 600 件，单位变动成本 6 元，月固定成本 1 000 元，欲实现利润 1640 元，则单价应为（　　）元。

A. 16.40　　B. 14.60

C. 10.60　　D. 10.40

3. 某企业只生产一种产品，单价 6 元，单位制造成本 4 元，单位销售和管理变动成本 0.5 元，销量 500 件，则其产品贡献边际为（　　）元。

A. 650　　B. 750

C. 850　　D. 950

4. 销售收入为 20 万元，贡献边际率为 60%，其变动成本总额为（　　）万元。

A. 8　　B. 12

C. 4　　D. 16

5. 已知企业本年度目标净利润 2 800 万元，所得税率为 30%，单价为 1 万远，产品变动成本率为 40%，产品固定成本为 1 400 万元，则为达到目标利润，企业至少应销售产品（　　）件。

A. 6 000　　B. 9 000

C. 5 600　　D. 5 333

6. 只有超过（　　）的销售量才能为企业提供利润。

A. 固定成本　　B. 变动成本

C. 边际成本　　D. 保本点

7. 贡献毛益率和变动成本率的关系是（　　）。

A. 互为倒数　　B. 互补

C. 相等　　D. 没有关系

8. 在销售收入既定的条件下，保本点的高低取决于（　　）的多少。

A. 固定成本　　B. 变动成本

C. 总成本　　D. 销售量

9. 单位产品成本中的变动成本与业务量之间的关系是（　　）。

A. 正比例关系　　B. 反比例关系

C. 保持不变　　D. 部分正比，部分反比

10. 在生产多品种产品的企业，如果成本水平和各种产品单位售价不变，在各产品单位

贡献毛益一致的情况下，改变品种结构，则盈亏临界点的销售额(　　)。

A. 下降　　B. 上升

C. 不变　　D. 不确定

11. 假设某企业生产甲、乙、丙三种产品，各产品的贡献毛益率分别为10%、15%和30%，销售比重分别为30%、30%和40%，则该企业综合的加权贡献毛益率为(　　)。

A. 55%　　B. 19.5%

C. 15%　　D. 30%

12. 企业经营安全程度的判断指标一般是采用(　　)。

A. 贡献毛益率　　B. 利润率

C. 安全边际率　　D. 达到盈亏临界点的作业率

13. 其他因素不变时，单位成本的上升会引起(　　)。

A. 保本点降低，安全边际降低　B. 保本点上升，安全边际上升

C. 保本点降低，安全边际上升　D. 保本点上升，安全边际降低

二、多项选择题

1. 安全边际率 =(　　)

A. 安全边际 ÷ 实际销售量　　B. 保本销售量 ÷ 实际销售量

C. 安全边际额 ÷ 实际销售额　　D. 保本销售额 ÷ 实际销售额

E. 安全边际量 ÷ 安全边际额

2. 生产单一品种产品企业，保本销售额 =(　　)

A. 保本销售量 × 单位利润

B. 固定成本总额 ÷ 边际利润率

C. 固定成本总额 ÷ (单价 − 单位变动成本)

D. 固定成本总额 ÷ 综合边际利润率

E. 固定成本总额 ÷ 边际利润

3. 下列两个概念之和为 1 的有(　　)

A. 安全边际率与贡献边际率　　B. 安全边际率与保本作业率

C. 保本作业率与变动成本率　　D. 变动成本率与贡献边际率

E. 贡献边际率与保本作业率

4. 在利润的敏感性分析中，下列表述正确的是(　　)。

A. 当 $b>1/2p$ 时，各因素对利润的敏感程度的次序为 p、$B.\ x$、a。

B. 当 $b>1/2p$ 时，各因素对利润的敏感程度的次序为 p、x、$B.\ a$。

C. 当 $b<1/2p$ 时，各因素对利润的敏感程度的次序为 p、x、$B.\ a$。

D. 当 $b<1/2p$ 时，各因素对利润的敏感程度的次序为 p、x、$A.\ b$。

5. 在生产多种产品时，盈亏临界点的销售额的大小取决于(　　)。

A. 各种产品的贡献毛益率　　B. 各种产品的比重

C. 贡献毛益总额　　D. 固定成本总额

6. 在生产多种产品时，保本点的销售额大小取决于(　　)。

A. 各种产品的贡献毛益率　　B. 各种产品比重

C. 贡献毛益总额　　D. 固定成本总额

7. 甲产品的贡献毛益率为40%，固定成本为86 000元，亏损6 000元，则甲产品的销售收入和变动成本总额分别是(　　)。

A. 200 000　　B. 180 000

C. 160 000　　D. 120 000

8. 可以求得贡献毛益率的公式有(　　)。

A. 贡献毛益／销售收入　　B. (单位售价－单位变动成本)／单位售价

C. 1－变动成本率　　D. 单位贡献毛益／单位售价

E. 单位变动成本／单位售价

三、判断题

1. 在其他条件不变的情况下，单位变动成本越小，保本点就越低，安全边际越大。(　　)

2. 固定成本总额和单位产品负担的固定成本在一定时期和一定相关范围内，均不受业务量增减变动影响。(　　)

3. 盈亏临界点不变，销售量越大，能实现的利润越多。(　　)

4. 在贡献毛益率一定的条件下，安全边际率越高，则销售利润率越低。(　　)

5. 目标利润单独变动时，只会影响保利点，却不改变保本点。(　　)

6. 安全边际所提供的贡献毛益就是利润。(　　)

7. 企业各种产品提供的贡献毛益之和构成企业的营业净利。(　　)

四、计算分析题

1. 已知：某公司只销售一种产品，2008年单位变动成本为16元/件，变动成本总额为64 000元，共获税前利润18 000元，若该公司计划于2009年维持销售单价不变，变动成本率仍维持2008年的40%。

要求：(1)预测2009年的保本销售量；

(2)若2009年的计划销售量比2008年提高8%，则可获得多少税前利润？

2. 已知：某公司2008年销售收入为200 000元，销售成本为180 000元，其中固定成本80 000元，若2009年计划增加广告费8 000元，产品单价仍为40元/件。

要求：(1)预测2009年该公司的保本点；

(2)若2009年计划实现目标利润100 000元，则目标销售额应为多少？

3. 某公司本年度的简略收益表如下：

销售收入：	600 000
减：销售成本(其中变动费用360 000元)	660 000
净损失	(60 000)

若该公司总经理认为：如果计划期间增加广告宣传费60 000元，产品销售量即可大幅度增加，公司就可转亏为盈，该建议已获董事会批准。

要求：(1)预测计划年度的保本销售额。

(2)如该公司希望在计划年度获得目标税后利润600 000元，则该公司的目标销售额应为多少？(税率为30%)

4. 假设A公司的成本资料如下：

销售单价	40元
单位变动成本	28元

固定成本总额　　　　　　　1 584 000 元

要求：(1)计算保本点销售量(分别以实物量和金额表示)。

(2)该公司为达到税前目标利润 120 000 元，其销售量应为多少？

(3)该公司如达到税后目标利润 180 000 元，(税率 40%) 其销售量应为多少？

(4)假设变动成本中有 50% 为人工成本，固定成本中有 20% 为人工成本，此时，人工成本已上升 10%，求保本点销售量(以实物量表示)。

第四章 经营预测

本章知识点简介

本章介绍销售预测、成本预测及资金需要量预测、利润预测。

主要内容包括：

一是销售预测。销售预测是企业进行生产经营活动的起点。销售预测的方法可以分为定性预测法和定量预测法两类。定性预测法主要有：统计调查法、专家调查法、专家小组法和关联指标推测法等。定量预测法主要有：趋势分析法、回归分析法和季节预测法等。

二是成本预测及资金需要量预测。成本预测，是根据成本构成要素及影响成本变动的各因素之间的依存关系，结合企业未来可能发生的外部环境和内部条件的变化，采用特定的技术方法，对未来的成本水平及其变化趋势进行科学预计的过程。为了能够准确确定目标成本、编制成本计划、进行成本控制和考核，应预先做好固定成本、变动成本和混合成本的预测；资金需要量预测，是企业进行经营决策的主要依据和提高经济效益的有效手段，也是编制资金预算的前提。资金需要量预测的常用方法有销售百分比法、资金增长趋势预测法。

三是利润预测。利润预测是在销售预测和成本预测基础上进行的。在进行目标利润预测分析时一般采用因素分析法。因素分析法是在本期已实现的利润水平的基础上，充分估计预测期影响目标利润的各因素增减变动的可能，以保证实现企业的目标利润。

第一节 经营预测概述

一、预测的内容

经济中的预测是根据历史资料和现在的信息，运用科学的方法，对未来经济活动可能产生的经济效益和发展趋势作出科学的预计和推测。预测直接为企业决策服务，是决策科学化的前提条件。没有符合客观实际的预测，不可能作出最优化的决策，科学的预测是决策的基础。同时，预测也是企业编制预算的基础，它所提供的许多数据最终被纳入预算。因此，预测是企业管理过程中必不可少的重要职能和环节。企业预测的对象主要包括对产品销售市场、产品生产成本、利润以及资金需要量等方面的预测。因此，预测的基本内容主要包括销售预测、成本预测及资金需要量预测、利润预测等。

1. 销售预测。销售预测是指通过了解在一定的地理区域和一定期间内与特定产品有关的供销环境和各类市场的情况，分析产品有无现实市场、潜在市场以及市场大小，然后再根据对各有关因素的分析研究，预计和测算特定产品未来销售量水平及其变化趋势，进而预测企业产品未来销售量的过程。

2. 成本预测及资金需要量预测。成本预测是指根据企业未来发展目标和有关资料，运用一系列专门方法分析影响成本的有关因素，推测与估算未来成本水平及其发展趋势的过程；资金需要量预测是指在销售预测、利润预测和成本预测的基础上，根据企业未来经营发展目标，并考虑各项有关因素，运用一定方法预计和推测企业未来一定时期内或特定项目所需要的资金数额、来源渠道、运用方向及其效果的过程。

3. 利润预测。利润预测是指根据企业未来发展目标，通过对影响利润变动的单价、成本、销售量等因素的综合分析，预计或测算企业未来应当达到和可望实现的利润水平及其变动趋势的过程。

二、预测的程序

（一）确定预测的目的

进行任何一项预测，首先应确定预测的目的，即为什么要进行这项预测，通过该项预测要取得什么效果。这是预测过程的首要前提，它有助于我们选取恰当的分析资料，选择科学的预测方法。在明确目的的情况下，应对预测的具体内容做出规定。

（二）收集、整理资料

明确预测目的后，应围绕预测对象，收集有关预测对象从过去到现在的大量信息资料。资料来源可以是预测者直接调查收集的第一手资料，也可以是企业内部积累的历史资料和市场信息资料、综合管理部门公布的信息资料、政府公布的信息资料，如各种统计年鉴、经济年鉴、财政年鉴，互联网络、各类报刊等公开登载的资料。这些资料对于预测者来说都是现成的，比较容易收集整理，因此预测时应充分利用这些资料。预测时，对收集到的资料要认真审核，对不完整的或不适用的资料加以整理、归纳、鉴别分析，保证资料的完整性、准确性、可比性和一致性。

（三）选择预测方法，建立预测模型

预测的方法多种多样，不同的预测对象可以采取不同的分析方法。实际应用中要根据预测目的、占有资料的情况和企业人力、物力、财力水平，从预测对象本身的发展规律出发，选择适宜的预测方法，这是提高预测工作质量的重要保证。一般来说，当能够占有较多的数据资料时，可以采用各种定量预测的方法，而当缺乏足够的数据资料时，如预测对象是新产品，只能采用定性预测的方法。在实际预测中，往往根据掌握的情况，采用多种方法同时预测，如既采用典型调查定性预测法，同时又采用因果回归分析定量法等，然后建立预测模型并对各种预测结果进行论证评价，以求获得较为可靠的结论。

（四）做出预测结论，并进行适用性的分析

对所选用的预测方法、建立的预测模型以及做出的预测结论应进行分析、调整，以保证预测质量。若所选用的趋势模型对预测对象的历史数据拟合较好，又符合它的未来发展趋势，则模型可以直接用于预测。若选用的模型只对历史数据拟合较好，与预测对未来发展趋势偏差较大，则模型不能直接用于预测。如果出现这种情况，可以调整原模型方程，也可以另选其他模型。预测是对未来的一种估计或推测，因而人们往往更偏爱那些虽然对历史数据拟合不甚好，但与预测对象未来发展更接近的趋势模型。

（五）定期论证预测结论和预测误差

对过去做出的预测结论必须定期进行认真论证，以判断其合理性。有的预测结论从历史和现状看都没什么问题，但用模型预测未来几年的数值，就可能实现不了。其主要原因是在预测时没有对制约预测对象未来发展且又未包含在预测公式中的因素做充分估计。因此，对每次预测结论，有必要进行论证。

预测的结论与实际总是会有偏差的，即预测误差。当然预测准确程度越高越好，但要求预测 100% 准确是不可能的。如果预测误差很大，准确度低于 50%，则会失去预测的实际意义。若用这样的预测结论去指导经营决策，就会产生很大的失误。因此，在每次预测方案实施后，最好对照实际，测算误差，并分析原因，评价选用的预测方法的可靠性，以修正预测方案，改进预测模型或重选预测变量，不断提高预测的质量。

三、预测一般应遵循以下几项原则

(一)合理进行样本抽样，样本数量越多越准确

这是因为预测是运用已经掌握的定性、定量的经济信息样本以及其他有关信息，利用一定科学方法取得未来管理活动信息。这些信息样本反映了影响经济活动各因素之间相互联系、相互制约的关系及其程度，基本上可以反映企业经济活动发展规律。因此，抽取样本的数量越多，其代表性越强，由此做出的预测也就越准确。

(二)采取滚动方式，将短期预测和长期预测有机结合

企业管理活动、管理对象受许多内部和外部因素的影响和制约，带有一定的随机性。虽然互联网络使人们彼此之间的联系缩小了空间距离，使人们足不出户就可以接触四通八达的信息，但是受时间和精力的限制，以及其他因素的影响，计算机网络信息并不能保证其真实性、可靠性；加之人们对未来事物的认识是有限的，所掌握的信息也是有限的、不全面的。预测时间越长，受不可控因素影响就越大，从而使预测结果与实际发生较大偏离。而预测时间越短，选取的资料就越接近实际，越有可能保证预测结果的准确性。

(三)预测的方法选择应先进行测试

由于预测具体内容、方法和结果都有较大灵活性，预测什么，如何预测，以及要达到什么目的，可以根据和条件独立确定，因为预测主要为企业经营决策服务，一般不直接涉及企业各相关利益人的利益分配，因此遇事可以灵活处理。不同的预测内容，可以采取多种预测方法。在确定使用某一种预测方法时，对预测方法进行有目的的测试，并加以比较，不仅可以节约时间，降低成本，而且能提高预测工作质量。

(四)必须充分估计可能发生的误差

经济活动的发展往往不是简单的重复，总要受到各方面不断变化因素的影响，因此对企业某一方面经营活动预测的结果总会与将来发生的实际结果存在一定的误差。预测数与将来发生的实际数不可能完全一致，仅仅是一个近似值。这就要求人们在预测时要充分估计误差，力求使误差降低到最低水平，使预测结果更接近实际。

第二节 销售预测

销售预测是企业进行生产经营活动的起点。随着社会主义市场经济体制的逐步建立和完善，市场竞争日趋激烈。在这种条件下，企业的生产经营必须以市场为导向，必须重视和加强企业的销售预测，使企业在激烈的市场中求得生存和发展。销售预测是借助企业销售的历史资料和市场需求的变化情况，运用一定的科学预测方法，对产品在未来一定时期内的销售趋势进行预测和评价。通过销售预测，企业可以全面掌握产品市场需求的动态和产品销售变化的一般规律，为企业的销售工作指明方向，从而使企业能更有效、合理地安排和组织生产、

做到以销定产、产销平衡。同时，销售预测是企业制定经营决策的基础，是开展其他预测的前提条件。如果没有科学的销售预测，企业的生产经营管理就会迷失方向，因为只有经历销售这一过程，企业汇集在产品上的产量、品种、技术、管理及经营上的各种努力才能转化为现实的成果。而销售本身受诸多因素影响，如企业过去的销售业绩、目前市场情况、社会购买力水平和竞争对手情况等外部因素，与产品价格、功能、质量、企业的生产能力、推销宣传的手段方法和企业提供的售后服务等内部因素，这些因素除对企业销售产生影响外，各因素之间也会相互影响。因此，在进行销售预测时，企业必须对它们进行认真分析和研究，综合考虑它们的影响。

一、销售预测的步骤

为了使企业销售预测的结果更加可靠，除了选择科学的预测方法外，正确地组织预测工作也是必不可少的。准确可靠的销售预测一般可按以下步骤进行：

1. 明确预测对象

若想达到预测预期的作用就必须要有一个明确的预测对象。为了提高预测效果，企业应在种类繁多的产品中选择对企业经济效益有较大影响的产品作为重点预测对象。同时，根据预测对象确定预测范围，从而制定销售预测方案，使预测工作顺利而有序地进行。

2. 收集整理预测资料

在确定了预测对象后，就应收集与其有关的预测资料。这些预测资料主要包括产品的价格与质量、过去的销售及生产报告、产品的推销手段及其售后服务等企业内部资料，和当前消费结构及及市场竞争态势、社会经济发展速度等企业外部资料。为保证预测工作的质量，必须对所收集的预测资料进行检查、整理和归纳，去伪存真，以保证预测资料的完整性和真实性。

3. 选择预测方法

进行销售预测，应在预测资料充分和分析各种影响因素的基础上，运用适当的预测方法，准确确定预测结果。因为预测结果直接受预测方法的影响，将不同的预测方法应用于同一预测对象，其结果也会各不相同。选择最合适的预测方法就是使预测方法最大限度地与预测对象相适应。

4. 分析预测误差并评价预测效果

由于预测涉及未来情况，原本就有一定的不确定性，加上影响预测的因素繁多而且复杂，因此，对预测结果的可能变化幅度和预测误差必须进行分析，使决策者在使用预测信息时做到心中有数。同时，应及时地将预测结果与实际销售情况进行比较，分析产生误差的原因，修正预测数据和方法，总结经验，有利于今后能更准确地进行预测。

二、销售预测的方法

销售预测的方法可以分为定性预测法和定量预测法两类。

定性预测法也称为非数量预测法，是依靠预测人员丰富的实践经验和知识，以及主观的分析判断能力，在考虑到政治、经济形势、消费倾向、市场前景、经济政策（宏观环境的变化）等因素对经济影响的前提下，在调查研究的基础上，对事物的性质和发展趋势进行预测和推断的分析方法。这种方法适合于对预测对象的数据资料（包括历史的和现实的数据资料）掌握不充分，或影响因素复杂，难以用定量方法加以描述的情况；或对主要影响因素难以进行数量分析等情况。定性预测法主要有:统计调查法、专家调查法、专家小组法和关联指标推测法等。

定量预测法也称数量预测法或统计预测法，是根据已掌握的比较完备的历史统计数据，运用一定的数学方法，对与销售有关的各种经济信息进行科学的加工处理，并建立相应的数学模型，充分揭示各有关变量之间的规律性联系，对预测对象未来的发展趋势进行估计和推测的预测方法。这种方法可以有效避免预测人员的主观性，精确度较高。定量预测法主要有:趋势分析法、回归分析法和季节预测法等。

在实际进行销售预测时，可以把定性预测法和定量预测法结合起来使用，相互补充，使预测结果更为可靠，取得更好的预测效果。

三、定性预测法

1. 统计调查法

统计调查法是运用统计理论和方法，通过分析、研究销售的有关资料，对未来一定时期内有关产品的销售趋势和可能的结果进行预测的方法。统计调查法在对销售单位进行调查并取得相应销售资料的基础上，估计与推测有关产品销售量在未来一定期间内的变化趋势。在销售预测中，常用的统计调查法有全面调查法、重点调查法、典型调查法和随机抽样调查法。这些方法的主要区别在于选取的调查样本不同。

2. 专家调查法

专家调查法也称特尔菲法，它是预测机构或人员通过向见识广、学有专长的有关专家发出调查表，由有关专家根据自己的业务专长和对预测对象的深入了解发表个人意见，经过多次反馈、综合、归纳各位专家的意见后，对有关产品在未来一定期间内的销售趋势作出预测判断。

采用专家调查法进行销售预测时，应尽量保证使各位专家之间互不通气，以避免因彼此地位、观点的不同等原因而对他们产生干扰和影响，使每位专家都能够根据自己的观点、方法和经验进行预测，同时对不同专家意见的征询应反复进行。为使各位专家在重复预测时能作出比较全面的判断，每次都应将上一次所有征询意见的结果进行整理归纳后，再反馈给专家。

专家调查法具有匿名性、费用不高、节省时间的特点，其预测结果的可靠性比专家小组法高。

3. 专家小组法

专家小组法也称为专家会议法，它是由企业将各有关专家集中起来，通过召开不同形式座谈会的方式，让专家针对预测对象交换意见并进行讨论。最后由企业综合各种意见作出预测的一种方法。

专家小组法可避免依靠个人的经验进行预测而产生的片面性。在实际进行面对面的讨论时，要求各专家应从企业整体利益出发，充分发表个人意见，而不要受不同观点的影响，以保证预测结果的可靠性。

4. 关联指标推测法

关联指标推测是指通过对市场供需情况的详细调查，在已知两种或两种以上的产品之间的市场需求具有十分密切关系的情况下，用某一种或几种产品的市场需求量推测另一种产品市场需求量的预测方法。运用关联指标推测法的前提是产品之间的相互关联关系，这种关联关系可分为正相关关联和负相关关联两种形式。正相关关联是一种产品的销量增减会引起另一种关联产品的销量呈相同方向的比例增减。例如，汽车轮胎的销量同汽车的销量之间就是正相关关联。在确定了产品间的关联关系后，根据二者历年的销售资料和其中一种产品的市场销量，就可以推测出另一种产品的销量。负相关关联是一种产品的销量增减会引起另一种关联产品的销量呈相反方向的比例增减。具有这种关联关系的多是替代产品，例如，黑白电视机和彩色电视机的销量之间的关系就是负相关关联。

【例 4-1】某汽车轮胎厂预测其汽车轮胎的销量。该厂经过调查分析，某地区汽车轮胎的社会需求量大约是汽车产量的 7 倍，2007 年该地区汽车产量为 160 000 辆，计划 2008 年增产 50%。此外，该地区目前已有汽车 400 000 辆，调查估计每辆汽车平均每年需更换 2 个轮胎。该厂的轮胎在市场上占有率为 65%。

则该汽车轮胎厂所在地区 2008 年原有汽车所需轮胎数预计为：

400 000 × 2 = 800 000（个）

该汽车轮胎厂所在地区 2008 年新增汽车需轮胎数预计为：

160 000 × (1 + 50%) × 7 = 1 680 000（个）

预计该地区 2008 年汽车轮胎的社会需求量为：

800 000 + 1 680 000 = 2 480 000（个）

该汽车轮胎厂的轮胎销售量占该地区轮胎社会需求量的 65%，则预测该汽车轮胎厂 2008 年的轮胎销售量为：

2 480 000 × 65% = 1 612 000（个）

由此可看出，在运用关联指标推测法预测产品的销售量时，必须先对市场进行详细调查，以了解产品之间的关联程度。当然，各有关产品之间的关联形式及关联程度除受产品自身特点等因素影响外，还可能受其他因素的影响。因此，企业在采用这一方法进行销售预测时，必须充分考虑各种影响因素，以便合理地确定关联指标，达到预测的目的。另外，企业还可以运用主观判断法进行销售预测。

四、定量预测法

（一）趋势分析法

趋势分析法也称时间序列预测法或历史资料引申法，它是运用一定的数学方法对按时间顺序排列的企业历年的销售资料进行加工处理，据此推测预测对象在未来一定时期内的变化趋势的一种方法。运用这种方法进行预测的前提是预测对象的历年发展变化具有明显的连贯性，能将其未来发展视为其自身历史的延伸。根据具体采用的计算方法不同，趋势分析法可分为简单平均法、移动平均法、指数平滑法等。

1. 简单平均法

简单平均法是计算企业某产品过去若干期间的销售量的简单平均数，并以此为基础确定其销售预测值的预测方法。

【例 4-2】某企业过去 6 年中某产品的实际销售资料如表 4-1 所示。

表 4－1　　某企业过去 6 年某产品实际销售资料　　单位：万元

t	1	2	3	4	5	6
实际销售额	1 680	1 800	1 740	1 860	1 920	1 980

根据表 4－1 中销售资料，采用简单平均法预测第 t 年该产品的销售量：

$$M_t = \frac{1\,680 + 1\,800 + 1\,740 + 1\,860 + 1\,920 + 1\,980}{6}$$

$$= 1\,830（万元）$$

即第 t 年企业该产品的销售预测量为 1 830 万元。

采用简单平均法进行预测，计算简单，其预测值的准确性受期间数 n 值大小的影响。一般来说，当历年的销售情况波动较大时，n 值可大些；反之，n 值可小些。当企业市场销售较为稳定时，采用这种方法进行销售预测比较合适。

2. 移动平均法

移动平均法是计算企业某产品过去若干期间的销售量的移动平均数，并以此为基础确定其销售预测值的预测方法。按其计算方法不同，移动平均法可分为简单移动平均法和加权移动平均法。

（1）简单移动平均法。这种方法是采用不加权的移动平均数进行预测。

仍沿用【例 4－2】表例 4－1 中资料，如果该企业确定的移动平均期数为 5，则第 6 年、第 7 年的预计销售量就分别为：

$$\overline{M}_6 = \frac{1\,680 + 1\,800 + 1\,740 + 1\,860 + 1\,920}{5}$$

$$= 1\,800（万元）$$

$$\overline{M}_7 = \frac{1\,800 + 1\,740 + 1\,860 + 1\,920 + 1\,980}{5}$$

$$= 1\,860（万元）$$

和简单平均法一样，简单移动平均法比较简单；不同的是，它在预测时使用靠近预测时期的资料，从而使预测值和实际更加接近。这种方法多在企业某产品销售量略有波动时使用。

（2）加权移动平均法。这种方法是在简单移动平均法的基础上，计算出加权平均数作为预计销售量的预测方法。由于大多预测值受近期资料的影响程度大些，因此在确定权数时，近期资料的权数比远期资料的权数要大一些。

仍沿用前例表 4－1 中资料，如果该企业确定的移动平均期数为 5，权数按资料距预测期的远近分别确定为 1、2、3、4、5、则第 6、7 年的预计销售量分别为：

$$\overline{M}_6 = \frac{11\,680 \times 1 + 1\,800 \times 2 + 1\,740 \times 2 + 1\,860 \times 4 + 1\,920 \times 5}{1 + 2 + 3 + 4 + 5}$$

$$= 1\,836（万元）$$

$$\overline{M}_7 = \frac{1\,800 \times 1 + 1\,740 \times 2 + 1\,860 \times 2 + 1\,920 \times 4 + 1\,980 \times 5}{1 + 2 + 3 + 4 + 5}$$

$$= 1\,896（万元）$$

由于加权移动平均法是按以往期间销售量距预测期的远近，分别给予不同权数进行计算，从而消除了历史资料差异的平均化，这样可使计算出的预测值更接近实际情况。

3. 指数平滑法

指数平滑法也称指数移动平均法，它是利用平滑系数(即加权因子)对本期的实际销售量和本期预计销售量进行加权平均计算后作为下期销售预计数的预测方法。它是在移动平均法基础上发展起来的一种预测方法。其计算公式如下：

$$\overline{M}_t = \alpha X_{t-1} - +(1-\alpha)\overline{M}_{t-1} \qquad (0 \leqslant \alpha \leqslant 1) \qquad (4-1)$$

式中：α—— 平滑系数；

$\overline{M}_t$—— 第 t 期的预测值；

X_{t-1}—— 第 $t-1$ 期实际销售量；

M —— 第 $t-1$ 期预测销售量。

由式(4-1)可看出，平滑系数 α 是对本期实际销售量的权数，$(1-\alpha)$ 是对本期预计销售量的权数。平滑系数 α 取值的大小直接决定预测值的计算结果，值越大，则下期的预测值就越接近本期的实际数；反之，下期的预测值就越接近本期的预测值。在实际应用中，α 的取值，应经过反复试算而确定，以保证预测的可靠性。一般 α 在 0.3 ~0.7 之间比较恰当。

仍沿用【例 4-2】表 4-1 中资料，假定该企业第 1 年的预计销售为 1 800 万元，α 取值为 0.3，则各年销售预测值的计算如表 4-2 所示。

表 4-2　　各年销售预测值计算表　　单位：万元

t	X_t	αX_{t-1}	$(1-\alpha)\overline{M}_{t-1}$	$\overline{M}_t$
1.	1 680			1 800
2	1 800	0.3 ×1 680 =504	0.7 ×1 800 =1 260	1 764
3	1 740	0.3 ×1 800 =540	0.7 ×1 764 =1 234.8	1 774.8
4	1 086	0.3 ×1 740 =522	0.7 ×1 774.8 =1 242.4	1 764.4
5	1 920	0.3 ×1 086 =558	0.7 ×1 764.4 =1 235.1	1 793.1
6	1 980	0.3 ×1 920 =576	0.7 ×1 793.1 =1 255.2	1 831.2
7		0.3 ×1 980 =594	0.7 ×1 831.2 =1 281.8	1 875.8

指数平滑法通过平滑系数加权计算，降低了偶然因素的影响，而且又不需要大量历史资料，所以计算比较简便。但在运用时，应注意尽量避免人为主观因素，根据多次试算再恰当确定平滑系数。

(二)回归分析法

回归分析法是通过分析影响销售变动的因素，进而确定最主要的影响因素，然后根据所确定的主要因素与销售量之间的因果关系建立回归方程，并据以推测未来的销售变动趋势的预测方法。可见，所谓回归分析法，是将回归方程的原理运用于销售预测的预测方法。在销售预测中常用的回归分析法，主要有直线回归法和曲线回归法。

1. 直线回归法

直线回归法就是运用直线回归方程 $y=a+bx$ 来进行销售预测。

通过前面有关章节的学习，我们知道，直线回归方程为，其中：$y=a+bx$

$$a=\frac{\sum y-b\sum x}{n}$$

$$b=\frac{n\sum xy-\sum x\sum y}{n\sum x^2-(\sum x)^2}$$

用直线回归法进行销售预测时，方程中 y 为销售数，x 为影响销售变动的主要因素（如销售年份等），a 为基本销售数，b 为影响销售的主要因素变动而使销售量变动的数量。

实际进行销售预测时，如果确定 x 为销售年份等时间因素时，则由于时间序列间隔相等，可令 $\sum x=0$，回归方程中 a、b 值分别简化为：$a=\frac{\sum y}{n}$，$b=\frac{\sum xy}{\sum x^2}$。在实际计算时，如果 n 为奇数，那么假设预测基础期的最中央一期为0，将 x 的间隔期定为1，即…－4，－3，－2，－1，0，1，2，3，4…；如果 n 为偶数，则将预测基础期的最中央两期设为－1和1，将 x 的间隔期定为2，即…－5，－3，－1，1，3，5…。

仍沿用【例4－2】表4－1中的资料，用上述直线回归法预测该企业第7年的销售量。

有关数据的计算如表4－3所示。

表4－3　　有关回归参数的计算　　单位：万元

t	x	y	xy	x^2
1	－5	1 680	－8 400	25
2	－3	1 800	－5 400	9
3	－1	1 740	－1 740	1
4	1	1 860	1 860	1
5	3	1 920	5 760	9
6	5	1 980	9 900	25
合计	0	10 980	1 980	70

将表4－3中计算结果代入回归方程式，则该企业第7年预测销售量为：

$$y=\frac{10\,980}{6}+\frac{1\,980}{70}\times 7$$

$$=1\,830+198=2\,028\text{（万元）}$$

2. 曲线回归法

曲线回归法是运用二次或二次以上的回归方程来进行销售预测。下面以指数曲线为例说明其应用。

指数曲线的计算公式如下：

$$y=ab^x \tag{4-2}$$

式中：y—— 销售数；

x—— 影响销售变动的主要因素（销售年份等）；

a、b —— 待定参数。

运用曲线回归法进行销售预测，首先应将二次或二次以上的回归方程转换为直线回方程，然后利用直线回归法进行销售预测。因此，对指数曲线两边取对数可得：

$$\lg y = \lg a + x\lg b \tag{4-3}$$

令 $y' = \lg y$，$a' = \lg a$，$b' = \lg b$，则上式可写为：

$$y' = a' + b'x \tag{4-4}$$

这样，根据直线回归原理，a'和 b'分别表示为：

$$a' = \frac{\sum y'}{n} = \frac{\sum(\lg y)}{n} = \lg a \tag{4-5}$$

$$b' = \frac{\sum(xy')}{\sum x^2} = \frac{\sum(x\lg y)}{\sum x^2} = \lg b \tag{4-6}$$

仍沿用【例 4－2】表 4－1 中资料，要求按指数曲线法对该企业第 7 年的销售量进行预测。有关数据计算结果如表 4－4 所示。

表 4－4　　**指数曲线法有关数据计算**　　单位：万元

t	y	$\lg y$	x	$x\lg y$	x^2
1	1 680	3. 2253	－5	－16. 1265	25
2	1 800	3. 2553	－3	－9. 7659	9
3	1 740	3. 2405	－1	－3. 2405	1
4	1 860	3. 2695	1	3. 2695	1
5	1 920	3. 2833	3	9. 8499	9
6	1 980	3. 2967	5	16. 4835	25
合计	10 980	19. 5706	0	0. 47	70

将表达 4－4 中计算结果代入计算公式：

$$\lg y = \frac{19.5706}{6} + \frac{0.47}{70} \times 7 = 3.3$$

计算其反对数为 1 995. 26，即该企业第 7 年的预计销售量为 1 995. 26 万元。

（三）季节预测法

季节预测法是用来预测具有季节性波动特点的产品的销售量的预测方法。销售具有季节性波动特点的产品的销售量的预测方法。销售具有季节性波动特点的产品，如农药、化肥、服装、鞋帽等，其各年销售曲线形状都相类似。对销售受到季节因素影响的产品，企业应在充分分析影响因素的基础上，采用一定方法对其进行预测。下面仅以上年季节百分率法为例说明季节预测法的应用。

上年季节百分率法是将本年销售预计数按上年各月实际销售比重进行分配，并以此确定本年各月预计销售量的季节预测法。

【例 4－3】假定某企业上年各月实际销售额及销售比重如表 4－5 所示。

由于居民收入的增加和企业经营服务的改善，企业预测年度的销售额将增加 10%，那么，企业预测年度总销售额应为：

183 600 ×（1 +10%）=201 960（元）

根据上年季节百分率法，计算预测年度 1－12 月预计销售额分别如表 5－6 所示。

表 4－5　　　　某企业上年各月实际销售及销售比重　　　　单位:万元

月份	1	2	3	4	5	6	7	8	9	10	11	12	合计
上年销售额	7 344	9 180	11 016	14 688	16 524	18 360	20 196	25 704	22 032	18 360	14 688	5 508	18 360
销售比重	0.04	0.05	0.06	0.08	0.09	0.10	0.11	0.14	0.12	0.10	0.08	0.03	1.00

表 4－6　　　　某企业预测年度各月实际销售额及销售比重　　　　单位:万元

月份	1	2	3	4	5	6	7	8	9	10	11	12	合计
上年销售额	7 344	9 180	11 016	14 688	16 524	18 360	20 196	25 704	22 032	18 360	14 688	5 508	201 960
销售比重	0.04	0.05	0.06	0.08	0.09	0.10	0.11	0.14	0.12	0.10	0.08	0.03	1.00

第三节　成本预测及资金需要量预测

一、成市预测

成本预测，是根据成本构成要素及影响成本变动的各因素之间的依存关系，结合企业未来可能发生的外部环境和内部条件的变化，采用特定的技术方法，对未来的成本水平及其变化趋势进行科学预计的过程。

成本预测，无论从本量利分析还是从全面预算的角度来讲，都是管理会计的重要环节。管理会计按照成本习性对成本进行分类，在相关范围内，成本的类型是不变的，但从适应市场变化的需要出发，成本总是变化的。因此预先把握固定成本、变动成本和混合成本的变动趋势，就可以为确定目标成本、编制成本计划、进行成本控制和考核提供可靠的依据。

成本预测分析的方法可以概括为两类:一类是根据历史成本数据，应用趋势分析法预测成本变动的趋势;另一类是因素关联法，即根据成本与产量等相关因素之间的因果关系预测未来的成本水平。管理会计的成本预测分述如下。

(一)固定成本预测

对于企业来说，在一定的技术环境下，业务量变动是导致固定成本变动的基本诱因。

【例 4－4】A 企业的产品在过去的五年中，市场需求不断地增长，企业在采取其他措施的同时，每年还要进行固定资产的投资，使得固定成本总额不断上升。有关资料如表 4－7 所示。现预计 2008 年的市场需求量为 12 万件，在其他因素不变的情况不，采用回归分析法，则 2008 年的固定成本预测如表 4－8 所示。

表 4－7　固定成本/销售量数据表

年度	固定成本总额(万元)	销售量(万件)
2003	8	5
2004	10	6
2005	14	8
2006	16	9
2007	18	10

表 4－8　固定成本预测计算表

年度	销售量(万件) x	固定成本总额(万元) y	xy	x^2
2003	5	8	40	25
2004	6	10	60	36
2005	8	14	112	64
2006	9	16	144	81
2007	10	18	180	100
$n=5$	$\sum x=38$	$\sum y=66$	$\sum xy=536$	$\sum x^2=306$

按照表 4－8 的数值，代入最小二乘法公式中计算 a 与 b 的值：

$$b=\frac{n\sum xy-\sum x\sum y}{n\sum x^2-(\sum x)^2}=\frac{(5\times536-38\times66)}{5\times306-(38)^2}=\frac{172}{86}=2$$

$$a=\frac{\sum y-b\sum x}{n}=\frac{66-2\times38}{5}=\frac{-10}{5}=-2$$

将 a 与 b 的值代入公式 $y=a+bx$ 得出预测结果模型：

$$y=-2+2x$$

因此，2008 年固定成本预计为：

$$y=-2+2\times12=22(万元)$$

(二) 变动成本预测

影响变动成本的诱因主要包括原材料的市场价格、薪酬、劳动生产率、原材料替代、轮班制度和生产工艺等因素。

【例 4－5】沿用例 4－4 的资料。假设该企业走挖潜节约的路子，充分提高现有固定资产的利用率，改进轮班制度和生产工艺，使得变动成本的增幅比较稳定，有关资料如表 4－9 所示。假定其他相关因素保持不变，2008 年变动成本总额的预测如表 4－10 所示。

表 4－9　变动成本/销售量数据表

年度	变动成本总额(万元)	销售量(万件)
2003	8	5
2004	10	6
2005	12	8
2006	14	9
2007	16	10

表 4－10 **变动成本预测计算表**

年度	销售量(万件) x	变动成本总额(万元) y	xy	x^2
2003	5	8	40	25
2004	6	10	60	36
2005	8	12	96	64
2006	9	14	126	81
2007	10	16	160	100
n	$\sum x = 38$	$\sum y = 60$	$\sum xy = 482$	$\sum x^2 = 306$

按照表 4－10 的数值，代入最小二乘法公式中计算 a 与 b 的值：

$$b = \frac{n\sum xy - \sum x \sum y}{n\sum x^2 - (\sum x)^2} = \frac{(5 \times 482 - 38 \times 60)}{5 \times 306 - (38)^2} = \frac{130}{86} = 1.5$$

$$a = \frac{\sum y - b\sum x}{n} = \frac{60 - (1.5 \times 38)}{5} = \frac{3}{5} = 0.6$$

将 a 与 b 的值代入公式 $y = a + bx$ 得出预测结果模型：

$$y = 0.6 + 1.5x$$

仍预计 2008 年的市场需求量为 12 万件，则 2008 年变动成本预计为：

$$y = 0.6 + 1.5 \times 12 = 18.6(\text{万元})$$

(三)混合成本预测

影响固定成本和变动成本的诱因，必然影响混合成本。

【例 4－6】某企业 2000－2007 年的产品销售量以及相应年度的销售管理费用如表 4－11 所示。根据市场预测，2008 年该产品的预计销售量为 50 万件，现预测 2008 年该企业的销售管理费用，采用直线回归法计算如表 4－12 所示。

表 4－11 **销售管理费用资料表**

年度	2000	2001	2002	2003	2004	2005	2006	2007
销售量(万件)	22	28	32	34	36	40	42	46
销售管理费(万元)	10	12	16	18	20	26	28	30

表 4－12 **销售管理费用预测计算表**

年度	销售量(万件) x	销售管理费(万元) y	xy	x^2
2000	22	10	220	484
2001	28	12	336	784
2002	32	16	512	1 024
2003	34	18	612	1 156
2004	36	20	720	1 296
2005	40	26	1 040	1 600
2006	42	28	1 176	1 764
2007	46	30	1 380	2 116
$n = 8$	$\sum x = 280$	$\sum y = 160$	$\sum xy = 5\,996$	$\sum x^2 = 10\,224$

将表4－12中的相关数字代入公式，求出 a 与 b 的值：

$$b = \frac{n\sum xy - \sum x \sum y}{n\sum x^2 - (\sum x)^2} = \frac{8 \times 5\,996 - 280 \times 160}{8 \times 10\,224 - (280)^2} = \frac{47\,968 - 44\,800}{81\,792 - 78\,400}$$

$$= \frac{3\,168}{3\,192} = 0.9339$$

$$a = \frac{\sum y - b\sum x}{n} = \frac{160 - (0.9339 \times 280)}{8} = \frac{160 - 261.492}{8} = -12.6865$$

预测的模型为：

$$y = -12.6865 + 0.9339x$$

该企业2008年的销售管理费用预测值为：

$$y = -12.6865 + 0.9339 \times 50 = 34.0085\text{（万元）}$$

二、资金需要量预测

当企业的销售量预测和成本预测完成后，企业就要为计划期的生产、销售筹集所需要的资金，以保证企业的经营活动顺利完成。没有适当的资金准备，企业可能会因为资金不足而制约生产经营的发展，也可能因为资金准备过多而造成资金成本过高，影响经营效益，这就是资金需要量预测的主要目的。因此，资金需要量的预测是企业进行经营决策的主要依据和提高经济效益的有效手段，也是编制资金预算的前提。资金需要量预测的常用方法有销售百分比法、资金增长趋势预测法。

（一）销售百分比法

一般情况下，与资金需要量相关性最大的综合因素是计划期内的预测销售额，因此，资金需要量预测通常是以科学的销售量预测为基础，可采用销售百分比法预测资金需要量，其计算公式为：

$$W = \left(\frac{A}{S_0} - \frac{L}{S_0}\right)(S_1 - S_0) - D - S_1R_0(1 - d_1) + M_1$$

式中：W 为计划期预计需要追加资金数量，S_0 为基期的销售收入总额，S_1 为计划期的销售收入总额，$\frac{A}{S_0}$ 为基期随着销售额增加而增加的资产项目占销售额的百分比，$\frac{L}{S_0}$ 为基期随着销售额增加而自动增加的负债项目占销售额的百分比，$(\frac{A}{S_0} - \frac{L}{S_0})$ 为每增加1元销售额，应该追加资金的百分比，D 为计划期折旧费的提取数（不包括用于更新改造的金额），R_0 为基期税后销售利润率，d_1 为计划期的股利支付率，M_1 为计划期零星资金需要量。

销售百分比法一般按以下步骤进行：

1. 分析资产负债表各项目与销售收入总额之间的依存关系

资产类项目中，周转中的货币资金、应收账款和存货等，都因销售额的增长而相应地增长；如果基期对固定资产利用已经满负荷，则增加销售就要增加设备投资。无形资产与销售额的变动无关。

负债类项目中，应付账款、其他应付款等项目，一般会因销售的增长而自动增加；应付票据、长期负债及股东权益等则不随销售额变动。

计划期提取的折旧费、留存收益两项目可作为计划期追回资金的内部资金来源。

2. 编制销售百分比表，并将计算结果代入预测公式，计算出预期的资金追加或减少额。

【例4－7】某企业基期年度销售收入为400 000元，净利为20 000元，并发放股利5 000元，基期固定资产能力利用已经饱和，该企业基期年度资产负债表如表4－13所示。若该企业计划期销售收入总额增至600 000元，并仍按基期股利支付股利；折旧费提取30 000元，其中70%用于更新改造现有厂房设备；零星资金需要量为10 000元，则预测计划期追加资金需要量的销售百分比表如表4－14所示：

表4－13　　某企业基期元年度资产负债表

资产	金额	负债及所有者权益	金额(元)
现金	20 000	应付账款	80 000
应收账款	60 000	应付税款	20 000
存货	40 000	应付票据	10 000
固定资产	100 000	长期负债	40 000
无形资产	80 000	普通股股本	120 000
		留存收益	30 000
资产合计	300 000	负债及所有者权益合计	300 000

表4－14　　销售百分比表

资产	所占比率	负债及所有者权益	所占比率
现金	5%	应付账款	20%
应收账款	15%	应付税款	5%
存货	10%	应付票据	(无关)
固定资产	25%	长期负债	(无关)
无形资产	(无关)	普通股股本	(无关)
		留存收益	(无关)
资产合计	55%	负债及所有者权益合计	25%

表4－14中有关数据计算公式：

$$\text{某项目销售百分比} = \frac{\text{期年度该项目金额}}{\text{基年度销售收入}} \times 100\%$$

以固定资产为例，其销售百分比计算如下：

$$\text{固定资产销售百分比} = \frac{100\ 000}{400\ 000} \times 100\% = 25\%$$

将表4－13、表4－14中有关数据代入公式计算：

$$\begin{aligned} W &= \left(\frac{A}{S_0} - \frac{L}{S_0}\right)(S_1 - S_0) - D - S_1 R_0 (1 - d_1) + M_1 \\ &= (55\% - 25\%) \times (600\ 000 - 400\ 000) - 30\ 000 \times (1 - 70\%) \\ &\quad - (600\ 000 \times \frac{20\ 000}{400\ 000}) \times (1 - \frac{5\ 000}{20\ 000}) + 10\ 000 \\ &= 60\ 000 - 9\ 000 - 22\ 500 + 10\ 000 \end{aligned}$$

$= 38\ 500$(元)

即计划期需增加流动资金 38 500 元。

(二)资金增长趋势预测法

资金增长趋势预测法，是运用回归分析法原理，对若干历史期间的销售收入相对应的资金需要量的资料进行分析，确定反映销售收入与资金需要量之间关系的回归直线，利用回归方程 $y = a + bx$，按未来的销售收入预测值来推算未来期间资金的需要量。

【例 4－8】某公司近 5 年的资金总量和销售收入的资料如表 4－15 所示。若该公司 2008 年销售收入预测值为 600 万元，则 2008 年的资金需要总量预测如下：

表 4－15　资金总量和销售收入资料表

年度	销售收入(万元)	资金总量(万元)
2003	300	200
2004	360	240
2005	400	260
2006	440	280
2007	500	300

首先，根据回归分析原理，对表 4－15 中的数据加工整理如表 4－16 所示。然后，根据 4－16 的数值，代入最小二乘法公式中计算 a、b 的数值。

表 4－16　资金需要总量预测计算表

年度	销售收入(万元) x	资金总量(万元) y	xy	x^2
2003	300	200	60 000	90 000
2004	360	240	86 400	129 600
2005	400	260	104 000	160 000
2006	440	280	123 200	193 600
2007	500	300	150 000	250 000
$n = 5$	$\sum x = 2\ 000$	$\sum y = 1\ 280$	$\sum xy = 523\ 600$	$\sum x^2 = 823\ 200$

$$b = \frac{n\sum xy - \sum x \sum y}{n\sum x^2 - (\sum x)^2} = \frac{(5 \times 5\ 236\ 000 - 2\ 000 \times 1280)}{5 \times 823\ 200 - (2\ 000)^2} = \frac{58\ 000}{116\ 000} = 0.5$$

$$a = \frac{\sum y - b\sum x}{n} = \frac{1280 - (0.5 \times 2\ 000)}{5} = 56$$

将 a、b 的值和 2008 年的销售收入预测值代入公式 $y = a + bx$，预测 2008 年资金需用总量为：

$$y = a + bx = 56 + 0.5 \times 600 = 356(\text{万元})$$

第四节　利润预测

利润是企业经营管理的综合性指标,目标利润是指企业在计划期内从事生产经营活动所要达到的利润目标。在经营过程中,影响利润的诸因素会发生变化,通过对影响利润变化的成本、产销量等因素的综合分析,从而对未来一定时间内可能达到的利润水平和变化趋势进行科学的预计和推测。利润预测是在销售预测和成本预测基础上进行的。本节主要采用因素分析法对目标利润进行预测分析。

因素分析法是在本期已实现的利润水平的基础上,充分估计预测期影响目标利润的各因素增减变动的可能,以保证实现企业的目标利润。

从企业的经营管理角度讲,一旦确定了年度的目标利润后,就必须采取有效措施去保证实施。在此,我们以具体实例加以分析。

【例4-9】某企业准备于下一年度产销甲产品20 000件,每件售价30元,单位变动成本为20元,全年固定成本总额为40 000元。经过进一步的市场调研,企业决策层认为,有必要将原定的目标利润再提高10%,企业可以采取的措施如下:

依题意可知,原定的目标利润为:

目标利润 = 销售量 × 单位贡献毛益 - 固定成本总额
= 20 000 × (30 - 20) - 40 000
= 160 000(元)

在此基础上,将目标利润提高10%,即要达到176 000元,可以采取以上措施:

1. 降低固定成本总额

目标固定成本总额 = 销售量 × 单位贡献毛益 - 新目标利润
= 20 000 × (30 - 20) - 176 000
= 24 000(元)

若其他条件不变,固定成本下降16 000元,可以保证新目标利润的实现。

由第三章的相关内容可知,固定成本发生变动时,其结果往往使保本点也有相应比例升降,从而引起目标利润额也相应增减。这里,保本点销售量的变动幅度与固定成本变动幅度是同步的,因而,目标利润的变动额与固定成本变动额也是相同的,但变动方向是相反的。

固定成本变动后的目标利润为:

目标利润 $= x(p-b)-a(1\pm f)$　（f为固定成本变动百分比）

2. 降低单位变动成本

单位变动成本变动后的目标利润为:

目标利润 $= x[p-b(1\pm r)]-a$　（r为单位变动成本变动百分比）

3. 提高单位销售价格

单价变动后的目标利润为:

目标利润 $= x[p(1\pm g)-b]-a$　（g为单价变动百分比）

4. 增加销售量

$$\text{目标销售量}=\frac{\text{固定成本}+\text{目标利润}}{\text{单位售价}-\text{单位变动成本}}$$

$$=\frac{40\ 000+176\ 000}{30-20}$$

$=21\ 600$（件）

若其他条件不变，销售量提高1600件，可以保证新目标利润的实现。

由第三章的相关内容可知，销售量的变动并不影响保本点。当实际销售量小于保本点销售量时，亏损与销售量的变动成反比；当实际销售量大于保本点销售量时，目标利润与销售量的变动成正比。变动后的目标利润（或亏损）为：

目标利润 $=(p-b)[x(1\pm q)]-a$　　（q 为销量变动百分比）

事实上，在企业经营活动的实践过程中，很少是仅受单一因素变动影响的，常见的是多因素相互制约的综合性影响。例如，要增加产量，就有可能增加固定成本总额；要提高市场占有率，就必须降低价格；要降低人工成本，就要提高资本的有机构成，从而必然带来固定成本总额上升等等。

【例4-10】沿用例4-9的资料。假定企业经过反复的市场调研，为了扩大市场市场占有率，决定销售量要提高20%，达到24 000件。为此，固定成本将增至50 000元，变动成本降为18元，销售单价降低为26元。在这些因素的综合影响下，企业可实现的目标利润重新计算如下：目标利润 $=24\ 000\times(26-18)-50\ 000$

$=192\ 000-50\ 000$

$=142\ 000$（元）

本章小结

经济中的预测是根据历史资料和现在的信息，运用科学的方法，对未来经济活动可能产生的经济效益和发展趋势作出科学的预计的推测。预测的基本内容主要包括销售预测、成本预测和资金需要预测、利润预测等。

预测的基本程序包括：确定预测的目的；收集、整理资料；选择预测方法，建立预测模型；做出预测结论，并进行适用性的分析；定期论证预测结论和预测误差。

销售预测是借助企业销售的历史资料和市场需求的变化情况，运用一定的科学预测方法，对产品在未来一定时期内的销售趋势进行预测和评价。

销售预测的基本步骤包括：明确预测对象；收集整理预测资料；选择预测方法；分析预测误差并评价预测效果。

销售预测的方法可以分为定性预测法和定量预测法两类。定性预测法主要有：统计调查法、专家调查法、专家小组法和关联指标推测法等。定量预测法主要有：趋势分析法、回归分析法和季节预测法等。根据具体采用的计算方法不同，趋势分析法可分为简单平均法、移动平均法、指数平滑法等。在销售预测中常用的回归分析法，主要有直线回归法和曲线回归法。

成本预测，是根据成本构成要素及影响成本变动的各因素之间的依存关系，结合企业未来可能发生的外部环境和内部条件的变化，采用特定的技术方法，对未来的成本水平及其变化趋势进行科学预计的过程。成本预测分析的方法可以概括为两类。一类是根据历史成本数据，应用趋势分析法预测成本变动的趋势；另一类是因素关联法，即根据成本与产量等相关因素之间的因果关系预测未来的成本水平。

资金需要量的预测是企业进行经营决策的主要依据和提高经济效益的有效手段，也是编制资金预算的前提。资金需要量预测的常用方法有销售百分比法、资金增长趋势预测法。

一般情况下，与资金需要量相关性最大的综合因素是计划期内的预测销售额，因此，资金需要量预测通常是以科学的销售量预测为基础，可采用销售百分比法预测资金需要量，其计算公式为：

$$W=\left(\frac{A}{S_0}-\frac{L}{S_0}\right)(S_1-S_0)-D-S_1R_0(1-d_1)+M_1$$

资金增长趋势预测法，是运用回归分析法原理，对若干历史期间的销售收入相对应的资金需要量的资料进行分析，确定反映销售收入与资金需要量之间关系的回归直线，利用回归方程 $y=a+bx$，按未来的销售收入预测值来推算未来期间资金的需要量。

利润预测是在销售预测和成本预测基础上进行的。本节主要采用因素分析法对目标利润进行预测分析。

因素分析法是在本期已实现的利润水平的基础上，充分估计预测期影响目标利润的各因素增减变动的可能，以保证实现企业的目标利润。

◇◇ 练习题

一、单项选择题

1. 下列方法不属于趋势预测方法有(　　)。

A. 回归分析法　　B. 指数平滑法
C. 简单平均法　　D. 移动平均法

2. 只适用于销售额基本稳定的产品的预测方法是(　　)。

A. 定性预测法　　B. 简单平均法
C. 趋势平均法　　D. 指数平均法

3. 在进行销售量预测时，近期资料权数大，远期资料权数小的方法是(　　)。

A. 指数平滑法　　B. 简单平均法
C. 趋势平均法　　D. 定性分析法

4. 某企业不具备完整可靠的历史资料，无法进行定量分析，销售预测时宜采用(　　)。

A. 趋势分析法　　B. 因果预测法
C. 加权平均法　　D. 定性分析法

5. 下列项目中，管理会计短期筹资预测常用的方法是(　　)。

A. 集合意见法　　B. 因素变动预测法
C. 指数平滑法　　D. 销售百分比法

6. 假设某企业计划年度的预计销售收入为 500 000 元，产品税率为 8%，要实现的目标利润为 80 000 元，则企业的目标成本为(　)元。

A. 380 000　　B. 460 000
C. 620 000　　D. 120 000

7. 下列预测方法中，属于定性分析法的是(　　)。

A. 相关分析法式　　B. 移动平均法
C. 回归分析法　　D. 专家小组法

8. 有一个企业下半年销售量的预测值为 800 000 元，该企业每增加一元销售量需筹资 0.45 元。

若该企业当年未分配利润为200 000元，则下半年该企业预计需增加的筹资额为(　　)元。

A. 360 000　　B. 160 000

C. 800 000　　D. 200 000

9. 在企业预测系统中，处于先导地位的是(　　)元。

A. 销售预测　　B. 成本预测

C. 利润预测　　D. 筹资预测

10. 假设某企业测算出其未来年度的销售额为400 000元，每增加一元销售额需筹资0.50元，若该企业年末分配利润为100 000元，则来年企业预计需增加的筹资额为(　　)元。

A. 100 000　　B. 150 000

C. 110 000　　D. 200 000

11. 采用加权平均法预测销售时，确定各期权数的数值应满足的要求是(　　)。

A. 近小远大　　B. 前后一致

C. 近大远小　　D. 逐期递减

12. 在保本点不变的情况下(　　)。

A. 如果产品销售量超过保本点，销售量越小，利润越大

B. 如果产品销售量超过保本点，销售量越大，利润越大

C. 如果产品销售量不超过保本点，销售量越小，亏损越大

D. 如果产品销售量不超过保本点，销售量越大，亏损越大

二、多项选择题

1. 预测的基本程序包括(　　)。

A. 确定预测目标　　B. 收集整理资料

C. 选择预测方法　　D. 综合分析预测

E. 计算预测误差

2. 指数平滑法对不同时期的资料(　　)。

A. 取不同的权数

B. 取相同的权数

C. 越是近期的资料权数越大

D. 越是远期的资料权数越小

E. 越是远期的资料权数越大

3. 下列预测方法中属于定量预测方法的是(　　)。

A. 趋势分析法　　B. 回归分析法

C. 简单平均法　　D. 移动平均法

E. 指数平滑法

4. 下列项目中，属于定性分析法的是(　　)。

A. 统计调查法　　B. 专家调查法

C. 专家小组法　　D. 关联指标推测法

E. 趋势分析法

5. 下列各项目中，属于趋势预测法的是(　　)。

A. 移动平均法　　B. 回归分析法

C. 简单平均法　　D. 指数平滑法

E. 相关分析法

6. 销售预测中，常用的定量方法有(　　)。

A. 算术平均法　　B. 趋势平均法

C. 直线回归法　　D. 指数平滑法

E. 经验分析法

7. 预测与决策的关系主要表现为(　　)。

A. 预测是决策的基础

B. 预测为决策服务

C. 预测是决策的先导

D. 预测是决策科学化的前提

E. 在一定程度上来说，预测就是决策

8. 在资料缺乏的情况下，可选用以下哪些方法进行预测(　　)。

A. 统计调查法　　B. 回归分析法

C. 专家调查法　　D. 专家小组法

E. 指数平滑法

9. 运用销售百分比法时，随着销售额的增长而增长的资产类项目有(　　)。

A. 货币资金　　B. 应收账款

C. 存货　　D. 利用率已饱和的固定资产

E. 无形资产

三、判断题

1. 定性分析法是指根据已掌握的比较完备的历史统计数据，运用一定的数学方法，对与销售有关的各种经济信息进行科学的加工处理，并建立相应的数学模型，充分揭示各有关变量之间的规律性联系，对预测对象未来的发展趋势进行估计和推测的预测方法。(　　)

2. 使用加权移动平均法预测销售量时，由于大多预测值受近期资料的影响程度大些，因此在确定权数时，近期资料的权数比远期资料的权数要大一些。(　　)

3. 当企业市场销售较为稳定时，采用简单平均法进行销售预测比较合适。(　　)

4. 当实际销售量大于保本点销售量时，目标利润与销售量的变动成反比。(　　)

5. 一般情况下，与资金需要量相关性最大的综合因素是计划期内的预测销售额，因此，资金需要量预测通常是以科学的销售量预测为基础，可采用销售百分比法预测资金需要量。(　　)

6. 管理会计按照成本习性对成本进行分类，可分为固定成本、变动成本和混合成本。(　　)

7. 根据具体采用的计算方法不同，回归分析法可分为简单平均法、移动平均法、指数平滑法等。(　　)

8. 定量分析法是指依靠人们的主观分析判断来确定未来的估计值的方法。(　　)

四、计算题

1. 资料：某企业只生产一种产品，按 0.6 的平滑系数预测 4 月份的销售量为 18 500 件。该企业 1 ~ 4 月份的实际销售量与总成本资料如下：

月份	1月份	2月份	3月份	4月份
产销量(件)	10 000	12 000	18 000	20 000
总成本(元)	200 000	198 000	310 000	300 000

要求：

(1)采用高低点法进行成本性态分析。

(2)若4月份预测产销量为18 500件，采用平滑指数法预测5月份的产销量。

(3)根据成本性态模型及预测产销量，预测5月份的总成本。

2. 资料：假设某公司2007年度的生产能力只利用了70%，实际销售收入总额为850 000元，获得税后净利润42 500元，并以17 000元发放股利。该公司2007年末的资产负债表如下：

资产负债表

2007年12月31日　　　　单位：人民币元

资 产	金额	负债及所有者权益	金额
现金	20 000	应付账款	100 000
应收账款	150 000	应交税金	50 000
存货	200 000	应付票据	30 000
固定资产(净值)	300 000	长期负债	200 000
长期投资	40 000	普通股股本	350 000
无形资产	60 000	留存收益	40 000
资产总计	770 000	负债及所有者权益总计	770 000

若该公司计划年度2008年预计销售收入总额将增加到1 000 000元，并仍按2007年度的股利发放率支付股利。折旧提取数为60 000元。又假设2008年的零星资金需要量为20 000元。

要求：按销售百分比法预测计划年度需要需要追加的资金量。

3. 资料：某公司在基期2007年度的销售收入实际数为500 000元，获得税后净利20 000元，并发放了股利10 000元。又基期的厂房设备的利用率已达到饱和状态。该公司2007年12月31日的资产负债表如下：

资产负债表

2007年12月31日　　　　单位：人民币元

资 产	金额	负债及所有者权益	金额
现金	10 000	应付账款	50 000
应收账款	85 000	应交税金	25 000
存货	100 000	长期负债	115 000
固定资产(净额)	150 000	股本	200 000
无形资产	55 000	未分配利润	10 000
资产总计	400 000	负债及权益总计	400 000

若该公司在计划期间(2008 年)销售收入总额将增至 800 000 元，并仍按基期股利发放率支付股利。

要求：预测 2008 年追加资金的需要量。

4. 资料：假定某汽车厂今年销售汽车 12 000 辆，每辆售价 130 000 元，单位变动成本 80 000 元，固定成本总额 200 000 000 元。若明年根据市场调查可增售汽车 500 辆，要求按基期销售利润率来确定明年的目标利润。

5. 资料：假设某公司 2007 年度的生产能力只利用了 60%，实际销售收入总额为 850 000 元，获得税后净利润 42 500 元，并以 17 000 元发放股利。该公司 2002 年末的资产负债表如下：

资产负债表

2007 年 12 月 31 日　　　　单位：人民币元

资 产	金额	负债及所有者权益	金额
现金	20 000	应付账款	100 000
应收账款	150 000	应交税金	50 000
存货	200 000	应付票据	30 000
固定资产(净值)	300 000	长期负债	200 000
长期投资	40 000	普通股股本	350 000
无形资产	60 000	留存收益	40 000
资产总计	770 000	负债及所有者权益总计	770 000

若公司计划年度(2008)年预计销售收入总额将增加到 1 000 000 元，并仍按 2007 年度的股利发放率支付股利。折旧提取数为 60 000 元。又假设 2008 年的零星资金需要量为 60 000 元。

要求：按销售百分比法预测计划年度需要追加的资金量。

第五章 短期经营决策

本章知识点简介

本章介绍生产决策、定价决策、存货决策。

主要内容包括：

一、生产决策分析的常用方法。生产决策分析的常用方法：贡献毛益分析法、差量分析法、相关成本分析法和成本平衡点分析法。

二、生产决策分析的常用方法在生产决策分析中的应用。贡献毛益分析法在新产品开发的品种决策分析中的应用；变动成本分析法在亏损产品是否停产决策分析中的应用；差量分析法在特殊价格追加订货决策分析及产品加工程度决策分析中的应用；相关成本分析法、成本平衡点分析法在零部件自制或外购决策分析及生产工艺技术方案的决策分析中的应用。

三、定价决策的方法。定价决策涉及的范围较大，可用的方法很多，本书只介绍与成本有关的定价方法。成本是企业生产和销售产品而发生的费用总和，是构成产品价格的基本因素，是价格的下限，以成本为出发点制定价格的目标是保证各种耗费得以检，同时获得足够大的利润。具体包括：成本加成定价法、保本定价法、边际成本定价法等。

四、存货决策。存货决策是指确定适当的存货政策，使存货保持在一个"最优化水平"上，保证存货资金得到最经济、最合理、最有效的使用。该项决策包括两项基本因素：存货的持有数量和形成时间。决定这两项问题时必须要考虑由存货引起的相关成本问题，在其他条件一定时，决策的目的就是让相关成本最小。一般来讲，存货相关成本取决于存货的种类。存货按其来源主要可分为自制存货与外购存货。自制存货的相关成本包括生产调整准备成本、生产成本、储存成本和缺货成本；外购存货的相关成本包括：订购成本、采购成本、储存成本和缺货成本。无论相关成本构成如何，存货决策的目的是使各类存货的相关成本最小。

第一节 短期经营决策概述

一、短期经营决策的概念

短期经营决策是指决策结果只会影响或决定企业近期（一年或一个营业周期）经营活动，侧重于从资金、成本、利润等方面对如何充分利用企业现有资源和经营环境，以取得尽可能大的经济效益而实施的决策。简言之，短期经营决策是指对一年之内的经营收支产生影响的问题而进行的决策。它一般不涉及新的固定资产投资，因而短期经营决策又被称为"经营决策"，主要包括：一年内的生产安排、品种规划、追加订货及定价决策等。

二、短期经营决策应考虑的重要因素

经营决策中，需要通过比较不同备选方案经济效益的大小进行最优化选择。而影响短期经营决策方案经济效益大小的重要因素主要有三个，即：相关收入、相关成本和相关产销量。

（一）相关收入

相关收入是指与特定决策方案联系的、能对决策产生重大影响的、在短期经营决策中必须予以充分考虑的收入。如果某项收入只属某个经营决策方案，即若这个方案存在，就会发生这项收入，若该方案不存在，就不会发生这项收入，那么，这项收入就是相关收入。相关收入的计算要以特定决策方案的单价和相关销售量为依据。

与相关收入相对应的概念是无关收入。如果无论是否存在某个经营决策方案，某项收入均会发生，那么就可以断定该项收入是该方案的无关收入。显然，无关收入在经营决策中无须考虑，否则，就可能导致决策失误。

（二）相关成本

相关成本是指与特定决策方案相联系的、能对决策产生重大影响的、在短期经营决策中必须予以充分考虑的成本。如果某项成本只属某个经营决策方案，即若这个方案存在，就会发生这项成本，若该方案不存在，就不会发生这项成本，那么，这项成本就是相关成本。相关成本主要包括：差量成本、边际成本、机会成本、付现成本、专属成本、可分成本和酌量性成本。

与相关成本相对应的概念是无关成本。凡不受决策影响、与决策关系不大、已经发生或注定要发生的成本就是无关成本。如果无论是否存在某个经营决策方案，某项成本均会发生，那么就可以断定该项成本是该方案的无关成本。无关成本主要包括：沉没成本、共同成本、联合成本和约束性成本。在短期经营决策中，不能考虑无关成本，否则，可能会作出错误的决策。因此，了解和区分哪些成本是相关成本，哪些是无关成本，对短期经营决策是十分重要的。下面就各相关成本与无关成本的对应关系，详细说明各项成本的性质。

1. 差量成本与边际成本

差量成本有广义和狭义之分。广义的差量成本是两个被选方案预计成本的差额。狭义差量成本是指由于生产能力利用程度不同，即由于产量不同而形成的成本差别，也称为增量成本。

从理论上讲，边际成本是指产量（或销售量）发生无限小的变化时成本的变动数额。当然，这是从纯经济学角度来讲的，事实上，所谓产量发生无限小的变化，就是产量增加或减少 1 个单位。因此，边际成本也就是产量每增加或减少 1 个单位所引起的成本变化量。

显然，管理会计中的边际成本是差量成本的特殊形式。当产量或销售量的增量为一个、一件或一批时，边际成本等于单位差量成本或一批的差量成本。

2. 机会成本

机会成本是指在决策分析过程中，从各备选方案中选取最优方案而放弃次优方案所丧失的潜在收益。也就是说，机会成本就是不选其他方案而选最优方案的代价。选择方案时，将机会成本的影响考虑进去，有利于对所选方案的最终效益进行全面评价。例如，某公司现有一空闲的车间，既可以用于 A 产品的生产，也可以用于出租。如果用来生产 A 产品，可收入 35 000 元，成本费用 18 000 元，可获净利 17 000 元；用于出租则可获租金收入 12 000 元。在决策中，如果选择用于生产 A 产品，则出租方案必然放弃，其本来可能获得的租金收入 12 000 元应作为生产 A 产品方案的机会成本，由生产 A 产品方案负担。

可见，机会成本产生于公司的某项资源的用途选择。具体地讲，如果一项资源只能用来实现某一职能而不能用于实现其他职能时，就会产生机会成本。此外，由于机会成本仅仅只是被弃方案的潜在利益，而非实际支出，因而不能据以登记入账。但由于公司资源的有限性，所以，机会成本在经营决策中应作为一个现实的重要因素予以考虑。

3. 付现成本与沉没成本

付现成本是指由于某项决策而引起的、需要在未来动用现金支付的成本。在企业的经营决策中，一般均把付现成本作为一项重要因素来考虑。这是因为，任何经济决策都需要现金资源，如果没有现金支持，再好的决策方案也不能实现。基于这一点，有时决策者不得不选择付现成本小、收益相对较少的方案，而忍痛放弃那些付现成本大、收益也较大的方案。例如，某公司从长远利益出发，准备将其 30 名雇员进行定向培养。现有两种方案可选择：一是全部送入某重点大学学习，但必须为每位雇员支付一次性学费 2 万元，共 60 万元；二是请有关专业教师到公司讲课，对员工进行短期培训，短期培训的费用共为 5 万元。如果目前公司的培训费有限，在考虑了两种方案的付现成本后，只能选择付现成本较低的后一方案为最优方案，而放弃付现成本较高的前一方案，尽管前一方案对公司的长远发展更有利。

沉没成本是指过去已经发生并无法由现在或将来的任何决策所改变的费用。可见，沉没成本是对现在或将来的任何决策都无影响的成本。例如，某企业有一台旧设备要提前报废，其原始成本为 10 000 元，已提折旧 8 000 元，折余净值为 2 000 元，这 2 000 元的折余价值就是沉没成本。假设处理这台旧设备有两个方案可予以考虑：一是将旧设备直接出售，可获得变价收入 500 元；二是经修理后再出售，则需支出修理费用 1 000 元，但可得 1 800 元。在进行决策时，由于旧设备折余价值 2 000 元属于过去已经支出再无法收回的沉没成本，所以不予以考虑，只需将这两个方案的收入加以比较，直接出售可得收入 500 元，而修理后出售可得净收入 800 元(1800 元 - 1000 元)，显然，采用第二方案比采用第一方案可多得 300 元(800 元 - 500 元)所以，应将旧设备修理后再出售。

可见，沉没成本是企业在以前经营活动中已经支付现金，而在现在或将来经营期间摊入成本费用的支出。因此，购置固定资产和无形资产的支出及长期待摊费用等均属于企业的沉没成本。

4. 专属成本与共同成本

固定成本还可以按其涉及范围的大小，划分为专属成本和共同成本。

专属成本是指可以明确归属于企业生产的某种产品，或为企业的某个部门而发生的固定成本。没有这些产品或部门，就不会发生这些成本，所以专属成本是与特定的产品或部门相联系的成本。例如专门生产某种产品的专用设备折旧费、保险费等。

共同成本是指为多种产品的生产或为多个部门而发生的，应由这些产品或部门共同负担的成本。如在企业生产过程中，几种产品共同的设备折旧费、辅助车间成本等，都是共同成本。

在进行方案选择时，专属成本是与决策有关的成本，必须予以考虑；而共同成本则是与决策无关的成本，可以不予考虑。

5. 酌量性成本与约束性成本

固定成本按照是否能够随管理行为改变而改变，划分为酌量性成本和约束性成本两部分。

由企业管理者的决策来决定其是否发生的固定成本称为酌量性成本，如广告费、职工培训费、研究开发费等。那些为进行企业经营而必须负担的、不能改变的、最低限度的固定成本，如厂房、设备等固定资产所提的折旧费，不动产的税金、保险费以及管理人员薪金等，称约束性成本。

有些固定成本，是依决策者的主观判将其划分为酌量性成本或约束性成本的。一般说来，酌量性成本是相关成本，约束性成本是无关成本。

6. 可分成本与联合成本

可分成本是指在半成品或联产品生产决策中，对已产出半成品或已经分离的联产品在进一步加工阶段中所需追加的变动成本。在决策中，只要将可分成本与加工后所能增加的增量收入进行对比，就可作出是否进一步加工的决策。

联合成本是指联产品在未分离前的生产过程中发生的、应由所有联产品共同负担的成本。因此，联合成本是属无关成本，在是否进一步加工的决策中不需考虑。

（三）相关产销量

相关产销量是指在短期经营决策中必须认真考虑的、与特定决策方案相联系的产量或销量。尽管相关产销量对决策方案的影响往往是通过对相关收入和相关成本的影响而实现的，但这也恰恰从另一个方面说明相关产销量是短期经营决策中不容忽视的重要因素。实践表明，在短期经营决策中，许多对相关收入和相关成本的计量失误是出于对相关产销量的判断失误。如在半成品是否深加工的决策中，如果半成品与产品之间的投入产出关系不是1∶1，则深加工方案和不深加工方案的相关产销量就会不同。

第二节　生产决策

一、生产决策分析方法

生产决策分析的常用方法:贡献毛益分析法、差量分析法、相关成本分析法和成本平衡点分析法。

（一）贡献毛益分析法

短期经营决策一般是在原有生产能力的范围内进行的，多数情况下不改变生产能力，所以，固定成本通常为无关成本。根据本书前几章的介绍，在各方案固定成本均相同的前提下，贡献毛益最大的方案实质上就是利润最大的方案。在应用贡献毛益法评价各方案优劣时，只需要计算各方案贡献毛益指标，选择贡献毛益最大的方案即可。

如果决策方案中有专属固定成本的发生，则应用从贡献毛益中扣除专属固定成本，扣除后的余额一般称为剩余贡献毛益。它既不是原来意义上的贡献毛益，也不是最终的利润，如果要计算利润，还要扣除分摊的原有固定成本。在决策时，如果有专属固定成本发生时，就采用剩余贡献毛益这一指标进行评价。

需要指出的是，对某一种产品来说，单位贡献毛益指标反映了产品的盈利能力。但在不同备选方案之间进行比较分析，不能以单位贡献毛益指标作为评价标准，而应以贡献毛益总额指标作为方案取舍的依据。这是因为，在生产能力一定的前提下，不同方案单位产品耗费的生产能力可能有所不同，因此各方案能够生产的产品总量也可能不同。如果用单位贡献毛益最大的方案不一定是贡献毛益总额最大的方案。

【例5－1】假设某企业拟利用现有剩余生产能力生产甲产品或乙产品。甲产品单价20元，单位变动成本10元;乙产品单价10元，单位变动成本4元。该企业现有剩余生产能力1 000台时，生产一件甲产品需耗8台时，生产一件乙产品需耗4台时。

首先，根据表5－1来比较两个方案的优劣。

表5－1 单位贡献毛益表 单位:元

项目	甲产品	乙产品
单价	20	10
单位变动成本	10	4
单位贡献毛益	10	6

从表5－1中可以看到，甲产品的单位贡献毛益10元大于乙产品的单位贡献毛益6元，如果我们把单位贡献毛益作为评价指标，则应选择甲产品。

下面我们再根据表5－2来比较各方案的优劣。

从表5－2中可以看出，尽管甲产品单位贡献毛益较大，但贡献毛益总额却小于乙产品，应选择生产乙产品。所以，在应用贡献毛益分析法时，不能采用单位贡献毛益作为评价指标。

表5－2 贡献毛益总额表 单位:元

单价	甲产品	乙产品
单位变动成本	10	4
单位贡献毛益	10	6
剩余生产能力(台时)	1 000	1 000
单位产品耗时(台时)	8小时/件	4小时/件
可生产量(件)	125	250
贡献毛益总额	1 250	1 500

(二)差量分析法

差量分析法是在计算两个备选方案之间产生的差量收入与差量成本的基础上，计算差量损益，根据差量损益来选择决策方案。差量分析法涉及差量收入、差量成本、差量损益三项指标。差量收入是指两个备选方案之间的收入差异数。差量成本是指两个备选方案之间的成本差异数。而差量损益是差量收入减去差量成本后的余额。其分析的基本公式为:

差量损益＝差量收入－差量成本

在应用差量分析法进行分析时，首先必须确定在两个方案比较时，哪个方案作为比较的基础，也就是作为在计算差量收入和差量成本时的减数，而另一方案则作为被减数。假如有甲、乙两个备选方案，如果把乙方案作为比较的基础，也就是作为减数，甲方案就作为被减数,由此计算出来的差量损益如果是正数，则意味着甲方案比乙方案能带来更多的利润，应选择甲方案;由此计算出来的差量损益如果是负数，则意味着甲方案比乙方案能获得的利润少，应选择乙方案。

为什么在短期经营决策中有时要采用差量分析法呢？因为在短期经营决策中，原有的收入是无关收入，原有的成本是无关成本，在分析时不必计算全部收入和全部成本，而且计算全部收入和全部成本也比较麻烦。因此，只需要计算两个方案的新增加的收入差量和成本差量就可以计算出损益差量，据此就可以做出正确决策。

差量分析法只能应用于只有两个备选方案的决策。差量分析法的应用范围非常广泛，在生产决策的各个方面均可应用。

【例5－2】以前面贡献毛益分析法所举的例题为基础，采用差量分析法进行决策分析。现编制差量分析表，如表5－3所示。

在表5－3的分析中，是以乙产品作为分析的基础，也就是作为减数，甲产品是作为被减数。从表5－3中可以看出，生产甲产品与乙产品的差量收入为0，而差量成本为250，由此计算出的差别损益为－250元。也就是在收入相同的前提下，生产甲产品比生产乙产品成本是多支出250元，差别损益－250元意味着生产甲产品比生产乙产品利润要少250元，所以应选择生产乙产品。这与贡献毛益分析法得出的结论是相同的。

表5－3　**差别分析表**　单位:元

项目 \ 方案	甲产品	乙产品	差异额
相关收入	125×20＝2 500	250×10＝2 500	0
相关成本	125×10＝1 250	250×4＝1 000	250
差别损益			－250

（三）相关成本分析法

相关成本分析法是在各个备选方案收入相同的前提下，只分析每个备选方案新增加的变动成本和固定成本，也就是计算每个方案的增量成本和专属成本，两项之和即为相关成本。在收入相同的前提下，相关成本最低的方案必然是利润最高的方案。所以，应选择相关成本最低的方案。

采用相关成本分析法必须是在各备选方案业务量确定的条件下，如果各备选方案的业务量不确定，则不能采用相关成本分析法。

【例5－3】某企业生产需要一种A零件，年需要量500件，可以由本企业生产，也可以外购。如果由本企业生产，单位变动成本26元，而且需购买一台专用设备，每年发生专属固定成本2000元。如果外购，外购单价35元。要求进行决策分析。

具体分析见表5－4

表5－4　**相关成本分析表**　单位:元

项目 \ 方案	自制	外购
变动成本	500×26＝13 000	500×35＝17 500
专属成本	2 000	
相关成本合计	15 000	17 500

从表5－4的分析中可以看出，采用自制方案制造A零件的相关成本为15 000元，而外购的相关成本为17 500元，自制成本较低，所以应选择自制方案。

（四）成本平衡点分析法

成本平衡点分析法也是以成本高低作为决策依据的。在备选方案业务量不能事先确定的情况下，特别是各备选方案的预期收入又相等的前提下，可通过计算不同方案总成本相等时的业务量，也就是成本平衡点来选择预期成本较低的方案，这种决策分析方法称为成本平衡点法。

$$成本平衡点业务量=\frac{两个方案固定成本差额}{两个方案单位变动成本差额}$$

成本平衡点是指两个方案总成本相等时的业务量，如果预计未来的业务量在成本平衡点之下时，应选择固定成本较低的方案，因为此种情况下总成本较低。如果预计未来的业务量在成本平衡点之上时，应选择固定成本较高的方案，因为此种情况下总成本较低。

【例5-4】假设某企业只生产一种产品，现有两种设备可供选择。一种是采用传统的机械化设备，每年的专属固定成本20 000元，单位变动成本12元。另一种是采用先进的自动化设备，每年的专属固定成本30 000元，单位变动成本7元。要求进行决策分析。

首先，计算成本平衡点：

$$成本平衡点业务量=\frac{30\,000-20\,000}{12-7}$$

$$=2\,000(件)$$

然后，根据两个方案的数据作图，见图5-1。

从图5-1中可以看出，当生产量在2 000件以下时，机械化生产的总成本线在自动化生产的总成本线之下，意味着当生产量在2 000件之下时，采用机械化设备生产的成本较低，应选择机械化设备。当生产量在2000件以上时，自动化生产的总成本线在机械化生产的总成本线之下，意味着当生产量在2 000件之上时，采用自动化设备生产的成本较低，应选择自动化设备。

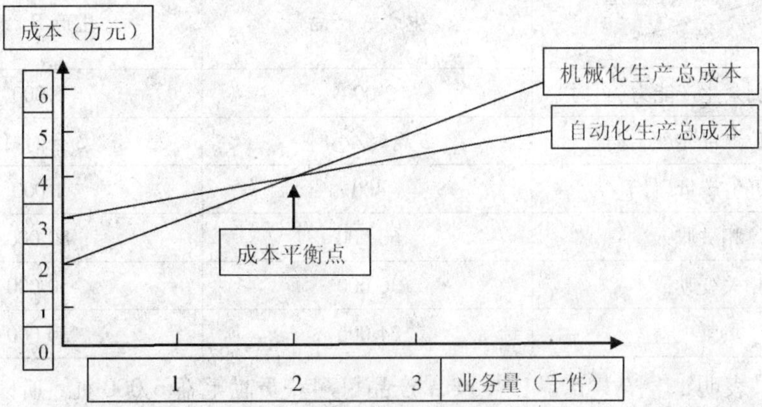

图5-1 两种方案成本比较图

二、生产决策分析的常用方法在生产决策分析中的应用

（一）新产品开发的品种决策分析

通过大量投资追加技术装备开发新产品，属于长期投资决策的范围，本章暂不涉及。这里介绍的新产品开发的品种决策分析，是指利用企业现有剩余生产能力来开发某种在市场上有销路的新产品，而且已经掌握可供选择的多个新品种方案的有关资料。这里按照是否涉及专属成本的两种情况进行介绍。

1. 不追加专属成本时的决策分析

当各备选方案只是利用现有剩余生产能力，而不涉及追回专属成本时，各备选方案的原有固定成本都是相同的，属于无关成本。在进行决策分析时，只计算各方案的贡献毛益就可以正确决策。这里一般采用贡献毛益分析法。

【例 5－5】某企业现有年剩余生产能力 2 000 台时，可用来生产 A 产品或 B 产品，此剩余生产能力的年固定资产折旧费为 80 000 元，其他预测资料如表 5－5 所示。要求进行决策分析。

表 5－5 预测资料 单位：元

项目＼品种	A 产品	B 产品
单价	150	80
单位变动成本	90	50
单位产品定额台时	5 台时/件	2 台时/件

从上述资料可以看出，两个备选方案都是利用现有剩余生产能力，而且现有剩余生产能力的年固定资产折旧费属于与决策无关的成本，不管生产 A 产品或 B 产品，此折旧费都是相同的，即使 A 产品或 B 产品都不生产，此费用也照样发生，因为购置设备的费用早已发生，与现在的决策无关。因此，在决策分析时，不必考虑 80 000 元的折旧费。可以采用贡献毛益分析法来进行决策分析。具体分析见表 5－6。

表 5－6 贡献毛益分析表 单位：元

项目＼方案	生产 A 产品	生产 B 产品
可利用剩余生产能力(台时)	2 000	2 000
单位产品定额台时	5 台时/小时	2 台时/件
可生产量(件)	400	1 000
相关收入	60 000	80 000
相关变动成本	36 000	50 000
贡献毛益	24 000	30 000

计算结果表明，生产 B 产品比生产 A 产品可多获贡献毛益 6 000 元，所以，应选择生产 B 产品。

【例 5－6】某企业现有一部分剩余生产能力，现有甲、乙两种产品可供选择，预测资料如表 5－7 所示。要求分析应生产甲产品还是乙产品。

表 5－7 预测资料 单位：元

项目＼品种	甲产品	乙产品
单价	30	40
单位变动成本	18	25
单位产品定额台时	2 台时/件	3 台时/件

从资料中可以看出，【例 5－5】与【例 5－6】有些相似，但不同的是只知道有一部分剩余

生产能力，并不知道这部分剩余生产能力的具体数。在这种情况下，仍然可以采用贡献毛益分析法，但因为无法计算贡献毛益总额，又不能用单位产品贡献毛益作为评价指标，所以，可以计算单位台时创造的贡献毛益指标，并以此作为决策评价指标。

$$单位台时创造的贡献毛益=\frac{单位产品贡献毛益}{单位产品定额台时}$$

单位台时创造的贡献毛益是个正指标，哪个方案的该项指标大，哪个方案为优。

具体分析计算见表5－8。

表5－8　　**单位台时创造的贡献毛益分析表**　　单位：元

项目 \ 方案	生产甲产品	生产乙产品
单价	30	40
单位变动成本	18	25
单位贡献毛益	12	15
单位产品定额台时	2台时/件	3台时/件
单位台时创造的贡献毛益	6	5

从表5－8计算分析中可以看出，生产甲产品每台时可创造贡献毛益6元，而生产乙产品每台时只能创造贡献毛益5元，所以应选择生产甲产品。

2. 追加专属成本时的决策分析

当新产品开发的品种决策方案中涉及追加专属成本时，就无法直接用贡献毛益指标来评价各方案的优劣，可以采用剩余贡献毛益指标来进行评价，也可以用差量分析法进行分析评价。

【例5－7】某企业有一条闲置的生产线，按最初的投资额计算，每年应发生的折旧额为28000元，现有甲、乙两种产品可供选择生产，预测有关资料如表5－9所示。要求分析应生产哪种产品。

表5－9　　**预测资料**　　单位：元

项目 \ 品种	甲产品	乙产品
可生产量（件）	8 000	6 000
单价	18	32
单位变动成本	12	23
追加专属成本	10 000	20 000

首先采用计算剩余贡献毛益指标进行评价，具体计算分析见表5－10。

表 5－10　　剩余贡献毛益分析表　　单位:元

方案 项目	生产甲产品	生产乙产品
可生产量(件)	8 000	6 000
单位贡献毛益	6	9
贡献毛益总额	48 000	54 000
追加专属成本	10 000	20 000
剩余贡献毛益	38 000	34 000

从表 5－10 的计算分析中可以看到，生产乙产品的贡献毛益虽然大于甲产品，但扣除追加的专属成本之后，生产甲产品的剩余贡献毛益却大于乙产品，所以应选择生产甲产品。

下面再采用差量分析法进行评价，具体计算分析见表 5－11。

表 5－11　　差量分析表　　单位:元

方案 项目	生产乙产品	生产甲产品	差异额
相关收入	192 000	144 000	48 000
相关成本	158 000	106 000	52 000
其中:增量成本 专属成本	138 000	96 000	
	2 000	10 000	
差异损益			－4 000

从表 5－11 的分析中，是把甲产品作为比较的基础，也就是作为减数，而把乙产品作为被减数。差量损益－4 000 元意味着生产乙产品要比生产甲产品少获利润 4 000 元，所以应选择生产甲产品，这与计算剩余贡献毛益指标所得出的结论完全相同。

（二）亏损产品是否停产的决策分析

在企业生产经营中，某种产品发生亏损是经常遇到的问题。所谓亏损产品是指该产品实现的收入不能补偿其按完全成本法计算的生产成本，即销售毛利小于零的产品。对于亏损产品，不能简单地予以停产，而必须综合考虑企业各种产品的经营状况、生产能力的利用及有关因素的影响，采用变动成本法进行分析后，作出停产、继续生产、转产或出租等最优选择。

【例 5－8】某公司生产甲、乙、丙三种产品，其中甲产品是亏损产品。按全部成本法计算的损益如表 5－12 所示。

表 5－12　　各种产品的成本构成　　单位:元

产品名称 项目	甲	乙	丙	合计
销售收入	180	290	730	1 200
变动生产成本	120	140	280	540
分摊的固定制造费用	90	100	210	400
销售费用及管理费用				120

从表5－12可以看出，在按全部成本法计算的甲产品成本总额210万元（120万元＋90万元）中，有固定制造费用90万元（按一定比例分摊给甲产品的），这部分由甲产品分摊的固定制造费用并不会因甲产品的停产而减少，因此，在甲产品尚能提供60万元边际贡献总额的情况下，停止甲产品不但不会增加30万元利润，利润反而会减少60万元。我们可以通过表5－13来证明这一结论。

表5－13　　停产甲产品后的损益计算表　　单位:元

产品名称 / 项目	甲	乙	丙	合计
销售收入	0	290	730	1 020
减:变动生产成本	0	140	280	420
边际贡献	0	150	450	600
减:期间费用 其中:固定制造费用	0			400
销售费用及管理费用	120			
营业净利润	80			

由表5－13可以看出，停产甲产品后，原来甲产品创造的60万元边际贡献总额没有了，但是原来由甲产品分担的90万元固定制造费用仍然要发生，这90万元的固定制造费用就要由产品乙和产品丙来分担，因此，使营业净利润下降60万元。亏损产品的决策是一个复杂的多因素综合考虑过程，一般应注意以下几点：

（1）如果亏损产品能够提供边际贡献，弥补一部分固定成本，除特殊情况外（如有机会成本），一般不应停产。但如果亏损产品不能提供边际贡献，通常应考虑停产。

（2）亏损产品能够提供边际贡献，并不意味该亏损产品一定要继续生产。如果存在更加有利可图的机会（如转产其他产品或将停止亏损产品生产而腾出的固定资产出租），使企业获得更多的边际贡献，那么该亏损产品应停产。

【例5－9】仍以【例5－8】的资料为例，假定该公司在停止甲产品生产后可将生产能力转产丁产品，其销售单价为15万元，单位变动成本为11万元，通过市场销售预测，丁产品一年可产销500件。转产丁产品需追加专属成本1 200万元。问是否停止甲产品生产而转产丁产品？

在转产决策中，只要转产的丁产品提供的边际贡献总额（在有专属固定成本时应计算剩余边际贡献总额）大于亏损的甲产品提供的边际贡献总额，就应作出转产的决策。丁产品剩余边际贡献总额的计算如下：

丁产品销售收入＝500×15＝7 500（万元）

丁产品变动成本＝500×11＝5 500（万元）

丁产品边际贡献总额＝7 500－5 500＝2 000（万元）

丁产品专属固定成本＝1 200（万元）

丁产品剩余边际贡献总额＝2 000－1 200＝800（万元）

从上述计算可以看出，丁产品提供的剩余边际贡献总额大于甲产品提供的边际贡献总额

60 万元，说明转产丁产品比继续生产甲产品更加有利可图，此时企业利润总额将增加 740 万元(800 万元 - 60 万元)。

在亏损产品停产后，闲置的厂房、设备等固定资产可以出租时，只要出租净收入大于亏损产品所提供的边际贡献总额，这时也应考虑停止亏损产品而采用出租的方案。

(三) 特殊价格追加订货的决策分析

这里所说的特殊价格，是指低于正常价格甚至低于单位产品成本的价格。在企业尚有一定剩余生产能力可以利用的情况下，如果其他企业要求以较低的价格追加订货的话，企业是否可以考虑接受这种追加订货呢？这应针对不同情况区别对待。

当追加订货量小于或等于剩余生产能力时，企业可利用剩余生产能力完成追加订货的生产，不妨碍正常订货的完成，而且在接受追加订货不追加专属成本，剩余生产能力又无法转移时，只要特殊订货的单价大于该产品的单位变动成本，就可以接受该追加订货。

当追加订货量大于剩余生产能力时，接受追加订货必然会妨碍正常订货的完成，在决策分析时，应将因接受追加订货而减少的正常收入作为追加订货方案的机会成本。当企业剩余生产能力能够转移时，转产所能产生的收益也应作为追加订货方案的机会成本。若追加订货需要增加专门的固定成本，则应将其作为追加订货方案的专属成本。

【例 5 - 10】某企业原来生产甲产品，年生产能力 10 000 件，每年有 35% 的剩余生产能力。正常销售单价 68 元，有关成本数据见表 5 - 14。要求就以下各不相关情况做出应否接受特殊价格追加订货的决策分析。

表 5 - 14　　甲产品成本资料　　单位:元

项　　目	金额
直接材料费	20
直接人工费	16
制造费用	20
其中:变动制造费用	8
固定制造费用	12
单位产品成本	56

①现有一用户提出订货 3 000 件，每件定价 45 元，剩余生产能力无法转移，追加订货不需要追加专属成本。

②现有一用户提出订货 3 500 件，每件定价 46 元，该订货还有些特殊要求，需购置一台专用设备，年增加固定成本 2 000 元。

③现有一用户提出订货 4 000 件，每件定价 45 元，剩余生产能力无法转移。

④现有一用户提出订货 5 000 件，每件定价 56 元，接受订货需追加专属成本 3 800 元;若不接受订货可将设备出租，可获得租金 1 300 元。

根据题意,分析如下:

(1)该企业现有 35% 的剩余生产能力，即每年有 3 500 件的剩余生产能力，用户提出的特殊订货量只有 3 000 件，小于企业剩余生产能力，剩余生产能力无法转移，也不需追加专属成本。在这种情况下，只要定价大于该产品的单位变动成本就可以接受订货。因为特殊定价 45 元大于该产品的单位变动成本 44 元(20 + 16 + 8)，所以可以接受此追加订货。

(2)在此种情况下，可对接受订货和拒绝追加订货两个方案采用差量分析法，具体计算分析见表 5 - 15。

表 5－15　　差量分析表　　单位:元

品种 项目	接受追加订货	拒绝追加订货	差异额
相关收入	3 500×46＝161 000	0	161 000
相关成本合计	15 6000	0	156 000
其中:增量成本	3 500×44＝154 000	0	
专属成本	2 000	0	
差量损益			5 000

从计算分析中可以看出，接受订货比拒绝订货可多获利润 5 000 元，所以应接受订货。

(3)订货 4 000 件，已经超过了企业的剩余生产能力(3 500 件)，如果接受订货，将减少正常销售量 500 件，此 500 件的正常销售收入应作为接受订货方案的机会成本。另外，在计算增量成本(新增加的变动成本)时，应按纯增加的产量 3 500 件计算，而不应按追加订货量 4 000 件计算，因为不接受追加订货时的产量是 6 500 件，接受追加订货后的产量是 10 000 件，两者之差即为纯增加的产量。具体计算分析见表 5－16。

表 5－16　　差量分析表　　单位:元

方案 项目	接受追加订货	拒绝追加订货	差异额
相关收入	4 000×45＝180 000	0	180 000
相关成本	188 000	0	188 000
其中:增量成本	3 500×44＝154 000	0	
机会成本	500×68＝34 000	0	
差量损益			－8 000

差量损益为－8 000 元，意味着接受追加订货使利润减少 8 000 元，所以，应拒绝接受订货。

(4)订货 5 000 件，超过了剩余生产能力(3 500 件)，如果接受订货，将减少正常销售量 1 500 件，此 1 500 件的正常销售收入应作为接受订货方案的机会成本，设备出租的租金也应作为接受订货方案的机会成本。同样，计算增量成本应按纯增加的产量 3 500 件计算。具体计算见表 5－17。

表 5－17　　差量分析表　　单位:元

方案 项目	接受追加订货	拒绝追加订货	差异额
相关收入	5 000×56＝280 000	0	280 000
相关成本	261 100	0	261 100
其中:增量成本	3 500×44＝154 000	0	
专属成本	3 800	0	
机会成本	1 500×68＋1 300＝103 300	0	
差量损益			18 900

接受订货将增加利润 18 900 元，所以应接受追加订货。

（四）产品加工程度的决策分析

某些制造企业的产品可按不同的加工深度组织经营，如深加工前的半成品、联产品既可以直接销售，也可以经深加工后再销售。因此，这类企业就面临着把半成品、联产品直接出售还是深加工后再出售的决策问题。

在产品加工程度的决策分析中，深加工前的半成品、联产品的成本（无论是固定成本还是变动成本）都属于沉没成本，是与决策无关的非相关成本，相关成本只包括与深加工直接有关的成本。

【例5-11】某公司每年生产A半成品5 000件，A半成品单位变动成本4元，固定成本11 000元，销售单价9元。如果把A半成品进一步深加工为A产成品，销售单价可提高到14元，但需追加单位变动成本2元，追加固定成本16 000元；若不进一步加工，可将投资固定成本的资金购买债券，每年可获债券利息2 400元。要求做出A半成品直接出售或深加工的决策分析。

采用差量分析法进行决策分析，见表5-18。

表5-18 差量分析表 单位：元

项目＼方案	深加工为A产成品	直接出售A半成品	差异额
相关收入	5 000×14=70 000	5 000×9=45 000	25 000
相关成本	28 400	0	28 400
其中：增量成本	5 000×2=10 000	0	
专属成本	16 000	0	
机会成本	2 400	0	
差量损益			-3 400

通过计算分析可知，深加工为A产成品与直接出售A半成品的差别损益为-3 400元，即深加工比直接出售要减少利润3 400元，所以应直接出售A半成品。

【例5-12】某炼油厂从原油中提炼出的煤油，既可以直接出售，也可以通过进一步裂化加工为汽油和柴油后再行出售。煤油经过裂化加工的收得率是：汽油80%，柴油15%，自然损耗率为5%。每吨煤油进一步加工增加的变化成本为800元，该厂现有煤油400吨，进一步加工需增加固定成本15 000元。每吨煤油的售价1 700元，每吨汽油的售价3 200元，每吨柴油的售价2 200元。要求做出直接出售或进一步加工的决策分析。

如果对400吨煤油进一步深加工，可获得汽油320吨（400×80%），柴油60吨（400×15%），损耗20吨（400×5%）。下面采用差量分析法进行决策分析，具体计算见表5-19。

表5-19 差量分析表 单位：元

项目＼方案	深加工	直接出售	差异额
相关收入	320×3 200+60×2 200=1156 000	400×1 700=680 000	476 000
相关成本	335 000		335 000
其中：增量成本	400×800=320 000		
专属成本	15 000		
差量损益			141 000

差量损益 141 000 元，表明深加工比直接出售可多获利润 141 000 元，所以应把煤油深加工后再而出售。

（五）零部件自制或外购的决策分析

企业生产产品所需要的一些零部件，在既可以从市场上购买，又可以由本企业自行生产的情况下，企业就面临着自制或外购的选择问题。对这类问题的决策，首先要分清自制时是否新增加固定成本，如果自制需要追加专属固定成本，则追加的专属固定成本是与决策相关的成本，而原有的固定成本则是与决策无关的成本，自制的另一个相关成本是变动生产成本。其次，要弄清外购方案的相关成本，外购方案的相关成本一般包括买价、运输费用和采购费用等，有时还存在机会成本。

零部件只是企业生产产品的组成部分，不管零部件自制还是外购，一般不会对产品销售收入产生影响，也就是说自制方案和外购方案的预期收入是相同的。在收入相同的前提下，就可以用成本指标来评价各方案的优劣。如果零部件需要量确定时，可以采用相关成本分析法进行决策分析，如果零部件需要量不确定时，就要采用成本平衡点分析法进行决策分析。

【例 5－13】某企业年需要 A 零件 1 000 件，可以自制也可以外购。外购单价 20 元，每件运费 1 元，外购一次的差旅费 2 000 元，每年采购两次。自制的单位产品成本 22 元，自制每月需要增加专属固定成本 300 元。如果外购，生产 A 零件的设备可以出租，每年可获租金 3 000 元。自制 A 零件的单位产品成本构成资料见表 5－20。

表 5－20　　**A 零件单位成本资料**　　单位:元

项　目	金额
直接材料费	8
直接人工费	6
变动制造费用	3
固定制造费用	5
合计	22

自制 A 零件的单位产品成本是 22 元，其中直接材料费、直接人工费和变动制造费用三项之和为 17 元，属于相关成本。而 A 零件分摊的 5 元固定制造费用则属于无关成本，在决策时不应考虑，自制方案每月增加的专属固定成本 300 元则是自制方案的机会成本。外购方案的购价、运输费属于变动成本，外购的差旅费属于固定成本，此三项费用均是与决策相关的成本。

由于 A 零件的需要量是确定的，所以可采用相关成本分析法，见表 6－21。

表 5－21　　**相关成本分析表**　　单位:元

项目＼方案	自制	外购
变动成本	1 000 × 17 = 17 000	1 000 × (20 + 1) = 21 000
专属成本	300 × 12 = 3 600	2 000 × 2 = 4 000
机会成本	3 000	
相关成本合计	23 600	25 000

自制方案的成本比外购方案成本低 1 400 元（25 000 − 23 600），所以以应选择自制方案。

【例 5－14】某企业需要一种 B 零件，既可以自制，也可以外购。外购单价（含运费）50 元，外购的每年固定采购费用 20 000 元。自制的单位变动成本 38 元，自制每年需追加专属固定成本 44 000 元。要求分析 B 零件在什么条件下应自制，在什么条件下应外购？

由于 B 零件的需要量是不确定的，所以只能采用成本平衡点分析法。

$$\text{B 零件成本平衡点业务量} = \frac{44\ 000 - 20\ 000}{50 - 38} = 2\ 000(\text{件})$$

计算表明，当该企业 B 零件年需要量在 2 000 件时，自制方案和外购方案的成本是相等的。由于外购方案的固定成本较低，所以当 B 零件需要量在 2 000 件以下时，外购方案总成本较低，应选择外购。自制方案的固定成本较高，但其单位变动成本较低，所以当 B 零件需要量在 2 000 件以上时，自制方案总成本较低，应选择自制。图解见图 5－2。

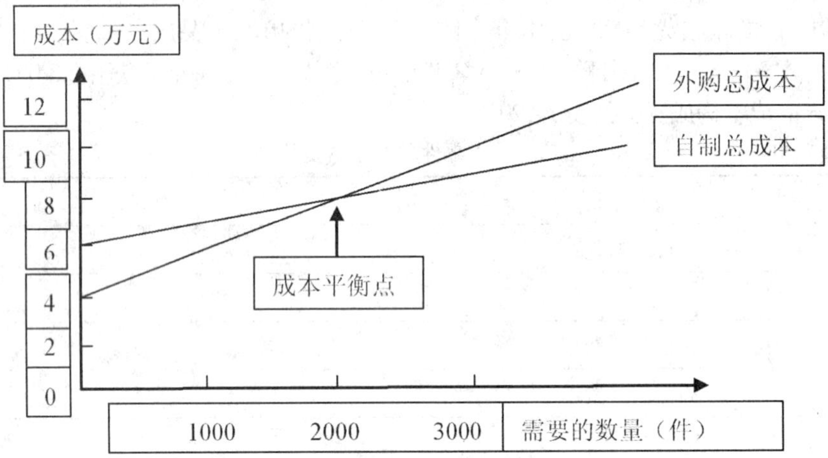

图 5－2　两种方案成本比较图

（六）生产工艺技术方案的决策分析

生产企业有时可采用不同的工艺技术进行产品生产，如同一种产品既可以采用半机械化生产，又可以采用机械化生产或自动化生产。一般来说，生产设备越先进，固定成本就越高；但由于技术先进，生产效率高，生产产品的单位变动成本就越低。反之，则是固定成本低，但生产产品的单位变动成本就较高。

在进行生产工艺技术方案的决策分析里根根据生产规模大小来选择技术方案。一般来说，当生产规模较小时，可选择生产效率相对较低、固定成本较低的工艺技术方案。当生产规模较大时，可选择生产效率相对较高、固定成本较高的工艺技术方案。

在选择决策方法时，要以生产产品的数量是否确定为依据。如果生产产品的数量不确定的话，则应采用成本平衡点法。

【例 5－15】某企业每年生产 B 产品 700 件，有甲、乙、丙三种设备可供选择使用，有关资料见表 5－22。要求做出选择何种设备生产 B 产品的决策分析。

表 5-22　　成本资料　　单位:元

项目＼方案	甲设备	乙设备	丙设备
年专属固定成本	40 000	28 000	32 000
单位变动成本	120	190	165

生产 B 产品的年产量是确定的，所以可采用相关成本分析法进行决策分析。计算 如下：

使用甲设备的年相关成本 = 40 000 + 700 × 120 = 124 000(元)

使用乙设备的年相关成本 = 28 000 + 700 × 190 = 161 000(元)

使用丙设备的年相关成本 = 32 000 + 700 × 165 = 147 500(元)

使用甲设备生产的成本最低，所以应选择甲设备生产 B 产品。

【例 5-16】某企业有两套闲置设备，甲设备每年折旧费 18 000 元，乙设备每年折旧费 14000 元。现在准备生产 C 产品，用甲设备生产一次性改装费 30 000 元，用乙设备生产一次性改装费 21 000 元。用甲设备生产 C 产品的单位变动成本 47 元，用乙设备生产 C 产品的单位变动成本 65 元。要求分析该企业在什么情况下应选择甲设备，在什么情况下应选择乙设备。

由于 C 产品的年生产量并没有确定，决策分析只能采用成本平衡点法。需要指出的是，甲、乙设备的折旧费均属于沉没成本，与决策无关，在决策时不应考虑。

$$甲、乙设备的成本平衡点业务量 = \frac{30\ 000 - 21\ 000}{65 - 47} = 500(件)$$

当 C 产品的产量在 500 件时，甲、乙两种设备的使用成本是相等的；当 C 产品的产量在 500 件以下时，应选择乙设备生产(因乙设备固定成本较低)；当 C 产品的产量在 500 件以上时，应选择甲设备生产(因甲设备固定成本较高)。图解见图 5-3。

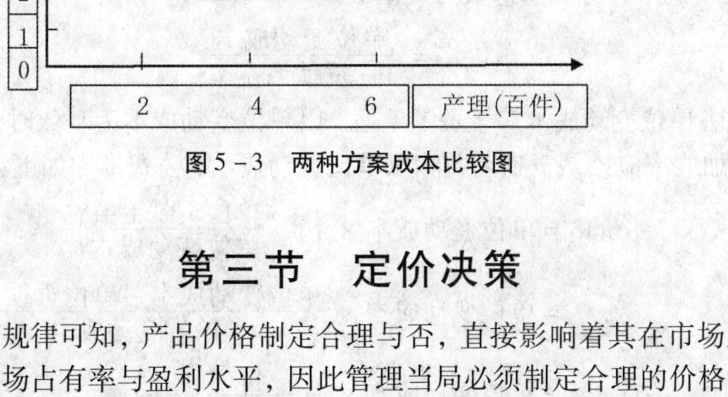

图 5-3　两种方案成本比较图

第三节　定价决策

根据市场供需规律可知，产品价格制定合理与否，直接影响着其在市场上的销售量，进而影响该产品的市场占有率与盈利水平，因此管理当局必须制定合理的价格，保证企业实现最佳经济效益。

定价决策涉及的范围较大，可用的方法很多，本书只介绍与成本有关的定价方法。成本是企业生产和销售产品而发生的费用总和，是构成产品价格的基本因素，是价格的下限，以成本为出发点制定价格的目标是保证各种耗费得以补偿，同时获得足够大的利润。具体包括:保本定价法、成本加成定价法、边际成本定价法等。

一、保本定价法

保本定价法是根据损益平衡原理而建立的一种以保本、保利为目标的定价方法。据此可以确定一系列不同销售量下，企业为实现保本或一定的目标利润产品应有的销售价格。保本与保利定价公式分别如下：

$$保本价格=\frac{固定成本+变动成本}{保本销量\times(1-销售税率)}$$

或

$$保利价格=\frac{目标利润+固定成本+变动成本}{销量\times(1-销售税率)}$$

【例5－17】某企业生产一种产品，固定成本10 000元，目标利润200 000元，单位变动成本为8元，销售税率为10%，预计该产品的销量为5 000件。

$$保本价格=\frac{10\ 000+8\times5\ 000}{5\ 000\times(1-10\%)}=11.11(元/件)$$

$$保利价格=\frac{20\ 000+10\ 000+8\times5\ 000}{5\ 000\times(1-10\%)}=55.56(元/件)$$

保本定价法比较简便，但是销售与价格往往不能单独考虑，所以这种方法在使用上受到限制，通常用于企业参加订货会、贸易洽谈会或投标活动时，便于企业迅速报价。

二、成本加成定价法

成本加成定价法是以单位产品成本为基础并依照一定的加成率进行加成来确定产品价格的定价方法，其定价公式为：

$$价格=单位产品成本\times(1+加成率)$$

$$成本加成率=\frac{加成额}{成本基数}$$

由于单位产品成本的计算方法包括完全成本法、变动成本法，所以不同计算方法下的成本基数不同，那么加成额也就不同，加成率相应也一样。

(一)单位变动成本作为成本基数的成本加成定价法

$$价格=\frac{单位变动成本}{1-贡献毛益率}$$

因为价格减去单位变动成本等于贡献毛益，以单位变动成本为基数时，加成额应该是贡献毛益，加成率应该是贡献毛益除以单位变动成本，公式推导如下：

$$\begin{aligned}价格&=单位变动成本\times\left(1+\frac{单位贡献毛益}{单位变动成本}\right)\\&=单位变动成本\times\frac{单位变动成本+单位贡献毛益}{单位变动成本}\\&=单位变动成本\times\frac{价格}{单位变动成本}\end{aligned}$$

$$= 单位变动成本 \times \frac{1}{变动成本率}$$

$$= \frac{单位变动成本}{1-贡献毛益率}$$

（二）单位完全成本作为成本基数的成本加成定价法

$$价格 = \frac{单位产品成本}{1-销售毛利率}$$

以单位完全成本为定价基数时，加成额应该是销售毛利，加成率应该是单位毛利除以单位完全成本，公式推导如下：

$$价格 = 单位产品成本 \times \left(1+\frac{单位毛利}{单位产品成本}\right)$$

$$= 单位产品成本 \times \frac{单位产品成本+单位毛利}{单位产品成本}$$

$$= 单位产品成本 \times \frac{单价}{单位产品成本}$$

$$= 单位产品成本 \times \frac{1}{成品毛利率}$$

$$= \frac{单位产品成本}{销售毛利率}$$

三、边际成本定价法

边际成本定价法是根据当边际成本等于边际收入，或边际利润为零时，利润最大，此时的价格和销量即为最优化价格与最优销量这一经济学的基本原理来确定产品销售价格的一种方法。但此法的结论仅限于连续可微函数，在实际应用中，往往是利用其变形形式。

【例5－18】某企业某产品的价格、销量、边际收入、边际成本、边际利润、销售收入、成本、利润等资料如表5－12所示。

表5－23　　边际成本定价法　　单位：元

价格	销量（件）	销售收入	边际收入	总成本			边际成本	边际利润	利润
				固定成本	变动成本	合计			
16	300	4 800	–	1 500	1 500	3 000	–	–	1800
15	350	5 250	450	1 500	1 750	3 250	250	200	2 000
14	400	5 600	350	1 500	2 000	3 500	250	100	2 100
13	450	5 850	250	1 500	2 250	3 750	250	–0	2 100
12	500	6 000	150	1 500	2 500	4 000	250	–100	2 000
11	550	6 050	50	2 000	2 750	4 750	750	–700	1 300
10	600	6 000	–50	2 000	3 000	5 000	250	–300	1 000
9	650	5 850	–150	2 000	3 250	5 250	250	–400	600
8	700	5 600	–250	2 000	2 800	4 800	250	–500	800
7	750	5 250	–350	2 000	3 000	5 000	200	–550	250

* 本例说明当边际收入等于边际成本，边际利润为零时，获得了最大利润2 100元；但当边际利润不等于零时也获得了利润2 100元。尽管边际分析理论在应用于实际决策领域时与理论结果不完全一致，但其基本结论和分析方法仍有很强的现实指导意义。应清楚其优势和局限性。本例中价格13元，销量450件和价格14元，销量400件同样获得最大利润2 100元，因此13、14元均为最优价格。

四、新产品的定价方法

新产品的定价一般具有“不确定性”的特点。因为新产品还没有被消费者所了解，因此需求量难以确定。企业对新产品定价时，通常要选择几个地区分别采用不同价格进行试销。通过试销，企业可以收集到有关新产品的市场反应信息，以此确定产品的最终销售价格。新产品定价基本上存在撇脂性定价和渗透性定价两种策略。

(一)撇脂性定价

撇脂性定价法是在新产品试销初期先定出较高的价格，以后随着市场的逐步扩大，再逐渐把价格降低。这种策略可以使产品的销售初期获得较高的利润，但是销售初期的暴利往往引来大量的竞争者，引起后期的竞争异常激烈，高价格很难维持。因此，这是一种短期性的策略，往往适用于产品的生命周期较短的产品。

(二)渗透性定价

渗透性定价法是在新产品试销初期以较低的价格进入市场，以期迅速获得市场份额，等到市场地位已经较为稳固的时候，再逐步提高销售价格。这种策略在试销初期会减少一部分利润，但是它能有效排除其他企业的竞争，以便建立长期的市场地位，所以这是来不得长期市场定价策略。

第四节　存货决策

存货决策是指确定适当的存货政策，使存货保持在一个“最优化水平”上，保证存货资金得到最经济、最合理、最有效的使用。该项决策包括两项基本因素：存货的持有数量和形成时间。决定这两项问题时必须要考虑由存货引起的相关成本问题，在其他条件一定时，决策的目的就是让相关成本最小。一般来讲，存货相关成本取决于存货的种类。存货按其来源主要可分为自制存货与外购存货。自制存货的相关成本包括生产调整准备成本、生产成本、储存成本和缺货成本；外购存货的相关成本包括：订购成本、采购成本、储存成本和缺货成本。无论相关成本构成如何，存货决策的目的是使各类存货的相关成本最小。

一、存货管理的要求与目的

(一)存货管理的要求

为了自身的管理需要，企业内部不同的部门对于存货管理有着不同的要求。

1. 采购部门

为了尽可能地节约运输费用和获得价格上的优惠，采购部门希望能大批量采购物资。为了减少紧急订货造成的额外支出，并且为了避免中断供应而遭受的损失，采购部门还希望及早进货。

2. 生产部门

为了避免或减少生产延误，生产部门希望能保持较高的存货水平，尽而能大批量地、均衡地进行生产。

3. 销售部门

为了提高在市场上的竞争力，避免存货短缺而造成的销售损失，销售部门希望企业有大量的产成品存货。为了能根据客户的要求及时改换品种，而不管批量多么小，销售部门还希望产成品存货品种齐全。

4. 财务部门

财务部门希望存货占用的资金越少越好。它的职责是为企业生产经营提供资金，能在存货上少占用一些资金，就可以将这些资金用于别处，或者减少贷款的利息支出。因此，财务部门十分关注存货的积压，希望尽可能地降低存货。

(二)存货管理的目的

综合以上各部门对存货的要求，存货管理既要保证生产经营的连续性，又要保证尽可能少地占用经营资金。

一般说来，在企业生产和销售计划已确定的情况下，存货量的大小取决于采购。采购量太小会使库存空虚或供不应求，影响生产和经营的正常进行，完不成计划。单就这方面而论，存货越多越好。但过多的存货要占用较大的资金，并且会增加包括仓储费、保险费、维护费、管理人员工资在内的各项开支。经营资金是有其资金成本的，占用过多导致利润的损失，各项开支的增加更直接成本上升。进行存货管理，就要尽力在各种存货成本与存货效益之间做出权衡，达到两者的最佳结合。这也就是存货管理的目的。

二、经济订货量决策

(一)经济订货量决策中的相关成本

1. 订购成本

订购成本是指为订购存货而发生的各种费用，包括采购人员的工资、差旅费、采购业务的通信费、文件处理成本和验收成本等。这项成本可以分成固定和变动两部分。固定部分的订购成本是在一定期间维持采购部门开展正常活动所必需的开支，在一定的订购业务量范围内是不相关的。变动部分的订购成本则是处理每批订货业务而发生的支出，它与订货次数的多寡成正比，但与每次订购量的多少无关。但就一定期间而言，如果总需求量是一定的，则订货次数与每次的订购量成反比。因此，订购总变动成本与每次订购量也成反比，是经济订购批量决策的相关成本。

2. 采购成本

采购成本是指为购买存货而发生的买价、运杂费等项支出。采购成本主要是由采购单价与采购量决定的，单价不变时，采购成本总额只取决于购买总量。因此，在采购的经济批量决策中，存货的采购成本大多属于无关成本。但当购买享受批量折扣时，单价会随采购批量和折扣条件的不同而变化。此时，采购成本成为决策分析的相关成本。

3. 储存成本

储存成本是指为储存存货而付出的代价，也称持有成本。这项成本通常由两个部分构成。一部分属于变动成本性质，包括存货在储存过程中所发生的仓储费、保险费、存货过时的损失等；也包括资金成本，即存货占用资金的机会成本。这部分成本随储存量的变化而成正比例变动，因而是与经济订购量决策相关的成本。另一部分具有固定成本性质，主要涉及仓库房屋、设备的折旧费、固定资产税等费用项目。一般来说，在储存业务量范围内，固定储存成本在一定期间内发生额是固定不变的，属于存货订量决策的无关成本。

4. 缺货成本

缺货成本是因存货不足而发生的各项损失。例如，因停产待料发生的损失，因库存不足而失去的销售机会的利润损失，因不能按时履约而造成的信誉损失等。缺货成本的计量通常比较困难，一般采用一定的方法估计单位平均缺货成本进行计量。只有在缺货发生时，这项成本才是相关成本。

(二)基本经济订购批量模型

所谓经济订购批量，是指某种存货全年需求总量能且已确定的情况下，每次订购数量为多少时，使全年发生的相关总成本最小。即全年相关总成本最小时的每批订购量。

1. 基本经济订购批量模型的假设

企业能够及时补充存货，即需要订货时便可立即取得存货；

能集中到货，而不是陆续入库；

不允许缺货，即无缺货成本，TC_S 为零，这是因为良好的存货管理本来就不应该出现缺货成本；

需求量稳定，并且能预测，即 D 为已知常量；

存货单价不变，不考虑现金折扣，即 U 为已知常量；

企业现金充足，不会因现金短缺而影响进货；

所需存货市场供应充足，不会因买不到需要的存货而影响其他。

2. 基本模型的建立

在上述假定存在时，相关总成本只有订购变动成本和储存变动成本。

假设：D—— 全年存货需要量、耗用量或销售量；Q—— 订货批量；$\hat{Q}$—— 经济订货批量；K —— 每批订购变动成本；K_C —— 每单位存货年均储存成本；T_C—— 相关总成本。

则 $T_C = \dfrac{D}{Q} \cdot K + \dfrac{Q}{2} \cdot K_C$

在年需求量 D 一定条件下，每次订货批量越多，年订货次数就少，订货成本相应下降，但平均库存量上升将引起储存成本的相应增加；反之，如果订货批量下降，则年平均库存量下降，储存成本也相应减少，但订货成本会提高。年订货成本、年储存成本及年相关总成本的关系如图 5 – 4 所示。

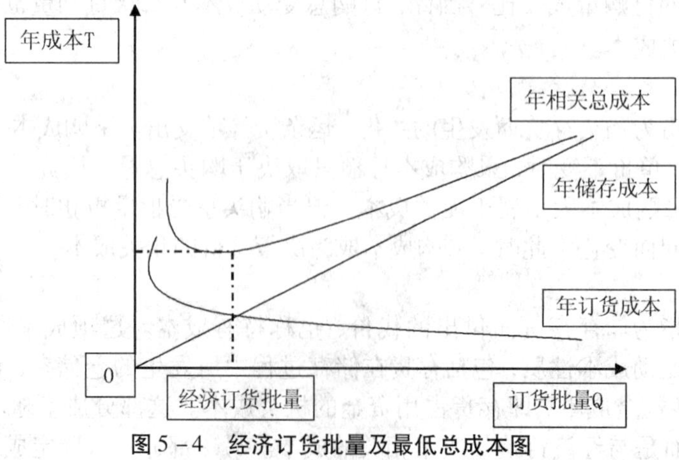

图 5 – 4　经济订货批量及最低总成本图

图 5 – 4 表明，年储存成本和年订货成本相等时，总成本最小。这时可求得最佳经济订货

批量 $\hat{Q}$。求解的方法有两种：一种是公式法，即利用微积分极值原理，令 T_C 的一阶导数为零解出 $\hat{Q}$。另一种是测试法，通过测试列表寻找使 T_C 最小的 $\hat{Q}$。

3. 经济订货批量模型

通过公式法求得经济订货批量模型：

$$\hat{Q}=\sqrt{\frac{2DK}{K_C}}$$

$$\hat{T}_C=\sqrt{2DKK_C}$$

【例 5－19】华峰公司全年需用甲材料 2 880 公斤，单位采购成本为 20 元，每次订货成本为 10 元，变动储存成本为每年每公斤 4 元。要求计算该公司的经济订货批量，年最低相关总成本及年采购次数。

已知：$D=2\ 880$ 公斤，$K=10$ 元，$K_C=4$ 元

则最优订货批量为：

$$\hat{Q}=\sqrt{\frac{2DK}{K_C}}=\sqrt{\frac{2\times2\ 880\times10}{4}}=120(\text{公斤/次})$$

全年订货次数为：

$$\hat{N}=\frac{D}{\hat{Q}}=\frac{2\ 880}{120}=24(\text{次})$$

全年最低相关总成本为：

$$\hat{T}_C=\sqrt{2DKK_C}=\sqrt{2\times2\ 880\times10\times4}=480(\text{元})$$

（三）基本经济订购模型的扩展

基本经济订购批量模型是在各种假设条件下建立的，但现实生活中能够满足这些假设条件情况十分罕见。为使模型更具实用性，需放宽假设条件对模型进行改进。

1. 订货期提前的模型

一般情况下，企业的存货不能做到随用随时补充，因此不能等存货用光再去订货，而需要在没有用完时提前订货。在提前订货的情况下，企业再次发出订货单时，尚有存货的库存量，称为再订货点，用 来表示。它的数量等于交货时间（ L ）和每日平均需用量（d ）的乘积：

$$R=L\cdot d$$

【例 5－20】续例 5－19，企业订货日至到货期的时间为 10 天，每日存货需要量 10 公斤，那么：

$$\begin{aligned}R&=L\cdot d\\&=10\times10\\&=100(\text{公斤})\end{aligned}$$

即企业在尚存 100 公斤存货时，就应当再次订货。等到下批订货到达时（再次发出订货单 10 天后），原有库存刚好用完。此时有关存货的每次订货批量、订货次数、订货间隔时间等并无变化，与瞬时补充时相同。订货提前期的情形如图 5－5 所示。这就是说，订货期提前对经济订货量并无影响，可仍以原来瞬时补充情况下的 120 公斤为订货批量，只不过在达到再订货点（库存 100 公斤）时即发出订货单。

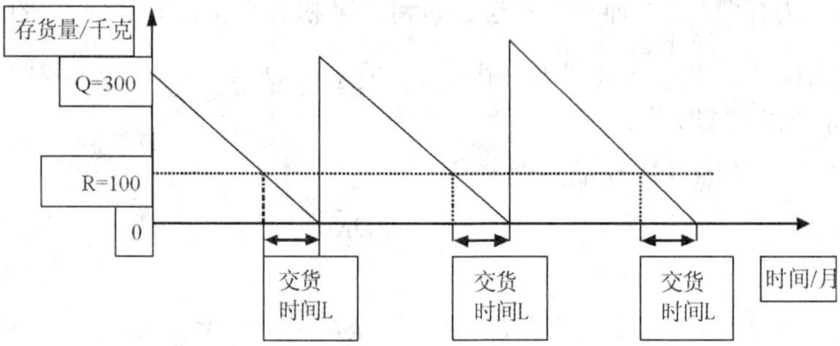

图 5－5　订货提前期的模型图

2. 存货陆续到达、陆续进库、陆续消耗的模型

在建立基本模型时，假设存货一次全部入库，故存货增加时存量变化为一条垂直的直线。事实上，各批存货可能陆续入库，使存量陆续增加。尤其是产成品入库和在产品转移，几乎总是陆续供应和陆续耗用的。在这种情况下，需要对图 5 －5 基本模型做一些修改。

【例5－21】某零件件年需用量（D）为3 600件，每日送货量（P）为30件，每日耗用量（d）为10件，单价（U）为10元，一次订货成本（生产准备成本）（K）为25元，单位储存变动成本（K_C）为2元。存货数量的变动如图5 －6 所示。

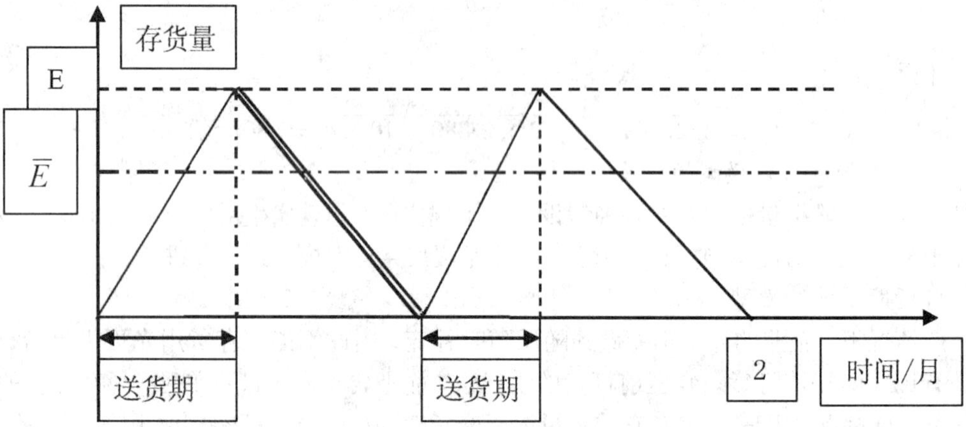

图 5 －6　存货陆续到达、陆续进库、陆续消耗的模型图

设每批订货数为 Q。由于每日送货量为 P，故该批货全部送达所需日数则为$\frac{Q}{P}$，称之为送货期。

因零件每日耗用量为 d，故送货期内的全部耗用量为 $\frac{Q}{P}\cdot d$；

由于零件边送边用，所以每批送完时，最高库存量为 $Q-\frac{Q}{P}\cdot d$；

平均库存量则为 $\frac{1}{2}\left(Q-\frac{Q}{P}\cdot d\right)$；

图 5 －6 中的 E 表示最高库存量，$\bar{E}$ 表示平均库存量。

这样，与批量有关的总成本为：

$$T_C = \frac{D}{Q}\cdot K + \frac{1}{2}\left(Q - \frac{Q}{P}\cdot d\right)\cdot K$$

$$= \frac{D}{Q}\cdot K + \frac{Q}{2}\left(1 - \frac{d}{P}\right)\cdot K_C$$

在订货变动成本与储存变动成本相等时，T_C 有最小值。故存货陆续供应和使用的经济订货量公式为：

$$\frac{D}{Q}K = \frac{Q}{2}\left(1 - \frac{d}{P}\right)\cdot K_C$$

$$\hat{Q} = \sqrt{\frac{2DK}{K_C}\cdot\frac{P}{P-d}}$$

存货陆续供应和使用的经济订货量总成本公式：

$$\hat{T}_C = \sqrt{2DKK_C(1 - \frac{d}{P})}$$

将上述例题数据代入，则：

$$\hat{Q} = \sqrt{\frac{2\times 25\times 3\,600}{2}\cdot\frac{30}{30-10}} = 367(\text{件})$$

$$\hat{T}_C = \sqrt{2\times 25\times 3\,600\times 2\times\left(1 - \frac{10}{30}\right)} = 490(\text{件})$$

3. 存在保险储备的模型

曾经讨论假定存货的供需稳定且确知，即每日需求量不变交货时间也固定不变。实际上，每日需求量可能变化，交货时间也可能变化。按照某一订货批量（如经济订货批量）和再订货点发出订单后，如果需求增大或送货延迟，就会发生缺货或供货中断。为防止由此造成的损失，就需要多储备一些存货以备应急之需，称为保险储备（安全存量）。这些存货在正常情况下不动用，只有当存货过量使用或送货延迟时才动用。保险储备如图 5－7 所示。

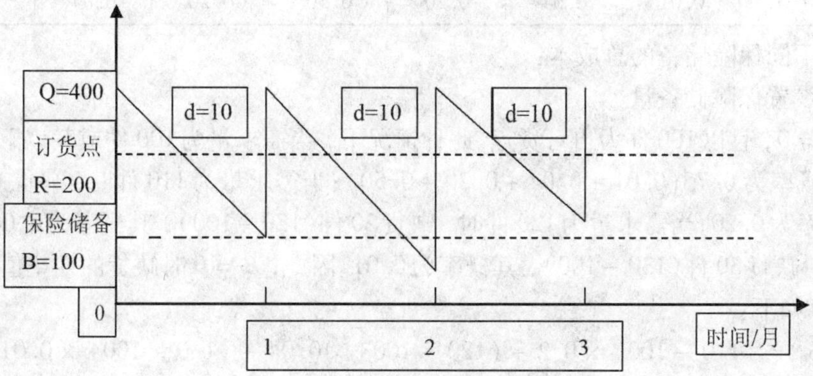

图 5－7　保险储备的模型图

图 5－7 中，年需用量（D）为 3 600 件，已计算出经济订货量为 300 件，每年订货 12 次。又知全年平均日需求量（d）为 10 件，平均每次交货时间（L）为 10 天。为防止需求变化引起缺货损失，设保险储备量（B）为 100 件，再订货点由此相应提高为：

$$R = \text{交货时间}\times\text{平均日需求}+\text{保险储备}$$

$$= 10 \times 10 + 100$$
$$= 200(件)$$

在第一个订货周期里，$d = 10$，不需要动用保险储备；在第二个订货周期内，$d > 10$，需求量大于供货量，需要动用保险储备；在第三个订货周期内，$d < 10$，不仅需动用保险储备，正常储备亦未用完，下次存货即已送到。

建立保险储备，虽然可以使企业避免缺货或供应中断造成的损失，但存货平均储备量加大却会使储备成本升高。研究保险储备的目的，就是要找出合理的保险储备量，使缺货或供应中断的损失和储备成本之和最小。方法上可先计算出各不同保险储备量的总成本，然后再对总成本进行比较，选定其中最低的。

如果设与此有关的总成本为 $TC_{S\backslash B}$，缺货成本为 C_S，保险储备成本为 C_B，则：

$$TC_{S\backslash B} = C_S + C_B$$

设单位缺货成本为 K_U，一次订货缺货量为 S，年订货次数为 N，保险储备量为 B，单位存货成本为 K_C，则：

$$C_S = K_U \cdot S \cdot N$$
$$C_B = B \cdot K_C$$
$$TC_{S\backslash B} = K_U \cdot S \cdot N + B \cdot K_C$$

现实中，缺货量 S 具有概率性，其概率可根据历史经验估计得出；保险储备量 B 可选择而定。

【例5－22】假定某存货的年需要量 D 为3 600件，单位储存变动成本 K_C 为2元，单位缺货成本 K_U 为4元，交货时间 L 为10天；已经计算出经济订货量 Q 为300件，每年订货次数 N 为12次。交货期内的存货需要量及其概率分布如表5－13所示。

表5－13　　交货期内的存货需要量及其概率分布表

需要量(10×d)	70	80	90	100	110	120	130
概率(P_1)	0.01	0.04	0.20	0.50	0.20	0.04	0.01

先计算不同保险储备的总成本：

(1) 不设置保险储备量

即令 $B = 0$，且以100件为再订货点。此种情况下，当需求量为100件或其以下时，不会发生缺货，其概率为0.75(0.01＋0.04＋0.20＋0.50)；当需求量为110件时，缺货10件(110－100)，其概率为0.20；当需求量为120件时，缺货20件(120－100)，其概率为0.04；当需求量为130件时，缺货30件(130－100)，其概率为0.01。因此，$B = 0$ 时缺货的期望值 S_0、总成本 $TC_{S\backslash B}$ 可计算如下：

$$S_0 = (110 - 100) \times 0.2 + (120 - 100) \times 0.04 + (130 - 100) \times 0.01$$
$$= 3.1 件$$
$$TC_{S\backslash B} = K_U \cdot S \cdot N + B \cdot K_C$$
$$= 4 \times 3.1 \times 12 + 0 \times 2$$
$$= 148.8(元)$$

(2) 保险储备量为10件

即 $B = 10$，以110件为再订货点。此种情况下，当需求量为110件或其以下时，不会发生缺货，其概率为 0.95(0.01 + 0.04 + 0.20 + 0.50 + 0.20)；当需求量为 120 件时，缺货 10 件(120 - 110)，其概率为 0.04；当需求量为 130 件时，缺货 20 件(130 - 110)，其概率为 0.01。因此，$B = 10$ 时缺货的期望值 S_{10}、总成本 $TC_{S\backslash B}$ 可计算如下：

$$S_0 = (120 - 110) \times 0.04 + (130 - 110) \times 0.01 = 0.6(\text{件})$$

$$\begin{aligned} TC_{S\backslash B} &= K_U \cdot S \cdot N + B \cdot K_C \\ &= 4 \times 0.6 \times 12 + 10 \times 2 \\ &= 48.8(\text{元}) \end{aligned}$$

(3) 保险储备量为 20 件

即 $B = 20$，以 120 件为再订货点。同样运用以上方法，可计算 S_{20}、$TC_{S\backslash B}$ 为：

$$S_{20} = (130 - 120) \times 0.01 = 0.1(\text{件})$$

$$TC_{S\backslash B} = 4 \times 0.1 \times 12 + 20 \times 2 = 44.8(\text{元})$$

(4) 保险储备量为 30 件

即 $B = 30$，以 130 件为再订货点。此种情况下可满足最大需求，不会发生缺货，因此：

$$S_{30} = 0$$

$$TC_{S\backslash B} = 4 \times 0 \times 12 + 30 \times 2 = 60(\text{元})$$

然后，比较上述不同保险储备量的总成本，以最低者最佳。

当 $B = 20$ 件时，总成本为 44.8 元，是各总成本中最低的，故应确定保险储备量为 20 件，或者说应确定以 120 件为再订货点。

保险储备量方法不但可以解决由于需求量变化引起的缺货问题，还可以解决由延迟交货引起的缺货问题。确定其保险储备量时，可将延迟的天数折算为增加的需求量，其余计算过程与前述方法相同。若前例中，企业延迟到货 3 天的概率为 0.01，则可认为缺货 30 件(3 × 10)或者交货期内需求量为 130 件(10 × 10 + 30) 的概率为 0.01。这样就把交货延迟问题转换成了需求过量问题。

三、最优生产批量决策

最优生产批量是对自制存货而言，是指使全年相关总成本最小时的每批生产量。其原理与经济订货量完全一样，所以只要引入“生产准备成本”取代经济订货量模型中的“订购成本”，就可以确定经济的生产批量。准备成本包括为使某一项目的生产达到可投产状态的人工或其他成本。

以陆续供应和使用的经济订货量模型为例，它还可以用于自制和外购的选择决策。自制零件属于边送边用的情况，单位成本可能较低，但每批零件投产的生产准备成本比一次外购订货的订货成本可能高出许多。外购零件的单位成本可能较高，但订货成本可能比较低。要在自制零件和外购零件之间作出选择，需要全面衡量它们各自的总成本，才能得出正确的结论。这时，就可借用陆续供应或瞬时补充的模型。

【例 5 - 22】某生产企业使用 A 零件，可以外购，也可以自制。如果外购，单价 4 元，一次订货成本 10 元；如果自制，单位成本 3 元，每次生产准备成本 600 元，每日产量 50 件。零件的全年需求量为 3600 件，储存变动成本为零件价值的 20%，每日平均需求量为 10 件。

下面分别计算零件外购和自制的总成本，以选择较优的方案。

（1）外购零件

$$\hat{Q}=\sqrt{\frac{2DK}{K_C}}=\sqrt{\frac{2\times3\,600\times10}{4\times0.2}}=300\text{（件）}$$

$$\hat{T}_C=\sqrt{2DKK_C}=\sqrt{2\times3\,600\times10\times4\times0.2}=240\text{（元）}$$

$$T_C=DU+\hat{T}_C=3\,600\times4+240=14640\text{（元）}$$

（2）自制零件

$$\hat{Q}=\sqrt{\frac{2DK}{K_C}\cdot\frac{P}{P-d}}=\sqrt{\frac{2\times600\times3\,600}{3\times0.2}\cdot\frac{50}{50-10}}=3\,000\text{（件）}$$

$$\hat{T}_C=\sqrt{2DKK_C\left(1-\frac{d}{P}\right)}=\sqrt{2\times600\times3\,600\times0.2\times\left(1-\frac{10}{5}\right)}=14\,000\text{（元）}$$

$$T_C=DU+\hat{T}_C=3\,600\times3+1\,440=12\,240\text{（元）}$$

由于自制的总成本（12 240 元）低于外购的总成本（14 640 元），故以自制为宜。

本章小结

短期经营决策是指对一年之内的经营收支产生影响的问题而进行的决策。经营决策中，需要通过比较不同备选方案经济效益的大小进行最优化选择。而影响短期经营决策方案经济效益大小的重要因素主要有三个，即：相关收入、相关成本和相关产销量。相关成本主要包括：差量成本、边际成本、机会成本、付现成本、专属成本、可分成本和酌量性成本。

生产决策分析的常用方法有贡献毛益分析法、差量分析法、相关成本分析法和成本平衡点分析法。在应用贡献毛益法评价各方案优劣时，只需要计算各方案贡献毛益指标，选择贡献毛益最大的方案即可；差量分析法是在计算两个备选方案之间产生的差量收入与差量成本的基础上，计算差量损益，根据差量损益来选择决策方案；相关成本分析法是在各个备选方案收入相同的前提下，只分析每个备选方案新增加的变动成本和固定成本，也就是计算每个方案的增量成本和专属成本，两项之和即为相关成本。在收入相同的前提下，相关成本最低的方案必然是利润最高的方案。所以，应选择相关成本最低的方案；成本平衡点分析法也是以成本高低作为决策依据的。在备选方案业务量不能事先确定的情况下，特别是各备选方案的预期收入又相等的前提下，可通过计算不同方案总成本相等时的业务量，也就是成本平衡点来选择预期成本较低的方案，这种决策分析方法称为成本平衡点法。

定价决策涉及的范围较大，可用的方法很多，本书只介绍与成本有关的定价方法。成本是企业生产和销售产品而发生的费用总和，是构成产品价格的基本因素，是价格的下限，以成本为出发点制定价格的目标是保证各种耗费得以补偿，同时获得足够大的利润。具体包括：保本定价法、成本加成定价法、边际成本定价法等。保本定价法是根据损益平衡原理而建立的一种以保本、保利为目标的定价方法；成本加成定价法是以单位产品成本为基础并依照一定的加成率进行加成来确定产品价格的定价方法；边际成本定价法是根据当边际成本等于边际收入，或边际利润为零时，利润最大，此时的价格和销量即为最优化价格与最优销量这一经济学的基本原理来确定产品销售价格的一种方法。

存货决策是指确定适当的存货政策，使存货保持在一个"最优化水平"上，保证存货资金得到最经济、最合理、最有效的使用。该项决策包括两项基本因素：存货的持有数量和形成时间。决定这两项问题时必须要考虑由存货引起的相关成本问题，在其他条件一定时，决策的目的就是让相关成本最小。一般来讲，存货相关成本取决于存货的种类。存货按其来源主要可分为自制存货与外购存货。自制存货的相关成本包括生产调整准备成本、生产成本、储存成本和缺货成本；外购存货的相关成本包括：订购成本、采购成本、储存成本和缺货成本。无论相关成本构成如何，存货决策的目的是使各类存货的相关成本最小。

◇◇ 练习题

一、单项选择题

1. 以下项目中不属于短期经营决策的是(　　)。

A. 在生产多种产品品种的情况下，如何实现产品的最优组合

B. 在自制零部件需要投入一定专属固定成本的情况下，对自制和外购方案进行选优

C. 寻找最佳的产品定价

D. 对联产品进一步加工所需的新设备作出是否投资的决策

2. 利用同一设备是生产甲产品还是生产乙产品，这一选择可通过比较甲、乙两个产品的(　　)来进行。

A. 净收益　　　　B. 变动成本

C. 销售量　　　　D. 单价

3. 在下列表述中，不正确的阐述是(　　)。

A. 只要亏损产品能够提供贡献毛益就不应停产

B. 在多种产品决策中，凡单位贡献毛益大的产品必为最优产品

C. 在材料有限的条件下，凡单位材料提供贡献毛益大产品必为最优产品

D. 在多种产品决策中，凡单位贡献毛益总额大的产品必为最优产品

4. 下列关于存货决策的阐述中错误的是(　　)。

A. 订购成本或生产准备成本与订购次数或生产年批次无关

B. 采购成本随订货数量的大小而变动，但与订货次数无关

C. 经济订货量是指存货成本最低时的订货量

D. 缺货成本包含因缺货引起的停工损失、延期交货的罚金、信誉损失及销售机会损失等

5. 有一企业同时生产三种产品甲、乙、丙，它们的贡献毛益分别是200元、120元和130元。现在这三种产品的年利润分别是5000元，5200元和－800元，这时企业有多种方案可供选择，其中最好的是(　　)。

A. 将亏损800元的丙产品停产

B. 丙产品停产，用其腾出的生产能力生产总贡献毛益较大且超过产品丙的产品

C. 亏损产品丙继续生产

D. 丙产品停产，利用其腾出的生产能力转而生产利润最高的产品乙

6. 对亏损的B产品是否停产，应根据下面方法来决策(　　)。

A. 看B产品亏损数是否能由盈利产品来弥补，如能弥补，继续生产

B. B产品亏损数如能由盈利产品来弥补，也应停止生产

C. B产品的贡献毛益如为正数，不应停止生产

D. B产品的贡献毛益如为正数，应停止生产

7. 假设某厂有剩余生产能力1000机器小时，有四种产品甲、乙、丙、丁，它们的单位贡献毛益分别为4元、6元、8元和10元，生产一件产品所需的机器小时各为4、5、6和7小时，则该厂应增产的产品是(　　)。

A. 甲产品　　B. 乙产品

C. 丙产品　　D. 丁产品

8. 设某厂需要零件甲，其外购单价为10元，若自行生产，每单位变动成本为6元，且需要为此每年追加10000元的固定成本。根据上述情况，通过计算可知，当该零件的年需要量在(　　)件时，两种方案等效。

A. 2 500　　B. 3 000

C. 2 000　　D. 1 800

9. 设一生产电子器件的企业为满足客户追加订货需要，增加了一些成本开支，其中以下哪项是专属固定成本(　　)。

A. 为及时完成该批产品的生产，需要购入一台新设备

B. 为及时完成该批追加订货，需要支付职工加班费

C. 生产该批产品机器设备增加的耗电量

D. 该厂为生产该批产品及以后的产品生产，租赁一幢新的厂房

10. 在零部件自制或外购的决策分析中，自制差量成本不包括(　　)。

A. 零部件自制的变动成本

B. 与企业所有生产能力相对应的固定性制造费用

C. 自制零部件所需的直接材料

D. 因自制零部件而增加的变动性制造费用

11. 某企业生产某产品，产品单位售价为15元，单位变动成本为10元，全年固定成本总额是10 000元，若企业尚有剩余生产能力，可用于增产。现企业拟降价5%，则要完成目标利润5 000元，产量必须达到(　　)。

A. 5 320件　　B. 3 529件

C. 2 300件　　D. 5 634件

12. 某公司使用同一套设备可生产甲、乙两种产品。其中生产甲产品每件需要10机器小时，生产乙产品每件需要8机器小时。甲、乙产品的单位贡献毛益同为18元，则(　　)。

A. 生产甲产品有利

B. 生产乙产品有利

C. 生产甲、乙产品一样有利

D. 分不清哪种产品有利

13. 设某企业生产某种产品，其正常售价为20元，单位变动成本为10元，单位固定成本为8元。现有一批发2 000件该种产品的追加订货，其专属固定成本总额为4 000元，则接受该批追加订货的价格极限为(　　)。

A. 10元　　B. 12元

C. 13元　　D. 15元

14. 通过确定一个适当的生产批量，从而使其生产准备成本与储存成本之和达到最小的决策，称为(　　)。

A. 存货决策　　　　　　　B. 产品组合的决策
C. 接受追加订货的决策　　D. 最优生产批量的决策
15. 有关亏损产品是否停产或转产的决策分析，一般可采用一列哪种方法进行(　　)。
A. 差别盈利分析法　　　　B. 贡献毛益分析法
C. 安全边际　　　　　　　D. 线性规划法
16. 在半成品立即出售或继续加工决策中，下列哪种情况出现时，应立即出售(　　)。
A. 进一步加工增加的收入超过进一步加工所追加的成本
B. 进一步加工增加的收入等于进一步加工所追加的成本
C. 进一步加工增加的收入小于进一步加工所追加的成本
D. 以上均错
17. 生产能力无法转移时，亏损产品满足以下条件时，应当停产。(　　)
A. 该亏损产品的单价大于其单位变动成本
B. 该亏损产品的单位贡献毛益大于零
C. 该亏损产品的贡献毛益总额大于零
D. 该亏损产品的变动成本大于其单价

二、多项选择题

1. 在零部件外购或自制的决策分析时(　　)。
A. 自制的成本包括变动成本
B. 自制的成本包括变动成本和不可避免的固定成本
C. 外购的成本包括买价、运杂费、保险费等
D. 将自制与外购中的相关成本进行对比
E. 自制与外购中的非相关成本不予考虑
2. 缺货损失包括(　　)。
A. 缺货引起的停工损失　　B. 延期交货支付的罚金
C. 信誉损失　　　　　　　D. 失去销售机会的损失
E. 货款支付手续费
3. 储存成本包括(　　)。
A. 仓库折旧费　　　　　　B. 到货验收费
C. 仓库管理费　　　　　　D. 存货占用资金的利息
4. 确定经济订货量时，假如无缺货因素，要考虑的相关成本为(　　)。
A. 采购成本　　　　　　　B. 缺货成本
C. 订货成本　　　　　　　D. 储存成本
E. 安全存量
5. 存货成本包括(　　)。
A. 采购成本　　　　　　　B. 订货成本
C. 储存成本　　　　　　　D. 缺货成本
E. 安全存量

6. 某企业生产的A产品，其正常的单位成本包括直接材料、直接人工、单位变动制造费用、单位固定制造费用，企业目前尚剩余生产能力，在追加订货决策分析中，应考虑的项目

是(　　)。

A. 直接材料　　B. 直接人工

C. 单位变动制造费用　　D. 单位固定制造费用

E. 客户出价

7. 下列叙述正确的有(　　)。

A. 最优生产批量决策应考虑生产准备成本和储存成本两个因素

B. 生产准备成本与批量无关，但与批次成正比

C. 储存成本与生产批量成正比

D. 生产准备成本与储存成本之和最小时的生产批量为最优生产批量

E. 生产准备成本与储存成本是相互消长的

8. 进行最优生产批量的决策分析时，主要考虑下列哪些因素。(　　)

A. 订货成本　　B. 采购成本

C. 生产准备成本　　D. 储存成本

E. 存货成本

9. 产品定价常用的方法有(　　)。

A. 完全成本法　　B. 变动成本法

C. 成本加成定价法　　D. 保本定价法

E. 贡献毛益法

10. 短期经营决策包括的内容有(　　)

A. 生产、销售决策　　B. 定价决策

C. 存货决策　　D. 生产设备最优利用的决策

E. 固定资产投资决策

三、判断题

1. 沉没成本是指由于某项决策而引起的、需要在未来动用现金支付的成本。(　　)

2. 相关成本最低的方案必然是利润最高的方案，所以，应选择相关成本最低的方案。(　　)

3. 成本平衡点是指两个方案总成本相等时的业务量，如果预计未来的业务量在成本平衡点之下时，应选择固定成本较高的方案。(　　)

4. 保本定价法是以单位产品成本为基础并依照一定的加成率进行加成来确定产品价格的定价方法。(　　)

5. 只要亏损产品能够提供贡献毛益就不应停产。(　　)

6. 订购总变动成本与每次订购量成正比，是经济订购批量决策的相关成本。(　　)

7. 渗透性定价是在新产品试销初期先定出较高的价格，以后随着市场的逐步扩大，再逐渐把价格降低。(　　)

8. 相关成本是指与特定决策方案相联系的、能对决策产生重大影响的、在短期经营决策中必须予以充分考虑的成本。(　　)

9. 机会成本是指在决策分析过程中，从各备选方案中选取最优方案而放弃次优方案所丧失的实际收益。(　　)

四、计算题

1. 资料：某自行车厂每年需用车轮 30 000 个，向市场购买，每个进货包括运杂费为 46 元。若自己生产，预计每个车轮成本如表 8－5 所示。

表 8－5　　单位：元

直接材料	30
直接人工	5
变动制造费用	9
固定制造费用	7
单位成本	51

又假如外购车轮的话，把生产车间出租，每月可得租金 20 000 元。

要求：判断该厂车轮是自制还是外购较为有利。

2. 资料：某企业现有生产能力 80 000 机器工作小时，既可以生产 A 产品，也可以生产 B 产品，但只能选择其一。假设生产 A 产品每件需 20 机器工作小时，生产 B 产品每件需 25 机器工作小时。A、B 两种产品的有关资料如下表所示：

项目	A 产品	B 产品
单位售价(元)	40	45
单位变动制造成本(元)	18	27
单位变动非制造成本(元)	2	3
固定制造费用总额(元)	50 000	
固定非制造成本(元)	10 000	

要求：根据上述资料，计算确定企业在现有的生产能力下，应生产何种产品？

3. 资料：某化工厂可在同一过程中生产出甲、乙两种联产品，它们可在分离后立即出售，也可加工后出售。有关产量、售价和成本如表 8－6 所示。

表 8－6

产品名称	甲产品	乙产品
产量(吨)	400	200
联合成本(元)	24 000	2 000
分离后立即出售单价(元)	380	18
分离后进一步加工成本(元)	36 000	2 000
加工后的销售单价(元)	490	25

要求：根据上述资料，计算出甲、乙联产品是否需要进一步加工？

4. 资料：某机械厂生产的机床单位成本资料为：直接材料 250 元、直接人工 200 元、变动制造费用 40 元，固定制造费用 60 元，预计利润总额按完全成本总额的 40% 予以加成。

要求：确定该机床的单位售价。

5. 资料：某公司生产热水器，准备在计划年度生产出售 2 500 台。该产品预计单位变动成本为：直接材料560元，直接人工230元，变动制造费用410元。固定成本总额750 000元，非制造成本总额250 000元。若某公司计划年度营业资产平均占用额为6 550 000元，预期投资报酬率为20%。

要求：若采用全部成本法定价，则目标售价应定为多少。

6. 资料：某企业计划年度确定生产甲产品4 800件。该产品每天产量为20件，每天销量为15件，每批产品调整准备成本为400元，每件产品年储存成本为6元。

要求：确定最优生产批量。

7. 资料：某企业每天正常耗用A材料30公斤，该材料从发出订单到货物验收入库需10天时间，该材料的保险储备量为100公斤。

要求：确定A材料的经济订货点。

8. 资料：某公司每年需要某材料200 000件。该公司最近一次市场调查表明这种材料的采购成本为8元/件；年平均储存成本为每件1.2元；采购一次的订货成本为75元。

要求：计算该公司的经济定货量和全年的订货和储存总成本。

9. 资料：某企业决定生产A产品，现有甲、乙、丙三种不同的工艺方案，有关资料如下表所示：

方案	单位变动成本(元)	专属固定成本(元)
甲	4	650
乙	5	400
丙	8	250

要求：对甲、乙、丙三种不同的方案进行选择。

10. 资料：某厂为提高产品质量，拟购置一台数控机床。现有两个方案可供选择：一个方案是向国外购买，需花费280 000元，估计可用12年，每年需支付维修保养费19 500元，使用期满估计有残值28 000元；该机床每天的营运成本约为200元。第二方案是向东方租赁公司租用，合同规定每天租金300天。

要求：根据上述资料进行决策分析，确定在什么情况下哪个方案最优。

11. 资料：假定某公司只产销甲产品，年最大生产能力为11 000件，纳入正常预算的订货量为9 000件。剩余生产能力若用于对外出租，可获得租金收入10 000元。正常订货的单位变动成本为90元。现有一客户要求以120元的单价追加订货1 000件，因有特殊要求，企业要投入15 000元的专属成本购置一台设备。

要求：用差别损益分析作出是否接受此项订货的决策（列表计算有关指标，并说明决策理由）。

第六章　长期投资决策

本章知识点简介

本章介绍长期投资决策相关内容。

主要内容包括：

一是长期投资决策的概述。主要讲解了长期投资决策在企业内部管理中的地位及长期投资决策的程序。

二是长期投资决策基本要素。首先主要讲述资金时间价值，对复利和年金的相关内容做了详细的介绍。其次讲述了投资的风险价值及现金流量，最后讲述了非贴现的指标与贴现指标的相关计算。

三是长期投资决策的分析与应用主要讲述了固定资产更新决策的长期投资决策的方法。

第一节　长期投资决策概述

一、长期投资决策在企业内部管理中的地位

（一）长期投资决策的分类

所谓长期投资，通常是指为了获取预期报酬而将资金用之于未来至少1年以上的经营活动或资金支出项目的一种理财行为，它是企业生产经营活动的极为重要的内容之一。与此相联系，凡上述长期资金支出活动有关的决策过程即为长期投资决策（亦称资本支出决策）。就生产企业而言，长期投资决策有多种，一般可按以下四种标志对其进行分类。

1. 按重要程度分类。按照投资决策重要程度的不同，长期投资决策可以划分为以下两类：

（1）战略型投资决策。战略型投资决策是指对企业的全局或命运构成重大影响，将会改变企业经营方向、关涉企业未来发展前途的投资决策，如现有生产规模的大幅扩充、新技术引进或新产品开发等。

（2）战术型投资决策。战术型投资决策是指对企业的全局或前途并不构成重大影响，仅限于局部范围变化或个别条件改善之类的投资决策，如现有机器设备应否更新、怎样更新、何时更新等。

2. 按对象分类。按照决策具体对象的不同，长期投资决策可以划分为以下三类：

（1）固定资产投资决策。固定资产投资决策是指对预计使用年限至少在1年以上、其实物形态始终保持不变的长期资产所进行的投资决策，如建造厂房车间、购买机器设备等等。

（2）无形资产投资决策。无形资产投资决策是指对预计使用年限较长、并不存在实物形态的有关长期资产所进行的投资决策，如外购商誉、专利或专有技术等等。

（3）其他长期资产投资决策。其他长期资产投资决策是指对预计需要在未来长期占用资金的流动资产或长期待摊费用所进行的投资决策，如伴随某项固定资产投资而发生的流动资

金投入等等。

3. 按性质分类。按照决策性质的不同，长期投资决策可以划分为以下两类：

（1）增收型投资决策。增收型投资决策是指其直接目的在于扩充业务、增加收入之类的投资决策，如现有生产设备加工效率的提高、现有产品产销能力的增加等等。

（2）节约型投资决策。节约型投资决策是指其直接目的在于节约耗费、降低成本之类的投资决策，如现有工艺技术的改良、现有机器设备的更新改造等等。

4. 按决策项目之间的相互关系分类。按决策项目之间的相互关系的不同，长期投资决策可以划分为以下两类：

（1）独立型投资决策。独立型投资决策是指某一投资项目是否应予选择，完全不受别的任何投资项目应否选择的影响，只需考虑其自身是否可行的投资决策。在这类决策中，各有关备选投资项目或方案可以同时并存，它们之间既不相互冲突，也不彼此依赖。就独立型投资方案的决策分析而言，其所要解决的问题是：如何在筛选出若干可行性方案的基础上，根据某种特定的决策标准对它们进行排序，继而确定投资顺序。

（2）互斥型投资决策。互斥型投资决策是指在两个或两个以上不能同时并存、相互排斥的投资项目中作出最终选择的投资决策。在这类投资决策中，某一投资项目究竟能否最后被选取，既应视其自身是否可行，还须按照“非此即彼”的原则，经同与之相联的至少 1 个以上的备选投资项目进行比较和筛选之后才可决定。例如，在可以生产同种产品的两种不同型号的机器设备中作出购买何种型号生产设备的选择。就互斥型投资方案的决策分析而言，其所要解决的问题是：如何在计算、分析有关备选方案预期效益的基础上，根据某种特定的决策标准对它们进行比较、鉴别，继而选定一个最优的决策行动方案。

（二）长期投资决策在企业内部管理中的地位

长期投资是企业生产经营活动中极为重要的资金支出活动，它直接关系到企业未来物质技术基础的正常形成和经济资源的合理配置，直接影响到企业未来生产经营的持续性发展和经济效益的长远性提高。能否正确地制定和实施长期投资决策，不仅在很大层面上制约着企业目前各项生产经营活动的顺利进行，而且在很大程度上决定着企业未来的发展前途和命运。

长期投资决策之所以能发挥如此事关全局、影响未来的重要作用，之所以能在企业内部管理中占有如此特殊的地位，是同其所具有的基本特点分不开的。长期投资决策的主要特点是：

其一，投入资金多。长期投资决策实际上是为规划企业未来的生产经营而进行的巨额资金运用抉择。一般说来，任何长期投资项目都需要投入大量甚至巨额的资金，全面制约着企业的财务状况和经营成果。投资决策一旦成功，即意味着有关长期资金得到了有效的运用，由此而取得了理想的资金效益；而一旦决策失败，则将对企业的现金流量和财务状况造成严重损害，从而给企业的各项生产经营活动带来不良的甚至是灾难性的后果。

其二，持续时间长。长期投资决策实际上是为追求企业长远利益、实现企业未来持续发展而进行的长期资金支出抉择。在通常情况下，任何长期投资项目都将在较长（至少 1 年）的期间内连续发挥效用，直接影响到企业目前和未来的现金流出和现金流入。投资决策一旦成功，即意味着企业在今后相当长的时期内将会获得满意的现金流量，必然对企业未来的发展产生深远的影响；而一旦决策失误，则会给企业带来持续性的破坏，使其生产经营活动长期处于被动状态之中。

其三，面临风险大。长期投资决策实际上是在利弊共生、安置并存的条件下，为了获得期望的资金报酬而进行的风险性资金投入抉择。从总体上看，任何长期投资项目都是在错综复杂的环境中选定的，不可避免地会受到某种非稳定状态或某些不确定因素的影响，因而有关长期投资决策极有可能存在着两种或两种以上的结果，使某一决策行动方案的实际资金运用效益同其预期的资金运用效益发生背离，给企业带来一定的经济损失。有时候，这种损失还是相当严重、相当久远的，高新技术方面的长期投资尤其如此。

可见，长期投资决策的成败，不仅广泛涉及到企业人、财、物等各项经济资源的合理配置，以及供、产、销等各项生产经营活动的正常进行，而且深刻影响着企业的经营能力、获利能力和偿债能力的提升或下降，进而关系到企业目前的存在和未来的发展。为此，企业管理当局务必努力加强长期投资管理，科学制定和有效实施长期投资决策，力求最大限度地发挥长期资金的作用，不断提高投资效益。

二、长期投资决策的基本程序

由长期投资决策的特点及重要性所决定，在制定、实施任一长期投资决策时，除应符合前面有关章节阐明的经营决策的一般要求之外，还须确立并遵循自身特有的管理程序。长期投资决策的基本程序为：

（一）确定投资目标

在进行长期投资决策时，首先必须遵循统筹规划的原则，按照企业长期经营目标的要求，明确规定某一特定投资项目在未来特定时间的投资报酬水平，为其确定一个明确的、具体的奋斗目标。就某一特定的投资项目而言，其决策目标的确立实际上是企业未来总体奋斗目标的分解与落实，是企业长期经营目标的阶段化、对象化和数量化。这就是说，企业管理当局必须通盘考虑某一投资决策项目面临的主客观环境，为其确立一个经努力可以实现的最高投资报酬水平，从而既为投资决策实施指明方向，也为投资决策评价提供依据。

（二）提出投资建议

提出投资建议是长期投资决策程序中的重要一环。能否根据企业外部市场条件和企业内部经营需要提出合理的投资建议，对于能否正确地确定投资方向、能否如愿地取得预期投资效益、能否最终实现投资目标关系很大。在实际工作中，企业治理层、管理层必须全心全意地发动和依靠企业内部各部门、生产经营各领域、企业管理各层次的主管人员及全体员工，充分调动他们的积极性和创造性，最大限度地发挥他们的聪明才智，在调查研究、集思广益的基础上，出主意，想办法，挖掘资金潜力，提出投资建议，确定投资项目，为企业可预见的未来寻求新的投资机会，开拓新的发展空间。

（三）拟定投资方案

投资项目确定之后，即应为其拟定至少两个以上的可行或备选投资方案。作为某个投资项目的可行性方案，首先，应能保证最终实现有关投资项目的特定决策目标；其次，应能同企业当时所面临的环境（条件）保持高度适应；最后，应当具有排它性。显然，要使有关可行性方案完全达到上述要求，必须经过某种特殊的设想、分析、探索过程，确切掌握各该方案的基本结构、约束条件、预期结果、应对措施等等。

（四）评价投资效益

可行性投资方案拟定之后，即可按照特定的评选标准、采用特定的评选方法，经过一系列的计量、分析、筛选、评价之后，从中选定在现实条件下令决策者满意（即通常所说的最佳）的投资方案。可以说，投资效益的评价过程也就是若干备选投资方案之间明确差异、权衡利弊、比较优劣的过程。评价的直接目的是选定技术上最先进、经济上最合理的投资方案，然后交由企业治理层、管理层进行最终决策，据以选定最佳的长期投资项目方案。

（五）决策行动方案的贯彻实施

投资决策行动方案一经选定之后，即可按照与之相应的专项资本预算所限定的现金流量计划，具体组织方案的贯彻实施，将有关预算指标予以逐项分解、层层落实，在企业内部有关责任部门或责任个人之间形成针对特定投资项目的任务执行网络。能否科学、合理地组织项目的实施工作，是投资决策项目方案能否顺利进行并取得预期成效的重要保证。

（六）方案实施结果的考核评价

在组织实施投资方案的整个过程中，应适时、适当地进行有针对性的计量、分析、监测、追踪工作，努力做好有关信息的收集、加工和反馈，准确把握决策方案的实施进度与质量。在这方面的工作重点应当是：通过特定投资项目实际现金流量同其预计现金流量的比较，揭露问题，发现差异，分析形成原因，制定改进措施。只有这样，才能进一步加强长期投资管理，不断提高长期投资效益。

第二节　长期投资决策基本要素

一、货币时间价值

前已述及，投资是指为获得预期的报酬而将资金投放于未来的经营活动。一般地，任何投资项目都需要投入大量的资金，都要在未来较长时期内持续发挥效益。因而投资活动的成败，投资报酬的大小，对企业的生存和发展关系极大。为此，企业管理者在制定投资决策时，应首先考虑投资的时间因素，在正确计量货币时间价值的基础上，力求对有关投资方案的预期效益作出全面的分析和科学的评价，以便更好地发挥资金利用效果，提高投资效益。

（一）货币时间价值的含义

货币时间价值是指货币经历一定时间的投资和再投资所增加的价值。也称资金时间价值。

在商品经济中，有这样一种现象：即现在的1元钱和1年后的1元钱其经济价值不相等，或者说其经济效用不同。现在的1元钱，比1年后的1元钱经济价值要大一些，即使不存在通货膨胀也是如此。为什么会这样呢？例如，将现在的1元钱存入银行，1年后可得到1.10元（假设存款利率为10%）。这1元钱经过1年时间的投资增加了0.10元，这就是货币的时间价值。在实务中，人们习惯使用相对数字表示货币的时间价值，即用增加价值占投入货币的百分数来表示。例如，前述货币的时间价值为10%。

货币投入生产经营过程后，其数额随着时间的持续不断增长。这是一种客观的经济现象。企业资金循环和周转的起点是投入货币资金，企业用它来购买所需的资源，然后生产出新的产品，产品出售时得到的货币量大于最初投入的货币量。资金的循环和周转以及因此实现的货币增值，需要或多或少的时间，每完成一次循环，货币就增加一定数额，周转的次数越多，增值额也越大。因此，随着时间的延续，货币总量在循环和周转中按几何级数增长，使得货币具有时间价值。

例如，已探明一个有工业价值的油田，目前立即开发可获利100亿元，若5年后开发，由于价格上涨可获利160亿元。如果不考虑资金的时间价值，根据160亿元大于100亿元，可以认为5年后开发更有利。如果考虑资金的时间价值，现在获得100亿元，可用于其他投资机会，平均每年获利15%，则5年后将有资金175亿元（$100\times(1+15\%)^5$）。因此，可以认为目前开发更有利。后一种思考问题的方法，更符合现实的经济生活。

由于货币随时间的延续而增值，现在的1元钱与将来的1元多钱甚至是几元钱在经济上是等效的。换一种说法，就是现在的1元钱和将来的1元钱经济价值不相等。由于不同时间单位货币的价值不相等，所以，不同时间的货币收入不宜直接进行比较，需要把它们换算到相同的时间基础上，然后才能进行大小的比较和比率的计算。由于货币随时间的增长过程与复利的计算过程在数学上相似，因此，在换算时广泛使用复利计算的各种方法。

（二）货币时间价值的计算

1. 复利终值和现值

复利是计算利息的一种方法。按照这种方法，每经过一个计息期，要将所生利息加入本金再计利息，逐期滚算，俗称"利滚利"。这里所说的计息期，是指相邻两次计息的时间间隔，如年、月、日等。除非特别指明，计息期为1年。

（1）复利终值

【例6－1】某人将10 000元投资于一项事业，年报酬率为6%，经过1年时间的期终金额为：

$$F = P + P\times i$$
$$= P\times(1+i)$$
$$= 10\,000\times(1+6\%)$$
$$= 10\,600\text{（元）}$$

其中：P—— 现值或初始值；

i—— 报酬率或利率；

F—— 终值或本利和。

若此人并不提走现金，将10 600元继续投资于该事业，则第二年本利和为：

$$F = 【P\times(1+i)】\times(1+i)$$
$$= P(1+i)^2$$
$$= 10\,000\times(1+6\%)^2$$
$$= 10\,000\times1.1236$$
$$= 11\,236\text{（元）}$$

同理，第三年的期终金额为：

$$F = P(1+i)^3$$
$$= 10\,000\times(1+6\%)^3$$
$$= 10\,000\times1.1910$$
$$= 11\,910\text{（元）}$$

第n年的期终金额为：

$$F = P(1+i)^n$$

上式是计算复利终值的一般公式，其中的$(1+i)^n$称为复利终值系数或1元的复利终值，用符号$(F/P, i, n)$表示。例如，$(F/P, 6\%, 3)$表示利率为6%的3期复利终值的系数。

（2）复利现值。复利现值是终值的对称概念，指未来一定时间的特定资金按复利计算的现在价值，或者说是为取得将来一定本利和现在所需要的本金。

复利现值的计算是指已知 F、i、n 时，求 P。

通过复利终值计算已知：

$$F = P(1+i)^{n}$$

所以

$$P = \frac{F}{(1+i)^{n}} = F(1+i)^{-n}$$

式中：P—— 复利现值；

F—— 未来某一期间的资金数额；

$(1+i)^{-n}$—— 复利现值系数，即未来第 n 期的单位资金按每一期间的利息率 i 计算的现在价值。

【例6－2】某公司5年后需要资金80 000元购置一套设备，银行存款年利率10%。为满足此项资金需要，该公司现在应向银行存入多少款项？

$$P = 80\,000 \times (1+10\%)^{-5}$$
$$= 80\,000 \times 0.621$$
$$= 49\,680\ (元)$$

2. 年金。年金是指等额、定期的系列收支。例如，分期付款赊购、分期偿还贷款、发放养老金、分期支付工程款、每年相同的销售收入等，都属于年金收付形式。

（1）普通年金。普通年金也叫后付年金，是指各期期末收付的年金。普通年金的收付形式如图 6－1。（$i = 10\%$，$n = 3$）

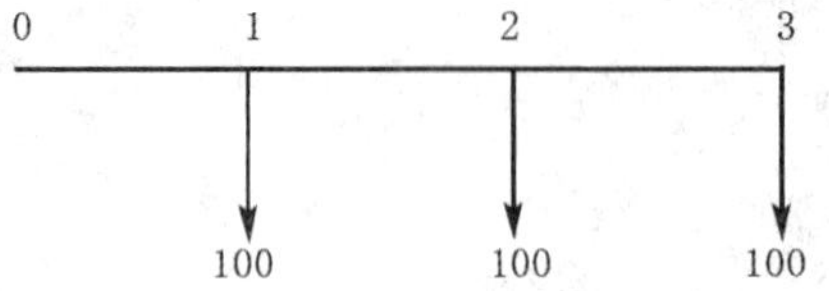

图 6－1　普通年金的收付形式

图 6－1 的数据，其第三期末的普通年金终值可计算见图 6－2。

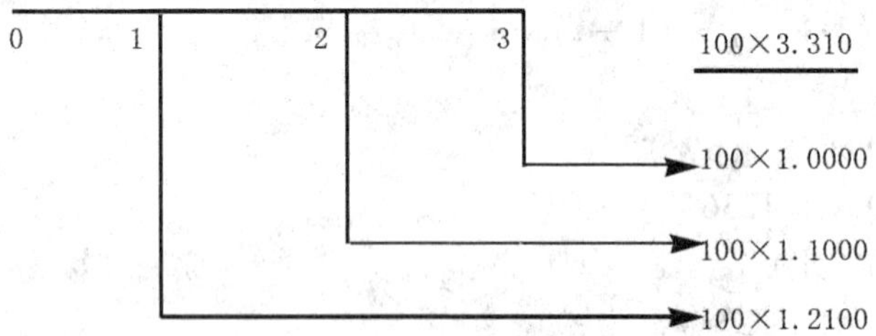

图 6－2　普通年金的终值

如果普通年金的期数很多，用上述方法计算终值显然相当繁琐。由于每年支付额相等，折算终值的系数又是有规律的，所以，可找出简便的计算方法。

设每年的支付金额为 A，利率为 i，期数为 n，则按复利计算的普通年金终值 F 为：

$$F = A + A(1+i) + A(1+i)^{2} + \cdots\cdots + A(1+i)^{n-1}$$

等式两边同乘 $(1+i)$

$$(1+i)F = A(1+i) + A(1+i)^{2} + A(1+i)^{3} + \cdots\cdots + A(1+i)^{n}$$

上述两式相减：

$$(1+i)F - F = A(1+i)^n - A$$

$$F = \frac{A(1+i)^n - A}{(1+i) - 1}$$

$$F = A\,\frac{(1+i)^n - 1}{i}$$

式中：F—— 普通年金终值；

A—— 每相同间隔期末收到或支付的等额款项（即普通年金）；

式中的$\frac{(1+i)^n - 1}{i}$是普通年金为1元、利率为i、经过n期的年金终值，记作$(F/A, i, n)$。

【例6－3】某企业计划在今后5年内，于每年年末向50 000元存入银行，银行存款年利率10%。到第5年末，此项存款的本利和为多少？

$$F = 50\,000 \times \frac{(1+10\%)^5 - 1}{5\%}$$

$$= 50\,000 \times 6.1050$$

$$= 305\,250\text{（元）}$$

① 偿债基金

偿债基金是指为使年金终值达到既定金额每年末应支付的年金数额。

【例6－4】拟在5年后还清10 000元债务，从现在起每年末等额存入银行一笔款项。假设银行存款利率为10%，每年需要存入多少元？

由于有利息因素，不必每年存入2 000元（10 000÷5），只要存入较少的金额5年后本利和即可达到10 000元，可用以清偿债务。

根据普通年金终值计算公式：

$$F = A \times \frac{(1+i)^n - 1}{i}$$

可知：

$$A = F \times \frac{i}{(1+i)^n - 1}$$

式中的$\frac{i}{(1+i)^n - 1}$是普通年金终值系数的倒数，称为偿债基金系数，记作$(A/F, i, n)$。它可以把普通年金终值折算为每年需要支付的金额。偿债基金系数可以制成表格备查，亦可根据普通年金终值系数求倒数确定。

将例4有关数据代入上式：

$$A = 10\,000 \times \frac{1}{(F/A, 10\%, 5)}$$

$$= 10\,000 \times \frac{1}{6.105}$$

$$= 10\,000 \times 0.1638$$

$$= 1\,638\text{（元）}$$

因此，在银行利率为10%时，每年存入1 638元，5年后可得10 000元，用来还清债务。

有一种折旧方法，称为偿债基金法，其理论依据是“折旧的目的是保持简单的再生产”。为在若干年后购置设备，并不需每年提存设备原值与使用年限的算术平均数，由于利息不断增加，每年只需提存较少的数额即按偿债基金提取折旧，即可在试用期满时得到设备原值。偿债基金法的年折旧额，就是根据偿债基金系数乘以固定资产原值计算出来的。

②普通年金现值

普通年金现值，是指为在每期期末取得相等金额的款项，现在需要投入的金额。

【例6－5】某人出国3年，请你代付房租，每年租金100元，假设银行存款利率为10%，应当现在给你在银行存入多少钱?这个问题可以表述为:请计算$i = 10\%$，$n = 3$，$A = 100$元的年终付款的现在等效值是多少?

设年金现值为P，则见图6－3。H

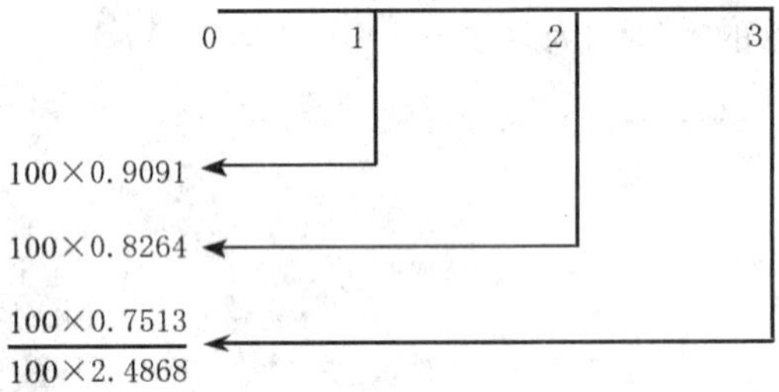

图6－3　普通年金的现值

$$P = 100 \times (1 + 10\%)^{-1} + 100 \times (1 + 10\%)^{-2} + 100 \times (1 + 10\%)^{-3}$$
$$= 100 \times 0.9091 + 100 \times 0.8264 + 100 \times 0.7513$$
$$= 100 \times (0.9091 + 0.8264 + 0.7513)$$
$$= 100 \times 2.4868$$
$$= 248.68\text{（元）}$$

计算普通年金现值的一般公式：

$$P = A(1+i)^{-1} + A(1+i)^{-2} + \cdots\cdots + A(1+i)^{-n}$$

等式两边同乘$(1+i)$：

$$P(1+i) = A + A(1+i)^{-1} + \cdots\cdots + A(1+i)^{-(n-1)}$$

后式减前式：

$$P(1+i) - P = A - A(1+i)^{-n}$$

$$P = A \times \frac{1-(1+i)^{-n}}{i}$$

式中:P——普通年金现值;$\frac{1-(1+i)^{-n}}{i}$是普通年金为1元、利率为i、经过n期的年金现值，记作$(P/A, i, n)$。

根据例5数据计算：

$$P = A \times (P/A, i, n)$$
$$= 100 \times (P/A, 10\%, 3)$$
$$= 100 \times 2.4869$$
$$= 248.69\text{（元）}$$

【例6－6】某企业计划在今后5年内于每年年终发放某种专项奖金15000元，银行存款年利息率12%，该企业现在应一次向银行存入的款项数额为多少?

$$P = 15\,000 \times \frac{1-(1+12\%)^{-5}}{12\%}$$
$$= 15\,000 \times 3.6050$$
$$= 54\,075\ (\text{元})$$

③ 投资回收系数

【例 6-7】某企业拟购置一台柴油机，更新目前使用的汽油机，每月可节约燃料费用 60 元，但柴油机价格较汽油机高出 1 500 元。问柴油机应使用多少年才划算（假设利率 12%，每月复利一次）？

$$P = 1500$$
$$P = 60 \times (P/A, 1\%, n)$$
$$(P/A, 1\%, n) = 25$$

查年金现值系数表可知：

$$n = 29$$

因此，柴油机的使用寿命至少达到 29 个月，否则不如购置价格较低的汽油机。

【例 6-8】假设以 10% 的利率借款 20 000 元，投资于某个寿命为 10 年的项目，每年至少要收回多少现金才是有利的？

根据普通年金现值的计算公式可知：

$$P = A \times (P/A, i, n)$$
$$= A \times \frac{1-(1+i)^{-n}}{i}$$
$$A = P \times \frac{i}{1-(1+i)^{-n}}$$
$$= 20\,000 \times \frac{10\%}{1-(1+10\%)^{-10}}$$
$$= 20\,000 \times 0.1627$$
$$= 3\,254\ (\text{元})$$

因此，每年至少收回现金 3 254 元，才能还清贷款本利。

上述计算过程中的 $\frac{i}{1-(1+i)^{-n}}$ 是普通年金现值系数的倒数，它可以把普通年金现值折算为年金，称作投资回收系数。

（2）预付年金。

预付年金是指在每期期初支付的年金，又称先付年金或即付年金。预付年金支付形式见图 6-4。

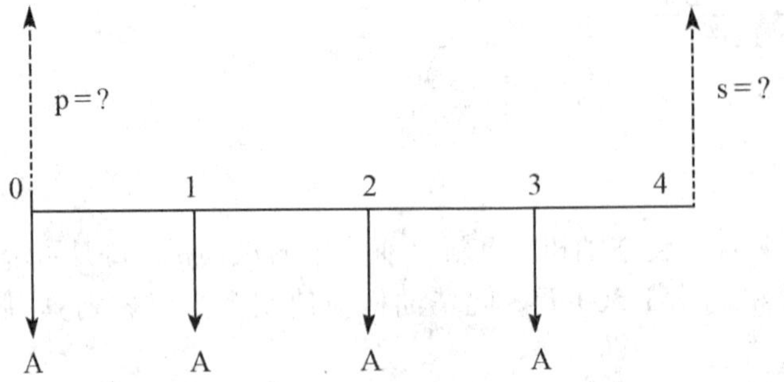

图 6-4　预付年金的终值和现值

①预付年金终值的计算

预付年金终值是一定期间内每期期初等额收到或支付款项的未来总价值，其计算公式为：

$$F=A(1+i)+A(1+i)^2+A(1+i)^3+\cdots\cdots+A(1+i)^n$$

式中各项为等比数列，首项为$A(1+i)$，公比为$(1+i)$，根据等比数列的求和公式可知：

$$F=\frac{A(1+i)[1-(1+i)^n]}{1-(1+i)}$$

$$=A\cdot\frac{(1+i)-(1+i)^{n+1}}{-i}$$

$$=A\cdot\left[\frac{(1+i)^{n+1}-1}{i}-1\right]$$

式中的$\left[\frac{(1+i)^{n+1}-1}{i}-1\right]$是预付年金终值系数，或称1元的预付年金终值。它和普通年金终值系数$\left[\frac{(1+i)^n-1}{i}-1\right]$相比，期数加1，而系数减1，可记作【$(F/A,i,n+1)-1$】，并可利用“年金终值系数表”查得$(n+1)$期的值，减去1后得出1元预付年金终值。

【例6-9】某企业计划今后5年内于每年年初存入银行20 000元。银行存款年利率10%，第5年年末的本利和为多少？

$F=20\,000\times$【$(F/A,10\%,6)-1$】

$=20\,000\times(7.7156-1)$

$=134\,312$（元）

② 预付年金现值的计算

预付年金现值是一定期间内每期期初等额收到或支付款项的现时总价值。其计算公式为：

$$P=A+A(1+i)^{-1}+\cdots\cdots+A(1+i)^{-(n-1)}$$

式中各项为等比数列，首项是A，公比是$(1+i)^{-1}$，根据等比数列求和公式：

$$P=\frac{A\cdot[1-(1+i)^{-n}]}{1-(1+i)^{-1}}$$

$$=A\cdot\frac{1-(1+i)^{-n}}{\frac{1+i}{1+i}-\frac{1}{1+i}}$$

$$= A \cdot \frac{[1-(1+i)^{-n}](1+i)}{i}$$

$$= A \cdot \left[\frac{1-(1+i)^{-(n-1)}}{i}+1\right]$$

式中的$\left[\frac{1-(1+i)^{-(n-1)}}{i}+1\right]$是预付年金现值系数，或称 1 元的预付年金现值。它和普通年金现值系数$\left[\frac{1-(1+i)^{-n}}{i}\right]$相比，期数要减 1，而系数要加 1，可记作【$(p/A, i, n-1)+1$】。可利用“年金现值系数表”查得$(n-1)$期的值，然后加 1，得出 1 元的预付年金现值。

【例 6-10】某企业计划在今后 3 年内每年年初支付某专项资金 4 000 元，银行存款年利率 12%。为满足此项资金需要，该企业现在应向银行存款多少？

$P = 4\ 000 \times$【$(P/A, 12\%2)+1$】

$= 4\ 000 \times (1.6901+1)$

$= 10\ 760.40$（元）

（3）递延年金。递延年金是指第一次支付发生在第二期或第二期以后的年金。递延年金支付方式见图 6-5。

$m = 3 \quad i = 10\% \quad n = 4$

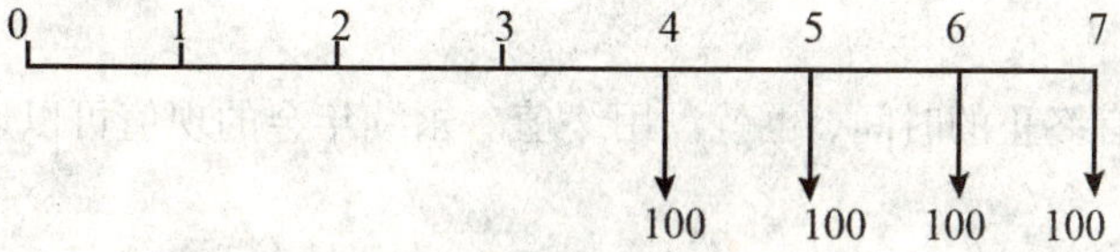

图 6-5　递延年金的支付形式

从图中可以看出，前三期没有发生支付。一般用 m 表示递延期数，本例的 $m = 3$。第一次支付在第四期期末，连续支付 4 次，即 $n = 4$。

因递延年金终值与普通年金终值的计算方法类似：

$F = A \times (F/A, i, n)$

$= 100 \times (F/A, 10\%, 4)$

$= 100 \times 4.6410$

$= 464.10$（元）

递延年金现值的计算方法有两种：

第一种方法，是把递延年金视为 n 期普通年金，求出递延期末的现值然后再将此现值调整到第一期期初（即图 6-1 中 0 的位置）。

$P_3 = A \times (P/A, i, n)$

$= 100 \times (P/A, 10\%, 4)$

$= 100 \times 3.170$

$= 317$（元）

$P_0 = P_3 \times (1+i)^{-m}$

$= 317 \times (1+10\%)^{-3}$

$= 317 \times 0.7513$

$= 238.16$（元）

第二种方法，是假设递延期中也进行支付，先求$(m+n)$期的年金现值，然后，扣除实际并未支付的递延期(m)的年金现值，即可得出最终结果。

$P_{m+n} = 100 \times (P/A, i, m+n)$

$= 100 \times (P/A, 10\%, 3+4)$

$= 100 \times 4.8684$

$= 486.84$（元）

$P_m = 100 \times (P/A, i, m)$

$= 100 \times (P/A, 10\%, 3)$

$= 100 \times 2.4869$

$= 248.69$（元）

$P_n = P_{(m+n)} - P_m$

$= 486.84 - 248.69$

$= 238.15$（元）

（4）永续年金。

无限期定额支付的年金，称为永续年金。现实中的存本取息，可视为永续年金的一个例子。

永续年金没有终止的时间，也就没用终值。永续年金的现值可以通过普通年金现值的计算公式导出：

$$P = A \times \left[\frac{1-(1+i)^{-n}}{i}\right]$$

当$n \to \infty$时，$(1+i)^{-n}$的极限为零，故上式可写成：

$$P = A \times \frac{1}{i}$$

$$= \frac{A}{i}$$

【例6－11】拟建立一项永久性的奖学金，每年计划颁发10 000元奖金。若利率为10%，现在应存入多少钱？

$$P = \frac{10000}{10\%}$$

$= 100\ 000$（元）

二、投资风险价值

（一）投资风险价值的涵义

所谓投资风险价值，是指投资人冒着一定的风险进行某项投资所获得的、超过平均投资报酬或货币时间价值的那一部分额外报酬。正因如此，投资风险价值也可称之为投资风险收益或投资风险报酬。投资风险价值通常有风险报酬（收益）额和风险报酬（收益）率两种表示方法，前者即此处所及的投资风险价值。后者为投资风险报酬额同投资额之间的比值。假如不考虑通货膨胀因素的影响，投资报酬(收益)就是风险报酬和无风险报酬之和，亦即风险价值同货币时间价值之和。它们之间的相互关系为：

投资收益(率)=风险投资收益(率)+无风险投资收益(率)

这里所说的投资收益是指投资人在一定期间内获取的利得或损失总额，它同投资风险成正比：某项目的投资风险较大，其所要求得到的投资收益一般也较大；相反，若某项目的投资风险较小，则其所要求的投资收益一般也较小。就实际情况而言，投资于高新技术产业的风险比投资于传统加工产业的风险要大，投资于社会动荡、政局不稳的国家或地区的风险比投资于社会安定、政局稳固的国家或地区的风险要大。因此，投资人实际上是在经过对投资风险和投资报酬进行比较、权衡之后才作出相应的投资决策的。随着社会主义市场经济的逐步建立和不断发展，我国众多企业已日渐成为自主经营、自负盈亏的市场主体，故必须牢固树立风险观念，充分认识生产经营活动，特别是长期投资活动中存在风险的这种客观事实，积极采取多重应对措施，有效地规避或降低风险。

(二)投资风险程度的估量

为保证投资能获得预期的报酬，在制定投资决策时，应对某项投资所承担的风险程度进行正确的估量。估量单个项目投资风险程度的具体步骤如下：

1.确定投资项目未来收益的期望值。收益期望值是根据某投资项目的未来收益及其相应概率计算的加权平均收益，其计算公式为：

$$\overline{EV} = \sum_{i=1}^{n} X_i P_i$$

$\overline{EV}$ —— 未来收益的期望值；

X_i —— 某种情况下的预计年收益；

P_i —— 某种情况发生的概率。

2.计算投资项目的标准离差。就某一投资项目而言，既有其效用期间内各期(即各年)标准离差，也有其整个效用期间综合标准离差。本章仅对前者进行概略的说明。

投资项目效用期(每年)标准离差是指各该期(年)预计收益对于其期望值的离散程度，它反映预计收益的多种可能结果同其期望值之间偏差的大小。标准离差越大，意味着风险越大；标准离差越小，则表明风险越小。某投资项目效用期内各期标准离差(σ)的计算公式为：

$$\sigma = \sqrt{\sum_{i=1}^{n} (x_i - \overline{x}_i)^2 P_i}$$

3.计算投资项目的变异系数。标准离差作为绝对数一般只能在不同方案具有相同期望值的情况下判断各该方案风险的大小，而无法直接确定不同方案期望值或投资规模不一样时各该方案风险的大小。为此，既要计算标准离差，也要计算变异系数(即标准离差率)。某一投资项目的变异系数是指其 标准离差同期望值的比值，该比值(q)的计算公式为：

$$变化系数 = \frac{\sigma}{\overline{EV}}$$

【例 6－12】某企业现有 A、B 两个长期投资项目，在其预计效用年限内有关资料如下：

投资项目 A		投资项目 B	
投资收益	概率	投资收益	概率
8 000	0.3	800	0.3
6 000	0.4	600	0.4
5 000	0.3	500	0.3

现要求计算确定 A、B 两个投资项目的风险价值。

首先，计算未来投资收益期望值（$\overline{EV}$）。

$$\overline{EV}(A) = 8\,000 \times 0.3 + 6\,000 \times 0.4 + 5\,000 \times 0.3 = 6\,300$$

$$\overline{EV}(B) = 800 \times 0.3 + 600 \times 0.4 + 500 \times 0.3 = 630$$

其次，计算未来投资收益标准离差（σ）。

$$\sigma_A = \sqrt{(8\,000 - 6\,300)^2 \times 0.3 + (6\,000 - 6\,300)^2 \times 0.4 + (5\,000 - 6\,300)^2 \times 0.3} \approx 118.70$$

$$\sigma_B = \sqrt{(800 - 630)^2 \times 0.3 + (600 - 630)^2 \times 0.4 + (500 - 630)^2 \times 0.3} \approx 118.70$$

按照标准离差的计算结果，似乎应当认为投资项目 A 的风险程度较高，而投资项目 B 的风险程度较低，且二者相差达 10 倍之多。但因上例中 A、B 两个投资项目的投资收益本来就相差 10 倍，故二者标准离差相差 10 倍并不意味着 A、B 两个投资项目的风险程度也相差 10 倍。事实上，这两个项目的风险程度应当是同等的，下面的计算即可得到证实。

最后，计算投资项目标准离差率（q_i）。

$$q_A = \frac{1\,180}{6\,300} \approx 0.188$$

$$q_B = \frac{118.70}{630} \approx 0.188$$

计算结果表明，A、B 两个投资项目的风险程度是相同的。

从以上估量投资风险程度基本步骤的说明和实例计算结果可知，某投资项目的标准离差是反映其风险程度的绝对数指标，而标准离差率则为体现其风险程度的相对数指标。这两项指标越小，意味着投资项目未来收益偏离期望值的幅度越小，即未来收益比较确定，因而该投资项目的风险程度较低；反之，则表示未来收益不太确定，风险程度较高。至于就不同投资项目而言，通常是根据各项目标准离差率的大小进行分析、评价，以标准离差率最小者为最优。

三、现金流量

所谓现金流量，在投资决策中是指一个项目引起的企业现金支出和现金收入的数量。这时的“现金”是广义的现金，它不仅包括各种货币资金，而且还包括项目需要投入的企业现有的非货币资源的变现价值。例如，一个项目需要使用原有的厂房、设备和材料等，则相关的现金流量是指它们的变现价值，而不是其账面价值。

新建项目的现金流量包括现金流出量、现金流入量和现金净流量三个具体概念。

1. 现金流出量

一个方案的现金流出量，是指该方案引起的企业现金支出的增加额。

例如，企业增加一条生产线，通常会引起以下现金流出：

(1)增加生产线的价款。

购置生产线的价款可能是一次性支出，也可能分几次支出。

(2)垫支流动资金。

由于该生产线扩大了企业的生产能力，引起对流动资产需求的增加。企业需要追加的流动资金，也是购置该生产线引起的，应列入该方案的现金流出量。只有在营业终了或出售(报废)该生产线时才能收回这些资金，并用于别的目的。

2. 现金流入量

一个方案的现金流入量，是指该方案所引起的企业现金收入的增加额。

例如，企业增加一条生产线，通常会引起下列现金流入：

(1)营业现金流入。

增加的生产线扩大了企业的生产能力，使企业销售收入增加。扣除有关的付现成本增量后的余额，是该生产线引起的一项现金流入。

营业现金流入 = 销售收入 - 付现成本

付现成本在这里是指需要每年支付现金的成本。成本中不需要每年支付现金的部分称为非付现成本，其中主要是折旧费。所以，付现成本可以用成本减折旧来估计。

付现成本 = 成本 - 折旧

营业现金流入 = 销售收入 - 付现成本
　　　　　　= 销售收入 - (成本 - 折旧)
　　　　　　= 利润 + 折旧

(2)该生产线出售(报废)时的残值收入。

资产出售或报废时的残值收入，应当作为投资方案的一项现金流入。

(3)收回的流动资金。

该生产线出售(报销)时，企业可以相应收回流动资金，收回的资金可以用于别处，因此应将其作为该方案的一项现金流入。

3. 现金净流量

现金净流量是指一定期间现金流入量和现金流出量的差额。这里所说的“一定期间”，有时是指1年内，有时是指投资项目持续的整个年限内。流入量大于流出量时，净流量为正值；反之，净流量为负值。

四、资本成本

如前所述，从企业的角度看，对投资项目进行经济评价，所用的评价指标有净现值、内部收益率、会计收益率等多种形式。这些指标的应用，有一个共同性的东西贯穿其中，这就是以折现率的形式表现的要求达到的最低收益率作为评价投资项目效益性的准绳。要求达到的最低收益率怎样确定？从企业生产经营的内在要求看，它在一个项目上投资，资金投放下去以后，要求从该项目取得的收益率至少要能补偿它的“资本成本”；在补偿“资本成本”之后，最好还能提供一定的追加盈利，为企业抵偿经营风险和进行扩大再生产提供资金来源。这样，“资本成本”就自然而然地成为企业确定要求达到的最低收益率的基础。因而，“资本成本”的计量也就成为投资项目经济评价中要考虑的一个重要问题。

资本成本的高低，主要看该项投资的资金来源：当前，随着社会主义商品经济的发展和资金市场的逐步形成，企业的资金来源渠道出现了多元化的格局，除银行借款外，还可以通过发行债券、股票、留存盈利、融资租赁、国内联营、吸收外资等方式来筹集。不同的资金来源，其资本成本的计算方法是不同的。现介绍几种主要资金来源的资本成本计算方法。

（一）债券的成本

债券是一种证明持券人有权按期限取得固定利息，到期取回本金的有价证券。发行债券是企业筹集长期资金的一种手段。发行债券一般要事先规定利息率，这个利息率通常要高于同样期限的银行存款利率，否则，人们不愿冒这个风险而宁愿把钱存在银行里。债券利息和银行贷款利息一样，可以在税前利润中支付，所以，企业就可以在缴纳所得税上得到好处，即实际上企业少上交了一部分所得税。这样，企业实际负担的债券利息就应扣除这一部分少缴纳的所得税，用公式表示是：

企业实际负担的债券利息 = 债券利息 ×（1 − 所得税率）

同时，企业发行债券必须支付一定的筹资费用（即发行费），而使企业实际得到的资金小于债券的面值。企业实际得到的资金总额为债券筹集总额 ×（1 − 筹资费率）。由此，可得到债券成本的计算公式为：

$$K_d = \frac{I(1 - T)}{Q(1 - f)}$$

式中，K_d 表示债券成本率，I 表示债券的每年利息支出总额，T 表示所得税税率，Q 表示发行债券总额，f 表示筹资费占发行债券总额的比例。

（二）优先股的成本

股票是股份公司发给投资者（股东）证明其所持有的股份数并有权取得股息的有价证券。股票按其股东的权利可分为优先股和普通股。优先股比普通股有优先的权利。比如，在企业利润分配方面较普通股有优先权，其股息固定，并不随企业利润的变化而变化。但优先股没有投票表决权。股票的股息不能记入成本，要在税后利润中支付，所以不会减少企业应上缴的所得税。优先股的成本率可用下式计算：

$$K_p = \frac{D_p}{P_p(1 - f)}$$

上式中：K_p 代表优先股成本率；

D_p 代表优先股每年支付利息总额；

P_p 代表优先股股金总额。

（三）普通股的成本

普通股与优先股不同，它没有固定的股息率，其股息随企业利润大小而变动，其股利通常是逐年增长的。它具有投票表决权。普通股的资金成本计算公式为：

$$K_c = \frac{D_c}{P_c(1-f)} + G$$

上式中：K_c 表示普通股成本；

D_c 表示下一期发放的普通股的股利；

P_c 表示普通股股金总额；

G 表示普通股股利预计每年增长率。

投资股票比投资债券风险大，但其报酬往往较高，它除了能获得企业发放的股息报酬外，还可取得股票证券市场的增值报酬。

（四）企业留利成本

企业留利虽然是企业本身的自有资金，但我们不能因此就认为它是无代价的资金来源。因为这部分留利若不用于本企业的投资，则可存入银行，收取利息，或用来对其他企业进行投资，以获得投资收益。可见，企业留利的资金成本与其也资金成本不同，它不是实际发生的支付成本，而是一种机会成本，即由于用于本企业投资而放弃了存入银行的能得到利息收入或在其他投资收益的机会。在长期投资决策中，必须考虑这个机会成本，否则，就会出现决策上的失误。这个机会成本可以看作是企业留利的资金成本。那么，企业留利的这部分自有资金的资金成本应如何确定呢？是以银行存款利息收入还是以投资于其他企业的投资收益为计算依据呢？一般应以银行存款利息收入作为计算依据，即可以按照投资项目有效期相同年限的定期存款利率来确定。

若是股份制企业，企业留利实际上是普通股资金的增加，因为这部分盈利本来是要分给股东的，而现在用于本企业的投资，实际上等于股东对企业追加了投资，其资金成本可用普通股的资金成本方式加以计算，只是不必考虑筹资费用而已。

（五）加权平均资本成本

同一个企业不同资金来源的资本成本是不同的。企业为了进行投资决策，需要确定企业总的、综合的资本成本。这种综合的资本成本，一般是用加权平均方法计算的。也就是以各种来源的资金所占的比重为权数，以各自的个别资本成本为基础所计算的加权平均资本成本。其计算公式如下：

$$K_w = \sum_{i=1}^{n} W_i K_i$$

上式中：K_w 代表加权平均资本成本；

W_i 代表第 i 种渠道资金来源占全部资金来源的比重；

K_i 代表第 i 种资金来源的个别资本成本。

如何才能使企业总的资本成本最低呢？如前所述，一个企业总的资金成本率不仅决定于各种资金来源的个别成本，而且还取决于各种资金来源所占的比重。在企业几种主要的资金来源中，一般来说，长期债券的投资风险最小，利率最低，而且利息可在税前利润中支付，实际上可以减少上缴的所得税，所以其资本成本最低；再从股票来看，优先股的风险较大，股率较高，筹资费用率也比较高，加上股息不能记入成本，要在税后的利润中支付，因此，资金成本较高；普通股投资风险最大，股息一般随企业经营状况的改善而不断提高，所以，其资金成本率最高。但是，我们在筹集资金时，也不能因此就只从资本成本低的长期债券（或借款）这一渠道来筹集。这是因为，一方面企业如果没有以一定数量的自有资金为基础。举债太多，将会使财务结构趋于疲弱，债券和股票的风险都会增加，各自的资本成本也都会提高，当然，企业总的资本成本率也会提高。另一方面，债券有一定的偿还期，对到期的债券，企业必须无条件偿还，如果企业的债券或借债太多，其财务状况将会十分被动，对企业不利。所以，企业在筹集资金时，对各种资金来源的安排应适当，企业资金结构的确定应该合理，这样才能使企业总的资本成本率有可能达到最低水平 。

五、投资项目评价的基本方法

对投资项目评价时使用的指标分为两类：一类是折现指标，即考虑了货币时间价值因素的指标，主要包括净现值、现值指数、内含报酬率等；另一类是非折现指标，即没有考虑货币时间价值因素的指标，主要包括回收期、会计收益率等。

分析评价指标的类别，投资项目评价分析的方法，也被分为折现的分析评价方法和非折现的分析评价方法两种。

（一）折现的分析评价方法

折现的分析评价方法，是指考虑货币时间价值的分析评价方法，亦被称为折现现金流量分析技术。

1. 净现值法

这种方法使用净现值作为评价方案优劣的指标。所谓净现值，是指特定方案未来现金流入的现值与未来现金流出的现值之间的差额。按照这种方法，所有未来现金流入和流出都要按预定折现率折算为它们的现值，然后再计算它们的差额。如净现值为正数，即折现后现金流入大于折现后现金流出，该投资项目的报酬率大于预定的折现率。如净现值为零，即折现后现金流入等于折现后现金流出，该投资项目的报酬率相当于预定的折现率。如净现值为负数，即折现后现金流入小于折现后现金流出，该投资项目的报酬率小于预定的折现率。

计算净现值的公式：

$$\text{净现值} = \sum_{k=1}^{n} \frac{I_k}{(1+i)^k} - \sum_{k=1}^{n} \frac{O_k}{(1+i)^k}$$

式中：n—— 投资涉及的年限；

I_k—— 第 k 年的现金流入量；

O_k—— 第 k 年的现金流出量；

i—— 预定的折现率。

【例 6 - 13】设折现率为 10%，有三项投资方案。有关数据如表 6 - 1。

表 6－1

年份	A 方案		B 方案		C 方案	
	净收益	现金净流量	净收益	现金净流量	净收益	现金净流量
0		(20 000)		(9 000)		(12 000)
1	1800	11 800	(1 800)	1 200	600	4 600
2	3240	13 240	3 000	6 000	600	4 600
3			3 000	6 000	600	4 600
合计	5040	45 040	7 800	22 200	1 800	25 800

净现值(A) $= (11\ 800 \times 0.9091 + 13\ 240 \times 0.8264) - 20\ 000$

$= 21\ 669 - 20\ 000$

$= 1\ 669$（元）

净现值(B) $= (1\ 200 \times 0.9091 + 6\ 000 \times 0.8264 + 6\ 000 \times 0.7513) - 9\ 000$

$= 10\ 557 - 9\ 000$

$= 1\ 557$（元）

净现值(C) $= 4\ 600 \times 2.4869 - 12\ 000$

$= 11\ 440 - 12\ 000$

$= -560$（元）

A、B 两项方案投资的净现值为正数，说明该方案的报酬率超过 10%。如果企业的资金成本率或要求的投资报酬率是 10%，这两个方案是有利的，因而是可以接受的。C 方案净现值为负数，说明该方案的报酬率达不到 10%，因而应予放弃。A 方案和 B 方案相比，A 方案更好些。

净现值法所依据的原理是:假设预计的现金流入在年末肯定可以实现，并把原始投资看成是按预定折现率借入的。当净现值为正数时，偿还本息后该项目仍有剩余的收益;当净现值为零时，偿还本息后一无所获;当净现值为负数时，该项目收益不足以偿还本息。这一原理可以通过 A、C 两方案的还本付息表来说明，见表 6－2 和表 6－3。

表 6－2　　A 方案还本付息表　　单位:元

年份	年初贷款	年息 10%	年末贷款	偿还现金	债款余额
1	20 000	2 000	22 000	11 800	10 200
2	10 200	1 020	11 220	13 240	(2 020)

表 6－3　　C 方案还本付息表　　单位:元

年份	年初贷款	年息 10%	年末贷款	偿还现金	贷款余额
1	12 000	1 200	13 200	4 600	8 600
2	8 600	860	9 460	4 600	4 860
3	4 860	486	5 346	4 600	746

A 方案在第二年末还清本息后，尚有 2 020 元剩余，折合成现值为 1 669 元(2 020 ×0.8264)，即为该方案的净现值。C 方案第三年末没能还清本息，尚欠 746 元，折合成现值为 560 元(746 ×0.7513)，即为 C 方案的净现值。可见，净现值的经济意义是投资方案的折现后净收益。

净现值法具有广泛的适用性，在理论上也比其他方法更完善。净现值法应用的主要问题是如何确定折现率，一种办法是根据资金成本来确定；另一种办法是根据企业要求的最低资金利润率来确定。前一种办法，由于计算资本成本比较困难，故限制了其应用范围；后一种办法根据资金的机会成本，即一般情况下可以获得的报酬来确定，比较容易解决。

2. 现值指数法

这种方法使用现值指数作为评价方案的指标。所谓现值指数，是现金流入现值与现金流出现值的比率，亦称现值比率、获利指数、折现后收益 - 成本比率等。

计算现值指数的公式：

$$现值指数 = \sum_{k=1}^{n} \frac{I_k}{(1+i)^k} \div \sum_{k=1}^{n} \frac{O_k}{(1+i)^k}$$

根据表 6 - 1 的资料，三个方案的现值指数如下：

现值指数(A) = 21 669 ÷ 20 000 = 1.08

现值指数(B) = 10 557 ÷ 9 000 = 1.17

现值指数(C) = 11 440 ÷ 12 000 = 0.95

A、B 两项投资方案的现值指数大于 1，说明其收益超过成本，即投资报酬率超过预定的折现率。C 项投资方案的现值指数小于 1，说明其报酬率没有达到预定的折现率。如果现值指数为 1，说明折现后现金流入等于现金流出，投资的报酬率与预定的折现率相同。

现值指数法的主要优点是，可以进行独立投资方案获利能力的比较。在例 6 - 13 中，A 方案的净现值是 1 669 元，B 方案的净现值是 1 557 元。如果这两个方案之间是互斥的，当然 A 方案较好。如果两者是独立的，哪一个应优先给予考虑，可以根据现值指数来选择。B 方案现值指数为 1.17，大于 A 方案的 1.08，所以 B 优于 A。现值指数可以看成是 1 元原始投资可望获得的现值净收益。因此，可以作为评价方案的一个指标：它是一个相对数指标，反映投资的效率；而净现值指标是绝对数指标，反映投资的效益。

3. 内含报酬率法

内含报酬率法是根据方案本身内含报酬率来评价方案优劣的一种方法。所谓内含报酬率，是指能够使未来现金流入量现值等于未来现金流出量现值的折现率，或者说是使投资方案净现值为零的折现率。

净现值法和现值指数法虽然考虑了货币时间价值，可以说明投资方案高于或低于某一特定的投资报酬率，但没有揭示方案本身可以达到的具体的报酬率是多少。内含报酬率是根据方案的现金流量计算的，是方案本身的投资报酬率。

内含报酬率的计算，通常需要“逐步测试法”。首先估计一个折现率，用它来计算方案的净现值；如果净现值为正数，说明方案本身的报酬率超过估计的折现率，应提高折现率后进一步测试；如果净现值为负数，说明方案本身的报酬率低于估计的折现率，应降低折现率后进一步测试。经过多次测试，寻找出使净现值接近于零的折现率，即为方案本身的内含报酬率。

根据例6－13的资料，已知A方案的净现值为正数，说明它的投资报酬率大于10%，因此，应提高折现率进一步测试。假设以18%为折现率进行测试，其结果净现值为－499元。下一步降低到16%重新测试，结果净现值为9元，已接近于零，可以认为A方案的内含报酬率是16%。测试过程见表6－4。B方案用18%作为折现率测试，净现值为负22元，接近于零，可认为其内含报酬率为18%。测试过程见表6－5。

如果对测试结果的精确度不满意.可以使用内插法来改善。

$$内含报酬率(A)=16\%+\left(2\%\times\frac{9}{9+499}\right)=16.04\%$$

$$内含报酬率(B)=16\%+\left(2\%\times\frac{338}{22+338}\right)=17.88\%$$

表6－4　　　　A方案内含报酬率的测试　　　　单位:元

年份	现金净流量	贴现率＝18%		贴现率＝16%	
		折现系数	现值	折现系数	现值
0	(20 000)	1	(20 000)	1	(20 000)
1	11 800	0.847	9 995	0.862	10 172
2	13 240	0.718	9 506	0.743	9 837
净现值			(499)		9

表6－5　　　　B方案内含报酬率的测试　　　　单位:元

年份	现金净流量	贴现率＝18%		贴现率＝16%	
		折现系数	现值	折现系数	现值
0	(9 000)	1	(9 000)	1	(9 000)
1	1 200	0.847	1 016	0.862	1 034
2	6 000	0.718	4 308	0.743	4 458
3	6 000	0.609	3 654	0.641	3 846
净现值			(22)		338

C方案各期现金流入量相等，符合年金形式，内含报酬率可直接利用年金现值表来确定，不需要进行逐步测试。

设现金流入的现值与原始投资现值相等：

原始投资现值＝每年现金流入量×年金现值系数

$12\ 000=4\ 600\times(p/A,\ i,\ 3)$

$(p/A,\ i,\ 3)=2.609$

查阅“年金现值系数表”，寻找$n=3$时系数2.609所指的利率。查表结果，与2.609接近的现值系数2.624和2.577分别指向7%和8%。用内插法确定C方案的内含报酬率为7.32%。

$$内含报酬率(C) = 7\% + \left(1\% \times \frac{2.624 - 2.609}{2.624 - 2.577}\right)$$

$$= 7\% + 0.32\%$$

$$= 7.32\%$$

计算出各方案的内含报酬率以后，可以根据企业的资本成本或要求的最低投资报酬率对方案进行取舍。假设资本成本是10%，那么A、B两个方案都可以接受，而C方案则应放弃。

内含报酬率是方案本身的收益能力，反映其内在的获利水平。如果以内含报酬率作为贷款利率，通过借款来投资该项目，那么，还本付息后将一无所获。这一原理可以通过C方案的数据来证明，见表6-6。

表6-6　　**C方案还本付息表**　　单位:元

年份	年初借款	利率=7.32%	年末借款	偿还现金	借款余额
1	12 000	878	12 878	4 600	8 278
2	8 278	607	8 885	4 600	4 285
3	4 285	314	4 599	4 600	-1

内含报酬率和现值指数法有相似之处，都是根据相对比率来评价方案，而不像净现值法那样使用绝对数来评价方案。在评价方案时要注意到，比率高的方案绝对数不一定大，反之也一样。这种不同和利润率与利润额不同是类似的。A方案的净现值大，是靠投资20 000元取得的;B方案的净现值小，是靠投资9 000元取得的。如果这两个方案是互相排斥的，也就是说只能选择其中一个，那么选择A有利。A方案尽管投资较大，但是在分析时已考虑到承担该项投资的应付利息。如果这两个方案是相互独立的，也就是说采纳A方案时不排斥同时采纳B方案，那就很难根据净现值来排定优先次序。内含报酬率可以解决这个问题，应优先安排内含报酬率较高的B方案，如果有足够的资金可以再安排A方案。

内含报酬率法与现值指数法也有区别。在计算内含报酬率时不必事先选择折现率，根据内含报酬率就可以排定独立投资的优先次序，只是最后需要一个切合实际的资本成本或最低报酬率来判断方案是否可行。现值指数法需要一个合适的折现率，以便将现金流量折为现值，折现率的高低将会影响方案的优先次序。

（二）非折现的分析评价方法

非折现的方法不考虑货币时间价值，把不同时间的货币收支看成是等效的。这些方法在选择方案时起辅助作用。

1. 回收期法

回收期是指投资引起的现金流入累计到与投资额相等所需要的时间。它代表回收投资所需要的年限。回收年限越短，方案越有利。

在原始投资一次支出，每年现金净流入量相等时：

$$回收期 = \frac{原始投资额}{每年现金净流入量}$$

例 6－13 的 C 方案属于这种情况：

$$回收期(C)=\frac{12\ 000}{4\ 600}=2.61（年）$$

如果现金流入量每年不等，或原始投资是分几年投入的，则可使下式成立的 n 为回收期：

$$\sum_{k=0}^{n} I_K=\sum_{k=0}^{n} O_k$$

根据例 6－13 的资料，A 方案和 B 方案的回收期分别为 1.62 年和 2.30 年，计算过程见表 6－7。

表 6－7　　回收期计算表　　单位：元

A 方案：	现金流量	回收额	未回收额
原始投资	（20 000）		
现金流入			
第一年	11 800	11 800	8 200
第二年	13 240	8 200	0
回收期＝1＋（8 200÷13 240）＝1.62（年）			
B 方案：	现金流量	回收额	未回收额
原始投资	（9 000）		
现金流入			
第一年	1 200	1 200	7 800
第二年	6 000	6 000	1 800
第三年	6 000	1 800	0
回收期＝2＋（1 800÷6 000）＝2.30（年）			

回收期法计算简便，并且容易为决策人所正确理解。它的缺点在于不仅忽视货币时间价值，而且没有考虑回收期以后的收益。事实上，有战略意义的长期投资往往早期收益较低，而中后期收益较高。回收期法优先考虑急功近利的项目，可能导致放弃长期成功的方案。它是过去评价投资方案最常用的方法，目前作为辅助方法使用，主要用来测定方案的流动性而非营利性。

2. 会计收益率法

这种方法计算简便，应用范围很广。它在计算时使用会计报表上的数据，以及普通会计的收益和成本观念。

$$会计收益率=\frac{年平均净收益}{原始投资额}\times100\%$$

仍以例 6－13 的资料计算：

$$会计收益率(A)=\frac{(1\ 800+3240)\div2}{20\ 000}\times100\%=12.6\%$$

$$会计收益率(B)=\frac{(-1\ 800+3\ 000+3\ 000)\div 3}{9\ 000}\times 100\%=15.6\%$$

$$会计收益率(C)=\frac{600}{12\ 000}\times 100\%=5\%$$

有人主张，计算时公式的分母使用平均投资额，这样计算的结果可能会提高 1 倍，但不改变方案的优先次序。

计算“年平均净收益”时，如使用不包括“建设期”的“经营期”年数，其最终结果称为“经营期会计收益率”。

六、主要投资分析方法应用说明

在实地进行投资项目效益评价时，净现值法和内含报酬率法的应用是最为常见的，它们是投资决策分析方法中的两种主要方法。不过，因其基本假定和基本内涵不尽一致，加之投资项目本身在特性上也存在差别，故这两种方法的适用条件和应用范围并不完全相同。在具体进行投资效益评价时必须明确区分二者之间的差异，以保证投资决策的科学性。

(一)净现值法的应用说明

采用净现值法对有关投资项目(方案)进行经济评价，概念明确，操作简便，它既考虑了投资项目未来整个效用期内的全部现金流量，也考虑了货币时间价值因素对投资项目预期效益的影响，比较客观，其科学性亦较强。然而，这种方法也有其固有的缺陷，在实际应用中难免受到一定的限制。其主要表现是：

1. 当两个备选项目(比较方案)彼此独立且投资总额不相等时，净现值的大小并非断定有关项目优劣的唯一依据。这是因为，某一比较方案的净现值虽然大于另一比较方案，但当其所耗投资总额也大于另一比较方案时，却可能意味着它的投资报酬水平反而低于另一比较方案，这从经济上考虑是不合算的。若果真如此，则极有可能应转而选择净现值较小而投资总额亦较少的比较方案作为最终决策行动方案。基于这种情况，可以将现值指数法作为净现值法的一种辅助计算，通过对各个备选方案单位投资额所获效益的客观比较而择优。也可以通过计算有关比较方案的差量净现值的办法进行效益评价和方案优选，将差量净现值为正数的投资方案作为最优决策行动方案。

2. 当两个备选项目(比较方案)的效用期不相同时，净现值的大小亦非判定有关项目优劣程度的唯一依据。这是因为，某一比较方案的净现值尽管大于另一比较方案，但当其所及效用期限(年限)也大于另一比较方案时，却有可能意味着它每期(年)平均投资收益(报酬)水平反而低于另一比较方案，这从经济上考虑也是不合算的。假如真的是这样，则很有可能应转而选择净现值较小而效用期亦较短的比较方案作为最优投资方案。有鉴于此，可以将净现值法和等年值法结合起来，先计算各该方案的净现值，再就净现值计算等年值，最后根据各该比较方案每年平均净现值的大小择优。也可以按照“最小公倍数”原理，在将两个备选方案原本不同的效用期转换成相同效用期的基础上，统一计算各该方案的净现值，然后据以择优。

(二)内含报酬率法的应用说明

采用内含报酬率法进行投资效益评价，除了像净现值法那样，也可以综合考虑有关投资项目(方案)效用期内全部现金流量和货币时间价值因素对现金流量的影响之外，还能确切掌握各该项目未来将要达到的投资报酬水平，可较好地符合企业管理者的理财心理，充分满足他们从事长期投资管理工作的基本需要。不过，这种方法同样存在着某些不足，其主要表现是：

1. 当两个备选项目(比较方案)相互排斥且投资总额不相等时，内含报酬率的高低并非断定有关项目优劣程度的客观或唯一的依据。这是因为，内含报酬率法是建立在投资项目未来全部现金流量都是以计算所得的内含报酬率为平均报酬率进行折现而获取的基础之上的，其假设性较强而客观性较差，故而极有可能导致有关投资项目的内含报酬率较高而净现值却较低，或者内含报酬率较低而净现值却较高的费解结局。一旦出现这种情况，内含报酬率法本身的科学性将明显不及净现值法，故必须对有关计算结果进行适当调整，另行计算差量投资部分的内含报酬率，或差量投资部分的净现值，然后据以择优。否则，单纯根据内含报酬率指标将难以直接选择到真正最优的投资决策方案。不过，假如实际决策工作中真的存在这种矛盾现象的话，一般还是按照净现值法的决策标准进行方案评价，根据净现值的大小来选择最优投资方案。

2. 当某投资项目效用期(亦包括建设期)内各年份现金净流量的性质(即正、负数)呈多次变换状态时，内含报酬率将会出现多个(至少两个)不同的计算结果，从而给决策分析工作带来困惑，无法据以选择最佳的决策行动方案。此时，必须对现有数据资料进行一定的调整计算，以使有关投资项目未来各期现金净流量的性质(正、负号)只发生一次改变，从而保证内含报酬率指标计算结果的唯一性。当然，在这种情况下，也可以根本不采用内含报酬率法，而是改用别的投资决策分析方法进行效益评价和方案优选。

第三节　长期投资决策的分析与应用

上面我们已经介绍了评价各种长期投资效益常用的几种方法。企业可以据此对各种长期投资决策方案进行评估，从中选择最优的决策方案。在实际工作中，经常遇到的长期投资决策有：新企业筹建的决策，现有企业扩建、改建决策，生产设备的购置和更新决策及设备修理的决策等。

一、长期投资决策分析

在评价投资项目的预期效益并据以选择最优投资方案时，除了必须取得现金流量、资本成本、效用期间等基础数据之外，还应进一步考虑诸如所得税、折旧、通货膨胀等重要因素对投资项目经济效益的综合影响，以使有关投资决策分析建立在更加客观、更加科学的基础之上。

(一)所得税

所得税是企业的现金流出，其税额的多少取决于税前利润的大小和所得税率的高低。在税前利润不变的情况下，企业所得税率越高，应缴纳的所得税额越多，因而税后利润越少；反之，税后利润越多。

所得税对投资项目预期效益的影响，主要集中在现金净流量问题上。前已述及，某投资项目未来某一年度的现金净流量为其净利润同折旧额之和，而当考虑到所得税因素之后，年现金净流量就应为税后净利润同折旧之和，此即税后现金净流量。其计算公式为：

税后现金净流量 = 税后净利润 + 折旧

或

税后现金净流量 = 营业收入 - 付现成本 - 所得税

从以上计算公式和有关说明中可见，税后现金净流量可以真实地反映某一投资项目的实际获利能力，以此作为评价投资项目预期经济效益的依据，可以优化决策行动方案的选择标准，从而切实保证投资决策的正确性。正因如此，在实际工作中，我们往往按照“现金净流量 = 税后净利润 + 折旧”这一计算公式的要求，计算有关投资项目的净现值或内含报酬率等，并据以进行经济评价。

（二）折旧

固定资产折旧是企业某期间内全部费用的重要组成部分，其数额的大小取决于固定资产原值的大小和折旧率的高低，而折旧率的高低又同折旧计提方法紧密相联。一般说来，折旧率越高，折旧数额越多，税前利润越少，因而，应缴纳的所得税额相应减少；反之，折旧率越低，折旧数额越少，税前利润和应缴纳的所得税额相应增加。由此可见，折旧实际上具有减少税负的作用，其税负减少额为应计提折旧额同所得税税率的乘积，用公式表示即为：

税负减少额 = 应计提折旧额 × 所得税税率

折旧对投资项目预期效益的影响集中表现在：在不同的折旧方法下，折旧数额及其时点分布不同而使现金流量产生差异的问题上。一般而言，企业采用的折旧方法不外乎平均折旧法和加速折旧法两大类。不论采用哪种折旧方法，某项固定资产在其预计效用期即预计使用年限内，应计提的折旧总额都是相等的，计入成本后带来的税负节省额也是相同的。但是，在不同的折旧方法下，某项固定资产每年提取的折旧额却不相同，因而，每年现金流量和税负节省的数额及时间分布也不相同。在平均折旧法（如直线法）下，某项固定资产未来效用期（使用年限）内每期（年）计提的折旧额是相等的。然而，在加速折旧法（如双倍余额递减法）下，某项固定资产未来效用期（使用年限）内每年的折旧计提数额却是前期多、后期少，而实现的税前利润和应缴纳的所得税则是前期少、后期多。这就是说，同平均折旧法相比，使用加速折旧法，企业实际上推迟了部分所得税的交纳时间，提前获得了部分税负节省额，并由此而增加了有关投资项目现金流入的现值，从而对投资项目的预期效益产生有利的影响。

（三）通货膨胀

通货膨胀是当今社会普遍存在着的一种经济现象，在持续通货膨胀的条件下，必然伴随发生物价的不断上涨和货币的不断贬值。就长期投资预期经济效益的分析、评价而言，通货膨胀问题不仅给有关投资方案经济性的计算和比较工作增加了难度，而且会使有关评价指标的最终计量结果包藏若干虚假成分，极易由此而导致决策失误。为了正确反映投资项目的预期经济效益，切实保证长期投资决策的科学性和可靠性，充分满足投资人既要“保值”又要“增值”的双重要求，必须慎重考虑并着力消除通货膨胀对长期投资决策的影响，采取适当的方法对通货膨胀因素进行特殊的调整处理。在实际工作中，调整处理通货膨胀因素的常用方法是：

其一，确定适用于通货膨胀条件下的折现率。按照长期投资决策的要求，此种所谓适用于通货膨胀条件的折现率，实际上是一种既含一般意义上的折现率（或资金成本率），又含未来预计年均通货膨胀率的特殊综合折现率；它不仅可以使资本保值，而且能够使资本增值。适用于通货膨胀条件下的折现率的计算公式为：

$$R = (1 + i) \times (1 + r) - 1$$

式中：R—— 适用于通货膨胀条件下的综合折现率；

i—— 预定投资报酬率或资金成本率；

r—— 预计年均通货膨胀率。

【例 6－14】某投资项目预定投资报酬率 15%，预计未来若干年（效用期）内年均通货膨胀率 10%。现要求确定该项目适用于通货膨胀条件下的折现率。

某项目适用折现率 $=(1+15\%)\times(1+10\%)-1$

$=0.265(26.5\%)$

当求得某投资项目适用于通货膨胀条件下的折现率后，即可据以计算、确定该项目的净现值，然后决定取舍。假如用内含报酬率法进行投资决策分析，则应以此适用折现率作为取舍标准，即内含报酬率大于此适用折现率的投资方案是可行的；反之，则为不可行。

其二，确定以实现购买力表现的真实折现率。这种对通货膨胀因素进行调整的方法实际上包括两个步骤：第一步，消除通货膨胀因素对有关投资项目预计现金流量的影响，即以相当于通货膨胀的折现系数，把一般意义上的现金流量换算成为剔除通货膨胀因素的、以现实购买力表现的现金流量；第二步，以"真实的"折现率对以现实购买力表现的现金流量再一次进行折现计算，并据以求得净现值，最后决定有关投资项目的取舍。以现实购买力表现"真实"折现率的计算公式为：

$$i=\frac{1+R}{1+r}-1$$

i—— 以现实购买力表现的"真实" 折现率；

R—— 通货膨胀条件下的适用折现率；

r—— 预计年均通货膨胀率。

【例 6－15】某投资项目在通货膨胀条件下的使用折现率为25%，预计该项目效用期内年均通货膨胀率为 12%。现要求确定该项目以现实购买力表现的"真实" 折现率。

某项目真实折现率 $=\dfrac{1+25\%}{1+12\%}-1$

$\approx 0.116\ (11.6\%)$

二、长期投资决策应用

（一）固定资产购置或建造的决策

企业在生产过程中，要想增加产品产量，经常会碰到设备不够或厂房车间不足等问题。为满足增产的需要，必须添置或扩建有关的设备。固定资产购置或建造的决策就是指计算扩建或添置有关的厂房设备所需要的投资额和添置扩建后所增加的现金流入量的现值，然后进行比较，如果前者低于后者，说明固定资产购置或建造的方案是可行的。

【例 6－16】某厂生产一种甲产品，此产品在市场上是供不应求。为满足社会的需要，准备增加产品的产量，但由于该厂设备不足，还需购买一套设备，其买价为 120 000 元，安装费为 1 000 元。如果该套设备预计可用 6 年，期满后的残值为 1 400 元，每年可加工甲产品 15 000 件，每件能提供的贡献毛益为 5 元。根据市场预测，假设在今后六年内产销能平衡，该厂规定其投资报酬率至少应达到 12%。现要求：根据上述资料对这套设备应否购置进行决策分析。

首先，计算购买这套设备后的现金流出量。

现金流出量 = 120 000 + 1 000 = 121 000(元)

其次，计算购买设备后的现金流入量的现值。

现金流入量现值 = (15 000 × 5) × (P/A, 12%, 6) + 1 400 × (P/F, 12%, 6)

= (15 000 × 5) × 4.1114 + 1 400 × 0.5066

= 75 000 × 4.111 + 709.80

= 309 034.80(元)

最后，计算投资的经济效果

净现值 = 309 034.80 − 121 000 = 188 034.80(元)

以上计算结果表明，该设备购置后所增加的现金流入量的现值大大超过其所需要的原始投资额，说明这项投资能给企业生产经营带来比较大的经济效益，因而该方案是可行的。

【例 6 − 17】某服务公司拟购置一部客车，现有两个可供选择的方案，一是刚好汽车运输公司有一部旧客车要出售，二是可自己另行购置新车，其有关资料如下:如果购买旧客车，购价为 30 000 元，需进行大修方可使用，修理费为 8 000 元，并预计第 4 年末还需大修一次，预计大修成本 6 000 元。如保养得好，尚可使用 10 年，期满后残值为 4 000 元，该车每年的使用费估计为 14 000 元。如果另行购置新车，购价为 50 000 元，使用年限为 10 年。预计新车在第四年末需大修一次，预计大修成本为 2400 元，残值是 4 000 元，每年使用费为 10 000 元。该公司规定的投资投酬率为 16%。根据上述提供的资料，要求用净现值法对该公司应选用哪种方案进行决策分析。

这个例子与【例 6 − 16】有所不同，【例 6 − 16】是指对固定资产要不要购置的决策，【例 6 − 17】是指固定资产已经决定要购置，但到底要采用哪种方案，则要通过对比来进行选择。

现将上述有关资料综合如下:

摘要	旧车	新车
购价	30 000 + 8 000 = 38 000 元	50 000 元
使用年限	10 年	10 年
4 年末大修理费用	6 000 元	2 400 元
残值	4 000 元	4 000 元
使用费	14 000 元	10 000 元

计算购置新车比购旧车每年增加的现金净流量(即使用费的节约数):

14 000 − 10 000 = 4 000(元)

购买新车增加的现金净流量的现值为:

(4 000 × 4.833) + (6 000 − 2 400) × 0.552

= 19 332 + 1 987.2

= 21 319.20 (元)

上式中，4.833 为 n = 10 年，i = 16% 的年金现值

0.552 为 n = 4 年，i = 16% 的复利现值。

因为旧车与新车的残值相同，所以在此省略不计。

购置新车增加的净现值 = 21 319.20 − (50 000 − 38 000)

= 9 319.20（元）

以上计算的结果表明，购置新客车方案的净现值比购买旧客车的净现值大 9 319.20 元，可见以选择购买新车的方案为宜。

(二)固定资产何时更新的决策

一种设备使用了一段时间后，一定会发生两个问题，一是效能衰退，二是技术陈旧。因此，为了提高生产效率，提高产品质量，降低产品成本，使产品更具有竞争力，到了一定时期，旧设备就必须更新。我们这里要说明的是何时更新最经济，也就是要计算设备的经济寿命，确定其最佳的更新周期。所谓“最佳更新期”是指使固定资产的年平均成本达到最低的使用年限，也称为固定资产的经济寿命。现举例说明固定资产最佳更新期的一般计算方法。

【例 6－18】设某厂的机器 A 购价 1000 元，可用 4 年，年维修成本 1500 元，其残值和使用年限无关，各年都是 400 元。

要求：根据上述所提供的资料，计算当 $i=12\%$ 时，机器 A 的经济寿命为几年？

设以 C 代表使用机器 A 的年平均成本：

$$C_1=\frac{1\,000-400}{(P/A,\ 12\%,\ 1)}+400\times12\%+1\,500$$

$$=\frac{600}{0.893}+48+1\,500$$

$$=672+48+1\,500$$

$$=2\,220\text{（元）}$$

$$C_2=\frac{1\,000-400}{(P/A,\ 12\%,\ 2)}+400\times12\%+1\,500$$

$$=\frac{600}{1.690}+48+1\,500=355+48+1\,500$$

$$=1\,903\text{（元）}$$

$$C_3=\frac{1\,000-400}{(P/A,\ 12\%,\ 3)}+400\times12\%+1\,500$$

$$=\frac{600}{2.402}+48+1\,500=249.79+48+1\,500$$

$$=1798\text{（元）}$$

$$C_4=\frac{1\,000-400}{(P/A,\ 12\%,\ 4)}+400\times12\%+1\,500$$

$$=\frac{600}{3.037}+48+1\,500=197.56+48+1\,500$$

$$=1\,746\text{（元）}$$

上述计算表明，机器 A 的经济寿命为 4 年。

(三)固定资产更新决策的分析

所谓固定资产的更新决策，就是指从经济效益上来研究设备该不该更新，如何从若干个设备更新方案中选择出最优的方案。

【例 6－19】某企业原有一台机器，是 4 年前购进的，原价为 100 000 元，可用 10 年，按直线法计提折旧，预计没有残值。现已提折旧 40 000 元，账面折余价值为 60 000 元。使用该机器每年可获收入 149 000 元，每年支付的使用费用为 113 000 元。

该企业准备另行购买一台更新式的机器取代之，售价 150 000 元，估计可用 6 年，预计残值 7500 元，购入新机器时，旧机器可作价 35 000 元。新机器使用后，每年可增加销售收入 25 000 元，同时每年可节约使用费 10 000 元。设该企业投资报酬率至少应达到 12%，试用净现值法和内含报酬率法来对该项机器的更新方案进行决策分析。（为了简化起见，在本例中，所得税的影响省略不计）

为了对该项设备的更新方案进行决策分析，根据上述有关资料，首先，计算采用"以旧换新"形式购进新机器的现金流出量：

新机器作价	150 000
旧机器作价	35 000
实际现金流出量	115 000

其次，计算机器更新后所形成的现金净流入量如下表（这里只计算差量部分）：

单位：元

	旧机器	新机器	差额
销售收入	149 000	174 000	＋25 000
年使用费	113 000	103 000	－10 000
折旧	10 000	23 750	＋13 750
净收益	26 000	47 250	＋21 250
现金净流量（净收益＋折旧）	36 000	71 000	＋35 000

最后，对机器设备更新的经济效果进行分析评价：

（1）采用净现值进行分析，即：

$$\text{使用新机器增加的净现值} = [35\,000 \times (P/A,\ 12\%,\ 6) + 7\,500 \times 0.507] - 115\,000$$
$$= [35\,000 \times 4.111 + 7\,500 \times 0.507] - 115\,000$$
$$= +32\,687.50\ (\text{元})$$

上式中的 0.507 为 $n=6$，$i=12\%$ 的复利现值。

上述计算表明，购买新式机器设备可增加净现值 32687.50 元，说明更新方案是可行的。

（2）采用内部收益率进行分析

$$\text{计算年金现值系数} = \frac{115\,000 - 7\,500 \times 0.507}{35\,000}$$
$$= \frac{115\,000 - 3802.5}{35\,000}$$
$$= 3.177$$

根据上述年金现值系数，查一元的年金现值表，6 期与 3.177 年金现值系数相邻接的折现率在 20% 与 22% 之间，采用内插法计算：

贴现率 年金现值系数设备更新方案的内部收益率为20% +1.874% =21.87%

上述计算分析结果表明，该机器购买后可增加净现值32 687.50，其内部收益率为21.87%，高于规定的12%，说明购买新机器的方案是可行的。

本章小结

一、长期投资决策概述

1. 长期投资决策在企业内部管理中的地位。

2. 长期投资决策的程序。

二、长期投资决策基本要素

1. 货币时间价值

投资是指为获得预期的报酬而将资金投放于未来的经营活动。一般地，任何投资项目都需要投入大量的资金，都要在未来较长时期内持续发挥效益。因而投资活动的成败，投资报酬的大小，对企业的生存和发展关系极大。为此，企业管理者在制定投资决策时，应首先考虑投资的时间因素，在正确计量货币时间价值的基础上，力求对有关投资方案的预期效益作出全面的分析和科学的评价，以便更好地发挥资金利用效果，提高投资效益。

复利的终值和复利现值;年金终值和现值。

2. 投资的风险价值及现金流量

所谓投资风险价值，是指投资人冒着一定的风险进行某项投资所获得的、超过平均投资报酬或货币时间价值的那一部分额外报酬。正因如此，投资风险价值也可称之为投资风险收益或投资风险报酬。投资风险价值通常有风险报酬(收益)额和风险报酬(收益)率两种表示方法，前者即此处所及的投资风险价值。后者为投资风险报酬额同投资额之间的比值。假如不考虑通货膨胀因素的影响，投资报酬(收益)就是风险报酬和无风险报酬之和，亦即风险价值同货币时间价值之和。它们之间的相互关系为：

投资收益(率) = 风险投资收益(率) + 无风险投资收益(率)

3. 非贴现的指标与贴现指标的相关计算

对投资项目评价时使用的指标分为两类：一类是折现指标，即考虑了货币时间价值因素的指标，主要包括净现值、现值指数、内含报酬率等;另一类是非折现指标，即没有考虑货币时间价值因素的指标，主要包括回收期、会计收益率等。

分析评价指标的类别，投资项目评价分析的方法，也被分为折现的分析评价方法和非折现的分析评价方法两种。

三、长期投资决策的分析与应用主要讲述了固定资产更新决策的长期投资决策的方法

在评价投资项目的预期效益并据以选择最优投资方案时，除了必须取得现金流量、资本成本、效用期间等基础数据之外，还应进一步考虑诸如所得税、折旧、通货膨胀等重要因素对投资项目经济效益的综合影响，以使有关投资决策分析建立在更加客观、更加科学的基础之上。

◇◇练习题

一、单项选择题

1. 标准离差率高，表示风险程度（　　）。

A. 大　　B. 小

C. 不变　　D. 一般

2. 一般来说，如果某项目投资的效果越好，所需冒的风险也越小，说明回收期越（　　）。

A. 短　　B. 长

C. 不变　　D. 一般

3. 假设企业将 2 000 元存入银行，拟于 4 年后对企业中某项设备进行更新，若复利年利率为 7%，4 年后的本利和为（　　）元。

A. 2 620　　B. 1 300

C. 2 400　　D. 2 500

4. 假设某投资方案的未来现金流入量的现值总和为 100 000 元，其原始投资额为 50 000 元，现值指数应为（　　）。

A. 0.5　　B. 2

C. 50 000　　D. －50 000

5. 4 年末收到的 1 000 元，按 6% 折现率计算，其现值为（　　）。

A. 396 元　　B. 586 元

C. 792 元　　D. 600 元

6. 企业实际得到的资金总额为债券筹集总额 ×（　　）。

A. 1－筹资费率　　B. 1－所得税率

C. 1－年增长率　　D. 1－销售利润率

7. 计算一个投资项目的回收期时，必须考虑下面哪一个因素。（　　）

A. 使用寿命　　B. 净现值

C. 年现金流量　　D. 内部收益率

8. 当建设期不为零且经营期各年营业现金流量相等时，经营期各年营业净现金流量的现值之和的计算可采用的方法是（　　）。

A. 先付年金现值　　B. 永续年金现值

C. 后付年金现值　　D. 递延年金现值

9. 在只有一个投资项目可供选择的条件下，通常认为该项目在财务上是不可行的情况是（　　）。

A. 净现值(NPV)大于零　　B. 净现值率(NPVR)小于零

C. 内部收益率(IRR)大于 1　　D. 现值指数(PI)大于 1

10. 投资决策的首要环节是（　　）。

A. 确定资金成本的一般水平

B. 估计预期现金流量的风险

C. 估计投资项目的预期现金流量

D. 确定投资方案的收入现值

11. 下列关于静态回收期法的说法中，不正确的是（　　）。

A. 计算简便，容易理解

B. 忽视了资金的时间价值

C. 考虑了回收期以前的收益和回收期以后的收益

D. 目前作为辅助方法使用

12. 某投资项目年营业收入 140 万元，年经营成本 70 万元，年折旧 30 万元，所得税 40%，则该方案年经营净现金流量为（　　）。

A. 72 万元　　B. 58 万元

C. 54 万元　　D. 46 万元

13. 机会成本是一种（　　）。

A. 实际发生的支出或费用　　B. 潜在发生的支出或费用

C. 实际发生的收益　　D. 潜在发生的收益

14. 在固定资产更新改造的平均年成本法下，“比较期”通常采用（　　）。

A. 旧固定资产的使用年限

B. 旧固定资产的尚可使用年限

C. 新固定资产的使用年限

D. 新固定资产的使用年限减去旧固定资产的尚可使用年限

15. 在某一单独项目的投资决策中，可能与净现值指标的变动方向相反的指标是（　　）。

A. 现金净流量指标　　B. 现值指数指标

C. 投资回收期指标　　D. 内含报酬率指标

16. 在原始投资不同的互斥项目决策中，最适用于选优的方法是（　　）。

A. 净现值法　　B. 获利指数法

C. 内部收益率法　　D. 差额内部收益率法

17. 假设某一公司有一项投资，其预计收益的期望值为 200 万元，标准离差为 18.25%，若该项目的风险系数为 80%，有关年度的货币时间价值为 7%，则它的预期风险报酬额为（　　）。

A. 135.2 万元　　B. 187.3 万元

C. 110.2 万元　　D. 200 万元

二、多项选择题

1. 一个投资项目的现金流入量，主要包括（　　）。

A. 营业净收益　　B. 折旧

C. 残值　　D. 安装费

E. 经营成本

2. 贴现的现金流量法包括（　　）。

A. 净现值法　　B. 现值指数法

C. 内部收益率法　　D. 投资利润率

E. 静态的偿还期

3. 长期投资的主要特点是（　　）。

A. 投资项目的金额大　　B. 资金占用的时间长

C. 分次收回　　D. 损失小

E. 只涉及一年以内的有关经济活动

4. 投资项目经济评价要考虑的两个重要问题，是（　　）。

A. 资本成本的计量　　B. 风险程度的估量

C. 现金支出　　D. 现金收入

E. 敏感分析

5. 在计算固定资产年平均成本时，若考虑货币的时间价值，需要考虑的因素主要有（　　）。

A. 固定资产原价　　B. 固定资产的余值

C. 固定资产的年运行成本　　D. 固定资产的持有成本

E. 投资最低报酬率

6. 下列有关内部收益率的表述中，正确的是（　　）。

A. 它是能使一项投资方案的未来报酬率总现值等于原始投资的贴现率

B. 它是能使一项投资方案的未来报酬率总现值等于原始投资额现值的贴现率

C. 它是使一项投资方案的净现值率大于0的贴现率

D. 它是一项投资方案的获利指数等于1的贴现率

E. 它是使一项投资方案的净现值率小于0的贴现率

7. 下列指标中属于动态指标的有（　　）。

A. 内部收益率　　B. 投资利润率

C. 净现值　　D. 现值指数

E. 投资回收期

8. 货币时间价值通常有以下几种表现形式（　　）。

A. 利率　　B. 利润

C. 本金　　D. 利息

E. 内部收益率

9. 静态投资回收期法的不足之处主要表现在（　　）。

A. 计算过于复杂　　B. 不易于理解

C. 没有考虑回收期满后的现金流量

D. 低估了实际回收期

E. 相对于动态投资回收期来说，企业采用该指标进行长期投资决策，其所承担的风险较低

10. 下列项目中，属于现金流出的项目是（　　）。

A. 开办费摊销　　B. 增值税

C. 设备更新支出　　D. 开办费支出

E. 厂房折旧

三、计算题

1. 计算下列各题：

(1)以2 000元存入银行，年利率6%，一年复利一次，7年的复利终值是多少？

(2)年利率6%，一年复利一次，7年后的2 000元，其复利现值是多少？

(3)本金1 000元，要使它达到两倍，i=8%，需多少期？

(4)3年后收到5 000元，按6%的贴现率计算，其现值(P)为多少？

2. 设某厂的机器B购价为800元，可用6年，无残值；维修成本第一年为100元，以后每年增加100元。

要求：计算设I=10%，机器B的经济寿命为几年？

3. 资料：

某企业在5年前购入机器一台，原价为80 000元，估计可使用10年，假设报废时无残值，采用直线法计提折旧。该机器每年可生产某产品20 000件，该产品的单位售价为20元，单位变动成本为14元，固定性制造成本总额(包括折旧)为40 000元，固定管理费为20 000元。该企业从该固定资产使用的第六年开始，由于市场份额扩大，需要提高产品的产量，遂提出以下两个方案：

(1)用40 000元对旧机器进行改造，改造后的旧机器仍可使用5年，产量可增加到25 000件，固定制造费用增加到50 000元，其他各种条件不变。

(2)另购入一台新机器来替换旧机器，新机器的价格为100 000元，新机器可使用5年，报废时无残值。使用新机器后每年的产量可达到30 000件，但预计产品的价格要下降到19元时，产品才能全部出售，固定性制造成本下降到30 000元。假设旧机器的出售可得20 000元的现金净流量，其他条件不变。

要求：如果市场上实际利率10%，为该企业做出采用何种方案的决策。(不考虑所得税因素对现金流量的影响。)

4. 某公司现有A、B两个投资项目可供选择，其中A项目初始投资40 000元，五年内预计每年现金净流量12 000元；B项目初始投资100 000元，五年内预计每年现金净流量29 600元。

要求：

(1)假设两个项目的资金成本均为12%，请分别计算两个项目的净现值、内部收益率和现值指数。

(2)根据上述指标，请确定公司应投资于哪个项目为佳。

第七章　全面预算

本章知识点简介

本章介绍全面预算概述、全面预算的编制方法、全面预算的编制。

主要内容包括：

一、全面预算概述。企业通过预算和决策，为未来经济活动的各个方面确定了具体的目标。企业为实现这些目标必须依赖一定的资源，如企业在生产经营过程中不可缺少的人、财、物、技术、信息等。各种资源在现实世界中所表现出来的稀缺性决定了它们都具有一定的经济价值，企业使用这些资源都要付出一定的成本。任何一个企业为了以有限的资源取得尽可能大的经济效益，提高企业的素质和竞争力，都必须制定科学、合理的经营计划和相应的资源配置与使用计划。全面预算就是指以货币量度表示的企业未来某一特定期间全部经营活动目标及人、财、物诸要素合理配置的数量表现，它是企业管理当局未来计划及其如何实施的全面概括。在市场导向的环境中，全面预算是以利润为目标，以销售预算为基础综合协调其他预算的结果，是对企业未来一定时期的生产经营活动进行计划和控制的有效手段。

二、全面预算的编制方法。预算与控制密不可分。预算编制既是一个计划过程，同时也是确定控制标准的过程。而预算的执行过程也就是根据预算对实际经营活动进行控制的过程，既预算控制。一般而言，企业的生产经营活动及所处的环境复杂多变，作为控制手段的预算也就必须根据其特点而采取不同的形式。实际上，管理人员在编制预算时，就要考虑到预算控制的要求，针对不同企业和不同特点的生产经营活动进行有效控制的需要，使用先进的方法编制预算。预算编制的具体方法和技巧是否恰当是预算控制能否成功的一个重要方面。

三、全面预算的编制。全面预算，亦称“总预算”。它依据企业决策方案的要求，对销售、生产、分配以及筹资活动确定明确的目标，并表现为“预计损益表”、“预计资产负债表”、“现金预算”等一整套预计的财务报表及其附表，借以预计未来期间的财务状况和经营成果。

第一节　全面预算概述

一、全面预算的概念

企业通过预算和决策，为未来经济活动的各个方面确定了具体的目标。企业为实现这些目标必须依赖一定的资源，如企业在生产经营过程中不可缺少的人、财、物、技术、信息等。各种资源在现实世界中所表现出来的稀缺性决定了它们都具有一定的经济价值，企业使用这些资源都要付出一定的成本。任何一个企业为了以有限的资源取得尽可能大的经济效益，提高企业的素质和竞争力，都必须制定科学、合理的经营计划和相应的资源配置与使用计划。

全面预算就是指以货币量度表示的企业未来某一特定期间全部经营活动目标及人、财、物诸要素合理配置的数量表现，它是企业管理当局未来计划及其如何实施的全面概括。在市场导向的环境中，全面预算是以利润为目标，以销售预算为基础综合协调其他预算的结果，是对企业未来一定时期的生产经营活动进行计划和控制的有效手段。

二、编制全面预算的作用

在现实经济生活中企业时时刻刻无不面对充满不确定因素的环境，企业对在生产经营过程中可能遇到的各种困难和风险必须制订严密周全的计划，预先做出准备和防范，才能立于不败之地并得以生存和发展。一套经过谨慎仔细的分析而制定的预算，将会给企业带来一定的利益。全面预算是企业经济活动全部计划的数量形式的反映。企业通过编制、落实全面预算使各个职能部门和管理人员明确在经营期内应该干什么以及如何干，以保证各工作部门任务按计划完成，从而促使整个企业顺利发展。编制全面预算的作用，概括起来有以下三个方面：

（一）明确奋斗目标，控制业务活动

预算是目标的具体化，它不仅能够帮助人们更好地明确整个企业的奋斗目标，而且能够使人们清楚地了解自己部门的任务。编制预算的目的是为了贯彻目标管理的原则，指导和控制业务的执行。通过编制全面预算，企业和各个职能部门在计划期间的工作就分别定出了目标，也明确了部门、个人的责、权、利，使个人的利益与企业的经济收益挂钩，促使企业的每个职工努力去完成企业的目标，在完成企业总目标的过程中，体现自身的价值，从而达到贯彻目标管理的原则，促使企业的一切经济活动健康有序地进行。

（二）综合协调平衡内部各部门的工作

全面预算使企业各职能部门工作有机地结合成一个整体，各职能部门通过执行预算，明确各自所处的地位与作用，协调各自的工作步伐，从全局出发，统筹兼顾、全面安排，不是争取自己狭小范围的计划最优化，而是争取全局的计划最优化，通过企业的最佳经济效益实现来保证各职能部门的经济效益的取得。预算的编制为企业各部门就如何最好地实现目标提供了交换意见的基础，使每一个部门的经理人员了解本部门与企业整体的关系，以及本部门的任何决策对其他部门可能产生的影响，从而有助于实现各部门目标与企业整体目标的一致性。为了企业取得最佳经济效益，整个企业需要综合平衡，有时不得不牺牲局部利益而保证整体利益。例如，生产企业为避免盲目生产，应以销定产，所谓以销定产就是根据企业预测的销售量来制订生产计划量。预测销售量是销售部门根据历年的销售量，结合市场销售形势，采用科学的预测方法制订出来的，为保证实现目标利润和目标销售量，企业应不断提高产品质量，降低成本，更新产品品种，提高企业的竞争能力。另外，生产部门应根据销售部门提供的销售预测量，结合期初、期末库存量，计算出计划期的预计产量，在保证销售的前提下，有合理的库存，以保证资金的合理、充分运用。同时，采购部门根据生产量，购进定量的、合格的原材料，使原材料既不过多，也不会造成缺货；财务部门应根据生产部门、销售部门、采购部门的经济活动，安排好资金使各部门有一定量的资金保证完成工作计划；人事部门根据生产计划配备足够的生产、技术人员。这一切都需要编制一个全面计划，把企业的所

有经济活动协调起来，不能各自为政。如果生产部门不顾实际需要，一味地强调满负荷工作，全面动员一切可以动员的力量投入生产，这样将会导致盲目生产，结果造成生产积压，资金周转不灵，给整个企业带来损失。通过编制预算这一过程，可以使各部门在进行经济活动时要既重视产值、利润指标，又要重视品种、质量、成本、劳动生产率等指标，把整个企业各方面的工作严密地、科学地组织起来，而且把企业内部有关协作单位的配合也纳入统一的计划之中，使企业内部上下左右协调起来，环环相扣，保证各指标之间保持应有的平衡，以少的投入，取得尽可能多的经济效益。虽然在编制全面预算的初稿时会出现这样或那样的不平衡情况，只要坚持反复协调、平衡，然后修改定稿，一定会使全面预算更科学，各部门步伐更统一，从而实现最佳经济效益。

（三）分析比较，评价成绩

预算工作不能只限于编制，还应该包括预算的执行。预算本身提供了明确的、在一定期间要求达到的经营目标，从而为评价企业生产经营各方面工作成果提供了一个基本尺度。全面预算经过预算编制部门人员起草，交企业各有关部门讨论、修改、定稿以后，必须发给各职能部门和全体员工，使得预算在实际工作中得到执行。在生产经营过程中，把实际与预算加以比较，揭示出来的差异，可以考核各部门或有关人员的工作成绩。企业管理人员应发动全体员工想方设法去完成预算所提出的奋斗目标，并以其完成预计目标的程度来评价各职能部门和个人的工作成绩。必须看到，当前科技发展迅速，市场竞争激烈，劳动条件多变，对于评价实际工作成绩来说，用预算目标比，一般要比用上期实际比，更具有现实意义。

另外，把实际与预算加以比较，揭示出来的差异，也可以用来检查预算编制的质量。通过各个部门、各个阶段实际生产情况与预算比较，除了上述所说可以用来评定各职能部门和有关员工的工作业绩外，这个差异数有时也反映了编制预算的质量。有些实际脱离预算的差异，并不表示实际工作的好坏，而是预算本身的问题，是预算脱离了实际。掌握这些情况，有利于改进下期预算的编制工作。

三、编制全面预算的原则

编制全面预算的原则主要有以下三条：

（一）实事求是地编制全面预算

编制全面预算应本着实事求是的原则，以明确的经营目标为前提。企业应该根据预算期的内外部环境确定合适的目标，不应盲目地抬高目标。目标利润敲定了，再根据市场供需的实际情况确定销售数量，从而确定目标成本，编制有关销售预算、生产预算和成本预算。

（二）全面地、完整地编制预算

编制预算时，要注意预算的全面性、完整性。对各个可能影响目标利润完成的业务、事项等均应设法以货币或其他计量形式来加以具体反映，在编制全面预算时要估量到这些因素，确保目标利润的实现，尽量避免由于预算缺乏周详的考虑而影响目标的实现。另外，各个指标之间的相互衔接、勾稽关系要明确，以保证整个预算的综合平衡。

（三）积极可靠、留有余地编制预算

预算要积极可靠、留有余地。积极可靠是指不要把预算指标定得过低或过高，既要保证预算指标的先进性，又要保证预算指标的可操作性，这样预算才能在实际执行过程中充分发挥指导和控制作用。另外，为了适应千变万化的市场，预算应留有余地，具有一定的发展空间，以免在出现意外情况时企业处于被动，并因此影响目标利润的完成乃至企业生存与发展。预算留有余地能使目标利润的完成更多一份可能性。编制一个好的全面预算不能不考虑这一因素。

四、编制全面预算的部门与程序

(一)编制预算的部门

在大多数大企业中，为了使整个预算编制工作有条不紊地进行，一般在企业内部专设一个预算委员会负责预算编制并监督实施。它通常由企业领导、供产销财务等部门主管人员以及总会计师等组成。预算委员会一般由总经理、分管销售、生产、财务的副总经理等高级管理人员组成，其主要任务是:制定和颁布有关预算制度的全盘政策;审查和协调各部门所申报和编制的预算，协调并决策各个方面在预算编制过程可能出现的矛盾与争执;批准最终预算并下达指标，随时检查预算的执行情况;分析预算报告，检查预算执行情况，提出修改意见，并促使各有关方面协调一致地完成预算所规定的目标和任务。

(二)编制预算的程序

通常，企业生产经营活动的全面预算的期间为一年。每年一次的预算期间应与企业的会计年度一致，以便于预算与执行结果进行对比、分析、考核评价,更好地发挥预算的作用。

编制全面预算的程序，按参加人员与执行人员的关系，分为两种:自编预算程序和派定预算程序。

1. 自编预算的编制程序

自编预算一般应先由最基层业务负责人员自行编制其本身的预算，然后送交上级审查，经反复研究、协商、修订、平衡后，再逐级逐次汇总，最后再送交最高领导审核批准。

这种预算，由于是最基层的直接参与生产实践的人员编制的，因此往往比较切合实际，一般地说，经过努力都是能够达到的，也比较容易贯彻执行的，能得到广大的预算执行者的支持。

2. 派定预算的编制程序

派定预算的编制是先由高级主管人员收集各种资料，制定目标，然后将目标作为命令下达的预算。

这种预算，因为是由个别高级主管人员制定，很容易受主管人员个人经验、能力、意志的影响，如果编制预算的高级主管人员有很好的群众基础，，谦虚好学，有很强的综合分析能力和判断能力，那么这种预算可能是很好的;但如果编制预算的高级主管人员独断独行，脱离实际，脱离群众，在这种情况下制定出来的预算将很可能是不切合实际的。一般来说派定预算，其目标任务由上向下压，强加于人，预算执行者往往处于被动地位，其积极性和能动性很难发挥出来，预算难以收到预期的效果。

另外，从编制预算的详细程度来说，完全依据预算的时间长短、预算的层次来定，一般地说，时间较长的预算，高层的预算，项目的内容和金额就可简单些;反之，时间较短的低层次的预算，项目的内容和金额要力求详细，以便基层工作人员实际操作。

第二节　全面预算的编制方法

预算与控制密不可分。预算编制既是一个计划过程，同时也是确定控制标准的过程。而预算的执行过程也就是根据预算对实际经营活动进行控制的过程，即预算控制。一般而言，企业的生产经营活动及所处的环境复杂多变，作为控制手段的预算也就必须根据其特点而采取不同的形式。实际上，管理人员在编制预算时，就要考虑到预算控制的要求，针对不同企业和不同特点的生产经营活动进行有效控制的需要，使用先进的方法编制预算。预算编制的具体方法和技巧是否恰当是预算控制能否成功的一个重要方面。以下是企业预算管理中几种传统预算控制形式的对比分析。

一、固定预算与弹性预算

预算按其是否可按业务量调整，分为固定预算和弹性预算两类。

1. 固定预算

固定预算又称静态预算，是指根据预算期内正常的可能实现的某一业务活动水平而编制的预算。后面所讨论的销售预算、生产预算、销售及管理费用预算等生产经营的全面预算，均是以某一经营业务水平为基础编制的，故皆为固定预算。

这种预算用来考核非营利组织或业务量水平较为稳定的企业是比较合适的。事实上，固定预算对控制的有用性仅限于实际业务水平与预期业务活动水平完全一致的情形。否则，就难以为控制服务。

2. 弹性预算

弹性预算是指根据可预见的不同业务活动水平，分别规定相应目标和任务的预算。弹性预算的编制程序如下：

(1)确定某一相关范围，预期在未来期间内业务活动水平将在这一相关范围内变动。

(2)选择经营活动水平的计量标准(如产量单位、直接人工小时、机器小时等)。

(3)根据成本与业务量之间的依存关系将企业的成本分为固定成本、变动成本、混合成本三大类。

(4)按成本函数 将混合成本分解为固定成本和变动成本。

(5)确定预算期内各业务活动水平。

(6)可利用多栏式的表格分别编制对应于不同业务量水平的预算。

弹性预算，又可进一步分为全面弹性预算、成本弹性预算和利润弹性预算等多种，这里仅以成本弹性预算和利润弹性预算的编制为例进行说明。

2.1 成本弹性预算的编制

以制造费用为例，编制制造费用弹性预算。

【例 7－1】假设某企业 2008 年度制造费用构成如下：变动制造费用为 200 500 元(其中：间接人工 32 000 元、间接材料 25 000 元、维修费 80 000 元、水电费 40 000 元、其他 23 500 元。)；固定制造费用为 160 400 元(其中：折旧费 40 000 元、管理费 36 000 元、维修费 33 000 元、保险费 40 000 元、财产税 11 400 元)，直接人工工时总额为 40 100 小时，根据企业生产经营状况，直接人工工时总额将在 80% ～120% 之间、以 10% 为间隔变动。根据以上资料，编制企业制造费用弹性预算如表 7-1 所示。

制造费用弹性预算表

金额单位:元

表 7-1　　2008 年度　　计量单位:直接人工工时

相关业务范围	32 080 (80%)	36 090 (90%)	40 100 (100%)	44 110 (110%)	48 120 (120%)
成本项目					
间接人工(0.8)	25 664	28 872	32 080	35 288	38 496
间接材料(0.62)	19 889.6	22 375.8	24 862	27 348.2	29 834.4
维修费(2.0)	64 160	72 180	80 200	88 220	96 240
水电费(1.0)	32 080	36 090	40 100	44 110	48 120
其他(0.58)	18 606.4	20 932.2	23 258	25 583.8	27 909.6
变动制造费用合计	160 400	180 450	200 500	220 550	240 600
折旧费	40 000	40 000	40 000	40 000	40 000
管理费	36 000	36 000	36 000	36 000	36 000
维修费	33 000	33 000	33 000	33 000	33 000
保险费	40 000	40 000	40 000	40 000	40 000
财产税	11 400	11 400	11 400	11 400	11 400
固定制造费用合计	160 400	160 400	160 400	160 400	160 400
制造费用合计	320 800	340 850	360 900	380 950	401 000

2.2 利润弹性预算的编制

【例 7-2】假定某企业只生产一种产品并且产销平衡，计划 2008 年度产量为 8 000 件，每件销售单价为 90 元，单位产品直接材料成本为 24 元，单位产品直接人工成本为 15 元，单位变动制造费用为 11 元，单位变动销售费用为 1 元，单位变动管理费用为 2 元；固定制造费用为 75 000 元，固定销售费用为 17 000 元，固定管理费用为 13 000 元。预计生产量会在 80% ~120% 之间、以 10% 为间隔波动。根据以上资料，编制利润弹性预算如表 7-2 所示。

利润弹性预算表

表 7-2　　2008 年度　　单位:元

销售数量(件)	6 400 (80%)	7 200 (90%)	8 000 (100%)	8 800 (110%)	9 600 (120%)
销售收入(90)	576 000	648 000	72 000	792 000	864 000
直接材料(24)	153 600	172 800	192 000	211 200	230 400
直接人工(15)	96 000	108 000	120 000	132 000	144 000
制造费用(11)	70 400	79 200	88 000	96 800	105 600
销售费用(1)	6 400	7 200	8 000	8800	9 600
管理费用(2)	12 800	14 400	16 000	17 600	19 200
变动成本合计	339 200	381 600	424 000	466 400	508 800
贡献毛益总额	236 800	266 400	296 000	325600	355 200
制造费用	75 000	75000	75 000	75 000	75 000
销售费用	17 000	17000	17 000	17 000	17 000
管理费用	13 000	13000	13 000	13 000	13 000
固定成本合计	105 000	105 000	105 000	105 000	105 000
税前净利	131 800	161 400	191 000	220 600	250 200

二、确定性性预算与概率预算

预算按构成预算的各个变量在预算期内是否确定分为确定性预算和概率预算。

1. 确定性预算

当构成预算的各个变量都是确定的，则所编制的预算称为确定性预算，它是编制预算的基础。在生产和销售正常的情况下，确定性预算与实际结果相差不会太大。

2. 概率预算

在市场波动较大的情况下，确定性预算可能偏离实际较大，这时就需要根据客观条件，对有关变量做一些近似的估计，估计它们可能变动的范围及出现在各个变动范围的概率，再通过加权平均计算有关变量在预期内的期望值，使其所得的结果更符合未来客观实际情况，从而更好地发挥预算的计划和控制作用，这种运用概率来编制预算的方法称为概率预算。概率预算编制的具体做法如下：

(1)在预测分析的基础上，估计各相关因素的可能值及其出现的概率。

(2)计算联合概率，即各相关因素的概率之积。

(3)根据弹性预算提供的预算指标以及与之对应的联合概率计算出预算对象的期望值，即概率预算下的预算结果。

下面举例说明概率预算的编制方法。

【例7－3】资料：D公司计划2008年生产一种新产品，单位销售价格为10元，经调查预测，该产品在预算期内的销售量可能是10 000件，也可能是11 000件或12 000件，达到各销售量的概率分别为0.3、0.5和0.2。单位产品变动性制造成本可能5元、6元和7元，各成本水平出现的概率分别为0.3、0.4和0.3。单位产品变动性销售费用0.5元，约束性固定成本为1100元。当销售量分别为10 000件、11 000件和12 000件时，酌量性固定成本在不同产量水平下分别为6 000元、7 000元和8 000元。

根据上述资料，该企业在2008年的利润概率预算如表7－3所示，税前利润的概率预算为30 150元。

利润的概率预

表7－3　　2008年度

组合	销售量	销售量概率	单位变动制造成本	单位变动销售费用	酌量性固定成本	约束性固定成本	利润	联合概率	利润期望值
1	10 000	0.3	5(P＝0.3)	0.5	6000	1 100	37 900	0.09	3 411
2	10 000	0.3	6(P＝0.4)	0.5	6 000	1 100	27 900	0.12	3 348
3	10 000	0.3	7(P＝0.3)	0.5	6 000	1 100	17 900	0.09	1 611
4	11 000	0.5	5(P＝0.3)	0.5	7 000	1 100	41 400	0.15	6 210
5	11 000	0.5	6(P＝0.4)	0.5	7 000	1 100	30 400	0.20	6 080
6	11 000	0.5	7(P＝0.3)	0.5	7 000	1 100	19 400	0.15	2 910
7	12 000	0.2	5(P＝0.3)	0.5	8 000	1 100	44 900	0.06	2 694
8	12 000	0.2	6(P＝0.4)	0.5	8 000	1 100	32 900	0.08	2 632
9	12 000	0.2	7(P＝0.3)	0.5	8 000	1 100	20 900	0.06	1 254
Σ								1.00	30 150

三、增量预算与零基预算

预算按其编制是否以基期水平为基础可分为增量预算和零基预算。

1. 增量预算

按传统方法编制费用预算，一般是以基期的各种费用项目的实际开支数为基础，然后结合计划期内可能会使各种费用项目发生变动的有关因素的考虑，如产量的增减等，从而确定计划期间应增应减的数额，即在原有基础上增加或减少一定的百分率来编制费用预算，称为增量预算或水平法编制预算。

在增量预算法下，预算编制单位的负责人常常竭力用完全年的预算指标，以致到了年底毫无剩余(政府机关尤其如此)。这种行为有利他们维持预算的现有水平，并能得以要求增加预算。如某部门上一年度的预算支出是100万元，为了与上一年度的水平持平，该部门可能要求下一年度的预算增加5%(105万元)，增加支出的理由通常是投入成本的增加(如人工、材料等)，增量预算法并没有认真评价所提供的服务水平及效率，因而助长了浪费和低效。

2. 零基预算

零基预算是区别于传统的增量预算而设计的一种编制费用预算的方法。零基预算是20世纪70年代美国德州仪器公司所创建，目前已被西方国家广泛地应用于费用预算的编制。

按照零基预算的思想，编制费用预算时，对于任何一个计划期，任何一种项目的开支数，不是从原有的基础出发，即不考虑基期的费用开支水平，而是以零为起点，从根本上考虑各项费用项目的必要性及开支数目。

零基预算与传统的增量预算编制不同之处在于:(1)它不以现有费用水平为基础，而是如同新创办一个机构时一样，一切以零为起点，对每个项目费用开支的大小及必要性进行认真反复分析、权衡，并进行评定分析，据以判定其开支的合理性和优先顺序，并根据生产经营的客观需要与一定期间内资金供应的实际可能，在预算中对各个项目进行择优安排，从而提供资金。(2)对基层预算单位业务活动计划的目的性以及需要开支的费用逐项进行考核。(3)由基层预算单位对本身的业务活动作具体分析，并提出“一揽子业务方案”;然后，对每项业务活动计划进行“成本—效益分析”，权衡得失，排出优先顺序，并把它们分成等级;最后，根据生产经营的客观需要与一定期间内资金供应的实际可能，判定纳入预算中费用项目可以达到几级，并对已确定可纳入预算中的费用项目进行加工、汇总，形成综合性的费用预算。

下面举例说明零基预算的编制方法及过程。

【例7-4】假设某公司采用零基预算法编制下一年度推销及管理费用预算，具体过程如下:

首先，由部门根据企业在下年度的利润目标，销售目标和成本目标以及销售和管理部门具体承担的经营管理任务的要求，充分讨论并提出计划期内各费用项目及其水平，如表7-4所示。

表 7－4　　计划期内各费用项目表　　单位:元

广告费	10 000
培训费	8 000
房租费	10 000
差旅费	2 000
办公费	5 000

其次，根据有关历史资料，对各费用项目做“成本—效益”分析。房租费、差旅费和办公费属于约束性固定成本，是必不可少的开支项目；广告费和培训费属于酌量性固定成本，根据以往有关的平均费用金额和相应的平均收益金额，计算出成本收益比率如表 7－5 所示。

表 7－5　　成本收益比率表　　单位:元

项目	平均费用金额	平均收益金额	成本收益比率
广告费	2 000	40 000	20%
培训费	4 000	40 000	10%

再次，排出各种费用的开支顺序。房租费、差旅费和办公费是必须支出项目，需要全额保证，列为第一层次；广告费成本收益率高于培训费的，列为第二层次；培训费列为第三层次。

最后，分配现有资金并落实预算。如果企业只有可供使用的资金 26 000 元，则分配结果如表 7－6 所示。

表 7－6　　资金分配表　　单位:元

级别	第一层次			第二层次	第三层次
项目	房租费	差旅费	办公费	广告费	培训费
资金分配额度	10 000	2 000	50 000	6 000	3 000
合计	17 000			6 000	3 000

备注:广告费 6000 = (26 000 - 17 000) × 20/30；培训费 3 000 = (26 000 - 17 000) 10/30

零基预算由于冲破了传统预算方法框架的限制，以零为起点，观察分析一切费用开支项目，确定预算金额，因而具有以下优点:(1)合理、有效地进行资源分析;(2)有助于企业内部的沟通、协调，激励各基层单位参与预算编制的积极性和主动性;(3)目标明确，可区别方案的轻重缓急;(4)有助于提高管理人员的投入产出意识;(5)特别有助于服务性部门克服资金浪费的缺点。

然而，零基预算也有其不足之处，主要表现为:(1)业绩差的经理人员可能会对零基预算产生一种抗拒的心理;(2)工作量较大，费用较为昂贵;(3)评级和资源分析可能具有不同程度的主观性，易于引起部门间的矛盾;(4)易于引起人们注重短期利益而忽视企业的长期利益。

因此，一个合理的折中办法是:每 3 至 5 年编制一次零基预算，以后几年内再作适当调整，以减少浪费和低效的现象。

四、定期预算与流动预算

预算按其编制是否连续可分为定期预算和滚动预算。

1. 定期预算

定期预算一般在其执行年度开始前两三个月进行编制，执行到最后两三个月再编制下一个年度的预算。一年一次定期进行预算的编制。这种做法的优点在于与会计年度相配合，便于预算执行结果的考核与评价，但是，这种预算也有一定的缺陷：(1)由于预算期较长，因而编制预算时，难于预测未来预算期的某些活动，特别是对预算期的后半阶段，往往只能提出一个比较笼统的预算，从而给预算的执行带来种种困难；(2)事先预见到的预算期内的某些活动，在预算执行过程中往往会有所变动，而原有预算却未能及时调整，从而使原有预算显得不相适应；(3)预算执行过程中，由于受预算期的限制使管理人员的决策视野局限于剩余的预算期间的活动，缺乏较长远的打算，不利于企业长期稳定而有序地发展。

2. 滚动预算

为了解决定期预算的问题，产生了滚动预算的方法。这种方法要求预算始终保持 12 个月(一年)的时间跨度，其中前面几个月的预算详细完整，后面几个月的预算可以笼统概略一些。每过去一个月，就根据新的情况修订调整后几个月的预算使之逐渐细化，并在原有的预算期末补充一个月的预算，逐期向后滚动。由于滚动预算的预算期不是固定的，而是连续不断的，故又被称为永续预算。这种预算方法符合企业持续经营的一般假设，使预算具有连续性和完整性，帮助企业管理者通过动态的预算过程对企业未来较长一段时间的经营活动做出周详全面的考虑。

综上所述，滚动预算较之传统的定期预算有如下优点：(1)可以保持预算的连续性与完整性，使有关人员能从动态的预算中把握企业的未来，了解企业的总体规划和近期目标；(2)可以根据前期预算的执行结果，结合各种新的变化信息，不断调整或修订预算，从而使预算与实际情况更相适应，有利于充分发挥预算的指导和控制作用；(3)可以使各级管理人员始终保持对未来 12 月甚至更长远的生产经营活动做周密的考虑和全盘规划，确保企业各项工作有条不紊地进行。

采用滚动预算法的不足之处是编制预算的工作量较大。因此，也可以采用按季度滚动来编制预算，而在执行预算的那个季度里，再按月份具体地编制各月份的预算，这样可以适当地简化预算的编制工作。也就是说，在滚动预算实际应用过程中，预算的滚动期限应视实际需要而定。

五、战略预算与作业预算

20 世纪 80 年代中期以后，整个社会经济开始不同程度地从工作经济时代向知识经济时代转变。企业经营环境的不确定性和竞争性大大增强，特别是 20 世纪 90 年代中期内部组织结构呈现出模块化组织和模块化族群的特征，这种变化动摇了传统预算管理得以运行的基础和前提，预算缺乏适应性、费时耗力、预算各职能之间不能很好地协调等诸多缺陷更为突出，传统预算管理进入一个与组织外部环境及内部环境相冲突的阶段。为此，理论界和企业界努力将传统预算管理框架与先进的管理控制理念和信息技术结合起来，修正传统预算的程序和方法，使传统预算与组织环境更加适应，从而产生了战略预算、作业预算等先进的预算方法。

1. 战略预算

20 世纪 90 年代以来，哈佛大学教授 Kaplan 与 Norton 在保持原有预算的基础上，通过平衡计分卡将预算与战略、与非财务指标连接起来，使预算适应新的环境，形成 Kaplan 预算模式(Kaplan，1996；2001；2004)。

Kaplan 预算模式将预算视为实施战略目标的前提。预算与战略相连接，为发挥预算的整合作用提供了新的途径。战略预算相对于传统预算有了重大的改进，具体表现为以下几个方面：

(1)战略预算与传统预算最大的不同体现在战略、业务目标与预算的关系上，传统预算是战略决定预算，预算决定业务目标，而受制于财务特性的限制，预算目标不但无法诠释战略，有时可能还会与战略意图相悖。而战略预算是由战略通过平衡计分卡决定业务目标，再由业务目标决定预算，公司就能够克服战略实施上的重要障碍，而且通过平衡计分卡可以建立更为"SMART"(明确的 Specific，可计量的 Measurable，可以达成 Attainable，与责任相关的 Related，有时间限制的 Time - bound)的目标，战略预算由此成为一个将注意力和资源转向重要的战略性启动计划的管理工具。

(2)在多变环境下，战略管理的重心已经不在于长远的规划和安排，而是要保证多变环境中的柔性和尽可能消除发展过程中的不确定性。根据战略地图的动态化描述所得到的战略预算提高了预算的时效性与柔性。

(3)战略预算是对资本预算考虑多样化"非财务效益"思想的贯彻落实。余绪缨曾指出资本预算中投资项目经济评价在新历史条件下不仅考虑财务效益的缺陷，认为同时还应考虑多样化的"非财务效益"，如资本投资的结果对生产的灵活性、质量的适当性，对顾客需求反应的适时性和企业生产经营管理整体协调性的影响等，必须充分注意数量因素与质量因素并重，货币计量与非货币计量并重，数量计算与综合判断相结合。平衡计分卡是一种将非财务指标联系在一起的工具，使预算体系巧妙地加入了非财务指标的内容，克服了传统预算忽略"非财务指标"的弊端。

(4)战略预算主要用于决策管理，它有利于促使掌握了专门知识与信息的管理人员在各种情况下对面临的未来事件进行预期并相互交流。

2. 作业预算

作业预算是作业成本法在预算管理上的重要延伸应用。有效的作业预算是对增值的作业链和流程进行计划和控制。

作业预算的形成过程大致经过两个阶段：

第一阶段，经营回路，运用以作业为基础的原则将预计的产品或者服务的需求按作业消耗率转换成相应的作业需求，然后将作业需求按照资源消耗率转换成资源需求。得出了作业需求和资源需求后，作业预算方法便能在资源可满足需求和可用资源(资源容量)之间得出一个经营平衡。如果一开始的计划没有达到平衡，企业会调整需求量，资源容量，资源消耗率或者作业消耗率。相反，在传统预算下，企业只有通过改变需求量和可用资源量(容量)促使预算达到平衡。

第二阶段，财务回路，形成了基于经营计划上的财务计划。当财务计划等于既定的财务目标时，便达到了财务平衡。一旦企业明确了需求，设计出了作业流程，就能够精确计量资源取得成本，并把资源分配到作业，然后再分配到产品/服务。最终的财务结果可以总体来看，也可以分解到资源、作业、流程、产品或者其他成本对象。

作业预算相对于传统预算的改进主要表现为：

(1)作业预算以作业、流程、价值链作为预算组织基础，强调整体业绩，增强了预算系统处理跨部门事项的能力，与传统预算的纵向导向相反，加强了企业横向的、流程的联系。

(2)作业预算能够更有效地分配稀缺资源。因为它建立在对资源投入的产出或动因的评价上，然后根据作业本身的增值能力确定资源分配的优先顺序。

(3)作业预算致力于业绩的持续改进。作业预算的前提是作业管理，即通过识别增值和非增值作业，实现流程和作业的不断改进。

第三节 全面预算的编制

全面预算，亦称“总预算”。它依据企业决策方案的要求，对销售、生产、分配以及筹资活动确定明确的目标，并表现为“预计损益表”、“预计资产负债表”、“现金预算”等一整套预计的财务报表及其附表，借以预计未来期间的财务状况和经营成果。

一、全面预算的构成

全面预算的编制随企业的性质和规模的不同而不尽相同，但一个完整的生产经营全面预算应包括经营预算、财务预算和长期投资支出(资本支出)预算三个部分，其具体内容分别列示如下：

1. 经营预算

(1)销售预算。

(2)生产预算：

①直接材料预算；②直接人工预算；③制造费用预算；④单位产品成本预算。

(3)销售成本预算。

(4)销售费用与管理费用预算。

2. 财务预算

(1)现金收入与支出预算。

(2)预计损益表。

(3)预计资产负债表。

3. 长期投资支出预算(资本预算)

上述三个部分中，有关长期投资支出(资本支出)的有关内容已在本书其他章节中作了讨论，本章主要探讨经营预算和财务预算的编制。

(一)销售预算

销售预算是根据年度目标利润所规定的目标销售量或目标销售额编制的销售计划。销售预算是全面预算的起点。

销售预算编制的依据：科学的销售量预测、产品销售单价的确定和产品销售的收款条件。

销售预算的编制方法：通常按产品的名称、数量、单价和金额等资料编制。

销售预算的编制内容：销售预算表，另附计划期的“预计现金收入计算表”。附表包括前期应收销货款的回收和本期销售货款的回收，附表的编制是为以后编制“财务预算”中的“现金预算”做准备的。

(二)生产预算

生产预算是指在预算期内安排生产数量的计划。它是在销售预算的基础上，按照产品分别编制的。

生产预算的编制依据：销售预算的每季度预计销售量、计划期间每季度的期初、期末存货量。

生产预算的编制方法:根据供求平衡原理,计算出预计生产量。

产品供给 = 产品需求

预计生产量 + 计划期初存货量 = 计划销售量 + 计划期末预计存货量

即:预计生产量 = 计划销售量 + 计划期末预计存货量 - 计划期初存货量

生产预算的编制内容:生产预算表。

(三)直接材料采购预算

直接材料采购预算,是指在预算期内根据生产预算所确定的材料采购数量和材料采购金额的计划。

直接材料采购预算编制的依据:生产预算的每季度预计产量、单位产品的材料消耗定额、计划期间的期初和期末存料量、材料的单价和材料采购的付款条件等。

直接材料采购预算的编制方法:按照材料类别,根据供求平衡原理,计算出预计购料量,然后再乘以材料单价,确定采购金额。

材料供给 = 材料需求

预计购料量 + 计划期初预计存料量 = 生产需要量 + 计划期末预计存料量

即:预计购料量 = 生产需要量 + 计划期末预计存料量 - 计划期初预计存料量

直接材料采购预算的编制内容:编制直接材料采购预算表,另附计划期间的"预计现金支出计算表"。附表包括前期应付材料款的偿还和本期材料款的支付,附表的编制是为以后编制"现金预算"做准备。

(四)直接人工预算

直接人工预算是以生产预算为基础进行编制的。

直接人工预算的编制依据:生产预算中每季度的预计产量、单位产品的工时定额、单位工时的工资率(包括基本工资、各种津贴及社会保险费等)。

直接人工预算的编制方法:按不同工种分别计算后合计,计算公式如下:

预计直接人工成本总额 = 预计产量 × $\sum$(单位工时工资率 × 单位产品工时定额)

直接人工预算的编制内容:编制直接人工预算表。

(五)制造费用预算

制造费用包括生产成本中扣除直接材料费用和直接人工费用以外的一切费用的明细项目,按成本习性分为变动费用和固定费用两大类。

制造费用预算的编制依据:计划期内的一定业务量、计划期内成本降低率指标、计划期内各费用明细项目的数额等。

制造费用预算的编制方法:变动制造费用,按计划期一定业务量和制造费用分配率计算;固定制造费用,根据上年实际发生额和企业在计划年度预计的生产经营状况 以及成本降低率指标等,进行折算。

制造费用预算的编制内容:编制制造费用预算表,另附计划期间的"预计现金支出计算表"。附表的编制是为以后编制"现金预算"做准备。应当注意的是,固定制造费用中的固定资产折旧额,不属于现金支出范围,在编制附表时应予以剔除。

(六)单位产品成本预算

有了前面五种预算,单位产品的成本预算就有了编制的基础。

单位产品成本预算的编制依据：直接材料的价格标准与用量标准、直接人工的价格标准和用量标准、制造费用的价格标准和用量标准、计划期的期末存货量等。

单位产品成本预算的编制方法：将直接材料、直接人工和制造费用三大项目的标准价格与标准用量相乘，然后求和即可。

单位产品成本预算的编制内容：编制单位产品成本预算表，另附计划期"期末存货预算"表。附表是为今后编制"财务预算"备用的。

若用变动成本法编制单位产品成本预算，则不包括固定制造费用；若用全部成本法编制单位产品成本预算，则应包括固定制造费用。

(七)销售及管理费用预算

销售及管理费用，是指为了销售产品和管理整个企业，在生产制造过程以外发生的一切费用。销售及管理费用预算，按照成本习性，可分为变动费用和固定费用。

销售及管理费用预算的编制依据：包括计划期的业务量、有关成本降低率指标、计划期各费用明细项目指标等。

销售及管理费用预算的编制方法：按变动费用和固定费用分列编制。

销售及管理费用预算的编制内容：编制销售及管理费用预算表，另附"预计现金支出计算表"。附表的编制是为以后编制"现金预算"做准备。

(八)现金预算

全面预算中的现金预算是用来反映预算内企业现金流转状况的预算。编制现金预算的目的在于合理地处理现金收支业务，及时调度资金，保证企业财务的正常运转。这里所说的"现金"是指企业的货币资金(包括：库存现金、银行存款等)。现金预算一般由现金收入、现金支出、现金多余或不足，以及资金的筹集与运用等四个部分构成。

1. 现金收入

现金收入包括预算期期初现金结存余额和预算期内预计可能发生的现金收入。一般说来，现金收入的主要来源有：现金销售收入、应收账款的回收、应收票据到期兑现和票据贴现等。

2. 现金支出

现金支出指预算期内预计可能发生的一切现金支出。如支付购料款、支付工资、支付部分制造费用、支付销售及管理费用、偿付应付款项、交纳税金、支付应付利润或股利和购买设备付款等。

3. 现金多余和不足

现金收入和现金支出相抵后，若收入大于支出，则为现金多余；若收入小于支出，则为现金缺额，需向银行借款或采用其他方法筹集资金。现金多余时，除了可以用来偿还银行借款外，还可以用来购买短期投资的有价证券。

4. 融通资金

融通资金反映预算期内因资金短缺向银行贷款，或动用商业信用(如使用商业票据、赊购等延期付款措施)筹措资金，以及还本付息等情况。

这四个构成部分的基本关系为：

期初现金余额 + 现金收入 = 当期筹资前可得现金合计

当期筹资前可得现金合计 − 现金支出 = 现金多余

(负数则表示为现金不足)

现金多余(不足)+资金的筹集=期末现金余额

现金预算是企业现金管理的重要工具，它不仅仅应用在企业的短期经营预算，对于企业的长期预算来讲也是重要的。它有助于企业事先对其日常的现金需要进行有计划的安排，如果没有预算，无法事先对现金进行合理的平衡、调度，就有可能使企业陷入财务困境。同样，在进行资本预算的长期投资决策分析与评价指标中，现金流量是一个必须考虑的重要因素。

(九)预计损益表

预计损益表的编制是在企业的上述各经营预算编制后进行的，它是依据一般会计原则(权责发生制等)来揭示企业预期的盈利情况。预计损益表的编制是整个预算过程中的一个重要环节。预计损益表主要用来反映企业在预算期内的经营成果，使企业管理人员能够利用汇总后的税后净收益与目标利润相比较，发现差距并及时调整经营策略，争取完成目标利润。

(十)预计资产负债表

预计资产负债表是反映企业在预算期末资产、负债、权益的预计数。其编制方法为，在企业期初资产负债的基础上，经过对经营预算和现金预算中的有关数字作适当调整获得预计资产负债表。具体编制时，预计资产负债表的期初数可按实际生产经营结果填列，期末数是期初数结合现金预算、预计收益表、期末存货预算、直接材料预算、销售预算等有关资料，分析计算各有关资料资产、负债和权益各项目增减数得到的，这样就可得到一张完整的资产负债表的预算表了。预计资产负债表可以为企业管理当局提供会计期末企业预期财务状况的信息，据此，有助于企业管理当局预测未来期间的经营状况，并采取适当的改进措施。

二、全面预算的编制例解

为了将变动成本法和完全成本法与全面预算直接结合，本例中分别采用变动成本法和完全成本法编制预算(两种成本计算方法下所编制预算的相同部分不重复列示)。

【例7-5】设A公司只生产和销售一种工业产品，其有关资料如下：

资料1:2007年末资产负债表如表7-7和表7-8所示。

资产负债表(完全成本法)

表7-7　　2007年12月31日　　单位:万元

流动资产	金额	流动负债	金额
现金	120	应付账款	100
应收账款	300	流动负债合计	100
存货	113	股东负债合计	
原材料	50	普通股	600
产成品	63	留存收益	6 833
流动资产合计	533	股东权益合计	7 433
固定资产			
厂房设备	11 500		
减:累计折旧	4 500		
固定资产合计	7 000		
资产总额	7 533	负债及股东权益合计	7 533

资产负债表(变动成本法)

表7－8 2007年12月31日 单位:万元

流动资产	金额	流动负债	金额
现金	120	应付账款	100
应收账款	300	流动负债合计	100
存货	103	股东权益	
原材料	50	普通股	600
产成品	53	留存收益	6 823
流动资产合计	523	股东权益合计	7 423
固定资产			
厂房设备	11 500		
减:累计折旧	4 500		
固定资产合计	7 000		
资产总额	7 523	负债及股东权益合计	7 523

资料2:2008年各季度的预计销售量和销售单价如表7－9所示。

表7－9 **2008年各季度的预计销售量和销售单价**

项 目	季度				
	1	2	3	4	全年
预计销售量(万件)	2 000	6 000	6 000	2 000	16 000
单价(元/件)	0.70	0.70	0.80	0.80	0.75

企业的销售50%以现金结算，50%是赊销，其中70%的赊销在销售当季收回，其余30%的赊销款在下季收回。2007年第四季度的销售额为2 000万元。

资料3:A公司政策要求在第一、第四季度应保持100万件产品的期初存货，在第二、第三季度的期初则应保持500万件，第四季度末的存货数量应保持100万件。

资料4:设生产一件标准产品需要2.6公斤原材料，每公斤原材料0.1元。该公司存货政策要求第三、第四季度末原材料存货500万公斤，第一、二季度末为800万公斤，第一季度初为500万公斤。

购料款中，80%以现金结算，20%赊购，其购料款在下一季度支付，2007年第四季度购料款为500万元。

资料5:设生产每件产品需要0.015直接人工小时，每小时人工成本为10元。

资料6:假定该公司变动性制造费用分配率是8元/人工小时，固定性制造费用的预算全年为1280万元(每季度320万元，其中折旧200万元)。

资料7:设单位变动性销售及管理费用为0.05元/件，固定性销售及管理费用预算第一、二、四季度为65万元，第三季度为80万元，其中包括每季度折旧15万元。

资料8:有关现金预算其他资料:

①2008年的资本预算表明，公司计划在外地建一座分厂所需的现金支出600万元将于第

一季度发生。购买设备的资金来源将主要依靠营业现金，必要时将借入短期借款。

②公司所得税全年约为280万元，都在第四季度末支付。

③假定借款发生在季初，还款发生在季末，年利率为6%，且借款额为100的整数倍。根据上述资料用两种成本法编制全面预算如下：

1. 销售预算

根据资料2编制销售预算如表7－10和表7－11所示。

表7－10 **2008年各销售预算**

项　　目	季　　度				
	1	2	3	4	全年
预计销价售量（万件）	2 000	6 000	6 000	2 000	16 000
单价（元/件）	0.70	0.70	0.80	0.80	0.75
预计销售额（万元）	1 400	4 200	4 800	1 600	12 000

该销售预算反映了A公司的销售额呈季节性变动，由于单价变化，反映全年业务活动的栏中采用平均价格0.75（12 000/16 000）元。

预期销售现金收入

表7－11　2008年度　单位：万元

项　　目	季　　度				
	1	2	3	4	全年
现　销	700	2 100	2 400	800	6 000
收到赊销款情况：					
2007年第四季度	300				300
2008年第一季度	490	210			700
2008年第二季度		1 470	630		2 100
2008年第三季度			1 680	720	2 400
2008年第四季度				560	560
现金收入总额	1 490	3 780	4 710	2080	12 060

2. 生产预算

根据资料3和销售预算编制生产预算如下：

预计生产量＝预计销售量＋预计期末存货数量－预计期初存货数量

由于各季的期初存货为上季的期末存货，所以：

第一季度预计生产量＝2 000＋500－100＝2 400（万件）

第二季度预计生产量＝6 000＋500－500＝6 000（万件）

第三季度预计生产量＝6 000＋100－500＝5 600（万件）

第四季度预计生产量＝2 000＋100－100＝2 000（万件）

据此，A公司2008年度以数量表示的生产预算如表7－12所示。

生产预算

表 7－12　　2008 年度　　单位:万元

项　　目	季	度			
	1	2	3	4	全年
预计销售量	2 000	6 000	6 000	2 000	16 000
加:预计期末存货	500	500	100	100	100
合 计	2 500	6 500	6 100	2 100	16 100
减:预计期初存货	(100)	(500)	(500)	(100)	(100)
预计生产量	2 400	6 000	5 600	2 000	16 000

3. 直接材料预算

根据资料 4 和生产预算编制直接材料预算,以第一季度为例计算如下:

预计直接材料需要量＝预计生产量×单位产品材料需要量

＝2 400×2.6＝6 240(万公斤)

直接材料预算采购量＝6 240＋800－500＝6 540(万公斤)

直接材料预计采购额＝6 540×0.1＝654(万元)

以此类推，即可计算其余 3 个季度的直接材料采购量和采购额，如表 7－13 和表 7－14 所示。

直接材料预算表

表 7－13　　2008 年度

项　　目	季	度			
	1	2	3	4	全年
预计生产量(万件)	2 400	6 000	5 600	2 000	16 000
单位产品所需直接材料(公斤)	2.6	2.6	2.6	2.6	2.6
预计材料需要量(万公斤)	6 240	15 600	14 560	5 200	41 600
加:预计材料期末存货	800	800	500	500	500
合 计	7 040	16 400	15 060	5 700	42 100
减:预计材料期初存货	500	800	800	500	500
预计原材料采购量(万公斤)	6 540	15 600	14 260	5 200	41 600
单价(元/公斤)	0.1	0.1	0.1	0.1	0.1
预计直接材料采购额(万元)	654	1 560	1 426	520	4 160

预期直接材料现金支出表

表 7－14　　2008 年度　　单位:万元

项　　目	季	度			
	1	2	3	4	全年
现 付	523	1 248	1 141	416	3 328
支付赊购款情况:					
2007 年第四季度	100				100
2008 年第一季度		131			131
2008 年第二季度			312		312
2008 年第三季度				285	285
2008 年第四季度	－	－	－	－	－
直接材料现金支出总额	623	1 379	1 453	701	4 156

第四季度末还有应付账款104万元。

4. 直接人工预算

根据资料5和生产预算编制直接人工预算如表7－15所示。

直接人工预算表

表7－15　　2008年度

项　目	季　度				
	1	2	3	4	全年
预计生产量(万件)	2 400	6 000	5 600	2 000	16 000
单位产品直接人工小时	0.015	0.015	0.015	0.015	0.015
预计各期需要的直接人工(万小时)	36	90	84	30	240
每小时平均工资	10	10	10	10	10
预计的直接人工(万元)	360	900	840	300	2 400

5. 制造费用预算

根据资料6和直接人工预算编制制造费用预算如表7－16所示。

制造费用预算表

表7－16　　2008年度

项　目	季　度				
	1	2	3	4	全年
预计直接人工工时(万小时)	36	90	84	30	240
变动性制造费用分配率(元/人工小时)	8	8	8	8	8
预计变动性制造费用(万元)	288	720	672	240	1 920
预计固定性制造费用(万元)	320	320	320	320	1 280
预计制造费用合计(万元)	608	1 040	992	560	3 200
减:折旧(万元)	200	200	200	200	800
预计现金支付的制造费用(万元)	408	840	792	360	2 400

6. 单位产品成本预算

根据前述有关数据，编制该企业期末产成品存货以预算如表7－17和表7－18所示。

单位产品成本预算（完全成本法）

表7－17　　2008年12月31日　　单位：元

单位产品成本	
直接材料（2.6公斤×0.1元/公斤）	0.26
直接人工（0.015小时×10元/小时）	0.15
制造费用	
变动性（0.015小时×8元/小时）	0.12
固定性（0.015小时×5.33元/小时）*	0.08
单位成本合计	0.61
期末存货预算	
期末存货量（万件）	100
单位产品成本	0.61
期末存货成本	610 000

* 预计固定制造费用/预计直接人工小时＝1280/240＝5.33

单位产品成本预算（变动成本法）

表7－18　　2008年12月31日　　单位：元

单位产品成本	
直接材料（2.6公斤×0.1元/公斤）	0.26
直接人工（0.015小时×10元/小时）	0.15
变动制造费用（0.015小时×8元/小时）	0.12
单位成本合计	0.53
期末存货预算	
期末存货量（万件）	100
单位产品成本	0.53
期末存货成本	530 000

7. 销售及管理费用预算

根据资料7和销售预算编制销售及管理费用预算如表7－19所示。

销售及管理费用预算表

表 7-19　　2008 年度

项　　目	季　　度				
	1	2	3	4	全年
预计销售量(万件)	2 000	6 000	6 000	2 000	16 000
单位变动性销售及管理费用(元/件)	0.05	0.05	0.05	0.05	0.05
预计变动性销售及管理费用(万元)	100	300	300	100	800
固定性销售及管理费用(万元)					
工资(万元)	35	35	35	35	140
广告费(万元)	10	10	10	10	40
折旧费(万元)	15	15	15	15	60
保险费(万元)	——	——	15	——	15
差旅费(万元)	5	5	5	5	20
固定费用合计(万元)	65	65	80	65	275
预计销售及管理费用(万元)	165	365	380	165	1075
减:折旧(万元)	15	15	15	15	60
预计现金支付的预计销售及管理费用(万元)	150	350	365	150	1 015

8. 现金预算

根据材料 8,销售预算现金收入、直接材料预算的现金收入、制造费用预算和销售及管理费用预算、并将建设分厂、支付所得税等的现金支出转入现金预算中的现金支出部分，然后加总各季度的现金支出数。考虑公司预定的最低现金余额，求出现金需求总量，并计算现金溢余(短缺)数。再根据现金溢余(短缺)金额，决定借款或还款，还要计算各季的利息支出数，编制现金预算如表 7-20 现金预算表。

现金预算表

表 7－20　　2008 年度　　单位:万元

项　目	季	度			
	1	2	3	4	全年
期初现金余额(表 7－7)	120	169	171	1013	120
加:现金收入(表 7－11)	1 490	3 780	4710	2 080	12 060
可供使用的现金总额	1 610	3 949	4881	3 093	12 180
减:现金支出					
直接材料(表 7－14)	623	1 379	1453	701	4 156
直接人工(表 7－15)	360	900	840	300	2 400
制造费用(表 7－16)	408	840	792	360	2 400
销售及管理费用(表 7－18)	150	350	365	150	1 015
所得税	－	－	－	280	280
资本支出	600	－	－	－	600
现金支付总额	2 141	3 469	3 450	1 791	10 851
最低现金余额	100	100	100	100	100
现金需求总额	2 241	3 569	3 550	1 891	10 951
现金多余或不足	(631)	380	1 331	1 202	1 229
资金筹集或运用					
借款(期初)	700			－	700
还款(期末)		(300)	(400)	－	(700)
利息[1]		(9)	(18)	－	(27)
合计	700	(309)	(418)	－	(27)
期末现金余额[2]	169	171	1013	1302	1302

注:1. 利息付款分别为 300 ×6% ×6/12 = 9 和 400 ×6% ×9/12 = 18。因为借款发生在季初，还款发生在季末，所以第一笔资金于 6 个月后偿还，第二笔资金于 9 个月后偿还。

2. 期末现金余额等于可供使用的现金余额减现金支付总额加(或减)筹资或运用合计数。

9. 预计利润表

根据销售预算、销售及管理费用预算、期末存货预算和现金预算等资料编制预计利润表如表 7－21 和表 7－22 所示。

预计利润表(完全成本法)

表 7－21　　2008 年　　单位:万元

销售收入	12 000
产品销售成本:	9762
期初存货成本(0.63 ×100)	63
本期产品成本(0.61 ×16 000)	9760
期末存货成本(0.61 ×100)	61
销售毛利	2238
销售及管理费用	1 075
息税前利润	1 163
利息费用	27
税前利润	1 136
所得税(按 20% 税率计算)	280
税后净利润	856

预计利润表(变动成本法)

表 7 - 22　　2008 年　　单位:万元

销售收入	12000
减:变动成本	9 280
制造成本	8 480
销售及管理费用	800
贡献毛益	2720
减:固定成本	1 555
制造性费用	1 280
销售及管理费用	275
息税前利润	1 165
减:利息费用	27
税前利润	1 138
减:所得税	280
净利润	858

10. 预计资产负债表

根据 2007 年末的资产负债表，经过对前述各表中的有关数字作适当调整，编制 A 公司 2008 年末的预计资产负债如表 7 - 23 和表 7 - 24 所示。

预计资产负债表(完成成本法)

表 7 - 23　　2008 年 12 月 31 日　　单位:万元

资产	金额	负债及股东权益	金额
流动资产		流动负债	
现金	1 302 [1]	应付账款	104 [7]
应收账款	240 [2]	流动负债合计	104
存货		股东权益	
原材料	50 [3]	普通股	600 [8]
产成品	61 [4]	留存收益	7 689 [9]
流动资产合计	1 653	股东权益合计	8 289
固定资产	12 100 [5]		
减:累计折旧	5 360 [6]		
固定资产合计	6 740		
资产合计	8 393	负债及股东权益合计	8 393

表中有关数字说明如下:

1 来自表 7 - 20 的现金余额。

2 来自表 7 - 10 的第四季度赊销额的 30%(30% ×50% ×1600 =240)。

3 来自表 7 - 13(500 万件 ×0.1 元/件 =50 万元)。

4 来自表 7 - 17。

5 来自 2007 年 12 月 31 日的资产负债表和表 7 - 20 中的新投资资本支出，即 11 500 + 600 =12 100 万元。

6 来自2007年12月31日的资产负债表、表7－16和表7－19(4500＋800＋60＝5 360)。

7 来自表7－13的第四季度购货款的20%(20%×520＝104)。

8 来自2007年12月31日的资产负债表。

9 来自2007年12月31日的留存收益余额加表7－21的净利润(6 833＋856＝7 689)。

预计资产负债表(变动成本法)

表7－24　　2008年12月31日　　单位:万元

资产	金额	负债及股东权益	金额
流动资产		流动负债	
现金	1 302 [1]	应付账款	104 [7]
应收账款	240 [2]	流动负债合计	104
存货		股东权益	
原材料	50 [3]	普通股	600 [8]
产成品	53 [4]	留存收益	7 681 [9]
流动资产合计	1 645	股东权益合计	8 281
固定资产	12 100 [5]		
减:累计折旧	5360 [6]		
固定资产合计	6 740		
资产合计	8 385	负债及股东权益合计	8 385

表中有关数字说明如下:

1 来自表7－20的现金余额。

2 来自表7－10的第四季度赊销额的30%(30%×50%×1600＝240)。

3 来自表7－13(500万件×0.1元/件＝50万元)。

4 来自表7－18。

5 来自2007年12月31日的资产负债表和表7－20中的新投资资本支出，即11 500＋600＝12 100万元。

6 来自2007年12月31日的资产负债表、表7－16和表7－19(4 500＋800＋60＝5 360)。

7 来自表7－13的第四季度购货款的20%(20%×520＝104)。

8 来自2007年12月31日的资产负债表。

9 来自2007年12月31日的留存收益余额加表7－21的净利润(6 823＋858＝7 681)。

本章小结

全面预算就是指以货币量度表示的企业未来某一特定期间全部经营活动目标及人、财、物诸要素合理配置的数量表现，它是企业管理当局未来计划及其如何实施的全面概括。编制全面预算的作用，概括起来有以下三个方面:(1)明确奋斗目标，控制业务活动;(2)综合协调平衡内部各部门的工作;(3)分析比较，评价成绩。编制全面预算的原则主要有以下三条:(1)实事求是地编制全面预算;(2)全面地、完整地编制预算;(3)积极可靠、留有余地编制预算。编制全面预算的程序，按参加人员与执行人员的关系，分为两种:自编预算程序和派定预算程序。

预算按其是否可按业务量调整，分为固定预算和弹性预算两类。固定预算又称静态预算，是指根据预算期内正常的可能实现的某一业务活动水平而编制的预算。弹性预算是指根据可预见的不同业务活动水平，分别规定相应目标和任务的预算。预算按构成预算的各个变量在预算期内是否确定分为确定性预算和概率预算。当构成预算的各个变量都是确定的，则所编制的预算称为确定性预算，它是编制预算的基础。在市场波动较大的情况下，确定性预算可能偏离实际较大，这时就需要根据客观条件，对有关变量做一些近似的估计，估计它们可能变动的范围及出现在各个变动范围的概率，再通过加权平均计算有关变量在预期内的期望值，使其所得的结果更符合未来客观实际情况，从而更好地发挥预算的计划和控制作用，这种运用概率来编制预算的方法称为概率预算。预算按其编制是否以基期水平为基础可分为增量预算和零基预算。按传统方法编制费用预算，一般是以基期的各种费用项目的实际开支数为基础，然后结合计划期内可能会使各种费用项目发生变动的有关因素的考虑，如产量的增减等，从而确定计划期间应增应减的数额，即在原有基础上增加或减少一定的百分率来编制费用预算，称为增量预算或水平法编制预算。零基预算是区别于传统的增量预算而设计的一种编制费用预算的方法。预算按其编制是否连续可分为定期预算和滚动预算。定期预算一般在其执行年度开始前两三个月进行编制，执行到最后两三个月再编制下一个年度的预算。为了解决定期预算的问题，产生了滚动预算的方法。这种方法要求预算始终保持 12 个月(一年)的时间跨度，其中前面几个月的预算详细完整，后面几个月的预算可以笼统概略一些。

销售预算是根据年度目标利润所规定的目标销售量或目标销售额编制的销售计划。销售预算是全面预算的起点。生产预算是指在预算期内安排生产数量的计划。它是在销售预算的基础上，按照产品分别编制的。直接材料采购预算，是指在预算期内根据生产预算所确定的材料采购数量和材料采购金额的计划。直接人工预算是以生产预算为基础进行编制的。制造费用包括生产成本中扣除直接材料费用和直接人工费用以外的一切费用的明细项目，按成本习性分为变动费用和固定费用两大类。全面预算中的现金预算是用来反映预算内企业现金流转状况的预算。编制现金预算的目的在于合理地处理现金收支业务，及时调度资金，保证企业财务的正常运转。预计损益表的编制是在企业的上述各经营预算编制后进行的，它是依据一般会计原则(权责发生制等)来揭示企业预期的盈利情况。预计资产负债表是反映企业在预算期末资产、负债、权益的预计数。其编制方法为，在企业期初资产负债的基础上，经过对经营预算和现金预算中的有关数字作适当调整获得预计资产负债表。

◇◇ 练习题

一、单项选择题

1. 编制全面预算的起点是(　　)。

A. 销售预算　　　　B. 总预算

C. 生产预算　　　　D. 现金收支预算

2. 在销售预算的正表下，通常还附有预计的现金收入的计算，借以为编制以下哪项提供必要的资料(　　)。

A. 生产预算　　　　B. 预计损益表

C. 现金预算　　D. 预计资产负债表

3. 长期投资决策所拟定的现金流动，包括在有关年度的哪项预算。(　　)

A. 销售预算　　B. 总预算

C. 生产预算　　D. 现金收支预算

4. 企业在一定期间内生产经营活动的全面预算，是企业经营决策所定目标的数量表现，也称为(　　)。

A. 销售预算　　B. 总预算

C. 生产预算　　D. 经营预算

5. 为编制现金预算提供资料，制造费用预算需扣除哪一项目(　　)。

A. 直接材料　　B. 直接人工

C. 变动制造费用　　D. 折旧

6. 承认过去是合理的，无需改进，这种预算是(　　)。

A. 零基预算　　B. 弹性预算

C. 增量预算　　D. 滚动预算

7. 控制企业日常经济活动的主要依据是(　　)。

A. 生产预算　　B. 现金预算

C. 全面预算　　D. 弹性预算

8. 编制方法与制造费用预算基本相同的预算是(　　)。

A. 销售预算　　B. 直接材料预算

C. 销售及管理费用预算　　D. 直接人工预算

9. 能更好地说明实际比固定预算增支成本原因，从而正确评价企业的成本管理工作的预算是(　　)。

A. 定期预算　　B. 弹性预算

C. 增量预算　　D. 零基预算

10. 一般来说，弹性预算的业务量范围，可定60% ~100%在正常生产能力的(　　)。

A. 60% ~100%　　B. 60% ~110%

C. 70% ~100%　　D. 70% ~100%

11. 对任何一笔的预算支出，从根本上考虑它们的必要性及其数额的多少，确定优先顺序，这种预算是(　　)。

A. 定量预算　　B. 滚动预算

C. 固定预算　　D. 零基预算

12. 全面预算体系中现金预算中的现金是指(　　)。

A. 库存现金　　B. 银行存款

C. 货币资金　　D. 货币资金和短期投资

13. 取得现金收入的最主要来源是(　　)。

A. 银行短期借款　　B. 票据贴现收入

C. 产品销售收入　　D. 应收账款的收回

14. 在预算的执行过程中自动延伸，使预算期永远保持在一年，这种预算称为(　　)。

A. 弹性预算　　B. 概率预算

C. 零基预算　　D. 滚动预算

15. 预算按其是否可按业务量调整，分为(　　)。

A. 固定预算和弹性预算　　B. 增量预算和零基预算

C. 定期预算和滚动预算　　D. 经营预算和财务预算

16. 弹性预算属于(　　)。

A. 滚动预算　　B. 不确定性预算

C. 确定性预算　　D. 概率预算

17. 某公司在编制有关 A 产品的下年度弹性利润预算时可用到的资料为(　　)。

A. 产销量范围是 130 件 ~170 件

B. 产销量的间隔定为 10 件

C. A 产品的单位售价为 40 件

D. A 产品的单位变动成本是 30 元

18. 假设某厂预计 2008 年第四季度销售量为 1 000 件，10 月初产品库存量为 100 件，年末拟保留产成品存货 200 件，则该厂第四季度预计生产量应为(　　)。

A. 900 件　　B. 1 050 件

C. 1 200 件　　D. 1 100 件

19. 某厂产品销售款的回收情况是：销售当月收款 70%，次月收款 30%；2001 年 4－6 月的销售额估计为：8 000 元，9 000 元，7 000 元。由此可预测 2001 年 5 月份的现金收入(　　)。

A. 8 700 元　　B. 6 300 元

C. 2 400 元　　D. 75 000 元

20. 下列有关制造费用预算的说法，不正确的是(　　)。

A. 凡生产预算中不属于直接材料和直接人工预算的部分，都归入制造费用预算

B. 制造费用预算中不包括固定性制造费用部分

C. 制造费用预算的编制，通常还包括费用方面预计的现金支出的计算

D. 制造费用预算可按季度编制

21. 直接人工预算是直接以以下哪项为基础进行编制的(　　)。

A. 机器小时数　　B. 销售预算

C. 生产预算　　D. 小时工资率

二、多项选择题

1. 期末存货预算可以直接为下列有关预算的编制提供依据，而有关预算是指(　　)。

A. 产品成本预算　　B. 预计损益表

C. 预计资产负债表　　D. 直接材料预算

E. 销售预算

2. 下列各项中，属于全面预算内容的有(　　)。

A. 期末存货预算　　B. 产品成本预算

C. 销售费用预算　　D. 制造费用预算

E. 零基预算

3. 以下项目中，属于现金预算内容的有(　　)。

A. 现金收入　　B. 现金支出

C. 现金多余或不足　　D. 资金的筹集和运用

E. 应收账款的回拢情况

4. 产品成本预算是以下哪些预算等预算的汇总(　　)。

A. 生产预算　　B. 直接材料预算

C. 直接人工预算　　D. 制造费用预算

E. 现金预算

5. 弹性预算相对固定预算的优点是(　　)。

A. 扩大了预算的适用范围

B. 便于预算指标的调整

C. 更好地发挥预算的控制作用

D. 适合于考核业务量较为稳定的企业

E. 可以使预算在执行过程中自动延伸

6. 弹性预算的方法可用于编制(　　)。

A. 固定预算　　B. 成本预算

C. 费用预算　　D. 利润预算

E. 零基预算

7. 销售预算的主要内容是(　　)。

A. 销售量　　B. 单价

C. 销售收入　　D. 销售税金

E. 销售成本

8. 编制现金预算的目的在于(　　)。

A. 合理地处理现金收支业务　　B. 正确地调度资金

C. 了解企业在计划期末的现金余额有多少

D. 保证企业资金的正常流转

E. 减少研究开发方面的支出

9. 编制现金预算的基础是(　　)。

A. 经营预算　　B. 财务预算

C. 专门决策预算　　D. 增量预算

E. 弹性预算

10. 预算编制采用变动成本法时，下列预算需进行性态划分的有(　　)。

A. 直接材料预算　　B. 销售预算

C. 制造费用预算　　D. 销售及管理费用预算

E. 直接人工预算

11. 全面预算主要包括(　　)。

A. 销售预算　　B. 生产预算

C. 成本预算　　D. 现金收支预算

E. 预计的损益表和资产负债表

12. 直接材料预算中关于预期的现金支出的计算包括(　　)。
A. 上期采购的材料将于本期支付的现金
B. 本期采购的材料将于本期支付的现金
C. 上期采购的材料于上期已支付的现金
D. 本期采购的材料将于下期支付的现金
E. 本期的应付账款

三、判断题

1. 自编预算的编制是先由高级主管人员收集各种资料，制定目标，然后将目标作为命令下达的预算。(　　)

2. 预算按其编制是否以基期水平为基础可分为确定性预算和概率预算。(　　)

3. 销售预算是全面预算的起点。(　　)

4. 现金预算一般由现金收入、现金支出、现金多余或不足，以及资金的筹集与运用等四个部分构成。(　　)

5. 弹性预算，是指根据预算期内正常的可能实现的某一业务活动水平而编制的预算。(　　)

四、计算题

1. 资料：某工厂期初存货300件，本期预计销售400件。要求：
(1)如果要把存货提高到450件，本期应生产多少？
(2)如果把存货降低到289件，本期应生产多少？

2. 资料：假定某公司计划期间第一季度某产品各月份的销售量，根据销售预测分别为2 000件、3 000件与3 600件；其销售单价均为50元。若该公司商品销售货款的收回，按以下办法处理：销售当月收款60%，次月收款30%，第三个月收款10%。又假定计划期间的起初应收账款余额为22 000元，即上年度十一月份销售的应收账款4 000元，十二月份销售的应收账款18 000元。

要求：
(1)计算该企业上年度十一月份及十二月份的销售总额务为多少？
(2)编制该公司计划期第一季度的分月销售预算(包括第一季度的预计现金收入计算表)。

3. 资料：将下表中现金预算的空缺数据按其内在联系填补齐全。

假设期末现金最低余额为5 000元，银行借款起点为1 000元，贷款利息每年10%，还本时付息。

摘要	1季度	2季度	3季度	4季度	全年
期初现金余额	8 000				
加:现金收入			96 000		321 000
可动用现金合计	68 000				
减:现金支出					
采购材料	35 000	45 000		35 000	
营业费用		30 000	30 000		113 000
购置设备	8 000	8 000	10 000		36 000
支付股利	2 000	2 000	2 000	2 000	

续表

摘要	1季度	2季度	3季度	4季度	全年
现金支出合计		85 000			
收支相抵现金					
多余(或不足)	(2 000)		11 000		
通融资金					
银行借款		15 000		11 000	
归还借款	–	–			
归还利息	–	–			
期末现金					

4. 资料:

(1)假定某厂2008年度1－4季度的预计生产量分别为1050件、1550件、1950件、1460件,单位产品的材材料用量为2公斤,每公斤单价5元;季末预计的材料存货占次季生产需用量的20%,年末预计的材料存货为460公斤。各季预计的期初存货即上季末预计的期末存货,2007年度预计期初存货为420公斤。

假定该厂季度材料采购数量按以下方法支付:采购当季支付现金50%,其余的50%可于下季度支付现金。又假定2001年应付账款年末余额为6 000元。

(2)假定生产单位产品需用直接人工小时为5小时,每小时的直接人工成本为4元。

(3)假定期初、期末在产品的数量没有变动,各期的生产需用量和各期需用量直接人工小时直接按当期预计的产成品生产量计算。同时,生产中直接人工的工种只有一种。

要求:根据上述资料编制该厂2008年度分季的直接材料预算、预期现金支出和直接人工预算。

5. 资料:某公司的简化期初资产负债表及有关资料如下:

资产负债表(年初)

单位:元

资　　产	金额	权　　益	金额
现金	10 000	应付账款	24 000
应收账款	50 000	所有者权益	141 000
存货	20 000		
房屋及设备	85 000		
资产合计	165 000	权益合计	165 000

预计1月份销售商品10 000件,单位售价9元,其中现销40%,其余为赊销(30天后收款)。商品进价与存货成本均为4元/件,购入商品时,30%当月付清,其他下月付清;计划年1月份期末存货为4 000元;1月份预计将支付保险费及家具租金30 000元;该公司规定每月末现金库存最低余额10 000元。

要求:根据上述资料,编制1月份的销售预算、采购预算、现金预算、预计损益表、预计资产负债表。(假设忽略其他损益项目)

第八章 作业成本法

本章知识点简介

本章介绍关于作业成本法相关知识。

主要内容包括:

一是作业成本法的产生和发展。

20 世纪 70 年代以来,世界科学技术和社会经济环境发生了重大变化。正是这些变化对企业成本计算方法产生了一定的影响,传统的成本计算方法造成了成本信息的扭曲,影响企业决策的正确性。正是在这样的情况下,催生了以"作业"为核心的作业成本计算法。

二是作业成本法的基本原理、基本概念和计算程序。

(一)作业成本法的基本原理:作业成本法(简称 ABC),即基于作业的成本计算法。它以"产品消耗作业,作业消耗资源"为前提,将资源按照资源动因把其成本追踪到作业中去,从而得到作业成本,再将作业按照作业动因把其成本追踪到产品中去,最终形成产品的成本。因此,作业是资源与产品之间的联系桥梁,作业成本计算的着眼点与着重点是"作业"。

(二)作业成本法的基本概念:作业成本法构建在一系列概念基础上。这些概念有:作业、作业中心与成本库、成本动因、成本对象、资源。

(三)作业成本法的计算步骤

三是作业成本计算实例分析:通过实例分析,对比传统成本法与作业成本法的差异及产生差异的原因进行深入分析,发现作业成本法由于采用更为详细和多样化的成本动因,改变的传统成本法对成本信息的扭曲现象。随后又对作业成本法的特点进行深入分析,并指出作业成本法的局限性。

四是简要介绍作业成本管理:作业成本法的意义不仅仅是提供了相对准确的成本信息,而是能通过作业分析使管理者识别并消除"不增值作业"和浪费,更好地理解生产过程,采取更有效的管理措施来控制成本,改进业务流程,优化作业链,增加企业价值。这样,作业成本法可以更好地发挥决策、计划和控制作用,使企业处于不断改进的环境之中。作业成本法的产生为成本管理提供一种新思维——作业成本管理。

第一节 作业成本法的产生与发展

现代管理会计在20 世纪后期出现了许多重大变革,并取得引人瞩目的新进展,出现了许多新的理论和方法。以"作业"为核心的作业成本计算(activity – based Costing,ABC)便是其中之一。本章将从社会经济、技术环境的变化导致传统成本计算的不使用性入手,讨论作业成本法产生的时代背景、基本概念、基本原理和应用。

任何理论和方法的产生都不是偶然的,而是众多因素综合作用的结果。作业成本法的产生同样如此。20 世纪 70 年代以来,世界科学技术和社会经济环境发生了重大变化。正是这些变化对企业成本计算方法产生了一定的影响，传统的成本计算方法造成了成本信息的扭曲，影响企业决策的正确性。正是在这样的情况下，催生了以“作业”为核心的作业成本计算法。

一、作业成本法产生的背景

(一)社会背景

1. 产品的需求变化促使企业改进产品定价制度。高新技术在生产领域广泛应用，极大地提高了社会生产力，促进了社会经济的发展。随着经济的发展，当今西方经济发达社会逐步进入富裕社会。人们可以支配的收入大大增加，他们对消费提出越来越高的要求，从而使消费者的行为变得更具选择性，表现为对消费品的需求也越来越趋于多样化、个性化。这种社会需求的重大变化必然对企业提出更高的要求，要求企业具有较高的灵活反应能力，及时向消费者提供多样化、日新月异的产品，以适应消费者多样化和快速多变的需求。个性化产品的定价决策重要程度的提高，使传统成本法难于满足正确、合理的定价，而作业成本法可以适应这种变化，真实地揭示耗费的成本，科学合理的制定价格以提高企业利润。

2. 生产模式变化促使企业改进成本计算制度。迫于市场竞争的压力，许多企业不得不改变其生产模式，由过去大批量生产同一性产品的生产模式转向更适应顾客需求的小批量、多样化、复杂化和非标准化产品的生产模式。例如弹性制造系统(Flexible Manufacturing System, FMS)就是这种新的生产模式的一个体现。弹性制造系统就是利用计算机来安排机械自动加工、自动替换模夹具、刀具、加工对象等，它最大的特点在于更换产品形态生产时，只需要计算机软件程序的一个修正，而无须更换机械设备。因此弹性制造系统能适应产品市场的快速变化，从事多样少量的生产，以满足不同顾客群体的需求。

在这种生产模式下，与单个产品生产工时无关的费用如搬运费用、质检费用、产品设计费用、实验费用、采购费用等生产支持费用大大增加了，且在生产多种产品的情况下，与生产工人相关的费用与单个产品也不直接相关。对于这些与单个产品无直接联系的费用，若仍按照不具因果联系的人工工时去分配，必定将产生虚假的成本信息。因而，无论是从提高产品成本计算的正确性，还是从提高产品成本控制的有效性上看，必须把成本计算的重点放在间接费用上，对间接费用的归集和分配进行革命性的变革，作业成本法适应这一变革要求而产生。

生产方式的变革，使传统成本管理方法赖以生存的社会环境发生了巨大变化。造成传统成本计算方法严重不适应性。因此，变革传统的成本管理方法势在必行。

(二) 技术背景

1. 生产技术变化促使管理发生变化。20 世纪 70 年代以来，科学技术迅猛发展，高新技术得到了广泛应用。在高新技术上形成的生产高度自动化，如电脑辅助设计(CAD)、电脑辅助制造(CAM)、电脑数控机床(CNCM)等的广泛应用，以致于电脑一体化制造系统的形成。它从产品订货开始，再到设计、制造、销售、等所有阶段，所使用的各种自动化系统综合一体，由计算机统一进行调控。电脑化设计与制造系统的建立，带来了管理观念和管理技术的巨大变化，作业成本法适应这种变化产生，并立即在世界范围内引起理论界和实务界的关注。

2. 生产技术变化促使产品成本结构发生变化。伴随高新技术在生产领域的应用，产品成本结构发生重大变化，直接人工成本大比例减少，间接费用大幅度提高。(1)科技进步导致了企业的生产过程中的资本密集程度大大提高，从而使得与生产产品和提供劳务的能力相联系的生产能力费用也大大提高(典型的生产能力费用包括:折旧费用、机器维修费用等)。(2)技术进步的另一个后果是对于掌握现代科学技术的高素质人才需求的扩大，这些技术人才的使用使得产品生产过程所需的人数将大量减少，其结果是传统成本法下用以分配间接制造费用的直接人工工时大大减少。许多人工被机器取代，直接人工在成本中所占的比重大大下降，而固定费用的比例却大幅度上升。实证研究表明:20 世纪 70 年代前，间接费用仅为直接人工成本的 50% ~60%，而今天大多数公司的间接费用为直接人工成本的 400% ~500%，以往直接人工成本占产品成本的 20% ~30%，而今天不到 10%，甚至仅占产品成本的 3% ~5%。

这种产品成本结构的变化，导致了按单一标准分配间接费用的传统成本计算方法不能够正确反映产品的实际消耗，从而不能正确核算自动化所带来的经济效益，也就不能为企业决策和控制提供及时、有效的会计信息，其最终后果是企业总体获利水平下降，产品成本信息严重不实。产品成本计算的现实催生了作业成本法的诞生。

3. 电子计算机技术的发展为作业成本计算的实际应用提供了技术保障。根据有关文献，作业成本计算的基本思想早在 20 世纪 30 年代末 40 年代初就形成了。美国会计学家科勒(E. Kohler)在 1938 -1941 年间担任美国田纳西谷管理局的主计长和内部审计师时，发现传统的以人工工时为基础分配间接费用的方法，将严重扭曲成本信息，无助于节约成本和提高工作效率。科勒根据水利发电行业和成本构成特点，在其有关论著中开始系统地研究间接费用分配问题，形成了早期作业成本计算的基本思想。但是，作业成本计算真正引起人们的关注却是在 20 世纪 80 年代。这是因为一种新理论或方法的创立不仅要有其本身内在的新因素的成长，而且还要有相关学科的支持。作业成本计算要采用多元化的制造费用分配标准，它所带来的庞大的信息采集工作和计算工作会产生巨额的信息处理成本，从而使得作业成本法实施不经济、不可行。20 世纪 80 年代电子计算机技术得到迅猛发展和应用，为在成本计算方法上采用多元化制造费用分配标准的作业成本法提供了技术支持。

二、作业成本法的发展

最早对“作业”进行探讨的是杰出的会计大师埃里克·科勒，科勒教授在 1952 年编著的《会计师词典》中，首次提出作业、作业账户、作业会计等概念。科勒的作业会计思想主要是为了适应会计预算和控制的发展要求，但在实务中并没有得到认可。另一位美国人乔治·斯托布斯最早提出会计是一个信息系统，他在 1953 -1959 年撰写的博士论文《收益的会计概念》中，揭开了会计目标决策有用论的序幕。在此基础上，斯托布斯教授认为“作业会计”是一种和决策有用性目标相联系的会计模式，虽然他的观点在当时受到质疑，但对作业会计理论框架的形成有着十分重要的意义。1971 年，乔治·斯托布斯在《作业成本计算和投入产出会计》(Activity Costing and Input - Output Accounting)中对“作业”、“成本”、“作业会计”、“作业投入产出系统”等概念作了全面系统的讨论，这是理论上研究作业会计的第一部宝贵著作。

“作业”和“作业会计”等概念提出之后，引起了会计学界对传统成本会计系统的深刻反思，尤其在 20 世纪 80 年代初期，随着生产自动化的普及以及即时生产制度(JIT)的产生与发展，作业成本法的研究也有了质的飞跃。最早使用作业成本法这一术语并给予明确解释的是芝加哥大学的青年学者罗宾·库珀和哈佛大学的罗伯特·卡普兰教授，可以说他们是使作业成本法从理论走向应用的急先锋。他们合作从1988年开始在《成本管理》杂志上先后发表四篇“论作业成本法的兴起”的文章，对作业成本法的定义、运行程序、成本动因的选择、成本库的建立等问题作了深入透彻的分析和探讨。库珀和卡普兰因此也被称为成本会计研究的代表人物。此后，科技的发展与应用成为时代的主旋律，学术界也掀起了对作业成本法研究的高潮，其中比较有代表性的有詹姆斯·布林逊于1991年编著的《作业会计:作业基础成本计算法》，该书提出了增值成本、不增值成本、同质成本以及即时制度成本等许多新的概念，在理论和研究上将作业会计向前推进了一大步;1991年，来自比波特兰大学的彼得·特尼在其专著《ABC的功效:怎样成功的推行作业成本计算》中，系统研究了作业会计的核心概念—作业和成本动因，并首次将作业成本计算与企业管理联系起来。此外，库珀和卡普兰还与他人合作，通过对作业成本法试点公司报告的加工、整理，在1992年共同撰写了《推行作业基础成本管理:从分析到行动》一书，从实践上进一步论证了作业成本法的先进性和科学性。

在20世纪80年代以后，大量西方成本管理的理论、方法及经验被引入到中国。作业成本法在20世纪90年代引入我国，理论界和实务界便开始探索其在我国企业的应用问题。进入90年代后期国内ABC的研究逐步由理论向实践过渡，国内一些大型制造企业先行对ABC法进行了尝试，1999年财政部重点会计科研课题《管理会计应用与发展的典型案例研究》研课组，通过几年的实践，先后在陕西农业机械厂、西安变压器厂、咸阳钢绳厂、西安高压开关厂、中原油田特车厂等五个典型的制造企业开展ABC应用研究，取得了一些初步结果。国内某些市场竞争性较强的行业中的一些先进大型企业如科龙集团、美的集团、海尔集团、康佳集团、中美合资企业—广州宝洁公司等都已结合企业的企业资源计划(ERP)或制造资源计划(MRP)系统在其内部管理中应用了ABC法。通过实施ABC法，许多企业提高了管理水平，增强了企业的竞争力，取得了良好的经济效益。经过30多年的改革开放，我国一些优秀企业逐步形成了自己独特的成本管理风格。如邯钢为了降低产品的成本，在企业内部建立起“模拟市场核算、实行成本否决”的经营机制，即用模拟的方法，把市场机制引入企业内部管理。与此同时，我国学者也在此领域做了很多研究工作，取得了不少成果。

第二节　作业成本法的基本原理

一、作业成本法的基本原理

作业成本法（简称ABC)，即基于作业的成本计算法。它的独特之处在于将企业活动的基本单元－“作业”为间接费用归集对象，通过资源动因的确认、计量，归集资源费用到作业上，再通过作业动因的确认计量，归集作业成本到产品或顾客上，提供与作业有关的成本信息，为作业、经营过程、产品、服务等提供更为精确的分配成本和辅助资源的一种分配方法。

现代企业观认为，企业是由一系列“作业”组成的作业链，生产导致作业的发生，每完成一项作业都要消耗一定的资源，产品成本实际上就是制造和运送产品所需要全部作业所消耗的资源成本之和。根据“作业消耗资源、产品消耗作业”的指导思想，作业成本法将成本计算的着眼点放在作业上，以作业作为核算对象。作业成本计算的原理如图8－1所示:

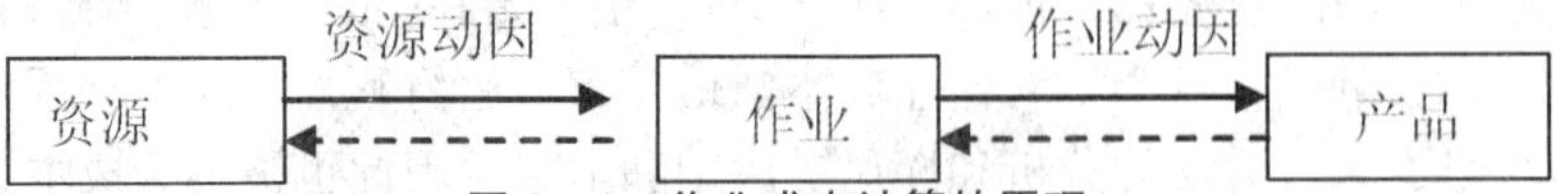

图 8－1　作业成本计算的原理

图中实线表示成本计算和形成过程，虚线表示资源的消耗过程。上图表明，产品消耗作业，作业消耗资源；将资源按照资源动因把其成本追踪到作业中去，从而得到作业成本，再将作业按照作业动因把其成本追踪到产品中去，最终形成产品的成本。因此，作业是资源与产品之间的联系桥梁，作业成本计算的着眼点与着重点是“作业”。

传统成本法存在重大缺陷。科技的发展导致大量的间接费用，同时，激烈的企业之间的竞争，使得企业不得不推出个性化的产品来满足人们个性化的需求，以获取竞争力。正因为这样，用传统成本法分配间接费用的不准确性就逐步显露出来。另一方面，企业提供的个性化产品必然导致产品差异性，而传统成本法是以直接人工小时、机器小时作为间接费用分配的基础，这实际上是假定产品消耗间接费用与产品的产量相关。在一定程度上，这假定是正确的，传统成本法可以产生准确的成本分配结果。然而，产品差异性使得产品消耗的间接费用与直接人工小时、机器小时失去相关性，也就是违背了应用传统成本法的前提条件，况且间接费用又是大量的，如此一来，重大的成本扭曲是必然的。往往会出现这样的情况：工艺复杂、难于生产的产品成本低于其实际成本，而工艺简单的产品成本高于其实际成本。

与传统成本法比较，作业成本法把作业作为费用与成本形成的中介，并通过分别设置多样化的成本动因进行制造费用分配，使成本计算特别使比重日趋增大的制造费用按产品对象化的过程明细化了，提高了成本分配标准与产品实际消耗费用的相关性，使成本的可归属性大大提高. 也就是使产品成本中有技术经济依据，能直接归属于有关产品的成本比重大大增加，而按照人为的标准间接地分配于有关产品的成本比重减缩到最低限度。因而它能改变传统成本计算中标准成本背离实际成本的事实，提供了相对准确的产品成本信息。

二、作业成本法的基本概念

作业成本法构建在一系列概念基础上。因此，要想很好的理解和运用作业成本法，必须正确理解和掌握这些概念。

（一）作业

1. 作业概述

作业（ activity）指相关的一系列任务（tast）的总称，或指组织内为了某种目的而进行的消耗资源的活动。它代表组织实施的工作，是连接资源与成本标的的桥梁。任务是实施每项作业的详细步骤，其价值主要在于理解作业的构成。例如，“发出订货单”作业是由以下任务构成：使用部门收到购买需求信息，索取供应商报价并评估价格，编制比较分析表，认定或选择供应商，编制并发出订单。这些任务也可以视为作业。当然，作业的细分程度取决于企业组织管理的需求及成本效益原则。

在企业日常生产经营活动中作业无处不在。企业经营过程中的每项环节或生产过程中的每道工序都可以视为一项作业。作业的划分是从产品设计开始到物料供应，从生产工艺流程的各个环节、质量检验总装到发运销售的全过程。以企业的应收账款业务活动为例，相关的作业就有收集、归纳销售合同，签发发货通知和销货发票，核对发票、销货合同和发货通知，将收款凭证传递给出纳，对收款凭单进行账务处理，装订收款凭单等。可以说，企业的每一项活动都是作业，一个企业实质就是一系列作业的集合体。

作业有三个基本特点:(1)“作业”是一种资源的投入和另一种效果产出的过程。在这种活动过程中，企业投入资源，实现活动目的。例如，设计产品投入的是智慧、技术、工具和低值易耗品等资源，产出的是设计图纸。又如，检查产品质量投入的是计划、方法、时间，产出的是经过检验的合格产品、不合格产品、废品等。(2)“作业”活动贯穿于经营的全过程。产品从设计到最终销售出去是通过各种作业的实施来完成的。没有作业的实施，经营活动就无法开展。(3)“作业”是可以量化的，即作业可以采用一定的计量标准进行计量。

2. 作业的分类

作业可从不同的角度来进行分类。按照作业的收益范围可以把作业分为以下四类:

(1)单位作业(Unit Activity)，是指使单位产品或顾客收益的作业。这类每生产一个单位执行一次，而且各个单位所消耗的资源数量大致相同。这种作业是重复进行的，其成本一般与产品的产量或某种属性(如长度、重量)呈正比例变化。属于此类作业的主要有:直接人工成本、直接材料成本、机器加工成本等。

(2)批别作业(Batch Activity)，即使一批产品收益的作业，如对每批产品的检验、机器的调整准备、原料处理、订单处理等。这类作业每生产一批产品执行一次，其成本与产品的批数成正比例变化。

(3)产品作业(Product Activity)，即使某种产品的受益的作业，如对某一种产品的设计、编制材料清单、生产组织计划等。这种作业的成本与产品产量及批数无关，而与产品线的数量成比例变化。

(4)过程作业(Process Activity)，也称管理作业，即使某个部门或整个企业受益的作业，例如，检查监督、生产协调、工程管理等。它是为了支持和管理生产经营活动而进行的作业，是企业生产经营过程不可缺少的生产管理活动。这类作业与个别产品严重脱离，和产品的产量、批次、品种无关，而取决于企业的组织规模和结构。

根据作业能否从客户角度增加产品的价值可分为增值作业和非增值作业。

增值作业，指从顾客的立场看，能给顾客带来附加价值的作业。如，企业的各种加工作业、装配作业等都是增值作业。

增值作业必须同时满足以下条件:(1)该作业具有明确的功能;(2)该作业能为顾客提供价值;(3)该作业在企业的整个作业链中不能去掉、合并或被替代。如果有一个条件不符合，该作业就不是增值作业。与此相反，凡不能给顾客带来附加价值的作业，则属于“非增值作业”或无效作业。如企业内部产品的搬运作业，虽然也消耗资源，但并不是合理消耗，其对于企业提供最终产品或劳务的目的本身并不直接做出贡献，同时，这种搬运作业可以通过改变工厂布局，缩短搬运距离、削减工序、设计合理集中的物流配置方案等方式予以逐步消除，因而一般被认定为非增值作业。大部分的仓储、搬运、检验，以及供产销各环节中的等待、延误等，由于它们只增加了人、财、物等资源的消耗，并未增加产出的价值，因而也属于非增值作业。

在制造阶段，通常有五种主要非增值作业类型:(1)调度:一种耗费时间和资源来决定何时生产各种产品和生产多少的作业(或何时进行若干次生产准备的作业);(2)搬运:耗费时间和资源将原材料、产成品和在产品从一个部门搬到另一部门的作业;(3)待工:原材料在等待下一工序时耗费时间和资源的作业;(4)检验:耗费时间和资源保证产品符合规定标准的作业；(5)仓储：产品或原材料处于存货状态是消耗时间和资源的作业。除此之外，过量生产或过度供应、故障或缺陷与返工、重复任务等也是非增值作业。

3. 作业链与价值链

作业链是与产品或服务密切相关的一系列有序作业的集合。现代企业观认为企业是一个为满足顾客需要而设计的一系列作业的集合体，也就是说企业本身就是由此及彼，由内到外的作业链。企业每完成一项作业都要消耗一定资源，而作业的产出又形成一定的价值，转移到下一个作业，依次转移直至形成最终产品，提供给企业外部顾客，最终产品作为企业内部作业链的最后一环，凝结了各个作业链所形成并最终给顾客的价值。因此，从价值的形成过程来看，作业链又表现为价值链。价值链就是指开发、生产、营销和向顾客交付产品和劳务所必需的一系列作业价值的集合，或者指伴随着作业转移价值过程中全部价值的集合。

卡普兰教授等学者认为，立足于经营的最后一个环节(即产品销售到顾客的环节)来看，能够产生和增加顾客价值的作业是需要大力加强的有效作业，不增加价值的作业是维持作业或无效作业，需要严格控制。但是，无效作业不等于无用作业。比如，修复残次品、管理活动，都增加不了价值，是无效作业，但却是维持企业正常运营的有用作业。价值链需要不断地优化组合，如努力减少各环节的无效作业，使之逼近于零。

(二)作业中心与作业成本库

作业中心是一系列相互联系、能够实现某种特定功能的作业集合。它可由一项作业或一组作业组成。一个作业中心就是生产流程的一个组成部分。它的设立是以同质作业为原则，是相同的成本动因引起的作业的集合。例如，原材料采购作业中，材料采购、材料检验、材料入库、材料仓储保管等等都是互相联系的，可以归类于材料处理作业中心。由于作业消耗资源，所以把相关的一系列作业消耗的资源费用归集到作业中心，就构成各作业中心的作业成本库。作业成本库是作业中心的货币表现形式。按照资源动因将作业所消耗的资源归集到作业成本库，又按照作业动因将作业成本库的成本在不同产品之间进行分配，从而确定最终产品的成本。这一点与传统成本会计不同。在传统成本会计中，是以部门进行各类制造费用的归集。

(三)成本动因

1. 成本动因概念

美国的库珀和卡普兰教授曾于1987年提出成本动因理论，该理论认为：作业是一组织内消耗资源的某种活动或事项。作业是由产品引起的，而作业又引起了资源的耗用；成本是由隐藏其后的某种推动力所引起的。这种隐藏在成本之后的推动力，就是成本动因，或者说，成本动因就是引起成本发生的因素。例如，机器运转驱动了电力的消耗，机器小时便是电力消耗作业的成本动因；采购订单数决定着采购作业的工作负担和资源消耗，采购订单数便是采购作业的成本动因。成本动因是作业成本法的核心观念，他是成本对象与其直接相关联的作业和最终关联的资源之间的中介因素。

传统的成本会计将产量作为唯一重要的成本动因。但事实上，成本动因不仅仅是产量，除此之外，还包括采购环节的采购次数、检验环节的检验次数、入库储存环节的搬运次数等。

2. 成本动因的分类

根据成本动因在资源流动中所处的位置可将其划分为以下两类：

(1)资源动因，是指决定一项作业所消费资源的因素，反映作业量与资源耗费间的因果关系，是将资源成本分配到作业中的基础。例如，如果材料的搬运费主要与工人往返的搬运次数有关，那么就可以按照搬运次数来分配材料的搬运费。在这里，搬运次数就是一个资源动因。再比如机器钻孔作业的资源动因是机器工作小时，又如当检验部门被定义为一个作业中心时，检验小时就可成为一个资源动因。

(2)作业动因，是将作业中心的成本分配到产品或劳务、顾客等成本目标中的标准，它也是将资源消耗与最终产出相沟通的中介。如机器钻孔作业的多少取决于要钻孔的数量。作业动因与前述的作业分类有关。如是单位水平作业，则作业动因是产量；如是批别水平作业，则作业动因是产品的批量；管理作业的作业动因较难确定。当作业动因计量的耗费等于或接近于产品对作业的实际耗费时，则产品成本就能得到准确的核算。作业动因是产品和作业的联系，代表了产品或工艺的设计的改善机会。

(四)成本对象

成本对象是企业执行各项作业的原因。它是归集成本的最终点。根据企业组织管理的需要，成本对象可以是产品，也可以是作业、部门或生产线、一个人，甚至可以是企业外部顾客。

(五)资源

指支持作业的成本、费用来源。它是一定期间内为了生产产品或提供服务而发生的各类成本、费用项目，或者是作业执行过程中所需要花费的代价。通常，在企业财务部门编制的预算中可以比较清楚地得到各种资源项目。例如发出定货单是采购部门的一项作业，那么相应办公场地的折旧、采购人员的工资和附加费、电话费、办公费等都是定货作业的资源费用。制造行业中典型的资源项目一般有：原材料、辅助材料、燃料、动力费用、工资及福利费、折旧、办公费、修理费、运输费等等。与某项作业直接相关的资源应该直接计入该作业，如果一项资源支持多种作业，那么应当使用资源动因将资源分配计入各项相应的作业中去。

上述概念之间的关系如图8－2所示：

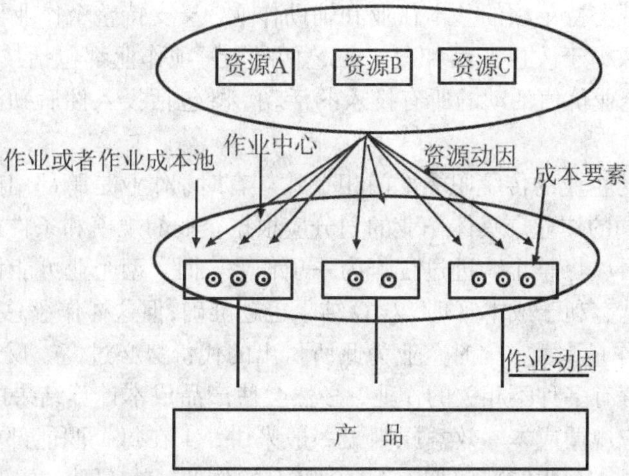

图8－2　作业成本计算各概念关系图

三、作业成本法的计算步骤

作业成本计算下的产品成本计算的程序是：将企业生产所消耗的资源价值归集到各作业成本库，再把各作业成本库汇集的成本分配到各产品。具体包括下面几个步骤。

(一)确认和计量各种资源消耗将资源耗费价值归集到各资源库

资源是执行作业所必需的经济要素。如果把企业看成是一个与外界进行物质交换的投入产出系统，则所有在该系统中被使用的人力、物力、财力等都属于资源的范畴。企业的资源可以分为:①货币资源;②材料资源;③人力资源;④动力资源;⑤厂房、设备资源等。在作业成本计算中，之所以要将资源作为一个重要的切入点来进行作业分析，是因为企业在生产经营活动中要消耗资源，成本计算应反映作业消耗了哪些资源，以及资源是如何被作业消耗的。在企业资源被各项作业耗费以后，有关部门应采取一定的方法对其进行分类，归集资源费用到设定的资源库，这也为各类资源的耗费价值向作业中心的成本库进行分配奠定了基础。其中，在归集资源费用时，应注重价值高的资源、差异性大的资源(即消耗量随产品类型不同而变化巨大的资源)以及那些需求方式与传统的分配基准(如直接人工、工时、原材料数量等)不相关的资源。资源库的设置一般应视企业的规模、作业组合等来定。

(二)识别和定义主要作业

作业是作业成本计算和作业管理的基本单位，所以确认作业是作业成本计算的基础，也是作业成本计算区别于传统的成本法的关键所在。要深入到企业的作业水平核算作业的成本，首先就是要将企业的各项作业，尤其是主要作业清楚地辨认、描述出来，并且加以分析确认。一般而言，企业常见的作业类型包括五类基本作业和三类辅助作业。五类基本作业是:①投入性作业，是有关接受、储存和分配产品或服务所投放的作业，比如原材料的搬运、车辆的安排、向供应商退货等活动;②生产作业，是指将初始投放转化为最终产品的作业，比如设备的测试和维护、设备的组装等活动;③产出性作业，是指有关集中、储存和销售产品的作业，比如产品的库存管理、订单处理等活动;④营销作业，是有关提供一种客户可以购买产品并吸引他们购买的手段的作业，比如广告、促销、推销、报价、定价等活动以及销售渠道的选择;⑤服务作业，是指有关提高或者维护产品附加值的作业，比如安装、维修、培训、产品保养等活动。三类辅助作业是:①人力资源管理，是由对各类人员的招聘、雇佣、培训、激励所包括的作业组成，它既支持单项的基本作业和辅助作业，又支持整个作业群;②技术开发，该项作业大致可以分为致力于改进产品和改进工艺两种，每项作业都包括技术或技术开发;③采购，是指购买用于企业价值活动的所有投入的活动，既包括投入性后勤活动，也包括购买资产的活动。

作业的划分不一定与企业的传统职能部门相一致。有时，作业是跨部门的，而有时一个部门则能完成好几项不同的作业。具体作业的划分应根据企业的规模和条件确定，做到粗细得当。比如小型企业，可以将整个购进过程作为一项作业，而大型企业可能将其区分为多项作业。作业划分越细，越有利于成本管理，核算结果也越准确;但这样作业总数就过多，由此必然导致成本计算的工作量太大，同时企业为此所付出的代价势必过高。反之，如果作业划分得过粗，一个作业中含有多种不相关的作业，必然会使产品成本计算结果的准确性大大降低。因此，作业的确定应遵循成本－效益原则。一般来讲，①在每个职能部门中应有 2～10 个功能明确的作业，如果一个职能部门拥有 10 个以上的作业，就需要对作业进行适当的合并;相反，如果一个部门仅仅拥有一项作业，就需要对作业进行恰当的分解。②一项作业一般不超过 5～15 个密切相关的业务。③如果一项作业含有不相关的业务，就应该对其进行分解。④如果一项作业只包含一项业务，则它可能被分解得过细。⑤如果一项作业只有投入和产出，那么就不再对它进行分解;相反，如果一项作业包含多项投入和产出，那么它应被分解为不同的作业。⑥如果一项作业的成本和业绩对决策的意义不大，那么它就不必再进行分解。⑦如果一项作业不能改变，那么也不需要对它进行分解。

(三)确认资源动因，计算作业成本

资源动因反映了作业对资源的耗费情况，它是把资源库价值分解到各作业成本库的依据。资源动因的确认应遵循一定的原则：①如果某项资源耗费可直接确认是为某一特定的产品所消耗，则直接计入该特定产品成本，此时，资源动因也是作业动因，可以认为是"最终耗费"，直接材料费用的分配往往适用于这种原则；②如果某项资源耗费可以从发生领域上划分为各作业消耗，则可以直接计入各作业成本库，此时，资源动因可以认为是"作业专属耗费"，各作业各自发生的办公费一般适用这个原则；③如果某项资源耗费从最初消耗上就呈现混合耗费状形态，则需要选择合适的量化依据将资源耗费分解到各作业，这个量化依据就是资源动因。如表8－1所示。

表8－1　　资源动因的几个例子

资源	资源动因
人力	消耗劳动时间
动力	消耗电力度数
折旧	设备的价值
职工医疗保险	职工的人数
房屋租金	使用面积
机器设备	机器小时

建立作业中心，选择恰当的资源动因，将成本追踪到作业中心，形成作业成本库。

在确认了作业以后，我们会发现作业可能有几十种、上百种，甚至更多，这对于作业成本计算显得太复杂。因此，为了简化作业成本计算，我们有必要再对作业成本进行归类，建立作业中心，并依据适当的资源动因将其中的作业成本归集在一起形成作业成本库。

企业在建立作业中心进行作业合并时，应该考虑企业进行作业成本计算的目的和作业的重要性；目的不同，进行作业合并的程度也就不同。企业在划分作业中心时应依据两个原则。一是重要性原则，即应考虑各项作业在现在和将来的重要程度，作业的重要程度主要取决于作业耗费的大小或其在产品生产过程中的地位。如果某项作业是重要，则应将其作为一个单独的作业中心；反之，则可以将其与其他作业合并为一个作业中心。二是相关性原则，即组成作业中心的作业必须是相关的，其相关性主要表现在应具有相同的成本驱动因素和相同的成本分配率。依据作业的不同种类，通常可以设置四种成本库：单位水平作业库、批次水平作业库、产品水平作业库、维持水平作业库。

这一步骤是建立在对企业作业和资源动因进行全面分析的基础上的。在作业中心确定以后，就应该依据作业所消耗的资源动因数，将各资源库汇集的价值分配到各作业成本库中去，而将每个作业成本库中归集的作业成本进行累加，就可以得出作业成本库的总价值了。

(四)确认作业动因，计算产品成本

成本动因是作业成本计算的核心之一。成本动因的确认是作业成本计算实施的关键，也是作业成本计算中至关重要的一步。它的选择应该由企业的工程技术人员、成本会计人员与管理人员一起分析讨论确定。科学地确认成本动因，可以从根本上提高会计信息系统的质量，从而提高企业的经营决策水平和管理控制水平。

如前所述，成本动因可以分解为资源动因和作业动因，确认资源动因可以使消耗的资源正确地归集到作业成本库；确认作业动因可以使成本在不同的产品之间进行正确的分配，计算出产品的成本。作业动因包括以下几种：①各种产品的生产批次，它驱动了生产计划的制定、设备的调整、材料的准备、产品的检验等成本的发生；②购货单的数量，它驱动了收货部门成本的发生；③发货单的数量，它驱动了发货部门成本的发生；④销货单和用户的数量，它驱动了销售部门成本的发生；⑤职工人数和工作通知单的数量，它驱动了后勤部门成本的发生。除了以上成本动因外，企业还应从成本与作业间存在的因果关系来选择成本动因，同时考虑所选成本动因在经济上的合理性和技术上的合适性。比如采购部门，采购订单导致了成本的发生，订单的多少决定了其成本的多少，其成本动因是采购订单的数量。应该指出，企业在确定成本动因时，需要注意两个问题：第一，确定的成本动因应该简单易懂，能够从现有的资料中分辨出来；第二，在选择成本动因时为了避免作业成本计算太过复杂，不利于执行，要选择具有代表性和重要影响的成本动因。总的来看，企业普遍存在的成本动因有直接人工小时、机器小时、产品数量、订购次数、检验次数、残次品数量，收取订单数量等。

1. 根据作业成本中心成本动因，计算作业成本分配率

在将资源耗费分配到作业成本库后，就应该依据产品与作业的关系，确定作业动因，将作业中心所归集的成本总额，除以该中心的成本动因的数量化形式，从而得出本中心的作业成本分配率。对于可以直接追溯的成本，如直接材料和直接人工就应该直接计入产品成本；对于间接成本，则应该依据有关的作业动因分配计入。例如，当“供电部门”被认为是一个作业中心时，与供电有关的成本都将归集到消耗该项资源的作业中心、这时产品生产所消耗的“供电度数”就成为了一个作业动因。将供电部门归集的作业成本除以供电度数，就可以计算出每度电的成本。

2. 根据产品对作业的耗费，将成本分配到产品中，汇集计算产品成本

当成本归集到各作业中心，并且依据作业动因计算出作业成本分配率后，就可以按照不同产品所消耗的作业量的多少来分配作业成本，最终计算出产品应该承担的成本。因此，可以说，这一步骤的分配工作体现了作业成本计算法的重要前提，即产品消耗作业，作业量的多少决定了产品成本的多少。

根据上面的分析，可以将作业成本计算的流程用图 8－3 表示。

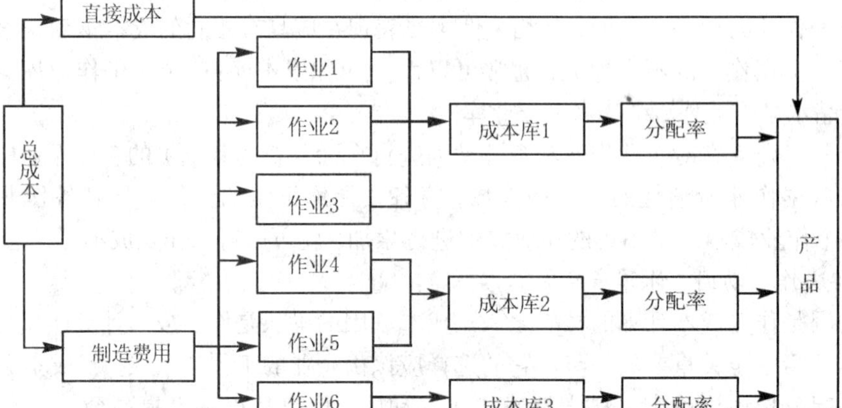

图 8－3　作业成本计算流程

第三节　作业成本计算实例分析

一、作业成本计算的实例分析

某公司某月所投产的 A、B 两种产品当月全部完工，有关资料如表 8－2 所示。

表 8－2　A、B 两种产品的费用

项目	A 产品	B 产品
产量	200 件	16 400 件
单位产品机器工时	6 小时/件	4 小时/件
单位产品材料费用	190 元/件	180 元/件
单位产品人工费用	100 元/件	110 元/件
制造费用	791 600	

其中制造费用是由 4 种作业所引起的，具体作业如表 8－3 所示。

表 8－3　A、B 两种产品的具体作业

作业	成本动因	作业成本（单位：元）	成本动因数		
			A 产品	B 产品	合计
机器调整数	调整准备次数	32 000	20 次	12 次	32 次
生产订单	订单份数	124 000	30 份	20 份	50 份
机器运行	机器小时数	467 600	600 小时	32 800 小时	33 400 小时
质量检验	检验次数	168 000	60 次	40 次	100 次
合计		791 600			

根据上述资料，分别采用传统成本计算法和作业成本计算法计算 A、B 两种产品的单位成本。

1. 传统成本计算法

(1) 以机器小时为制造费用分配标准，将制造费用分配到上述两种产品

A 产品的机器小时 $=6\times200=1\ 200$（小时）

B 产品的机器小时 $=4\times16\ 400=65\ 600$（小时）

制造费用分配率为

$791\ 600/(1\ 200+65\ 600)=11.85$

A 产品应分摊的制造费用 $=11.85\times1\ 200=14\ 220$（元）

B 产品应分摊的制造费用 $=11.85\times65\ 600=777360$（元）

(2) 两种产品的单位成本

A 产品的成本 $=190+100+14\ 220/200=361.1$（元）

B 产品的成本 = 180 + 110 + 777 360/16 400 = 337.4(元)

2. 作业成本计算法

(1)计算各项成本动因分配率，再分别计算 A、B 两种产品消耗作业量的成本(有关结果如表 8-4、表 8-5 所示)

表 8-4　作业动因分配率的计算过程

作业	成本动因	作业成本(单位:元)	作业动因数	作业动因分配率
机器调整数	调整准备次数	32 000	32 次	1 000 元/每次
生产订单	订单份数	124 000	50 份	2 480 元/次
机器运行	机器小时数	467 600	33 400 小时	14 元/小时
质量检验	检验次数	168 000	100 次	1 680 元/次

表 8-5　A、B 两种产品消耗作业量成本

作业	作业动因分配率	作业动因数		费用分配	
		A 产品	B 产品	A 产品	B 产品
机器调整数	1 000 元/次	20 次	12 次	20 000	12 000
生产订单	2 480 元/次	30 份	20 份	74400	49 600
机器运行	14 元/小时	600 小时	32 800 小时	8 400	459 200
质量检验	1 680 元/次	60 次	40 次	100 800	67 200
合计				203 600	588 000

(2)两产品的单位成本

A 产品的成本 = 190 + 100 + 203 600/200 = 1 308(元)

B 产品的成本 = 180 + 110 + 588 000/16 400 = 325.85(元)

3. 产品成本计算结果的比较与分析

根据上面的计算，作业成本计算法与传统成本计算法的产品成本计算结果比较如表 8-6 所示。

表 8-6　单位产品成本计算结果比较

产品类别	传统成本计算法	作业成本计算法	绝对差
A 产品	361.1	1 308	-946.6
B 产品	337.4	325.85	11.55

通过表 8-6 的比较可以很明显地看出，相对于作业成本计算，在传统的成本计算方法下，批量较小、技术上比较复杂的 A 产品的成本在很大程度上被低估了，被低估的成本绝对额为 946.9 元，甚至已经超出了其传统成本计算法下的成本；而批量大、技术上简单的 B 产品的成本在很大程度上被高估了，被高估的成本绝对额为 11.55 元。这说明在传统成本计算法下，批量越小、技术越复杂的产品，其成本被低估的可能性就越大；反之，批量越大、技术越简单的产品，其成本被高估的可能性就越大。由于上面的比较仅仅就 A、B 两种产品的完全成本所进行的比较，其中还包括了直接成本这一不可比因素，如果剔除这个不可比因素，

仅就间接成本这一因素进行比较的话，结果还会更明显。这一结果也说明了在传统成本计算方法下，成本信息在很大程度上已经丧失了决策相关性。

在本例中，两种方法计算的产品成本之所以有这么大的差异，究其根本原因就在两种成本计算方法所选用的费用分配基础不同。在传统成本计算方法下，间接费用的分配是以数量为基础的，而且一般都是以工时消耗这一单一的分配标准对所有的产品分配制造费用；而在作业成本计算法下，是以作业量为基础来分配制造费用的，即为不同的作业耗费选择相应的成本动因在向产品分配制造费用，从而使成本计算的准确性大大提高了。

二、作业成本法的特点

作业成本计算是基于传统成本计算制度下间接费用或间接成本分配不真实而提出来的。在传统成本计算制度下，间接费用或间接成本的分配标准一般采用直接人工小时或机器台时，这种分配方式在以前起过积极作用，即在产品品种少或间接费用数额不大的情况下比较适用，一般不会对产品成本的真实水平产生较大的扭曲。在现代企业制度下，由于企业生产产品品种较多，工时或机器台时在各产品间很难精确界定；又由于间接费用或间接成本较高，分配是否合理对成本的影响更大。在作业成本制度下，成本归属从因果关系出发，间接费用或间接成本不在各产品间直接分配，而在各作业项间进行分配，这种就体现了费用分配的因果性，从而使作业成本乃至产品成本的计算较为准确。

作业成本计算的基本思路是：作业消耗间接资源，产品消耗作业；生产导致作业的发生，作业导致间接费用或间接成本的发生。可以看出，作业成本的实质就是在资源耗费与产品耗费之间借助作业这一“桥梁”来分离、归纳、组合，然后形成各种产品成本。

与传统的成本计算方法相比，作业成本计算有以下一些优势：

(1)产品间接成本的分配更加合理。作业成本计算不再采用单一的数量分配基准，它是采用多元分配基准，并且集财务变量与非财务变量于一体，还特别强调非财务变量（调整准备次数、质量检测次数等）。因此，作业成本计算提供的成本信息要比传统成本计算方法准确得多。

(2)“作业”是作业成本计算的基本成本对象。传统的成本计算方法主要以产品作为成本计算的对象来计算成本；而作业成本计算是以“作业”为基本的成本对象，其它成本计算对象的成本计算均通过作业成本进行分配。正是因为作业成本计算可以提供各项作业耗费的成本信息，所以才能使管理人员在更准确地把握产品实际耗费的成本的同时，展开作业管理并改善其作业链。

(3)所有成本都是变动的。在变动成本法下，有相当一部分成本因其在一定范围不随产量(或机器小时等其他业务量)的变化而变化，因而被划为固定成本。但是从作业成本计算的观点看，这部分成本虽然不随产量的增加而增加，但会随其他因素的变化而变化。这些因素包括产品批次、生产能力的增减等。作业成本计算将所有成本均视为变动的，这有利于企业分析成本产生的动因，进而降低成本。

(4)作业成本计算可以说是更广泛的完全成本法。传统的完全成本法将许多成本项目列为期间费用，采用在发生当期“一次性扣除”，而不加以分配。在作业成本计算下，对于产品设计、营销等领域发生的成本，只要这些成本与特定的产品相关，就可以通过有关作业分配至有关的产品中。这样提供的产品成本信息更有利于企业进行产品的定价决策。

三、作业成本法局限性

尽管作业成本法为特定产品提供了较好的成本追溯，但在它用于成本计算之前，管理者应该意识到它也存在局限性。

1. 分配。尽管作业数据可以得到，某些成本可能仍需要以人为的数量标准为基础分配给部门和产品，因为要找出导致成本发生的具体作业可能是不现实的，例如，一些工厂级作业，如工厂清洁工人与生产过程管理等。

2. 法律限制。作业成本法确实是一种先进的成本计算方法，但它并未获得我国有关会计准则和制度的认可，企业要实施作业成本法，还存在法律障碍。比如说市场营销、广告、研究开发、产品策划、售后索赔，这些附加成本可能被追溯至个别产品并增加制造成本以确定全部产品成本。可是传统上，产品成本并不包含营销费用和行政管理成本，因为会计准则要求将其列入期间成本。

3. 费用与时间。开发及运行作业成本法系统非常昂贵，也非常耗时。像大多数创新的管理或会计系统一样，成功开发并运用作业成本法系统通常需要一年多的时间。

第四节　作业成本管理

作业成本计算法比传统成本计算法能更精确地计算产品的成本，有效的消除了成本信息扭曲的现象，大大提高了成本信息的相关性。然而，作业成本法的意义远不止此。作业成本计算从以“产品”为重心转移到以“作业”为重心，不仅能克服传统成本计算的许多固有缺陷，提供较合理的成本信息，而且能通过作业分析使管理者识别并消除“不增值作业”和浪费，更好地理解生产过程，采取更有效的管理措施来控制成本，改进业务流程，优化作业链，增加企业价值。这样，作业成本法可以更好地发挥决策、计划和控制作用，使企业处于不断改进的环境之中。作业成本法的产生为成本管理提供一种新思维——作业成本管理。

作业成本管理(Activity - based Cost Management, ABCM)是利用作业成本核算的有关信息，对企业的作业进行管理，分析作业产生的真正成本动因，并寻求降低成本的途径，增加顾客价值，不断优化经营过程，实现持续改善经营管理的目标。其目的不仅要使所销售的产品或服务合理化，更重要的是，要认清通过改变作业与工序以提高生产力的机会出现在哪里。

作业成本管理的实施包括三个步骤:作业分析、动因分析、作业业绩考核。

1. 作业分析

确认和评估价值内容作业分析就是确认、描述和评价一个组织所执行的作业这样一个过程。作业分析应解决四个问题:(1)要做哪些作业;(2)有多少人执行作业;(3)执行作业所需要的时间和资源;(4)评估作业对组织的价值。其中第四个问题是确定作业的增值内容，是作业分析中最重要的一步。作业可以划分为增值作业(Value - added Activities)和非增值作业(Nonvalue - added Activities)。非增值成本(Nonvalue - added Costs)是在不损害产品质量、功能和可觉察价值的情况下可以去除的作业的成本。非增值作业会增加非增值成本，影响企业业绩，因此，作业分析的核心内容就是剔除非增值作业，消除浪费，并提高必要作业的效率。

2. 动因分析

寻求根本原因要管理作业，首先须弄清是什么引起作业成本。在作业成本中，动因有两个类型:资源动因和作业动因。前者是指间接资源消耗量和作业量之间的关系，是计量各作业对资源的需要，用以将资源成本分配到各个作业上。后者是指作业消耗量和产出量之间的关系，是计量各成本对象对作业的需求，并被用来分配作业成本。而对这些动因进行分析的目的是为了揭示作业的根本原因，通过对成本动因的分析，有利于掌握引起成本发生的根本原因，从而找出那些非价值增值的作业的根源，并设法把它们消除。因而，动因分析就是为找出形成作业成本的根本因素而做出的努力。找到引起作业成本的根本原因就可以采取措施改善作业，降低成本。成本动因的选择非常重要，一般是由企业成本会计师和工程技术人员讨论确定。

3. 作业业绩计量与考核

业绩计量描述了作业所做的工作和作业所取得的结果。它们能提供有关作业执行得如何的信息，同时也能提供作业是如何满足内外顾客需要的信息，这对于以提高盈利能力为目的的管理至关重要。作业业绩指标既可以是财务性的，也可以是非财务性的，用来评价作业的执行情况及取得的结果。它也用来揭示是否实现了持续改善。作业业绩指标集中于三个主要方面:

(1)效率。它集中体现投入与作业产出的关系。通过计算单位作业的耗费来评价作业的效率。

(2)时间。较长的时间意味着更多的资源消耗，及对顾客需要的较差反应能力。

(3)质量。关注第一次执行时能否就把作业做好，如果作业产出有缺陷，可能需要重复作业，这样就产生非必要成本，同时降低了效率。

其中效率属于考核作业业绩的财务性指标，质量和时间属于考核作业业绩的非财务性指标。

作业成本管理的实施过程可以用图 8 –4 表示。

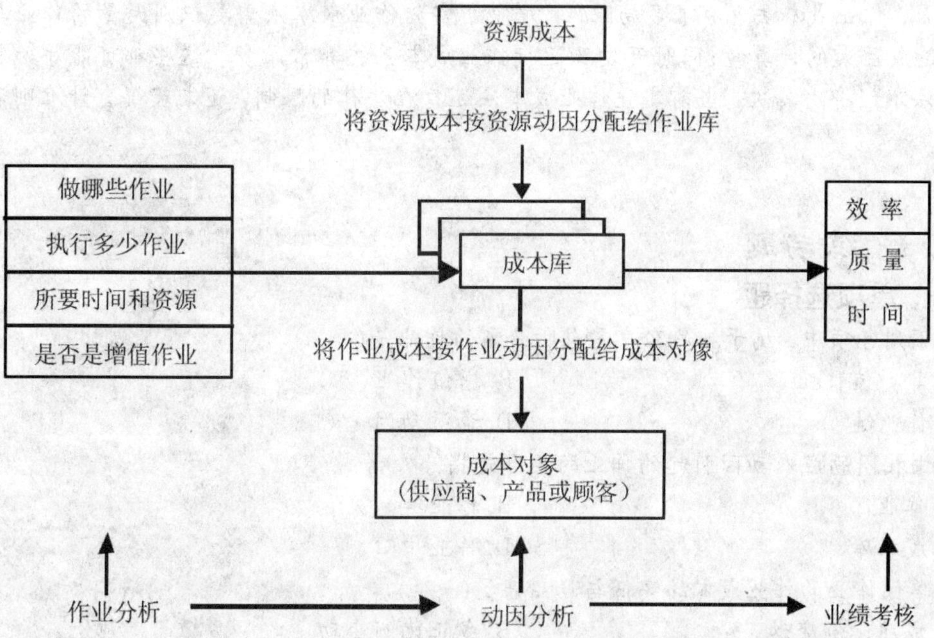

图 8 –4　作业成本管理的实施过程

图中纵横两部分相交的中心是作业成本计算和作业成本管理的交点，这可以表明作业成本管理是在作业成本计算基础上的发展和延伸，它利用作业成本计算提供的成本信息，从成本的角度，合理安排产品或劳务的销售组合，寻找改变作业和生产流程，改善和提高生产率的机会。作业成本管理通过深入到企业生产经营管理过程的作业层次，揭示了成本形成的内在机制，并最终把企业管理活动和成本控制有机地结合在一起，从而提高管理效率，增强企业竞争力。

本章小结

20世纪70年代以来，科学技术迅猛发展，产品结构发生变化，直接成本比例减少，间接费用大幅度提高。在这种情况下，按照单一标准分配间接费用的传统成本法造成了产品成本的严重扭曲，导致成本信息决策相关性下降。因此人们开始转向关注产品成本形成的深层次原因，发现了“作业”这一推动产品成本形成的内在因素。由此形成了作业成本计算法。

作业成本法以“产品消耗作业，作业消耗资源”为指导思想，将成本计算的着眼点放在作业上，以作业为核算对象，将资源按照资源动因把成本追踪到作业中去，从而得到作业成本，再将作业按照作业动因追踪到产品中去，形成产品成本。与传统成本法相比，作业成本法采用更为合理的多动因分析，提供的信息也更准确，有效消除了成本信息扭曲的现象，大大提高了成本信息的相关性。而且，作业成本法不仅仅是提供了准确的成本信息，它将成本计算从以“产品”为重心转移到以“作业”为重心，通过作业分析使管理者识别并消除“不增值作业”和浪费，更好地理解生产过程，分析作业产生的真正成本动因，并寻求降低成本的途径，采取更有效的管理措施来控制成本，改进业务流程，优化作业链，增加企业价值。这样，作业成本法可以更好地发挥决策、计划和控制作用，使企业处于不断改进的环境之中。

但是，作业成本法也有很多局限性。首先，实施作业成本法需要识别大量的作业与成本动因，造成巨大的计算量；同时开发及运行作业成本系统非常昂贵。这些都可能导致实施作业成本法不经济。其次，当前实施作业成本法还存在法律的限制，还未获得会计准则和制度的认可。

◇◇ 练习题

一、单项选择题

1. 下列各项中，属于满足客户需求所必需的作业是(　　)。

A. 非增值作业　　B. 增值作业

C. 作业链　　D. 资源动因

2. 由相同的成本动因引起的作业的集合是指(　　)。

A. 作业　　B. 作业链

C. 成本库　　D. 作业中心

3. 单位作业的作业成本的高低与产品产量(　　)。

A. 成反比例变动　　B. 成正比例变动

C. 之间没有关系　　D. 有时成正比例变动，有时保持不变

4. 要想降低批别层作业成本，只能设法减少(　　)。

A. 作业的批数　　B. 变动成本
C. 单位成本　　D. 总成本
5. 能够为企业整体服务，与企业整体管理水平有关的作业是指(　　)。
A. 单位作业　　B. 批别作业
C. 管理作业　　D. 产品作业
6. 下列各项中，属于设备调整作业动因的是(　　)。
A. 产品设计　　B. 一般管理
C. 生产批次　　D. 检验次数
7. 下列各项中，属于机器设备的资源动因是(　　)。
A. 人工小时　　B. 机器小时
C. 生产批次　　D. 材料消耗数量
8. 下列各项中，能够从价值上反映企业作业链的指标是(　　)。
A. 资源量　　B. 作业量
C. 价值链　　D. 作业管理
9. 下列各项中，能够反映作业量与资源耗费之间因果关系的是(　　)。
A. 资源动因　　B. 作业动因
C. 产品动因　　D. 成本动因
10. 下列各项中，属于较难确定作业动因的是(　　)。
A. 单位作业　　B. 批别作业
C. 产品作业　　D. 过程作业

二、多项选择题

1. 成本动因按其在资源流动中所处的位置不同，可以分为(　　)。
A. 资源动因　　B. 作业动因　　C. 产品动因
D. 需求动因　　E. 价格动因
2. 在理想状态下，企业生产经营过程中的增值作业为(　　)。
A. 产品设计　　B. 存货中的存储　　C. 产品加工
D. 产品交付　　E. 机器维修停工
3. 下列各项中，属于管理层作业的有(　　)。
A. 产品设计　　B. 产品介绍　　C. 人事管理
D. 一般管理　　E. 机器调整
4. 作业按其等级不同可以分为(　　)。
A. 单位作业　　B. 批别作业　　C. 产品作业
D. 过程作业　　E. 上层作业
5. 下列各项中，属于批别作业的有(　　)。
A. 机器调整　　B. 产品设计　　C. 机器小时
D. 产品检验　　E. 订单处理
6. 下列各项中，可以作为作业成本计算理论依据的是(　　)。
A. 作业消耗资源　　B. 产品消耗作业　　C. 直接人工成本的增加
D. 间接费用的降低　　E. 成本性态分析

7. 企业的作业按能否从客户角度增加产品的价值可分为(　　)。

A. 提供作业　　B. 增值作业　　C. 未耗用作业

D. 非增值作业　　E. 生产作业

三、判断题

1. 作业成本管理是指以产品需要为出发点，以产品分析为核心的一种先进的成本管理方式。(　　)

2. 资源动因能够反映产品产量与作业成本之间的因果关系。(　　)

3. 作业中心库是指将各种资源耗费项目按同一作业动因归集起来的成本类别。(　　)

4. 作业动因应当反映产品成本与作业成本的因果关系。(　　)

5. 产品作业与正在生产的产品产量相关。(　　)

6. 客户不需要而不能形成价值增值的作业是非增值作业。(　　)

7. 因质量问题出现的返修、重复检测属于增值作业。(　　)

8. 作业成本计算法的意义是能提供准确的成本信息，完全解决了成本信息扭曲的问题。(　　)

四、计算分析题

目的：比较作业成本法与传统成本法。

资料：华易公司专门制造和销售包装机，最近其用 ABC 法取代了传统成本核算系统。改进后的产品成本由直接成本(直接材料)和 4 个作业中心成本构成。这 4 个作业中心及其作业动因资料如下表所示：

4 个作业中心的作业动因资料：

作业中心	作业动因	预算成本分配率
材料管理	部件数量	8 元/个
机械制造	机器小时	68 元/小时
组装	装配小时数	75 元/小时
检验	检验小时数	104 元/小时

大众公司从华易公司订购了 50 台包装机。每台机器直接材料成本为 3000 元，需要 50 个部件、12 个机器小时、15 个装配小时和 4 个检验小时。

华易公司传统成本制度中只包含直接成本(直接材料)和间接成本(制造费用按装配小时为基础分配)。

要求：

(1)分别用 ABC 法、传统成本法计算大众公司订购的产品总成本及单位成本。

(2)为什么华易公司成本类型中没有直接人工成本？它被归入哪些项目了？

(3)简要比较传统成本法和 ABC 法提供的成本信息差异及准确性。

第九章　业绩评价

本章知识点简介

本章介绍业绩评价概念及相关内容。

主要内容包括：

一是业绩评价概述。首先主要介绍业绩评价的涵义及业绩评价与财务报表的关系，其次介绍了业绩评价的构成要素和功能。

二是主要介绍业绩评价的历史演进。

三是责任会计。主要介绍建立责任会计制度的主要目的、原则和基本内容，责任中心的设置方法，对责任中心的评价与考核，内部转移价格的作用，制定内部转移价格的计税基础。

四是对平衡记分卡做了简单的介绍。

第一节　业绩评价概述

一、企业业绩评价的涵义

企业业绩评价，也称绩效评估或绩效衡量，在现实工作中也称为“考核”、“考评”，是指运用科学、适用的方法，对企业的各单位、经营者、员工在一定经营期间内的生产经营状况、财务运营效益、经营者业绩等进行定量与定性的考核、分析，评定其优劣、评估其效绩。

在财务管理循环中，业绩评价处于承上启下的关键环节，在财务管理中发挥重要作用。一方面，在财务活动、预算执行过程中，通过业绩评价信息的反馈及相应的调控，以便随时发现和纠正实际业绩与预算的偏差，从而实现对财务经营活动过程的控制；另一方面，预算编制、执行、评价作为一个完整的系统，相互作用，周而复始环以实现对整个企业经营活动的最终控制，而业绩评价既是本次财务管理循环的总结，又是下一次财务管理循环的开始。业绩评价既然是对预算完成情况的考核评价，所以其内容必须与预算编制的内容相适应，以预算执行主体为考评主体，以预算目标为核心，通过比较预算执行结果与预算目标，确定其差异，并分析差异形成的原因，据以评价各责任主体的工作业绩，并按照奖惩制度将其与各责任人的利益挂钩，从而影响其未来的行为决策，并在此基础上调整下期预算。

业绩评价包括动态评价和综合评价两个层次。动态评价是指在生产经营活动过程中进行的、对预算执行情况和预算指标之间的差异所做的即时确认和即时处理，它主要侧重于生产技术指标，属于事中控制，服务于预算调控；综合评价则是在期末对各预算执行主体的预算完成情况进行的分析评价，其评价内容以成本、利润等财务指标为主，综合评价作为本期预算的起点和下期预算的终点，主要涉及企业整体效益的评价及利益分配的问题，通常所说的业绩评价均是以综合评价为主的。

二、企业业绩评价与报表分析

成功的业绩评价系统往往能够自成体系，通过确定评价对象、评价指标、评价标准及业绩评价报告等一系列程序，得出评价结论，并向企业经营管理者提供信息、辅助管理决策。实际上，企业业绩评价系统是一个完整的系统，而不完全等同于财务报表分析，尽管二者都涉及对企业一定期间生产经营状况，尤其是财务状况的考察与分析，而且都使用了大量评价与分析指标，尤其是财务指标的计算、分析和比较，可以说企业的业绩评价离不开对财务报表的分析，报表分析的结果构成了企业业绩评价的基础，是评价体系中的重要内容。但是，二者存在以下几个方面的区别：

1. 行为主体有别

企业业绩评价一般由企业内部人员实施，是对企业一定时期经营、管理状况的总结与评价，服务于企业提高内部管理水平的需要。而报表分析则通常由企业外部的相关利益主体实施，如投资者、银行、债权人、业务合作伙伴、竞争对手以及财政、税务机构等部门，目的在于根据分析结果判断企业的经营业绩、财务能力、资信水平等，从而各取所需，辅助各自的相关决策。

2. 实施内容有别

企业业绩评价通过实施确定评价对象、设定评价指标、编制预算及业绩评价报告等一系列程序，最后得出评价结论，辅助管理者决策，实际上构成一个相对完整的系统。完整的业绩评价系统往往能够自成体系，为企业经营管理的成功做出巨大贡献。而报表分析受其实施主体分散、目标各异、分析结果具有公共用品性质等客观条件限制，一般都是由不同的利益集团分别实施，其实施内容自然也是各不相同而彼此分散的，难以形成完整的系统。

3. 评价指标有别

企业业绩评价过程中不仅广泛利用报表数据以及很多财务指标（如净资产收益率、资产负债率等），还常常采用一些非财务指标作为辅助或补充评价指标，以弥补财务指标在完整性、准确性和中立性等方面存在的不足。而报表分析一般仅局限于财务指标的计算、分析和使用。

三、企业业绩评价系统的构成要素

企业业绩评价系统作为企业整个管理控制系统中一个相对独立的小系统，由评价主体、评价目标、评价对象、评价指标、评价标准和评价报告六个基本要素构成。

1. 业绩评价目标

业绩评价系统的目标是整个系统运行的指南和目的所在，它服从和服务于企业的整体目标。作为企业战略管理的一部分，业绩评价系统的目标是为管理者制订最优战略及实施战略提供有用信息。在战略制订阶段，通过业绩评价反映各部门的优势与弱点，有助于企业最佳战略的制订；在战略实施阶段，业绩评价的反馈信息有助于管理者及时发现问题，采取措施以保证预定战略的顺利实现。

2. 业绩评价主体

在现代企业制度下，公司治理结构中企业评价主体可能包括下面几个方面：

（1）股东与股东大会。股东随时都会对公司的业绩表现进行评价。上市公司的股东通常会依据自己的评价结果决定是持有还是抛售公司股票。虽然绝大多数股东不是公司领导体制中的正式成员，但他们的意见是评价工作的重要依据甚至结论，他们还可以通过股东大会表达自己对公司经营的看法。股东大会是公司的权力机构，负责对公司的重大决策的批准，选聘董事组成董事会负责管理公司，另聘用监事组成监事会负责监督公司的经营管理工作，并决定董事和监事的报酬。因此，股东大会理所当然地成为公司及各部门业绩、董事、经理层、监事业绩的评价主体。尽管在实际运作中，股东大会是通过对董事、监事的自我评价或第三方评价的审定与批准开展业绩评价工作的。

（2）董事与董事会。董事或董事会对股东财产负有经营管理责任，并负有监督总经理班子和决定其报酬的责任。因此，董事会作为评价主体不可避免的要对公司的经营状况和对经理层的工作业绩进行适时或定期的评估。

（3）监事与监事会。监事会向股东大会负责，承担监督董事会和总经理工作的责任。因此，监事会要对董事会、总经理履行其工作职责中是否违法的情况进行评价。由于监事会的职能是监控，所以没有对公司经营结果是否达到目标进行评价的任务，只需要对董事会及总经理的工作进行过程评价。

（4）经理层。经理层对公司的日常生产经营工作负责，理所当然地成为公司下属各单位、部门和员工业绩评估的主体。

3. 业绩评价对象

业绩评价系统的对象就是指对什么进行评价。企业的业绩评价系统有两类主要的评价对象，一是团体单位，如企业或分支机构、职能部门；二是个人，包括经营者、高级管理人员和普通员工。

企业通常将其下属部门分为四个主要类型：费用中心、成本中心、利润中心和投资中心。对于不同的评价对象，评价的要求、内容、指标等都不相同。比如：对成本中心主要考核其成本费用的发生和控制情况；而投资中心的业绩评价则关注于更广泛意义上的投资报酬率和剩余收益。另外，企业还可将业绩评价对象分为预算单位和战略经营单位，以进一步适应企业战略管理的需要。

企业员工按照与企业目标一致的方向努力，是现代企业提高业绩的关键。对员工的业绩评价关系到员工的奖惩、升降和工作改进，因此，员工业绩评价成为业绩评价系统的重要内容。

4. 业绩评价指标

业绩评价系统的指标是针对评价对象的各个方面进行衡量。作为战略管理的有用工具，业绩评价系统关心的是评价对象与企业战略成败密切相关的方面，即所谓的关键成功因素，而它们具体表现为评价指标。关键成功因素有财务方面的，如投资报酬率、销售利润率、每股盈余等，也有非财务方面的，如企业产品质量、科技力量、售后服务水平等。所以业绩评价指标也分为财务评价指标和非财务评价指标。如何选择业绩评价指标，使其能够准确反映企业的关键成功因素，是企业业绩评价系统设计中最重要的问题。

5. 业绩评价标准

业绩评价标准是指判断评价对象业绩优劣的基准。业绩评价标准具有规划、控制、考核等功能，评价标准的选择取决于评价的目的。确定企业经济效益评价标准，应当从全局利益出发，力求有充分的科学根据。经济分析采用这样的评价标准，对于发现问题、找出差距，得出正确结论有着十分重要的意义。企业业绩评价系统中常用的标准有四种：

（1）公司的战略目标与预算标准。该标准也称计划（目标）标准，是指本企业根据自身经营条件或经营状况制订的预算标准。企业内部分析利用预算指标可以考核评价企业各级、各部门的经营业绩。但是，在制订预算指标时，由于人们对客观事物认识过程的限制或者人为因素的影响，有时对可能利用的一些有利的因素未能估计和预测，以致失去客观依据。因此，在经济分析时，必须检查预算标准的质量，对那些脱离实际的预算标准在分析过程中加以调整。

（2）历史标准。是指以企业过去某一时间的实际业绩为标准。根据历史标准可以查明被评价对象的经营业绩比过去是有所改善还是正在恶化。如果现在比过去情况有所改变，则应根据已发生的变化来调整过去的历史标准，以便正确进行比较。采用历史标准具有较强的可比性，不足之处在它只能说明被评估企业或部门自身的发展变化，在外部环境变化巨大时，仅用历史标准是不能作出全面评价的。

（3）行业标准或竞争对手标准。这是指某些评价指标按行业的基本水平或竞争对手的指标水平，是业绩评估中广泛采用的标准，有些行业为了能够正确进行比较，按企业规模和经营条件订出不同类型企业的标准作为评价的依据。尽管企业的情况不完全相同，但借助于这些标准作为比较的基础，对评价企业在同行业中的地位和水平还是有一定参考价值的。

（4）经验标准。它是依据人们长期、大量的实践经验的检验而形成的。例如，流动比率的经验标准为2∶1，速动比率的经验标准是1∶1等等。西方一些学者认为标准是人们公认的，不论哪一个企业或任何时期都是适用的。其实，经验标准只是对一般情况而言，并不是适用于一切领域或任何情况的绝对标准。以流动比率为例，因行业或时期不同而各异，战后日本流动比率就比战前大幅度降低，而且各行业降低幅度也不一样。因此，财务评价在应用经验标准时，必须结合具体情况进行判断。

（5）公司制度和文化标准。在业绩评价中，经常使用一些非财务指标，这些指标的标准往往表现在公司的规章制度中，还有一些融合于企业文化判断中。

以上五种标准各有利弊，预算标准是最具适用性的，但是预算的确定客观公正是前提。在业绩评价时可以综合利用各种标准从不同角度对企业经营成果进行考核，以保证对企业经营业绩做出公正合理、准确可信的评价。另外，标准的选用与评价对象密切联系，也直接影响评价的功能。一般说来，当评价对象为管理者时可采用年度预算标准；而评价对象为企业时，最好采用资本预算标准和竞争对手标准。为全面发挥业绩评价系统的功能，企业也可在同一系统中同时使用这三类不同的标准。

6. 业绩评价报告

业绩评价报告是企业业绩评价系统的输出信息，也是业绩评价系统的结论性文件。业绩评价报告的文字与格式应当简洁、清楚、便于理解，应突出关键的问题与原因，提高效率。

业绩评价报告是业绩评价人员以业绩评价对象为单位，通过会计信息系统及其他相关信息系统，获取与评价对象有关的信息，经过加工整理后得出业绩评价对象的评价指标数据，再与预先确定的评价标准进行对比，分析差异产生的原因、责任及影响，得出评价对象业绩优劣的结论后形成的。其格式与写法因不同的评价对象与内容而不同，不应有统一的规定。

以上六个要素共同组成完整的业绩评价系统，它们之间相互联系、相同影响。不同的目标决定不同的对象、指标和标准的选择，其报告的形式也不同。

四、企业业绩评价的功能

企业业绩评价在本质上是一种管理控制手段，它是将已发生的结果和预先确定的标准进行对比，判断现在状况的好坏，供管理者采取下一步管理活动时参考。对比标准不同，判断好坏的标准就不同，得出的结论也完全不同，其信息的功能自然也不同。业绩评价的标准总的说来有三种：年度预算、资本预算和竞争对手的有关指标。相应地，以不同标准为比较基础的业绩评价为管理者进行决策提供不同的信息，具有三个基本功能：

1. 激励与约束功能

年度预算一般是以特定子公司或分部为单位，它是根据下年度该单位特定的经营环境为依据制订的下年度该单位活动的指南。年度预算一般由该单位的经理人员参与编制，并由该单位管理人员负责预算的实际执行。所以，以年度预算为标准进行比较的业绩评价具有激励与约束功能，可对评价下属单位经理人员的工作成绩，进行调配、提升、奖励等决策提供有力的支持，具有重要的参考价值。正是在这个意义上，管理者可将业绩评价视为一种最有用的人力资源管理工具。

2. 项目再评估功能

资本预算是指公司对长期重大投资项目所进行的可行性研究和收支计划安排。资本预算一般包括投资报酬率、净现值、现金流量等指标。在资本预算的编制过程中，这些指标的计算是以预测的资料为基础的，投资项目实际运行后的效果是否与设想一致，是企业管理者很关心的问题。以资本预算为标准的业绩评价，通过对比找出预测误差，可以不断提高预测的准确性，从而起到项目再评估的作用。

3. 资源再配置功能

将竞争对手的有关指标作为企业业绩评价的标准，对企业的战略分析及资源的合理配置非常有用。成功的企业应在其所在行业或产品线具有竞争优势。对于大型企业集团和跨国公司，往往同时经营不同的行业或同一行业内几个不同的产品线，要求在其涉及的所有行业都具有一定竞争优势。这时，将企业所涉及的行业或产品的业绩水平与相同行业的主要竞争对手进行对比，可以使企业认清自己在哪些行业或产品具有竞争优势，并根据这些信息，重新对不同行业与产品进行战略分析及采取相应的战略措施，对原有资源配置进行重新调整，从不具备竞争优势或不可能拥有竞争优势的行业或产品撤出，增强其他行业及产品已有的竞争优势，或重新选择新的经营方向。

作为企业内部管理手段之一，企业业绩评价通过以上三个基本功能对企业的战略管理发挥巨大的功能。在当今日益激烈的市场竞争环境中，越来越多的企业开始重视战略管理，通过制订和实施企业战略，使企业以长远眼光看待目前的经营活动，根据外界环境及自身特点，采取独特的竞争策略，形成竞争优势，并取得经营上的成功。企业的战略管理过程一般包括五个基本步骤：(1)确定经营领域并提出企业未来在该领域的战略任务；(2)将战略任务转化为具体的战略目标；(3)设计实现战略目标的具体方法；(4)有效地实施所选定的方法；(5)在实施阶段，通过评价业绩，研究现状并采取调整行动。实际上，我们还可以将前三个步骤合称为战略设计阶段，后两个步骤合称为战略实施阶段。显然，无论是分为五个步骤，还是看作两大阶段，各步骤都不是截然分开、孤立进行的，它们相互关联，相互影响，而业绩评价正是联系各个步骤的纽带。基于不同比较标准的业绩评价，通过不同功能的发挥，使不同的战略步骤得以顺利、有效地进行。在战略设计阶段，业绩评价可以发挥项目再评估功能和资源再配置功能，为形成最优战略提供信息；在战略实施阶段，业绩评价可以发挥其人事管理功能，以激励各级人员努力实现战略目标。

第二节　业绩评价的历史演进

一、国外企业业绩评价的历史发展

真正意义上的企业业绩评价是在现代公司制度诞生以后，为了加强资本所有权控制和公司内部控制而提出的，大致可分为三个阶段：

(一)成本业绩评价时期(19 世纪初—20 世纪初)

从成本业绩评价时期各阶段的特点来看，可分为早期简单成本业绩评价阶段、较复杂成本业绩评价阶段和标准成本业绩评价阶段。

1. 简单成本业绩评价阶段

早期的成本思想与简单的成本计算是随着商品经济的出现而随之萌芽的。是在自然经济的束缚之下形成和发展的，是处于低级阶段的成本会计。早期的成本思想是一种很简单的将本求利思想，成本计算也是一种简单的以盈利为目的的计算。这一阶段的经营业绩评价的重点就是降低生产成本，由此形成了诸如每码成本、每磅成本、每公里成本等的评价指标。这种业绩评价带有统计的性质。

2. 较复杂成本业绩评价阶段

较复杂的成本业绩评价是伴随着成本会计第一次革命而到来的。随着资本主义商品经济的产生，资本主义手工工场的出现，原有的在一般商品经济条件下仅仅以计算盈利为目的、简单的将本求利思想已逐渐被如何提高生产效率，以便尽可能多地获取利润的思想所取代。简单的成本业绩评价已越来越不能满足工场的管理需要。于是，在人类早期的成本思想和简单成本业绩评价的基础上出现了较为复杂的成本计算和业绩评价。这一业绩评价经历了三个阶段：最初，人们核算与评价的依据是实际主要成本（Actual Primary cost），这种主要成本只包括材料和人工费用，而不包括间接制造费用，也称为直接成本计算的业绩评价。工业革命后，随着近代工厂制度的建立，企业将全部费用计入成本，认为这种实际全部成本才是唯一真实成本(True cost)。这样，“实际主要成本”就过渡到了“实际全部成本”核算的业绩评价。然而不久，这种观念就被打破，取而代之的是将间接费用的正常分配额计入产品成本的正常分配理论（Theory of normal burden)。在这一理论指导下，人们在核算成本时开始根据成本应负担的正常分配额进行计算，超额分配费用（Over applied expense)和不足分配费用(Under applied expense)则另行处理，因此就出现了所谓的“正常成本核算”(Normal cost accounting)。由于“正常成本核算”主要是处理间接费用的分配问题，因此也称之为“间接成本核算”并以之作为该阶段业绩评价的主要依据，从而形成了间接成本业绩评价。

3. 标准成本业绩评价阶段

19 世纪末，随着资本主义市场经济的进一步发展和竞争意识的加强，这种较复杂的成本会计核算与评价制度已不能满足资本家最大限度地提高生产效率以攫取利润的目的要求，这是因为已有的成本核算是事后的分析计算，反应迟钝，不便于成本控制；没有成本目标，不便于进行预防性管理，根据这样的成本评价指标对经营业绩进行考核，不利于预测和控制。于是建立一套以成本控制为中心的企业成本会计，并据此对经营业绩进行评价的制度已成为必要。1903 年，美国工程师 F·泰罗创造了科学的管理理论，他所倡导的“一切工作标准化”制度，为后来标准成本制度的建立奠定了理论基础。1911 年，美国会计工作者哈瑞设计了最早的标准成本制度，实现了成本会计的第二次革命。标准成本制度的建立，标志着人们观念的转变，由被动的事后系统反映分析转变为积极、主动的事前预算和事中控制。达到了对成本进行管理的目的。成本控制的状况即标准成本的执行情况和差异分析结果成为该时期评价企业经营业绩的主要依据。

（二）财务业绩评价时期（约 20 世纪 初—20 世纪 90 年代）

财务业绩评价时期经历了：

1. 以销售利润为中心的财务业绩评价阶段

20 世纪初，资本主义经济大发展时期，大量的现代公司制企业都处于建立与成长阶段。这时的企业经营管理目标是追求市场份额和销售额的增长，公司通常借助于"利润中心"对公司进行管理与控制，与之相适应，评价企业经营业绩状况的指标主要是销售利润率。

2. 以投资报酬率为中心的财务业绩评价阶段

随着资本主义经济的发展. 企业的规模不断扩大。企业经营所需的大量资金通过资本市场筹集，这时作为投资者——股东的利益越来越受到关注和重视。企业对股东投入的资金负有保值增值的义务。围绕着股东价值最大化这一财务管理目标，对企业业绩的评价主要是运用投资报酬率 这一指标。20 世纪 70 年代，根据麦尔尼斯（Melnners）对 30 家美国跨国公司 1971 年业绩进行评价分析后发现，最常用的业绩评价指标为投资报酬率，包括净资产回报率，其次为预算比较和历史比较。在泊森（Person）莱兹格（Lezzig）对 400 家跨国公司 1979 年经营状况所作的问卷调查分析中显示，采用业绩评价的财务指标还有销售利润率、每股收益（EPS）、现金流量和内含报酬率（IRR）等。其中，经营利润和现金流量已成为该时期业绩评价的重要要素。对管理者的补偿也是根据 EPS 及其增长以及与竞争对手相比的回报指标情况而定。

3. 以财务指标为主的业绩评价阶段

20 世纪 80 年代，对企业经营业绩的评价形成了以财务指标为主。非财务指标为补充的业绩评价。美国许多公司，包括跨国公司已意识到过分强调短期财务业绩是美国公司在竞争中处于不利地位的重要原因。于是它们将着眼点部分地转向企业长期竞争优势的形成与保持上，由此，非财务指标在业绩评价中的作用越来越大。然而，它们的注意力基本上还是集中于财务业绩，而不是其它。更为重要的是对管理者的补偿主要还是依据财务业绩。因此，这只能说是一个以财务指标为主，非财务指标为补充的业绩评价时期。这一时期的重大变化就是将非财务指标如产品生产周期时间、客户的满意程度、保修成本等引入业绩评价体系。

（三）企业战略经营业绩评价时期（20 世纪 90 年代至目前）

1."新时期"企业战略经营业绩评价阶段

随着经济的进一步发展，企业战略经营目标的确立和管理要求的改变，这种置控制于中心地位的财务业绩评价已越来越不能满足置战略于核心地位的战略业绩评价的要求。新时期的经济呼唤新的业绩评价体系的产生。于是平衡积分卡（The Balanced Score card）便应运而生。这一阶段的业绩评价特征为：财务指标和非财务指标的结合；以创新为内核，以竞争优势的形成与保持为关键；强调可持续发展。

2. 循环经济下企业战略经营业绩评价阶段

随着自然资源从相对剩余变为短缺，尊重生态发展规律，强调人和自然和谐生存和发展已成为企业可持续发展的前提条件。它为企业创新能力的施展、竞争优势的形成和保持提供了环境的保证。与“新时期”相比,这种战略经营业绩评价强调的是以“3R”为原则，以生态化创新为内核的竞争优势的形成与保持。

二、我国企业业绩评价的历史演进

我国企业业绩评价的历史，主要是政府对国有企业业绩评价的发展史。此外，我国历来就存在财政部和其他部门，如国家计委、国家经委等两条线展开的企业业绩评价方法。

(一)以国家计委、国家经委等组织开展的企业业绩评价的演进

1.20 世纪 70 年代以前计划经济时期的实物产量考核

在计划管理体制下，企业没有生产决策 权、定价权、财务控制权、产品销售收入分配权;而是在国家计划下，按国家计划生产，生产要素由政府无偿拨付，所生产的产品规格、数量由政府计划决定，产品和劳务由政府统一调拨和销售，财务上实行统收统支，利润全部上缴，亏损全部核销。在这种计划经济下，国家只能采用产品产量、产品质量、节约降耗等作为主要考核评价指标。

1975 年国家拟定了“工业企业八项经济技术考核指标”，包括:

(1)产品产量;

(2)品种;

(3)质量;

(4)原材料燃料动力消耗;

(5)流动资金;

(6)成本;

(7)利润;

(8)劳动生产率。

考核评价的方法，是与计划目标和行业生产技术标准进行对照。与这种考核方式相适应的奖惩办法是完成指令性任务，发奖状、奖章，并辅以适当的物质奖励。在当时，亏损企业获奖的情况十分普遍。

2. 20 世纪 80 年代改革开放以后产值和利润为主的考核

20 世纪 70 年代以前以实务产量为主的企业考核方式的后果是国有企业严重缺乏效率，许多企业都有一种总量扩张的冲动，不计成本地千方百计上项目，生产积压越来越多。60 年代初不少经济学家看到了这种弊病，提出了企业以利润为中心的思想。党的十一届三中全会的召开，国家对企业逐步扩大了经营自主权，实施放权让利;特别是 1984 年的十二届三中全会《关于经济体制改革的决定》，突破了计划经济与商品经济，国家对公有制基础上的有计划的商品经济，国家对国有企业先后实行了提取企业基金制度、企业利润留存制度、企业利改税制度、企业承包制等，国家对企业经营考核逐步过渡到了产值和利润为主要内容。

1982 年国家经委、国家计委等部委制定了“企业 16 项主要经济效益指标”:

(1)总产值和增长率;

(2)产品产量完成情况;

(3)产品质量稳定提高率;

(4)产品原材料燃料动力消耗降低率;

(5)产品优质品率；

(6)万元产值消耗能源和降低率；

(7)产品销售收入和增长率；

(8)实现利润和增长率；

(9)上缴利润和增长率；

(10)产值利税率和增长率；

(11)销售收入利润率和增长率；

(12)定额流动资金周转天数和加速度；

(13)产成品资金占用额和降低率；

(14)可比产品成本降低额和降低率；

(15)全员劳动生产率从和增长率；

(16)职工重伤死亡人员和降低率。

以上16项指标对企业经济效益给予了全面的反映，既有产值、产量、利税指标，还有产品质量、资金使用情况、成本、能耗、劳动生产率率等指标。其考核评价的具体方法为综合积分法，通过报告期指标与基期指标逐一对比，判断其改善、持平与退步情况，然后进行打分，其计算公式为：

经济效益总分数 = ∑(改善指标个数×10 + 持平指标个数×5 + 退步指标个数×0)

总分数越大越好，其中的10分、5分是人为赋值。总分得出以后可以将报告期分数与基期分数对比，计算出综合经济效益动态指数，即效益总体发展情况：

综合经济效益动态指数 = 报告期效益分数/基期分数×100%

这种业绩评价方法存在以下的问题：

(1)没有考虑指标的重要性有不同程度，应有不同的权重，而不是简单的计分加总；

(2)报告期与基期的比较，没有考虑企业的发展是一个长期的行为，容易造成鞭打快牛和企业的短期行为。越是基础差越可以得高分。因此，到20世纪80年代后期被淘汰。

20世纪80年代后期，承包制成为深化国有企业改革的主要形式，其一般做法是，为企业规定一定的利润承包指标，任务完成后，对企业实行利润留成，并允许企业与工资总额、福利与效益挂钩。然而，承包制实施并没有解决国家对企业经营者业绩进行全面考核评价的问题，有许多企业利用扩大自主权不断侵犯所有者权益，如有意压低计划指标，扩大自销比重；与主管部门讨价还价；在发奖金上相互攀比等等，导致国有资产大量流失。为了完成承包任务、多发奖金而拼设备的短期行为。为了克服这一弊端，1988年国家统计局、国家计委、财政部和中国人民银行曾联合发布了劳动生产率、销售利润、资金利税率等8项指标，但由于没有制定综合评价方法，这8项指标没有在企业考核中得到利用，因为对绝大多数实行承包制的企业主要是考核企业承包计划的完成情况。

单纯的实现利润和上缴利税的考核方法，使国有企业在表面繁华的花环下存在着巨大的黑洞，如企业为了完成业绩将大量的损失挂账，造成国有企业不良资产比例年年上升，奖金年年攀升。这导致20世纪90年代后期绝大多数国有企业包袱越背越重，不同程度地陷入经营困境。

3.20世纪90年代以投资报酬率为核心的企业业绩评价

在总结了承包制的经验与教训之后，1991年中央工作会议提出要将经济工作的重点转移到调整结构和提高经济效益上来，防止片面追求产值和速度，强化效益指标，于是在 1992 年国家计委、国务院生产办和国家统计局提出了 6 项工业企业经济效益考核指标：

(1) 产品销售率；

(2) 资金利税率；

(3) 成本费用利润率；

(4) 全员劳动生产率；

(5) 流动资金周转率；

(6) 净产值率(后改为增加值率)。

根据重要性程度，对各项指标进行了权数分配，并采用了标准值的概念，其计算 公式为：

经济效益综合评价分数 = Σ(某项指标报告期数值/项指标全国标准值) × 权数

上述考核办法克服了 1982 年 16 项指标的考核方法中的不足，是国有企业考核评价方法上的历史进步，对工业企业的经营管理具有合理导向性作用。

1993 年党的十四届三中全会明确提出我国经济体制改革的目标是建立和完善社会主义市场经济体制，国有企业改革的方向是建立适应市场经济要求的，产权明晰、权责明确、政企分开、管理科学的现代企业制度。1995 年国家国有资产管理局本着建立新型政企关系，实施国有资产保值增值的考核，国家从所有者角度，重点考核投入企业的国有资本的安全与质量。但是这种单一指标的考核也存在局限性，企业为了完成保值增值任务，可以采取做假账、虚列资产、少提折旧、少摊费用等手段，达到账面保值增值，以增加效益工资的目的。既引导了企业的短期行为，又客观上带来另一种形式的国有资产流失。

为积极探索国有企业经营业绩的综合评价方法，1997 年国家统计局会同国家计委、国家经委，对 1992 年颁布的工业企业经济效益评价体系进行了调整，将原来的 6 项指标调整为：

(1) 总资产贡献率；

(2) 资本保值增值率；

(3) 资产负债率；

(4) 流动资产周转率；

(5) 成本费用利润率；

(6) 全员劳动生产率；

(7) 产品销售率。

指标权数也进行了重新分配：评价标准按照前 4 年的全国平均值确定，计分方法基本未变，只是重新规定资产负债率指标按照功效系数法计分。

4. 20 世纪 90 年代后期的企业战略业绩评价

1999 年由四部委联合颁发了《国有资本金效绩评价规则》。该《规则》的指标体系有四个层面的 32 项指标组成；采用的是功效系数法和综合分析判断法。评价结果的等级可划分为优良、中、低、差。该规则根据实践经验的总结于 2002 年进行了修订。

(二) 以财政部等单位展开的企业业绩评价的历程

在这之中出现过 3 次重大变革：

第一次是 1993 年财政部出台的《企业财务通则》所设计的财务业绩评价；

第二次是 1995 年财政部制定的《企业 经济效益评价指标体系(试行)》；

第三次是 1999 年由财政部等四部委联合颁发实施的《国有资本金效绩评价规 则》。

由上可以看出:财政部是在20世纪90年代初开始关注并陆续颁布企业业绩评价方面的规范。

1.《企业财务通则》。1993年以财政部长令发布实施的《企业财务通则》中对企业业绩评价指标作了如下的规定:

资产负债率

流动比率

速动比率

应收账款周转率

存货周转率

资本金利润率

销售利税率

成本费用利润率

该套评价体系的优点在于:

(1) 指标体系的设计能以市场经济发展规律的要求作为指导思想,集中于企业偿债能力、营运能力和盈利能力的评价,而不仅仅是资金利用效率。

(2) 对企业的财务经营状况进行客观的评价,而不主要是考核企业各项指标的计划完成情况。

(3) 对企业的业绩从各个方面进行综合、客观的评价。但该套评价体系仍带有计划经济体制的痕迹。

2.《企业经济效益评价指标体系(试行)》。为了积极响应党的十四届三中全会关于进一步转换国有企经营机制,建立与市场相适应的产权明晰、权责明确、政企分开、管理科学的企业管理制度的号召,财政部于1995年制定和颁发了该通知。该套指标体系如下:

销售利润率

总资产报酬率

资本收益率

资本保值增值率

资产负债率

流动比率(或速动比率)

应收账款周转率

存货周转率

社会贡献率

社会积累率

该套评价体系与《企业财务通则》相比,具有以下几个方面的优点:

(1) 中国特色与国际惯例的结合。如在总资产报酬率指标的设计上;

(2) 注重综合评价。分别从企业投资者、债权人以及企业对社会贡献三个方面设置了反映企业盈利能力的企业偿债能力、资本保值增值、企业对国家和社会贡献方面的评价指标。

然而,这一评价指标体系也存在问题:

(1) 没有反映企业发展趋势的评价指标;

(2) 没有考虑现金流量在企业业绩评价的作用;

（3）没有非财务指标。

3.《国有资本金绩效评价规则》的评价体系

至此，结束了对企业实行两条线的业绩考核。这是一个进步：一方面，提高了业绩评价体系的研究制定效率，避免了人、财、物的浪费；另一方面，也可以使企业避免因接受多头的评价而导致的无所适从。随着循环经济发展模式的逐渐导入和中央提出的建设和谐社会，如何按生态发展规律设计循环经济下的企业战略经营业绩评价体系，则是摆在我们面前的一个重要的研究课题。

三、启示

通过中外企业经营业绩评价演进史，我们可以得到以下几点启示：

（一）所得与所费是企业经营业绩评价的基本内容

无论是国外，还是国内，也无论是民间企业，还是国有企业，贯穿企业业绩评价的一根主线就是所得与所费。或称投入产出。只是在不同的经济发展时期和各国各企业发展的不同要求，所表现的形式（即指标具体内容）不同而已。

在成本业绩评价时期，所体现的所得与所费的关系比较直接。在当时的情况下，由于不存在产品的销售问题，成本的降低及降低的程度成为企业获利水平高低的主要标志。

在财务业绩评价时期，由于受该时期的经济发展及环境特点所决定，企业要实现尽可能多的利润，成本的降低已不是主要途径，企业可以通过扩大经营规模，提高内部管理水平和生产效率达到，因此，所得与所费表现为较复杂的各种收入与费用的关系。企业经营业绩评价就由成本的评价发展为包括成本指标在内的财务业绩评价。

在战略经营业绩评价时期开始，人们认识到核心竞争力是企业取得良好战略经营业绩的关键。因此，将影响和体现企业核心竞争力的因素纳入到评价体系中。随着对资源短缺认识的加深，企业越来越认识到应将对环境的治理费用和成本，低耗带来的收益，再使用带来的效益纳入到评价体系中来，使得战略经营业绩的评价充分体现循环经济发展模式的要求。

我国计划经济时期，以总产值、产量为核心的考核导致的不经济现象，说明了不以所得和所费为基本内容的考核则不能发挥业绩评价的功效。

（二）经营环境的变化是企业经营业绩评价体系发生变化的重要原因

经营环境是指企业经营所面临的内、外部环境。内部环境是指企业组织结构、企业管理模式等；外部环境是指政治、经济、社会文化、科技教育、法律环境等。任何的经济活动、管理方式只有与环境的发展相一致，才能发挥作用，业绩评价体系的演变也正体现了这一点。

1. 从成本业绩评价的产生与发生过程来看

简单的将本求利思想，产生了简单的成本指标体系法；

生产力的发展，间接费用的增加，围绕着如何处置间接费用产生了“主要成本法”和“完全成本法”的成本评价法；

随着经营竞争的加剧，为了提高生产率，充分挖掘成本降低的潜力，产生了“标准成本”评价体系。

2. 从财务业绩评价体系的产生与发展过程来看

随着经济的发展，市场竞争的日益激烈和手段的多样化，企业获利的渠道和方式不断变化和增加，于是所得与所费的内涵不断扩大，指标体系也越来越丰富，分别出现了以销售利润率为中心的财务业绩评价阶段、以投资报酬率为中心的财务业绩评价阶段和以财务指标为主的业绩评价阶段。

3. 从战略经营业绩评价的产生与发展来看

企业对长期利益最大化的追求,形成了以核心竞争力为内核的, 考虑内外因素共同影响的财务指标与非财务指标相结合的企业战略经营业绩评价体系。循环经济发展模式的导入对已有的企业战略经营业绩评价体系又提出了新的挑战。

4. 从新中国企业业绩评价体系的演进来看

从我国企业业绩评价体系的发展过程,则清晰地体现这一特点,见表1。

表1:

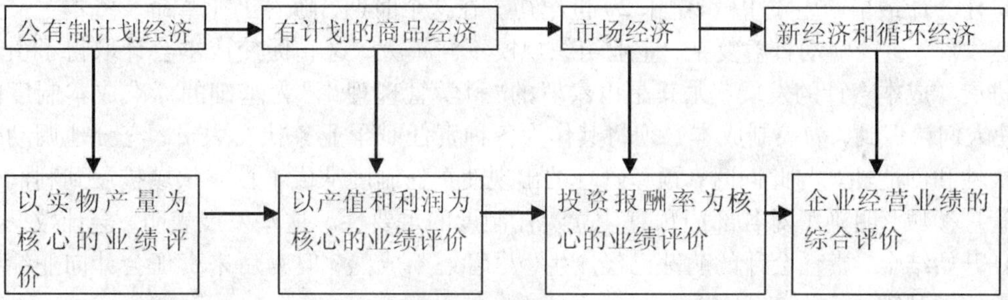

（三）业绩评价体现着不同阶段的财务管理目标

如以销售利润率为中心的业绩评价体现的是利润最大化的财务管理目标:以投资报酬率为中心的业绩评价体现的是股东财富最大化的财务管理目标;以财务与非财务指标的结合和战略经营业绩的评价体现的是相关者利益最大化的财务管理目标。

（四）业绩评价存在两种理念、作用等不尽相同的类型

这里所说的两种业绩评价主要是指以对业绩形成过程进行管理为主要目的的业绩评价,如卡普兰的平衡记分卡;和以对业绩形成结果进行管理为主要目的的业绩评价, 如国有资本金效绩评价规则。

首先, 两种业绩评价的作用不同。以平衡记分卡为代表的业绩评价, 由于强调对业绩形成过程的管理。因此是企业的管理者为实现战略经营目标而实施的一 种管理手段。它构成了企业战略管理的重要内容, 是企业管理者的一种自觉自愿的行为。并且, 由于各企业的情况各不相同, 平衡记分卡的具体内容也不尽相同。而以国有资金效绩评价规则为代表的业绩评价, 是所有者对经营者的经营结果的评价, 而且评价的结果是对经营者实施奖惩的依据, 如与经营者的薪酬、晋升、期权等的挂钩, 因此, 是一种强制性的业绩评价。同时, 为了便于比较, 指标体系一般是同一的。

其次, 两种业绩评价的主体不尽相同。由上可以看出,平衡记分卡的评价主体主要是企业的管理者、职员等;而规则的评价主体主要是投资者、债权人、政府等。

第三, 也是最重要的, 两种业绩评价的理念不同。以平衡记分卡为代表的业绩评价强调业绩形成过程的管理, 通过管理来实现预期的目标。即运用层层分解的形式。将企业的战略经营目标转化为集团、公司、子公司、分公司、部门、职员等各个层面的平衡记分卡。通过不同层面的管理与协调, 确保战略经营目标的实现。可见, 这种业绩评价贯彻的是“程序的理性”。通过程序的理性来达到结果的理性和公平。以国有资本金效绩评价规则为代表的业绩

评价，强调对业绩结果的管理，通过将业绩的结果划分成不同的等级，并实施必要的奖惩，达到对经营者的激励与约束。与此同时，通过经验的总结，为下一阶段的经营提供借鉴。

因此，这种业绩评价体现的是“结果的理性”，是以“亡羊补牢，未为迟也”为思想理念。然而，毕竟羊已亡，损失已成。我们应乘羊未亡时，加固牢,使羊不亡，这可将损失降低到最低限度。

第三节 责任会计

一、责任会计概述

责任会计最早产生于19世纪末20世纪初。在这个时期，随着工业革命及资本主义经济的迅速发展，生产活动日益复杂，企业组织规模不断扩大，这些促使成本会计取得了引人注目的进展。成本会计的发展，尤其是以泰罗的“科学管理理论”为基础的标准成本制度的出现，使人们认识到，为控制成本必须将其作为各种责任赋予业务执行人员，充分地调动他们的积极性和创造性。与此同时，预算管理的出现使责任制度从成本控制领域扩展到利润和资金等管理领域，明确了对各部门预算建立责任制度的重要性。这些发展表明，会计数据与经济责任开始结合，责任会计的萌芽已经产生，尽管还不成熟，但为后来责任会计向业绩评价发展奠定了基础。

责任会计真正在实践中发挥作用，并且从理论和方法上成熟，是20世纪40年代以后的事情。第二次世界大战以后，科学技术进步推动了生产力的发展，竞争日益加剧，强烈要求企业内部管理合理化。在这种形势下，许多大公司推行分权化管理，采用事业部制的公司组织体系。对事业部制的企业的管理控制，需要建立一套可以确定各责任层次工作成绩的考核和核算制度，以期达到控制成本、利润和资金的效果。这使责任会计受到普遍重视，并对其各种方法进行了细微的改进和新的应用，最终形成现代管理会计中的责任会计。

责任会计是一种管理制度，是管理会计的一个子系统。它是在分权管理的条件下，为适应经济责任制的要求，在企业内部建立若干责任单位，并对它们分工负责的经济活动进行规划与控制的一整套专门制度。责任会计的基本内容归纳起来有以下四个方面：

（一）建立责任中心

根据企业的具体情况和内部管理的实际需要，把所属的各部门、各单位划分为若干责任中心，规定这些中心的负责人，并赋予他们相应的经济权利，同时这些负责人要对所负责的成本、收入、贡献毛益、税前利润与投资效益等重要指标向上级管理当局承担经济责任。

（二）确定各责任中心的目标

根据责任中心和责任范围的不同，在建立预算制度和实行标准成本计算的条件下，可为各责任中心确定目标。这种目标必须是某个责任中心能够控制的。

（三）建立各责任中心的记录和报告制度

这种记录和报告应能对各责任中心的实际工作成绩起到信息反馈作用，使管理当局能够据以控制和调节各责任中心的经济活动，督促他们迅速采取有效措施，纠正缺点，巩固成绩，不断降低成本，压缩资金占用，借以扩大利润，提高经济效益。

（四）通过记录和报告评价考核实际工作成绩

通过对各责任中心业绩报告的实际数与预算数的对比，来评价和考核各责任中心的工作成绩和经营效果，并分别揭示他们取得的成绩和存在的问题，以保证经济责任制的贯彻执行。

二、责任会计的原则

责任会计的原则是责任会计实质的体现，主要包括以下内容：

（一）责权利效相结合原则

当企业内部根据管理需要划分责任层次后，首先要明确其责任和权限，做到使责任者有责有权。在为每个责任单位制定考评标准时，一定要重视对人的行为激励，充分调动各责任单位的工作积极性。将经济效益同他们的经营成果直接挂钩，以经济手段促使职工积极完成责任目标。在责任会计中，责任、权利、利益、效果是统一的，缺一不可。必须做到以责定权，权责促效，以效分利。

（二）目标一致性原则

目标一致性是评价责任会计能否有效控制的重要标志。实行责任会计控制，首先必须保证企业的总目标与各责任目标一致。企业的总目标是制定各责任实体目标的依据，各责任实体目标是实现总目标的保证。

在责任会计中，目标一致性原则主要是通过选择恰当的考核和评价指标来体现的。那就是说，在为每个责任单位编制责任预算时，就必须要求他们与企业的整体目标一致，然后通过一系列控制步骤，促使各责任单位自觉自愿地去实现目标。一般说来，单一的考核标准往往会导致各责任层次目标的不一致。因此，控制考核的标准必须具有综合性和完整性。各指标的计算口径、考核业绩的标准也要一致。

（三）可控性原则

责任会计的实质就是把会计资料同责任单位紧密联系起来的信息控制系统，这一内部控制制度的贯彻执行，要求各责任单位必须突出其相对独立的地位，避免出现职责不清、功过难分的局面。因此，在建立责任会计制度时，应首先明确划分各责任单位的职责范围，使他们在真正能行使控制权的区域内承担经营责任，即每个责任单位只能对其可控的成本、收入、利润和资金负责。在责任预算和责任报告中，也只应包括他们能控制的因素。

（四）反馈性原则

有效控制需要有反馈机制，而反馈机制的作用在很大程度上取决于反馈的速度和反馈信息的质量。责任会计在衡量了各责任中心的业绩之后，应及时将信息反馈给责任者，以使他们了解自己取得了哪些成就，还存在哪些问题，从而据以调整自己的行为。另外，及时的反馈还有助于迅速发现和调整出现在责任报告中的不可控因素，从而保证了期末对责任者的业绩进行综合评价的正确性。

反馈性原则还要求建立经常和定期相结合的责任报告制度。一般来讲，责任报告有周报、月报等固定的时间长度。但如果出现特殊问题.如例外的生产决策或投资决策时，应为例外的决策编制特殊报告。

（五）例外管理原则

在管理工作中，时常遇到许多的繁杂业务。在实际执行上和预计情况上出现差异问题。对于这些差异不可能一一进行分析和评价，只能选其中差异较大、性质较重要的项目实行重点管理。这种只抓主要的、突出的问题，对一般合乎常规或离轨很小的问题不予花费较多精力处理，把主要精力放在超乎常规的问题上的管理原则,称为例外管理原则。

三、责任会计的作用

健全的责任会计是分权型管理的产物。分权型管理有许多优点对于大多数企业来说，某种程度上的分权是必不可少的。但是，当下级管理人员赋予决策自主权时，会引起一些值得注意的问题。他们可能以牺牲公司整体的和长远的利益为代价来使自己的业绩达到最大；也可能为了避免风险，放弃某些可能获取的利润；或是各内部单位之间相互冲突、推卸责任而争取利益等等。为了发挥分权型管理的优点，抑制其缺点，必须利用责任会计来规定各内部单位的目标，测定其工作成绩，控制其活动，防止滥用职权。可见，实行责任会计的主要作用有以下四点：

1. 有利于贯彻责任制，促使每个责任中心关心自己所控制的各项指标，了解自己执行工作的情况，及时调整，不断完善。

2. 有利于企业高层管理人员及时掌握所管辖范围内的工作人员的业务控制和考核情况，以便做到奖励先进，鞭策后进，从而调动每个成员的积极性。

3. 有利于各责任层次的经营目标统一到企业总体目标上来，使各级管理人员的目标上下一致，和谐地实现。

4. 有利于企业在经营管理上采取机动灵活的原则，使企业的高层管理人员能够集中精力对最关键问题进行研究。

四、责任中心的划分

为了有效地进行企业内部控制，有必要将整个企业逐级划分为许多责任领域，即责任中心。所谓责任中心，就是指承担规定责任和行使相应职权的企业内部单位。责任中心按照控制范围的大小及业务流动特点，一般可分为成本中心、利润中心和投资中心。

（一）成本中心

企业内部能够控制成本的任何一级责任中心都是成本中心。也就是说，凡是有成本发生的，能对成本负责并能进行核算的责任中心，都可称为成本中心。成本中心适用的范围最广，因为企业中各级组织，不论层次高低、责任大小，总要发生成本。小至一个车间、一个作业小组甚至个人，大至一个工厂、一个部门、一个地区机构等，只要有成本发生，而且能够进行核算，都可成为成本中心。许多小的成本可以组成大的成本。至于企业中不进行生产而只提供一定专业性服务的单位，如人事部门、总务部门、会计部门、财务部门等等，则可称为“费用中心”，它们实质上也属于广义的成本中心。

成本中心所计算与考核的是“责任成本”，而不是“产品成本”。为了计算责任成本，必须先把成本按其可控性分为“可控成本”与“不可控成本”两类。所谓可控成本，通常应符合以下四个条件：

（1）责任中心能够知道将发生的成本；

（2）责任中心能够计量的成本；

（3）责任中心能够控制并调整的成本；

（4）责任中心能够将所有成本的控制责任分解落实，并进行考核评价。

凡是不能同时具备以上四个条件的，即为不可控成本，而责任中心可控成本的合计就构成了责任中心的责任成本。这种责任成本可以按实际发生的数额随时进行登记。

这里应该指出，一个成本中心的不可控成本往往是另一个成本中心的可控成本。例如，直接用于生产的原材料、燃料、动力、生产工人工资，以及车间经费中的变动部分，对于生产班组来说是可控的。至于车间经费的固定部分，对生产班组来说虽是不可控的，但对于车间来说，则是可控的。又如，在材料供应正常的情况下，由于材料质量不好而造成的超过消耗定额使用的材料成本，就生产车间来说是不可控成本，而在供应部门则是可控成本。

（二）利润中心

利润中心是指除了能够控制成本以外，还能控制销售和收益的责任中心。它不但有成本发生，而且还发生利润，因此它不但要对成本负责，也要对利润负责:这种中心一般适用于企业管理中具有独立收入来源的较高阶层。

利润中心有两种存在形式，即自然形成的利润中心和人为划分的利润中心。自然形成的利润中心是客观存在的，像一个独立的企业，可以在市场上进行销售活动。目前企业中具有一定生产经营管理权，能相对独立经营、核算盈亏的分厂、车间就属于这一类型。它们可以在市场上进行商品交换，同企业的外部单位发生经济关系。人为划分的利润中心主要是内部责任单位将制成品（指狭义的）按照内部转移价格，在各责任单位之间销售，形成内部利润。实际上，大多数成本中心都可成为人为划分的利润中心，因为它们总可以对其产品（零部件）制定出合适的内部转移价格。但需注意的是，在采用内部转移价格进行结转时，凡不属于本利润中心的收益和成本，尽管已由该中心收入或支付，仍应加以剔除，然后转移给相关的责任中心。相反，凡属于本利润中心的收益和成本，尽管由其他中心收入或支付，还应由本利润中心核算。

利润中心的产品可能是物质产品，也可能是各种类型的劳务供应。为了计算和考核它们的经济效益，每个利润中心都必须进行独立的、完整的会计核算，以便提供必要的资料。

（三）投资中心

投资中心是既对成本、利润负责，又对投资负责的责任中心。也就是说，它不仅能控制成本和收益，而且也能够控制资金的占用。从某种意义上讲，一个完善的投资中心既是一个投资中心，又是一个成本中心和利润中心。

投资中心一般适用于规模和经营权力较大的部门，如事业部、分公司、分厂等。在分权管理下，企业内部的分厂、分公司拥有充分的经营决策权和投资决策权，其管理者需对投资的经济效益负责。为了避免这些管理者的短期行为，促使其从长远利益关心投资，就必须对其进行严格的考核。只有这样，才能符合责任会计的要求。

对投资中心的考核指标有“投资报酬率”与“剩余收益”。

1. 投资报酬率指标

投资报酬率是全面评价投资中心各项经营活动的综合性指标。它既能揭示投资中心的销售利润水平，又能反映资产的使用效果。它的计算公式如下：

$$\text{投资报酬率} = \text{销售利润率} \times \text{投资周转率（资产周转率）}$$

$$= \frac{\text{营业利润}}{\text{销售收入}} \times \frac{\text{销售收入}}{\text{营业资产}}$$

上述公式中的“营业资产”系指经营业务应用的全部资产的期初、期末平均余额。从公式的内容可以明显地看出，为了提高投资报酬率，不仅应千方百计地降低成本、增加销货、提高销售利润率;同时还应有效地、经济地使用营业资产，努力提高投资周转率。

【例9－1】假定A公司有一投资中心，本年第一季度的有关资料如下，试计算其投资报酬率

销售收入	150 000 元
营业资产（期初余额）	50 000 元
营业资产（期末余额）	60 000 元
长期负债（期初余额）	20 000 元
长期负债（期末余额）	30 000 元
营业利润	15 000 元

期初营业资产总额＝50 000＋20 000 ＝ 70 000（元）

期末营业资产总额＝60 000＋30 000 ＝ 90 000（元）

$$投资报酬率 = \frac{15\ 000}{150\ 000} \times \frac{150\ 000}{(70\ 000 + 90\ 000) \div 2} = 18.75\%$$

投资报酬率能综合反映一个投资中心、一个企业，甚至一个行业的各方面的全部经营成果。通过这项指标可以在同一个企业不同的投资中心之间，或者在同一行业不同企业之间进行比较，从而做出最优投资决策。因此，投资报酬率是投资导向的最佳指标。投资者可以根据投资报酬率的高低，做出由某一企业转入另一企业、某一行业转入另一行业、某一国家转入另一国家的资本转移决策。但是，这项指标并非是完美无缺的，也有一定的局限性。

第一，各投资中心所采取的措施往往只着眼于本身利益，可能会放弃对整个企业有利的投资项目或接受有损于整个企业的投资项目，造成投资中心的近期目标与整个企业的长远目标相背离。

第二，为了计算各投资中心的投资报酬率，联合使用的资产必须在各投资中心之间进行分配，这很难做到完全公平合理。

第三，如果按照固定资产的净值计算投资报酬率，投资中心只要不作新的投资或少投资，固定资产的净值就会下降。即使净利不变，投资报酬率也会随着时间的推移而不断上升，这样，投资中心的成绩会被夸大，而公司的长远利益就受到损害。

第四，在通货膨胀的情况下，企业资产的账面价值过低而严重失实，并因此而少计折旧，虚增了净利。根据这种夸张了的净利和缩小了的资产价值所计算出来的投资报酬率，就不能反映真正的投资效果。

2. 剩余收益指标

由于投资报酬率有上述缺点，所以对投资中心的业绩考核指标又采用了剩余收益。这是美国通用电气公司首创的，计算公式如下：

剩余收益 ＝ 营业利润 －（营业资产×预期最低报酬率）

剩余收益是用以衡量投资中心所获利润超过按最低投资报酬率计算的收益额的部分。按预期最低投资报酬率计算的收益额通常等于或大于资本的成本。一般说来，采用剩余收益作为考核标准时，所得报酬与所需最低报酬之间的正差越大，则投资中心成绩越好。剩余收益与投资报酬率相比较，其优点主要表现在，可以防止投资中心的本位主义，促使它们从整体利益出发，来接受比较有利的投资，努力多创造营业利润，使各投资中心的目标与整个企业的总目标趋向一致。

【例9－2】假如某公司有甲、乙两个投资中心，其有关资料如表9－1所示。

表9－1 某公司投资中心资料之一

投资中心	收 益	投 资	投资报酬率
甲	11 250元	75 000元	15%
乙	2 500元	50 000元	5%
全公司	13 750元	125 000元	11%

第一，设甲公司投资中心遇到一次投资机会，投资额为50 000元，可期望获得收益为7250元。这个投资机会可使公司获利，提高全公司的投资报酬率，但甲投资中心的投资报酬率反而下降。因此，如果只用投资报酬率来进行考核，甲投资中心就可能从本单位的得失来考虑，而毅然放弃。见表9－2。

表9－2 某公司投资中心资料之二

投资中心	收 益	投 资	投资报酬率
甲	18 500元	125 000元	14.8%
乙	2 500元	50 000元	5%
全公司	21 000元	175 000元	12%

第二，又设乙投资中心接纳了一个投资机会。投资额为25 000元，可期望获得收益为2 000元。乙投资中心投资报酬率上升，并会由此而获得好评；但这个投资将降低全公司的投资报酬率，而乙投资中心很可能不顾全公司利益，从本单位利益考虑而接受。见表9－3。

表9－3 某公司投资中心资料之三

投资中心	收 益	投 资	投资报酬率
甲	11 250元	75 000元	15%
乙	4 500元	75 000元	6%
全公司	15 750元	150 000元	10.5%

第三，如按剩余收益来考核甲中心，假设公司的预期最低投资报酬率为10%，则甲投资中心将不会拒绝对公司有利的那笔投资。因为这一投资机会也给它增加了剩余收益。见表9－4。

表9－4 某公司投资中心资料之四

项 目	未接纳新投资前的金额（元）	接纳投资后的金额（元）
收益(a)	11 250	18 500
投资(b)	75 000	125 000
按预计最低投资报酬率计算的收益额$(c) = (b) \times 10\%$	7 500	12 500
剩余收益$(d) = (a) - (c)$	3 750	6 000

第四，若公司的预期最低投资报酬率为10%，乙投资中心不仅没有剩余收益，反而蒙受损失。如果按照剩余收益指标来评价乙投资中心，它更不会接受对公司不利的投资机会，否则其所蒙受的损失将会更大。见表9－5。

表 9-5　　　　某公司投资中心资料之五

项　目	未接纳新投资前的金额(元)	接纳投资后的金额(元)
收益(a)	2 500	4 500
投资(b)	50 000	75 000
按预计最低投资报酬率计算的收益额(c) = (b) × 10%	5 000	7 500
剩余收益(d) = (a) − (c)	−2 500	−3 000

(四)内部转移价格

企业内各利润中心或投资中心之间相互提供产品(半成品)或劳务时，应当按照适当的内部转移价格进行结算。一个成本中心向其他成本中心提供产品(半成品)或劳务时，也应当按适当的单位成本进行成本的结转或分配。这种单位成本可视同为转移价格。

1. 内部转移价格的意义及其制定原则

在责任会计中，各责任中心相互结算所选用的计价标准叫做“内部转移价格”。制定合理的内部转移价格，可以合理地划分各责任中心的责任，公正地评价责任业绩，并根据有关的数据，做出科学的决策，及时纠正各责任中心的生产经营活动，达到对生产经营的有效控制。

应该注意的是，企业制定内部转移价格通常需要遵守以下三条基本原则：

(1)内部转移价格必须是企业内部购销双方自愿接受的。也就是说，只要有一方不同意，那么所制定的价格也是难以成立的。因此，制定内部转移价格的前提是尊重各责任中心的主权。

(2)内部转移价格必须使购销双方都有利，即购销双方各责任中心都是从自己的利益出发来制定内部转移价格，剔除了利益的内部转移价格是根本不存在的。可见，确定内部转移价格必须以利益为基础。

(3)内部转移价格不能影响整个企业的利益。由于各责任中心大都是一个大企业或部门的组成部分，它经营得好与坏直接影响着企业全局的利益。因此，在制定内部转移价格时，必须以责任中心和整个企业的利益一致为条件，不能只顾一时的利益，而影响了企业全局的利益。

2. 内部转移价格的制定方法

制定内部转移价格是一项复杂而细致的工作，它影响到各责任中心的责任和利益的划分。在实际工作中，内部转移价格的制定有以下四种方法：

(1)按市价制定转移价格。这种方法就是根据产品或劳务的市场供应价格作为计价基础。在西方国家，通常认为市场价格是内部转移价格的最好依据，因为市价最能适应利润中心的基本要求，那就是在一个企业内部造成一种竞争性的市场形势，使其中每个利润中心都成为独立的机构，各自经营，相互竞争，最后再用利润指标衡量它们的经营成果。如果制定的转移价格确能反映真正的市场情况，那么，利润中心的净利就能作为评价其经营成果高低的真正依据。

西方国家在采用市价为转移价格时，企业内部的买卖双方一般应遵守以下几条规则：

① 若卖方愿意对内销售，且售价与市价相符时，买方应有购买的义务，不得拒绝。

② 若卖方售价高于市价时，买方有改向外界市场购入的自由。

③ 若卖方宁愿对外界销售，则应有不对内销售的权利。

应该注意的是，凡属内部转让的产品或劳务，往往是专门生产的，或具有特定的规格。在这种情况下，就没有市价可作为准绳，这是采用这种方法的局限性。

(2)按议价制定转移价格。这种方法就是买卖双方以正常的市场价格为基础定期共同协商，确定出一个双方都愿接受的价格作为计价基础。在一般情况下，议价可以比市价稍低一些，主要是由于：

① 内部转移价格中所包含的推销和管理费用通常低于外购商品。

② 内部转移的数量一般较大，因而其单位成本就比较低。

③ 出售单位大多拥有多余的生产能力，因而议价只需略高于单位变动成本即可。

综上所述，市价一般只宜作为制定内部转移价格的上限，至于具体价格，应由买卖双方在参考市价的基础上协商议定。另外，在产品或劳务没有市价的情况下，也只能采用议价的方式来确定。

(3)按标准成本加成制定转移价格。这种方法就是根据产品或劳务的标准成本，再加一定的合理利润作为计价基础。它的优点是简便易行，而且能分清买卖双方的经济责任，不会把供应单位的浪费和无效劳动转嫁给耗用单位负担，有利于激励双方降低成本的积极性。但是确定加成的利润率总难免带有一定的主观随意性，需要慎重研究，妥善制定。

(4)按实际成本加成制定转移价格。这种方法就是根据产品或劳务的实际成本，再加一定的合理利润作为计价基础。它的优点是能保证卖方单位有利可得，可调动其工作积极性。但这样做，必然会将卖方的功过全部转嫁给买方负担，削弱了双方降低成本的责任感；同时加成利润率的确定带有很大程度的主观随意性，它的偏高或偏低都会影响双方业绩的正确评价。

上述方法各有千秋，企业可以根据自己的具体情况选用一种方法，或同时采用几种方法。如对材料采用市场价格，对自制半成品和备件采用标准成本加成的方法等等。

另外，在制定内部转移价格时，可以根据管理的需要，人为提高或降低内部转移价格。如对生产需要量小、市场价格低的材料和半成品，内部转移价格可以定的高一些，以鼓励外购；对生产需要量大、市场价格高的材料、半成品，可以将价格定得低一些，鼓励自己生产，限制外部采购。

五、责任报告与业绩考核

(一)责任报告的种类

企业内部的每一责任中心都应定期将执行业务的情况逐级上报，一则用以沟通情况，再则用以衡量业绩。根据每个责任中心可控的成本和收入编制反映责任预算执行情况的报告，称为责任报告或业绩报告。一项良好的责任报告制度必须满足一定的要求，能反映责任中心全部经济业务的指标体系。

责任报告主要有两类：一类用以报告个人成就，另一类用以报告经营成果。前者的目的是将一个责任中心的负责人的实际成就与当时条件下应该达到的成就做比较；后者是各责任中心作为一个经济实体所取得的经营成果的报告。另外，责任报告就其反映的经济业务内容来划分，可分为成本报告与财务报告；按其编报时间来分，可分为日报、周报、月报、季报、年报；按其报告的形式来划分，可分为书面报告、图解报告和口头报告。

（二）编制责任报告的原则

1. 适用性

编制责任报告的原则，首先应要求适用。各级管理人员对所收受的报告要求不同，高级管理人员需要的报告多与决策有关，应扼要编一总表，将有些明细报告只随总表附送。而低层管理人员就需要明细的报告。

在适用性方面还应考虑怎样才能使报告真正发挥作用。因此，必须根据管理的需要有选择地提供信息。同时，还应注意各个部门所需要的信息。如果是同样的，应设法避免重复选项报告，以节约在编制报表上的重复劳动。

2. 适时性

所谓适时性原则，不仅指收到报告的日期要适时，而且报告内容所包括的期间也要是适时的。这样就能使管理人员尽快得到信息，而且报告所包括的期间与规划、控制相适应，适合日常管理的需要。

3. 准确性

报告的数据应准确，能反映实际活动的真实情况，要妥善处理准确性与适时性的矛盾。即使是大概数、平均数和近似值，也应有一定根据。为取得可靠的数据来源，应不断改进有关信息的传递、整理、分类和记录工作。

4. 相关性

责任报告的作用在于能将必要的信息反馈给各部门的责任者，以便对业绩进行评估。必要时，甚至要修正计划改变行动。因此，各级管理部门的报告应该具有综合控制的职能。由于各级管理业务项目不同，其责任报告的内容也有所差别，但所有责任报告彼此相关，形成一个总的报告体系，以便反映每个部门所能控制的项目，指出管理当局应予注意的问题，以加强全面管理。

（三）责任报告的内容与形式

遵照管理上的“例外原则”，责任报告应突出重点，以便引导人们把主要注意力集中在少数严重脱离预定目标的项目上。各类责任报告的基本内容、特点和形式应根据各个企业的组织结构、业务内容、业务性质、报告对象和使用情况而定。责任报告的组成内容，在垂直组织结构的企业，其成本由最基层的成本中心进行归集，逐级汇总。在横向组织结构的企业，各独立的分厂为一个利润中心，这些分厂应向总厂编制销售成本报告和利润报告。制造成本报告在各分厂各级成本中心另行逐级编报汇总。

成本责任中心编制的报告一般分为三级：班组、车间和全厂。

班组成本报告根据可控直接成本进行收集汇总，并和绩效预算对比，以确定差异。绩效预算是按照实际业务量，根据标准成本卡与弹性预算加以计算的，其公式如下：

绩效预算中原材料的成本＝ 原材料消耗定额×实际生产数量×计划单价

绩效预算中人工成本＝劳动定额×实际生产数量×计划小时工资率

绩效预算中变动间接费＝弹性预算中变动间接费率×实际工作的时数

班组成本报告必须根据各个班组的具体情况，确定其成本项目的内容。班组责任报告还应有生产日报、工时日报、材料消耗日报，以及按周、月、旬的汇总报告。

车间成本报告按班组成本报告汇总，可按班组，也可按成本项目进行汇总。除汇总各班组成本之外，还应将车间直接发生的变动成本和固定成本列入，集中为车间的责任成本。

工厂成本报告中的总成本由四部分组成：基本生产车间成本、材料价格差异、辅助生产和服务部门成本差异及全厂共同固定成本。

下面将分别用垂直组织成本报告示意表9－6和横向组织业绩报告示意表9－7说明责任报告体系。

表9－6

班组成本报告

甲班 单位:元

项目	预算	实际	差异
直接人工	1 200	1 400	+200
材料	1 600	1 500	-100
间接费用(分项)	1 000	1 200	+200
合计	3 800	4 100	+300

车间成本报告

一车间　单位:元

班组	预算	实际	差异
甲班	3 800	4 100	+300
乙班	4 000	4 200	+200
其他(分项)	6 600	6 300	-300
小计	14 400	14 600	+200
车间共同成本	3 000	2 900	-100
合计	17 400	17 500	+100

工厂成本报告

单位:元

车间	预算	实际	差异
一车间	17 400	17 500	+100
二车间	18 000	18 200	+200
三车间	20 000	19 600	-400
小计	55 400	55 300	-100
企业共同成本(分项)	21 500	21 200	-300
合计	76 900	76 500	-400

表9－7

A分厂销货成本报告

单位:元

项目	预算	实际	差异
制造成本	80 000	80 070	+70
制造费用	13 000	12 800	-200
财务性支出	4 000	4 300	+300
合计	97 000	97 170	+170
产成品库存	0	200	+200
利润报告中成本	97 000	97 370	+370

A 分厂利润报告 单位:元

项 目	预 算	实 际	差 异
销货收入	120 000	120 000	0
销货成本	97 000	97 370	+370
税前利润	23 000	22 630	-370
所得税(25%)	5 750	5 657.5	-92.5
税后利润	17 250	16 972.5	-277.5

责任报告实际上是对各责任中心过去一段期间生产经营活动情况的系统概括和总结。根据责任报告，可以进一步对差异形成的原因和责任进行具体分析，充分发挥信息的反馈作用，有助于实现有效的控制和调节，以最大限度地提高企业生产经营的经济效果。各类责任中心的责任报告具体内容列示见表9-8、表9-9和表9-10。

表9-8 成本中心责任报告(某车间)

2009年4月 单位:元

摘 要	预 算	实 际	差 异
甲工段	14 000	14 800	+800
乙工段	12 000	11 900	-100
小计	26 000	26 700	+700
本车间的可控成本			
间接人工	1 800	1 820	+20
管理人员工资	3 200	3 140	-60
设备折旧费	2 000	2 000	0
设备维修费	1 000	1 070	+70
物料费	900	1 080	+180
其他	500	600	+100
小计	9 400	9 710	+310
本车间责任成本合计	35 400	36 410	+1 010

利润中心责任报告(某分厂)

表 9－9　　　　2009 年 4 月　　　　单位:元

摘要	预算	实际	差异
销售收入	135 000	136 000	+1 000
变动成本			
变动生产成本	40 000	44 000	+4 000
变动销售成本	18 000	17 000	－1 000
变动管理成本	12 000	11 000	－1 000
小计	70 000	72 000	+2 000
贡献毛益	65 000	64 000	－1 000
减:期间成本			
直接发生的固定成本	7 000	8 000	+1 000
上级分配的固定成本	6 000	5 100	－900
小计	13 000	13 100	+100
营业利润	52 000	50 900	－1 100

投资中心责任报告(某事业部)

表 9－10　　　　2009 年 4 月　　　　单位:元

摘要		预算	实际	差异
销售收入		3 000 000	3 750 000	+750 000
销售成本		2 805 000	3 525 000	+720 000
营业利润		195 000	225 000	+30 000
投资		750 000	900 000	150 000
投资报酬率	销售利润率	6.5%	6%	－0.5%
	投资周转次数	4 次	4.17 次	+0.17 次
	投资报酬率	26%	25%	－1%
剩余收益	营业利润	195 000	225 000	+30 000
	投资最低报酬率(16%)	120 000	144 000	+24 000
	剩余收益	75 000	81 000	+6 000

(四) 业绩考核和评价

责任报告不仅可使管理人员能够通过报告内容的比较、衡量与分析，预测未来的生产经营活动，而且可对责任中心的工作业绩进行考核与评价。

1. 业绩考核与评价的一般原则

(1)可控制原则。对责任中心的业绩考核应选择可控制的因素进行评价。

(2)例外管理原则。符合正常的指标项目应做一般评价，对于显然不正常的情况且离预定范围较大的事项应予重点评价。

(3)客观原则。责任会计反映和衡量经济责任应力求客观，实事求是，防止人为偏差。

(4)可比性原则。进行业绩考核与评价应着重于比较的方法。以实际和预算相比说明预算执行情况；以实际与标准比较，以发现脱离标准的偏差及原因；不同时间的比较可以发现生产经营活动的趋势及其规律性；不同部门的比较可以衡量部门管理水平和所取得成果的大小；不同产品的比较可以了解各种产品贡献的大小，有利于生产决策；同行业的比较可以从利害得失中取长补短。这些都需要比较双方具有可比的条件，必须消除一些不可比的因素。

(5)激励性原则。根据各责任中心确定的责权利，对于取得的成果按照贡献的大小给予不同的奖励。奖励的多少与工作优劣相适应，给予的奖励必须较为优厚而富有激励性，以促使全体成员努力争取。值得注意的是，金钱等物质方面的报酬并不是激励职工积极性的唯一手段，必须把物质激励和精神激励有机地结合起来，才能产生良好的效果。

2. 各责任中心的业绩考核与评价方法

(1)成本中心业绩考核与评价方法。成本报告上的差异及分析，可以用来考核成本中心的短期成绩。应考虑差异是否应由成本中心来承担，考虑的因素包括：生产批量是否减少，服务水平是否提高，原料质量是否降级，有无意外变故等。这种分析每月应做一次。对技术性部门的考核要着眼于生产效率、技术水平、职工干劲、新产品开发、科研成果等。

(2)利润中心的业绩考核与评价方法。利润中心的短期成绩考核可用利润大小来进行，但这种方法的一个主要缺点是不看资产的多少。也可用投资利润率来考核，这种方法可弥补仅用利润大小考核的不足，但由于各利润中心的风险不同，不容易进行客观比较。此外，还可用投资利润减去资金成本来进行考核，这种方法除了利润的算法有问题外，资金成本怎样算也成问题。还有用差异的原因来考核，这种方法基于预算的数字较准确，而且做预算所假定的外部环境全部实现时，差异可用来衡量短期成绩。但在一般的情况下，环境是会变化的，所以预算的数字就不能当做一个很精确的衡量标准。利润中心的长期考核主要是考核对企业长期利益有影响的经济活动成绩怎样。

(3)投资中心业绩考核与评价方法。投资中心是企业内部业务规模和经营权限都比较大的责任层次，它通常拥有投资决策权，能对固定资产、存货等进行全面、直接的调节控制。投资中心是比利润中心高出一级的责任中心，它既要考核成本收益，又要考核资金，综合衡量投资报酬率的大小和投资经济效果的好坏。投资中心实质上包括利润中心，因而对投资中心的评价与考核，除成本、收入和利润等指标以外，重点要放在投资报酬率、投资周转率和剩余收益这些指标上。

第四节　平衡计分卡

一、平衡记分卡

平衡记分卡是由哈佛大学的卡普兰和诺顿率先提出的。针对传统的以财务指标为主的业绩评价系统，它强调非财务指标的重要性，通过对财务、顾客、内部作业、创新与学习四个各有侧重又互相影响方面的业绩评价来沟通目标、战略和企业经营活动的关系，实现短期利益和长期利益、局部利益与整体利益的均衡，如图 9－1 所示。

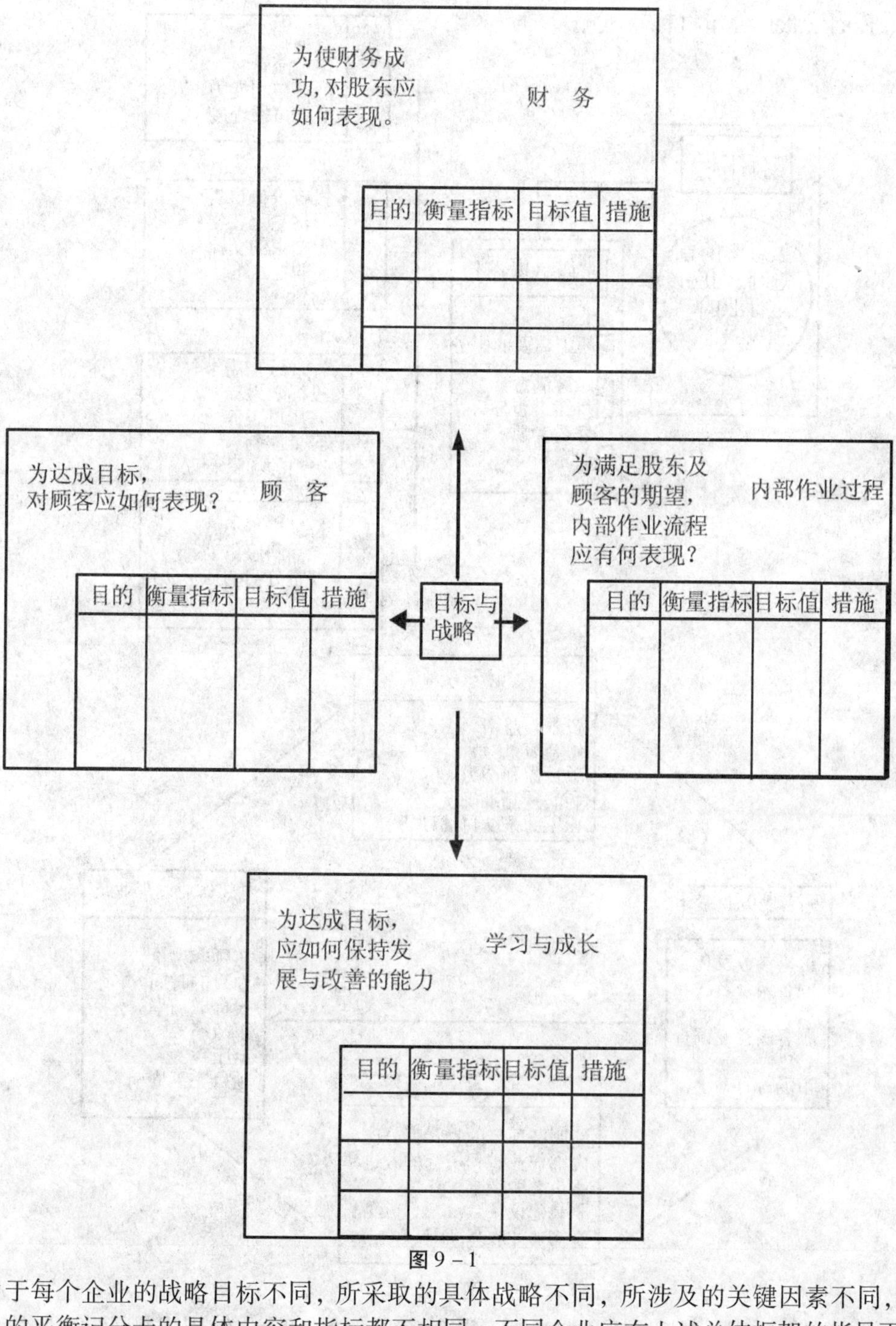

图 9－1

由于每个企业的战略目标不同，所采取的具体战略不同，所涉及的关键因素不同，导致其各自的平衡记分卡的具体内容和指标都不相同。不同企业应在上述总体框架的指导下开发自己的平衡记分卡。下面我们以 Rockwater 公司为例，说明平衡记分卡的基本内容及其和企业战略的关系。该公司是一家全球性的工程与建设公司，在水下工程与建设行业处于领先地位。进入 20 世纪 80 年代后，竞争逐渐激烈，许多小公司都脱离了这一行业，而作为重要客户的石油公司逐渐重视一种长期合作关系的建立，而不仅仅是选择价格。根据这种竞争环境的改变，公司确定了新的目标和战略，并相应发展了均衡计分卡，如图 9－2 所示。

Rockwater 公司目标与战略

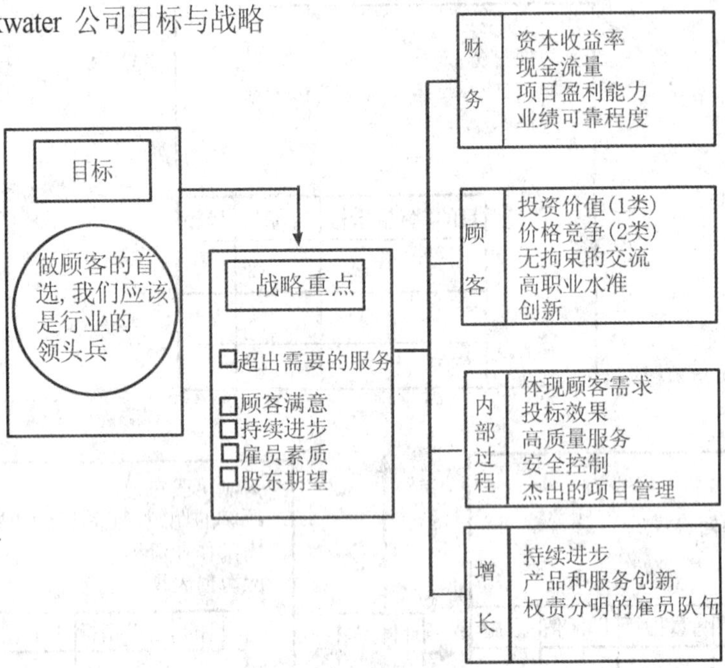

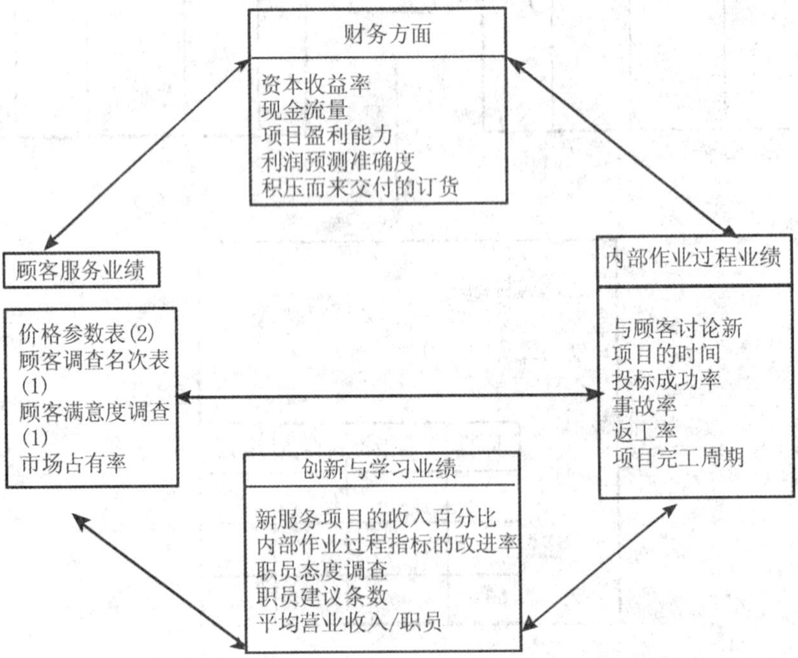

图 9－2

显然，上述平衡记分卡是从企业目标与战略在各领域的具体体现发展而来的，在 Rockwater 公司的平衡记分卡中，包括：

1. 财务方面。共五项指标，前三项为短期业绩指标，而后两项着重于降低业绩的不确定性。

2. 顾客方面。共四项指标，“价格参数表”是本公司和竞争对手的项目报价比较，主要针对注重价格因素的顾客群(2 类)；“顾客调查名次表”是每年一次由顾客(1 类)作出的本公司和其他同行业公司的服务比较;“顾客满意度调查”是每月一次的针对注重服务质量的顾客(1 类)进行的调查;最后是市场占有率。这些指标以顾客的意见为主要依据来衡量企业的竞争优势,而最后的市场占有率无疑是这种意见的综合表现,它们最终都会影响到财务成果。

3. 内部作业过程方面。四项指标反映从确认顾客需要到满足这种需要的效率和质量,强调和促进职员认识满足顾客需要的重要性。

4. 创新与学习方面。共五项指标,其基本目的是推动财务、顾客和内部作业过程方面的业绩进步。该公司是从产品和服务两方面着眼的。

下面以美孚石油新英格兰销售及分配公司(NES&D)的平衡记分卡为例(见表 9 – 11、9 – 12),介绍对经营者进行考核的指标和方法。

表 9 – 11

方面	目标	具体指标
财务		
F1	所用资本利润率	所用资本利润率
F2	现金流量	现金流量
F3	获利能力	税后净利率
F4	最低成本	每加仑完全成本
F5	达到获利增长目标	汽油数量增长率
		现有石油、天然气、润滑油产量增长率
		石油产品增长率
客户		
C1	让客户高兴	不确定客户比率
		客户的抱怨
		客户的赞美
C2	零售商/批发商的获利能力	零售/批发商的总边际收入
内部经营过程		
11	营销及产品开发	选择利润中心的总利润
12	销售力量重点	达到商机标准的石油、润滑油、天然气
		经营单位的数量
		我们的委托站的数量
13	经营管理	汽油耗用
		蒸馏耗用
		加油站耗用
14	改善健康、安全及环境	环境事件
15	质量	伤害造成的病假天数
		事故
		在质量评估计划里加油站分数的百分比
学习和成长		
L1	企业内部	思想调查
L2	中心能力及技术	在发展计划上的进步——主要指领导关系
L3	获得策略信息	使用利润和亏损的数据
		计分卡现金流量的可利用性

表 9－12

策略发展	平衡计分卡指标
1. 把公司的特别服务与最好的销售结合在一起	F5、C1、I1、I2
2. 对于关键竞争，找出致命的差距：	
竞争性的销售策略	F3、F4
统一管理分配商	F5
在产品供应和后勤上进行合作——提高资产利用率	F4
3. 给人员提供广泛的培训和发展	C1、I2、L1、L2
4. 改进观念，开放通讯、反馈、奖励及认可	L1
5. 改善健康、安全、环境业绩	I4
6. 石油产品	F5
7. 立法/规范——对产量和利润的潜在威胁	F3、F5
8. 改善成本结构	F4、L2

作为综合业绩评价系统，均衡计分卡的特点和意义主要体现在以下几方面：

首先，它将目标与战略具体化，加强了内部沟通。均衡计分卡的设计要首先分析企业目标和基本战略对于经营活动各方面的基本要求，并由此确定各方面工作的重点，有利于保证目标与战略在具体经营活动中的体现。另一方面，由于从业绩评价体系构建方法上加强了内部沟通，也就使各个层次的具体职员能更好地理解企业的目标和战略，有助于促进内部决策目标的一致。如上述案例中，Rockwater 公司以第一类顾客为发展重点，其竞争战略是通过产品和服务质量来增强竞争优势，而这些都通过"顾客调查名次表"、"顾客满意度调查"，以及在内部作业过程考核中对于产品和服务质量的强调而得以具体表达。

其次，以顾客为尊，重视竞争优势的获取和保持。如前述，顾客是企业的重要资产，显然，如何确认、增加和保持这项"资产"的价值，这对于竞争优势的获取和保持都是非常重要的。均衡计分卡将顾客的服务满足和满意程度作为单独的一个方面来加以考核，并通过内部过程、学习与创新来保证和促进这种业绩，不仅从观念上促进了企业内部各个层次对于顾客"价值"的重视，而且提供了贯彻企业竞争战略的具体方式。如上述案例中，通过"顾客服务业绩"方面几个指标的设计，既清楚地反映了企业对于顾客特性的基本认识，也明确地表达了不同的竞争战略：价格竞争或服务质量竞争。而关于"内部作业过程"的考核指标设计，提供了具体地获取和保持这种竞争优势的途径：与顾客保持更密切的关系、更快更好地满足顾客的要求等。

再次，重视非财务业绩计量，促进了结果考核和过程控制的结合。传统的业绩评价大多是财务业绩评价，即根据财务结果来评价工作业绩，这种评价利用了财务性指标所具有的综合性、可比性，以及财务结果对于股东的意义，财务指标只是对于结果的评价，因而在业绩评价中有重要地位。但难以实现对过程的控制。均衡计分卡在业绩评价体系中综合运用财务指标和非财务指标，有效地促进了结果考核和过程控制的结合，使业绩评价更具改进意义。如E 述案例中，资本收益率、现金流量、项目盈利能力的提高无不需要从其他三方面的具体改进中获取。

事实上，越来越多的企业开始重视非财务指标在业绩评价中的应用。除了以上案例中所应用的非财务指标外，还有产品退货率、顾客抱怨次数、废品率、存货周转率、各项存货平均持有时间、准时交货率、一定时期新产品推出数量等。具体考核指标的选择要和特定行业及所考核环节的生产经营特征相结合，使竞争优势的分析进一步具体化。

最后，利用多方面考核所具有的综合性，促进了短期利益和长期利益的均衡，特别强调激励机制。企业战略目标往往具有长期性，而财务业绩评价，特别是在采用单一指标进行业绩评价时，往往容易使具体的经营管理人员更多地关注短期利益，不重视、甚至损害长期利益。均衡计分卡利用非财务指标与财务指标的结合，以及几个方面综合考核所具有的相互制衡作用，促进了短期利益和长期利益的均衡。

传统的业绩评价系统通常强调企业希望管理者和员工做什么，然后利用评价结果证实其是否采取了这些行动，整个系统强调对行为的控制。而均衡计分卡强调的主要内容是目标，鼓励管理者和员工创造性地完成目标，即该业绩评价系统强调的是激励。这样一方面可以简化指标体系的设置，只以成功经营企业需关注的关键问题为设计依据，抓住企业发展的核心，减轻企业管理者过重的信息负担；另一方面还能发挥管理人员和企业员工的能动性，有效激励其提高企业业绩的积极性。

本章小结

一、业绩评价概述。首先主要介绍业绩评价的涵义及业绩评价与财务报表的关系，其次介绍了业绩评价的构成要素和功能。

企业业绩评价，也称绩效评估或绩效衡量，在现实工作中也称为“考核”、“考评”，是指运用科学、适用的方法，对企业的各单位、经营者、员工在一定经营期间内的生产经营状况、财务运营效益、经营者业绩等进行定量与定性的考核、分析，评定其优劣、评估其效绩。

二、主要介绍业绩评价的历史演进。

三、责任会计。主要介绍建立责任会计制度的主要目的、原则和基本内容，责任中心的设置方法，对责任中心的评价与考核，内部转移价格的作用，制定内部转移价格的计税基础。

责任会计最早产生于19世纪末20世纪初。在这个时期，随着工业革命及资本主义经济的迅速发展，生产活动日益复杂，企业组织规模不断扩大，这些促使成本会计取得了引人注目的进展。成本会计的发展，尤其是以泰罗的“科学管理理论”为基础的标准成本制度的出现，使人们认识到，为控制成本必须将其作为各种责任赋予业务执行人员，充分地调动他们的积极性和创造性。与此同时，预算管理的出现使责任制度从成本控制领域扩展到利润和资金等管理领域，明确了对各部门预算建立责任制度的重要性。这些发展表明，会计数据与经济责任开始结合，责任会计的萌芽已经产生，尽管还不成熟，但为后来责任会计向业绩评价发展奠定了基础。

四、对平衡记分卡做了简单的介绍。平衡记分卡是由哈佛大学的卡普兰和诺顿率先提出的。针对传统的以财务指标为主的业绩评价系统，它强调非财务指标的重要性，通过对财务、顾客、内部作业、创新与学习四个各有侧重又互相影响方面的业绩评价来沟通目标、战略和企业经营活动的关系，实现短期利益和长期利益、局部利益与整体利益的均衡。

◇◇ 练习题

一、单项选择题

1. 责任会计的核算应以企业内部的责任单位为对象，从而体现责任会计核算（　）。

A. 责任主体原则　　B. 目标一致原则

C. 可控性原则　　D. 反馈原则

2. 责任中心的基本特征是（　）。

A. 激励机制　　B. 可控性

C. 分权管理　　D. 权责利统一

3. 通常来讲，那些产出物不能用财务指标来衡量，或投入或产出之间没有密切关系的单位适用于（　）。

A. 投资中心　　B. 利润中心

C. 标准成本中心　　D. 费用中心

4. 考核成本中心的成本指标只能是（　）。

A. 财务成本　　B. 产品成本

C. 制造成本　　D. 责任成本

5. 成本的可控性与不可控性，随着条件的变化可能发生相互转化。下列表述中，不正确的说法是（　）。

A. 高层责任中心的不可控成本，对于较低层次的责任中心来说.一定是不可控的

B. 低层次责任中心的不可控成本，对于较高层次责任中心来说，一定是可控的

C. 某一责任中心的不可控成本，对另一个责任中心来说则可能是可控的

D. 某些从短期看属于不可控的成本，从较长的期间看，可能又成为可控成本

6. 具有独立或相对独立的收入和生产经营决策权，并对成本、收入和利润负责的责任中心是（　）。

A. 成本中心　　B. 利润中心

C. 投资中心　　D. 财会中心

7. 以下情况属于生产成本责任中心可控范围的是（　）。

A. 材料不完全适合原定生产要求，引起耗用量增加

B. 为适应生产要求，对某项材料进行紧急订货

C. 国家及供应单位调整材料价格

D. 以上情况都不对

8. 某部门有产品生产经营决策权，但其对外销售由企业专设的销售机构完成，该部门最好确定为（　）。

A. 标准成本中心　　B. 自然利润中心

C. 人为利润中心　　D. 费用中心

9. 对利润中心考核的指标是（　）。

A. 销售收入　　B. 可控贡献毛益

C. 税前净利　　　　D. 可控成本

10. 从引进市场机制、营造竞争气氛、促进客观和公平竞争的角度看，制定内部转移价格的最好依据是（　　）。

A. 市场价格　　　　B. 协商价格

C. 双重价格　　　　D. 成本价格

11. 内部转移价格的制定应公平合理，防止某些部门因价格上的缺陷而获得一些额外的利益或损失. 也就是说，内部价格的制定应遵守（　　）。

A. 全局性原则　　　　B. 激励性原则

C. 自主性原则　　　　D. 可控性原则

12. "现金回收率"适用于（　　）。

A. 人为利润中心　　　　B. 自然利润中心

C. 成本中心　　　　D. 投资中心

13. 对各责任中心的责任履行情况所做的专门报告是（　　）。

A. 预算执行情况报告　　　　B. 业绩报告

C. 差异分析表　　　　D. 年度会计报告

14. 在投资中心的主要考核指标中，能够全面反映该责任中心投入产出的关系，避免本位主义发生. 并使个别投资中心的利益与整个企业的利益统一起来的指标是（　　）。

A. 可控成本　　　　B. 利润总额

C. 投资利润率　　　　D. 剩余利润

15. 采用双重内部转移价格时买卖双方内部利润都会增加，其结果是（　　）。

A. 企业总体的利润水平上升

B. 企业总体的利润水平下降

C. 企业总体的利润水平不变

D. 企业总体的利润水平可能上升也可能下降

16. 如果中间产品有完全竞争的市场且"卖"方无闲置生产能力，中间产品的内部转移价格最好是（　　）。

A. 市场价格　　　　B. 协商价格

C. 双重内部转移价格　　　　D. 以"成本"作内部转移价格

17. 某投资中心的投资额为 200 000 元，加权平均的最低投资利润率为 20%，剩余利润为 20 000 元，则该中心的投资利润率为（　　）。

A. 10%　　　　B. 20%

C. 30%　　　　D. 40%

18. 设 A 责任中心生产的产品可直接向外出售，也可转至 B 责任中心继续加工。已知 A 责任中心产品的市场单位售价为 200 元，变动性制造费用为 140 元，变动性销售费用 20 元，A 责任中心的生产能力已得到充分利用。在进行短期经营决策的情况下，该产品由 A 责任中心至 B 责任中心的单位内部转移价格应合理确定在（　　）。

A. 140 元　　　　B. 160 元

C. 180 ~ 200 元　　　　D. 140 ~ 200 元

19. 已知某投资中心的资本周转率为 0.3 次，销售成本率为 60%，成本利润率为 80%，则其投资利润率为（　　）。

A. 42%　　B. 22.5%

C. 14.4%　　D. 6%

20. A责任中心生产的甲产品市场售价为200元，单位变动成本为140元。当A将甲产品转让给B责任中心时，厂内银行以200元的价格向A支付价款，同时以140元的价格从B收取价款。据此可断定，该项内部交易采用的内部转移价格是（　　）。

A. 市场价格　　B. 协商价格

C. 成本价格　　D. 双重价格

二、多项选择题

1. 制定内部转移价格的作用主要表现在（　　）。

A. 有助于明确划分责任中心的经济责任

B. 有助于责任中心的业绩考核建立在客观、可比的基础之上

C. 有助于调动企业内部各部门的生产积极性

D. 有助于制定正确的经营决策

E. 有助于促进责任中心的目标与企业整体目标趋向一致

2. 责任中心成本与产品成本的不同之处在于（　　）。

A. 产品成本是按产品计算，责任中心成本是按责任中心计算

B. 产品成本是谁受益、谁承担，责任中心成本是谁负责、谁承担

C. 产品成本为考核不同产品的盈利性提供客观依据，责任中心成本则反映责任预算的执行情况

D. 从理论上来说，就一个期间来说，全企业的产品总成本应不等于全企业的责任中心成本的总和

E. 产品成本是谁负责，谁承担；而责任中心成本是谁受益，谁承担

3. 符合“可控成本”条件的有（　　）。

A. 成本中心能够知道将发生什么性质的耗费

B. 成本中心能够计量它的耗费

C. 成本中心能够确切地知道它将发生的数额

D. 成本中心能够控制并调节其耗费

E. 任何层次的领导都可对之实施控制

4. 下列各项中，属于揭示自然利润中心特征的表述包括（　　）。

A. 直接面对市场　　B. 具有部分经营权

C. 通常只计算可控成本　　D. 对外销售产品而取得收入

E. 有权扩大或缩减现有生产能力

5. 下列各项指标中，属于投资中心主要考核指标的有（　　）。

A. 可控成本　　B. 收入和利润

C. 投资利润率　　D. 剩余利润

E. 销售毛利率

6. 责任中心一般可以分为成本中心、利润中心和投资中心三大类，其划分标准是根据企业内部各责任单位的（　　）。

A. 权限范围
B. 成本、利润或投资发生额的多少
C. 业务活动特点
D. 会计核算上的难易程度
E. 责任中心所处的经营环节
7. 影响利润中心考核指标完成的因素主要有（　）。
A. 销售价格　B. 销售数量
C. 各项成本　D. 品种结构
E. 资产额的大小
8. 责任中心应具备的条件是（　）。
A. 有责任者　B. 有资金运动
C. 有经济绩效　D. 有职责、权限
E. 有权购置或处理固定资产
9. 下列各项中属于内部转移价格的有（　）。
A. 市场价格　B. 协商价格
C. 双重价格　D. 成本价格
E. 目标价格
10. 投资中心的投资利润率可以通过下列几个指标计算求得，这些指标是（　）。
A. 资本周转率　B. 销售毛利率
C. 销售成本率　D. 成本利润率
E. 产值利润率
11. 按标准成本加成法来制定的内部转移价格适用于（　）。
A. 标准成本中心　B. 利润中心
C. 投资中心　D. 费用中心
E. 以上均对
12. 下列各项中，属于揭示投资中心特点的表述包括（　）。
A. 所处的责任层次最高　B. 具有投资决策权
C. 承担最大的责任　D. 分权管理程度比较高
E. 具有投资决策权，但收入和成本由其他责任中心负责
13. 下列各项中，可以反映内部转移价格与外部市场价格的不同之处的表述有（　）。
A. 企业内部供求双方的关系只是一种模拟市场竞争关系
B. 可以使企业内部的两个责任中心处于交易的买卖两极
C. 内部结算价格不完全按市场供求状况决定
D. 内部结算价格的变化，不会改变企业利润总额
E. 内部结算价格的变化将对企业利润总额产生影响
14. 在采用市场价格作为内部转移价格时，在不影响企业整体利益的前提下，应遵循的原则有（　）。
A. 当供应方愿意对内销售，且售价不高于市价时，使用方有购买的义务，不得拒绝“购进”

B. 当供应方售价高于市场价格，使用方有转向市场购入的自由

C. 当供应方宁愿对外界市场销售，则应有不对内销售的权利

D. 当市场上有不止一种市价时，供求双方应进行协商

E. 虽然内部转移价格高于现行市价，但为了企业整体的利益，应以内部转移价格作为结算价格

15. 当采用双重协商价格时，可能出现的情况有（　）。

A. 供应方采用最高市价　　B. 使用方采用最低市价

C. 供应方按市场价格或议价计价　　D. 使用方按对方的单位变动成本计价

E. 使用方按对方的目标成本计价

三、计算题

1. 以下为某公司 20××年某经营部的经营状况：

投资利润率	25%
销售收入	1 200 000
销售利润率	10%
最低利润率	18%

（1）请计算该营业部的经营资产。

（2）请计算该营业部的剩余利润。

2. 假定某公司有 A、B 两个事业部（投资中心），它们近一年的营业利润和投资额的资料如下：

	A 事业部	B 事业部
营业利润	55 000 元	131 250 元
投资额	250 000 元	750 000 元

若某公司为投资中心规定的最低报酬率为 14%。

要求：

（1）试先用 RI（剩余收益）指标来评价 A、B 两个事业部的业绩，通过计算，你认为哪个事业部较优？

（2）再试用 ROI（投资报酬率）指标来评价 A、B 两个事业部的业绩，通过计算，你认为哪个事业部较优？

（3）结合两个事业部原投资额的情况，你认为哪个指标的评价比较正确？为什么？

练习题参考答案

第一章　管理会计概述

一、单项选择

1. B　2. A　3. A　4. D　5. C

二、多项选择

1. BCD 2. ABCD 3. ABD 4. AB 5. BCD

三、判断题

1. √　2. ×　3. ×　4. √　5. ×

第二章 成本性态分析与变动成本计算

一、单项选择题

1. B　2. D　3. C　4. A　5. C

二、多项选择题

1. BCD　2. ABD　3. BD　4. ABC　5. ABC　6. ABD

三、判断题

1. ×　2. ×　3. √.　4. √.　5. ×.

四、计算题

1.【答案】

1. 高低点法:

(1)从表中找出最高点和最低点:

	产量(件)X	总成本(元)Y
最高点	50	10 500
最低点	40	8 800

(2)计算 $y = a + bx$ 中的 a、b 值:

$b = (10\,500 - 8\,800)/(50 - 40) = 170$ 元

将 b 代入高点:

$10\,500 = a + 170 \times 50$

$a = 2\,000$

或将 b 代入低点:

$8\,800 = a + 170 \times 40$

$a = 2\,000$

(3) 将 a、b 值代入 $y = a + bx$ 中，则成本性态模型为:

$y = 2\,000 + 170x$

这个模型说明单位变动成本为 170 元，固定成本总额为 2 000 元。

2. 回归直线法:

应用最小平方法原理，求解 $y = a + bx$ 中 a、b 两个待定参数。

(1) 列表计算 $\sum x$、$\sum y$、$\sum x \sum y$、$\sum x^2$，其结果如下表所示:

月份	产量 X	混合成本 Y	XY	X^2
7	40	8 800	352 000	1 600
8	42	9 100	382 200	1 764
9	45	9 600	432 000	2025
10	43	9 300	399 900	1 849
11	46	9 800	450 800	2 116
12	50	10 500	525 000	2 500
$n = 6$	$\sum x = 266$	$\sum y = 57\ 100$	$\sum xy = 2\ 541\ 900$	$\sum x^2 = 11\ 854$

(2) 将上表中的有关数据代入公式计算 a、b

$b = 170.65$(元)

$a = 1\ 951.19$(元)

则成本性态模型为:

$y = 1951.19 + 170.65x$

2. (1)2 月份加工的产品约当产量 =1 000 +200 ×60% −100 ×40% =1 080(件)

(2)按照完全成本法确定的期间成本 =1.8 ×900 +3 000 =4 620(元)

按照变动成本法确定的期间成本 =5 400 +4 620 =10 020(元)

按照完全成本法确定的单位产品成本 =9 +8.1 +4.5 +5 400/1 080 =26.6(元)

按照变动成本法确定的单位产品成本 =9 +8.1 +4.5 =21.6(元)

(3)由于月初没有库存产品，所以，月末库存产品数量 =1 000 −900 =100(件)

按照完全成本法确定的月末库存产品成本 =100 ×26.6 =2 660(元)

按照变动成本法确定的月末库存产品成本 =100 ×21.6 =2 160(元)

(4)由于月初没有库存产品，因此本月销售的产品都是本月生产的

按照完全成本法确定的利润 =900 ×(50 −26.6) −4 620 =16 440(元)

按照变动成本法确定的利润 =900 ×(50 −21.6) −10 020 =15 540(元)

两种方法确定的利润的差额 =16440 −15540 =900(元)

差额出现的原因是:在变动成本法下，5 400 元的固定制造费用全部计入利润，而在完全成本法下，只有 900 ×5 =4 500(元)的固定制造费用计入利润，所以二者的差额 =5 400 −4 500 =900(元)。

3. (1)计算变动成本法下本月发生的生产成本。

100 000 +10 000 +9 000 =119 000(元)

(2)计算变动成本法下本月完工产品成本和期末在产品成本。

本月投产 1 000 件产品，期末完工 950 件，期初在产品存货 50 件，所以期末在产品 = 50 +1 000 −950 =100(件)

在产品约当产量 =100 ×0.5 =50(件)

完工产品单位成本 =(6 000 +119 000)/(950 +50) =125(元/件)

本月完工产品成本 =950 ×125 =118750(元)

期末在产品成本 =50 ×125 =6250(元)

(3)企业对产成品存货计价采用先进先出法，要求确定变动成本法下月末存货成本:

月末库存材料成本 = 10 000 + 160 000 − 100 000 = 70 000(元)

月末产成品存货数量 = 100 + 950 − 900 = 150(件)

月末产成品存货成本 = 150 × 125 = 18 750(元)

月末在产品成本 = 6250(元)

月末存货成本 = 70 000 + 18 750 + 6250 = 95 000(元)

(4)①完工产品与在产品之间的制造费用分配率 = (30 000 + 70 000)/(950 + 50) = 100(元/件)

(注:30000 是指固定制造费用科目——在产品科目的期初余额，70 000 是本月固定制造费用发生额)。

本期完工产品应负担的固定制造费用 = 950 × 100 = 95 000(元)

期末调整会计分录:

借:固定制造费用——产成品　　95 000

　　贷:固定制造费用——在产品　　95 000

②本期销售发出产成品应负担的固定制造费用 = 6 000 + 800 × 100 = 86 000(元)

(注:6 000 是"固定制造费用 - 产成品"科目的期初余额)

期末调整会计分录:

借:产品销售成本　　86 000

　　贷:固定制造费用 - 产成品　　86 000

(5)销售收入 = 900 × 1 200 = 1080 000(元)

销售成本 = 9 000 + 118 750 − 18 750 + 86 000 = 195 000(元)

期间费用 = 变动销售和管理费用 + 固定销售和管理费用 = 80 000 + 40 000 = 120 000(元)

对外提供财务报告税前经营利润 = 1080 000 − 195 000 − 120 000 = 765 000(元)

4.(1)采用两种方法计算产品总成本和单位成本

如果采用完全成本法:

产品总成本 = 100 + 120 + 80 + 40 = 340(元)

单位成本 = 340 ÷ 20 = 17(元)

如果采用变动成本法:

产品总成本 = 100 + 120 + 80 = 300(元)

单位成本 = 300 ÷ 20 = 15(元)

(2)假设本期销售 18 件产品，期末库存产成品 2 件，没有在产品存货。采用两种方法计算期末存货成本。

按完全成本法对期末存货估计为 34 元(2 件 × 17 元/件)

按变动成本法对期末存货估价为 30 元(2 件 × 15 元/件)。

前者包括了 4 元固定成本，后者没有包括固定成本。

(3)假设产品售价 25 元/件，变动销售及管理费用 3 元/件，固定销售及管理费用 50 元/月。采用两种方法分别计算当期利润。

【完全成本法】

毛利 = 销售收入 − 销售成本 = 25 × 18 − 17 × 18 = 144(元)

利润 = 毛利 − 销售与管理费用 = 144 − (3 × 18 + 50) = 40(元)

【变动成本法】

边际贡献(制造)=销售收入-销售成本=25×18-15×18=180(元)

利润=边际贡献-期间成本

=180-(固定制造费用40元+变动销售与管理费用54+固定销售与管理费用50)

=36(元)

(4)分析两种方法下利润差异的原因

完全成本法下单位产品的固定制造费用=40/20=2

在完全成本法下，由于本期有2件产品结转下期，则本期固定制造费用相应结转下期2×2=4元。而在变动成本法下，固定制造费用属于期间成本，全部计入当期利润表，因此，完全成本法的利润就高于变动成本法的利润4元。

5. 答案

(1)A=0

B=2000

C=2400000

D=1200000

(2)单位存货固定生产成本=2400 000÷12000=200(元)

期末存货所含固定生产成本=2000×200=400 000(元)

(3)2007年完全成本法下税前利润=1200 000+400 000=1600 000(元)

第三章 本量利分析

一、单项选择题

1. D　2. D　3. B　4. A　5. B　6. D　7. B　8. C　9. C　10. D　11. B　12. C　13. D

二、多项选择题

1. AC　2. BC　3. BD　4. ACD　5. ABD　6. ABD　7. AD　8. ABCD

三、判断题

1. √　2. ×　3. √　4. ×　5. √　6. √　7. ×

四、计算分析题

1. (1)销售单价=16÷40%=40(元/件)

销售量=64 000 ÷16=4 000(件)

固定成本=(40-16)×4000-18 000=78 000(元)

保本销售量=78 000 ÷(40-16)=3 250(件)

(2)税前利润=(40-16)×4 000×(1+8%)-78 000

=2 5680(元)

2. (1)销售量=200 000 ÷40=5 000(件)

单位变动成本=(180 000-80 000)÷ 5 000=20(元/件)

保本销售量=(80 000+8 000)÷(40-20)=4 400(件)

(2)目标销售额=(80 000+8 000+100 000)÷(40-20)×40

=376 000(元)

3. 从题中可知，变动成本总额为360 000元，固定成本总额为300 000元，即可求出贡献

毛益总额为:

600 000 − 360 000 = 240 000(元)

贡献毛益率 = 240 000 ÷ 600 000 = 40%

保本销售额 = (300 000 + 60 000) ÷ 40% = 900 000(元)

目标销售额 = [(300 000 + 60 000) + 60 000/(1 − 30%)] ÷ 40%

= 1114285.71(元)

4.(1)保本点(实物量) = 1 584 000 ÷ (40 − 28) = 132 000(元)

盈亏临界点(金额) = 1 584 000 ÷ [(40 − 28) ÷ 40] = 5 280 000(元)

(2)目标销售量(实物量) = (1 584 000 + 120 000) ÷ (40 − 28) = 142 000

(3)税前利润 = 180 000 ÷ 40% = 450 000 元

目标销售量(实物量) = (1 584 000 + 450 000) ÷ (40 − 28) = 169 500

(4)单位变动成本 = 28 + 28 × 50% × 10% = 29.4

固定成本总额 = 1 584 000 + 1 584 000 × 20% × 10% = 1 615 680 元

保本点(实物量) = 1 615 680 ÷ (40 − 29.4) = 152 422.64

第四章　经营预测

一、单项选择题

1. A　2. B　3. A　4. D　5. D　6. A　7. D　8. B　9. A　10. A　11. C　12. B

二、多项选择题

1. ABCDE　2. ACD　3. ABCDE　4. ABCD　5. ACD　6. ABCD　7. ABCD　8. ACD　9. ABCD

三、判断题

1. ×　2. √　3. √　4. ×　5. √　6. √　7. ×　8. ×

四、计算题:

1.(1)计算单位变动成本 $b = \frac{\triangle y}{\triangle x}$

$$\frac{300\ 000 - 200\ 000}{20\ 000 - 10\ 000} = 10\ (\text{元})$$

计算固定成本 $a = y - b \cdot x$

$= 300\ 000 - 10 \times 20\ 000$

$= 100\ 000$(元)

所以,成本方程为: $y = 100\ 000 + 10 \cdot x$

(2)根据指数平滑法公式:

5 月份预测产销量 = 0.6 × 20 000 + (1 − 0.6) × 18 500

= 19 400(件)

(3)预计总成本 y = 100 000 + 10 × 19 400 = 294 000(元)

2. 首先, 判定资产负债表各项目与销售额之间的数量关系:计划年度销售额相对于基期的增长率为:

$$\frac{1000\ 000 - 850\ 000}{850\ 000} \times 100\% = 17.65\%$$

由于生产能力只利用了70%，故销售额增加，不需对固定资产进行追加投资。

其次，将资产负债表的各项目用销售百分比法的形式表示：

资产负债表

2007年12月31日　　　　　　　　　　单位：人民币元

资 产		负债及所有者权益	
项目	销售百分比法	项目	销售百分比法
现金	2.35%	应付账款	11.76%
应收账款	17.65%	应交税金	5.88%
存货	23.53%	应付票据	（不适用）
固定资产（净值）	（生产能力有剩余）	长期负债	（不适用）
长期投资	（不适用）	普通股股本	（不适用）
无形资产	（不适用）	留存收益	（不适用）
合计	43.53%	合计	17.64%

故2008年度预计需追加的资金数额

$$=(43.53\%-17.64\%)\times(1000\ 000-850\ 000)-60\ 000-1000\ 000\times\frac{42\ 500}{850\ 000}\times(1-\frac{17\ 000}{42\ 500})+20\ 000$$

$=25.89\%\times150\ 000-60\ 000-1000\ 000\times5\%\times60\%+20\ 000$

$=38835-60\ 000-30\ 000+20\ 000$

$=-31165$（元）

该结果表明，计划年度销售量的增加是建立在充分利用现有生产能力的基础上，其资金较为充足，不必追加资金。

3. 由题意得：

资 产		负债及所有者权益	
项目	销售百分比法	项目	销售百分比法
现金	2%	应收账款	10%
应收账款	17%	应交税金	5%
存货	20%	长期负债	不适用
固定资产（净额）	30%	股本	不适用
无形资产	不适用	未分配利润	不适用
资产总计	69%	负债及权益总计	15%

基期销售利润率 = 20 000/500 000 = 4%

基期股利发放率 = 10 000/20 000 = 50%

计划期间预计需要追加资金为：

$(69\%-15\%)\times(800\ 000-500\ 000)-800\ 000\times4\%\times(1-50\%)=146\ 000$（元）

4. 依据题意

(1)计算基期的营业利润和安全边际率：

基期营业利润 = 130 000 × 12 000 − (200 000 000 + 12 000 × 80 000)

= 400 000 000(元)

基期的安全边际率 =【现有或预期可达到的销售量 − 盈亏临界点的销售量】÷ 现有或预期可达到的销售量 × 100%

$$= \frac{12\,000 - 200\,000\,000 \div (130\,000 - 80\,000)}{12\,000} \times 100\%$$

= 66.67%

(2)计算基期销售利润率为：

50 000/130 000 × 66.67% = 25.64%

(3)确定明年的目标利润为

(12000 + 500) × 130000 × 25.64% = 416 650 000(元)

5. 首先，判定资产负债表各项目与销售额之间的数量关系：

计划年度销售额相对于基期的增长率为：

$$\frac{100000 - 850000}{850000} \times 100\% = 17.65\%$$

由于生产能力只利用了 60%，故销售额增加，不需对固定资产进行追加投资。

其次，将资产负债表的各项目用销售百分比法的形式表示：

资产负债表

2007 年 12 月 31 日　　单位：人民币元

资 产		负债及所有者权益	
项目	销售百分比法	项目	销售百分比法
现金	2.35%	应付账款	11.76%
应收账款	17.65%	应交税金	5.88%
存货	23.53%	应付票据	(不适用)
固定资产(净值)	(生产能力有剩余)	长期负债	(不适用)
长期投资	(不适用)	普通股股本	(不适用)
无形资产	(不适用)	留存收益	(不适用)
合计	43.53%	合计	17.64%

故 2008 年度预计需追加的资金数额

$$= (43.53\% - 17.64\%) \times (1000000 - 850000) - 60000 - 1000000 \times \frac{42500}{850000} \times \left(1 - \frac{17000}{42500}\right) + 60000$$

= 25.89% × 150000 − 60000 − 1000000 × 5% × 60% + 60000

= 38835 − 60000 − 30000 + 60000

= 8835(元)

该结果表明，计划年度销售量的增加是建立在充分利用现有生产能力的基础上，但需要追加资金 8835 元。

第五章　短期经营决策

一、单项选择题

1. D　2. A　3. D　4. A　5. B　6. C　7. D　8. A　9. A　10. B　11. B　12. B　13. B　14. D　15. B　16. C　17. D

二、多项选择题

1. ACDE　2. ABCD　3. ABCDE　4. CD　5. ABCD　6. ABCE　7. ABCDE　8. CD　9. CD　10. ABCD

三、判断题

1. ×　2. ×　3. ×　4. ×　5. √　6. ×　7. ×　8. √　9. ×

四、计算题

1. 差量成本

自制方案：变动成本总额

(30 + 5 + 9) × 30000 = 1320000（元）

舍弃外购的机会成本 20000 × 12 = 240000（元）

预期成本总额　　　1560000（元）

外购方案：预期成本总额 46 × 30000 = 1380000（元）

自制而非外购的差量损失　　　180000（元）

所以，以外购该零件为宜。

2. 根据题中资料可得：

项 目	A 产品	B 产品
单位贡献毛益	20 元	15 元
单位机器工作小时	20 小时	25 小时
每小时提供的贡献毛益	1 元	0.6 元
产销量	4000 件	3200 件
贡献毛益总额	80000 元	48000 元

所以，应选择 A 产品

3. 根据上述资料分别进行差量分析：

甲产品：

差量收入 = 加工后收入 − 加工前收入

= 400 × 490 − 400 × 380

= 44000（元）

差量成本 = 加工(36000) − 不加工(0) = 36000（元）

差量利润 = 差量收入(44000) − 差量成本(36000) = 8000（元）

乙产品：

差量收入 = 加工后收入 − 加工前收入

$=25\times200-18\times200$

$=1400$(元)

加量成本 = 加工(2000) - 不加工(0) = 2000(元)

差量损失 = 差量收入(1400) - 加量成本(2000) = -600(元)

所以，甲产品以继续加工为宜，乙产品以分离后立即出售为宜。

4. 单位售价 = (250 + 200 + 40 + 60) × (1 + 40%) = 770(元)

5. 先计算成本加成百分比

成本加成的百分比为：

$$\frac{(\text{投资额}\times\text{预期投资报酬率})+\text{非制造成本总额}}{\text{产品制造成本总额}}\times100\%$$

$$\frac{650000\times20\%+250000}{(560+230+410)\times2500}=52\%$$

再计算制造成本：

直接材料	560(元)
直接人工	230(元)
变动制造费用	410(元)

固定制造费用 250000 ÷ 2500(元) = 100(元)

由此可见，单位产品的制造成本为 1300(元)

所以，目标售价为：

单位制造成本 ×(1 + 成本加成百分比)

$=1200\times(1+52\%)$

$=1824$(元)

6. 最优生产批量 $=\sqrt{\dfrac{2\times4800\times400}{6\times(1-\dfrac{15}{20})}}=1600$(件)

7. 经济订货点 = 30 × 10 + 100 = 400(公斤)

8. 依题意，经济定货量为

$\sqrt{2DK/K_c}=\sqrt{2\times200000\times75\div1.2}=5000$(件)

全年订货及储存成本为：

$T=\sqrt{2KDD_c}=\sqrt{2\times200000\times75\times1.2}=6000$(元)

9. 设 X 代表甲方案与乙方案的成本平衡点，Y 代表乙方案与丙方案的成本平衡点，Z 代表甲方案与丙方案的成本平衡点。

则
$$650+4X=400+5X$$
$$400+5Y=250+8Y$$
$$650+4Z=250+8Z$$

得 $X=250$, $Y=50$, $Z=100$

所以，当 A 产品加工批量不足 50 件时，宜采用丙方案；当加工批量在某种程度 50 至 250 件之间时，则采用乙方案；当加工批量超过 250 件时，则应采用甲方案。

10. 年开机天数为 X

购入方案的年使用总成本为

租用方案的年使用总成本为

$$= \left(\frac{280000 - 28000}{12} + 19500\right) + 200X$$

$= 40500 + 200X$

$= 300X + 200X$

$= 500X$

计算购入与租用两个方案年使用总成本相等的情况下，所需开机天数：

$y_1 = y_2$

$40500 + 200X = 500X$

$300X = 40500$

$X = 135$（天）

上述计算表明，每年开机天数超过 135 天，则 $y_1 < y_2$，即购入方案的年使用总成本低于租用方案，故以向国外购买为宜；若年开机天数不足 135 天，则 $y_1 > y_2$，即购入方案的年使用总成本大于租用方案，故以向租赁公司租用较为合算。

11. 采用差量分析法，计算差别损益并列表如下：

项目	接受追加订货	拒绝接受	差异异额
相关收入	120 × 1000 = 120000	0	120000
相关成本	115000	0	115000
其中：增量成本	90 × 1000 = 90000	0	——
机会成本	10000	0	——
专属成本	15000	0	——
差别损益	——	——	+5000

第六章　长期投资决策

一、单项选择题

1. A　2. A　3. A　4. B　5. C　6. A　7. C　8. D　9. B　10. C　11. C　12. C　13. D　14. B　15. C　16. D　17. A

二、多项选择题

1. ABC　2. ABC　3. ABC　4. AB　5. ABCDE　6. BD　7. ACD　8. AD　9. CD　10. CD

三、计算题

1. 解：

（1）$F = 2000 \times (1 + 6\%)^{7} = 2000 \times 1.503 = 3006$（元）

（2）$F = 2000 \times (1 + 6\%)^{-7} = 2000 \times 0.665 = 1.330$（元）

（3）$1000 \times 2 = 1000 \times (1 + 8\%)^{n}$

$2000 = 1000 \times (1 + 8\%)^{n}$

$$(1.08)^n=\frac{2000}{1000}=2$$

查表：$(1.08)^9=1.99$，即 $n=9$，可使其本金达到两倍。

(4) $P=5000\times(1+6\%)^{-3}$

查表：$(1+6\%)^{-3}=0.840$，因而可得到：

$P=5\,000\times0.840=4200$（元）

2. 解：

方法一：

$$\text{经济寿命 } N=\sqrt{\frac{2P}{2}}$$

$$=\sqrt{\frac{2\times1600}{100}}$$

$$=4(\text{年})$$

方法二：

$$C_1=\frac{800}{(P/A,10\%,1)}+100$$

$$=\frac{800}{0.909}+100$$

$$=880+100=980(\text{元})$$

$$C_2=\frac{800}{(P/A,10\%,2)}+100+100\times\frac{0.826}{(P/A,10\%,2)}$$

$$=\frac{800}{1.736}+100+100\times\frac{0.826}{1.736}$$

$$=608.41(\text{元})$$

$$C_3=\frac{800}{(P/A,10\%,3)}+100+100\times\frac{0.826+2\times0.751}{(P/A,10\%,3)}$$

$$=\frac{800}{2.487}+100+100\times\frac{2.238}{2.487}$$

$$=511.66(\text{元})$$

$$C_4=\frac{800}{(P/A,10\%,4)}+100+100\times\frac{0.826+2\times0.751+3\times0.683}{(P/A,10\%,4)}$$

$$=\frac{800}{3.170}+100+100\times\frac{0.826+1.502+2.049}{3.170}$$

$$=490(\text{元})$$

$$C_5=\frac{800}{(P/A,10\%,5)}+100+100\times\frac{0.826+2\times0.751+3\times0.683+4\times0.621}{(P/A,10\%,5)}$$

$$=\frac{800}{3.791}+100+100\times\frac{0.826+1.502+2.049+2.484}{3.791}$$

$$=492(\text{元})$$

3. 解：

(1)改建方案的每年现金净流量为：

$25\ 000 \times (20-14) - (50\ 000+20\ 000) + 16\ 000 = 96\ 000$（元）

改建方案的净现值 $= 96\ 000 \times (P/A, 10\%, 5) - 40\ 000$

$= 323,936$（元）

其中：改建后的每年计提的年折旧 $= \left(\dfrac{80000-0}{10} \times 5 + 40000\right)/5$

$= 16\ 000$（元）

（2）更新方案的现金净流量为：

更新后每年计提的折旧 $\dfrac{100000}{5} = 20000$（元），故

$30\ 000 \times (19-14) - (30\ 000+20\ 000) + 20,000 = 120\ 000$（元）

更新方案的净现值 $= 120\ 000 \times (P/A, 10\%, 5) - 100\ 000 + 20\ 000 = 374,920$（元）

更新方案的净现值高于改建方案的净现值，而他们的使用期限相同，因而，该企业应采用更新的方案。

4. 解：

（1）A 项目的有关指标计算如下：

净现值（NPV）$= 12\ 000 \times (P/A, 12\%, 5) - 40\ 000$

$= 12\ 000 \times 3.6048 - 40\ 000$

$= 43\ 257.60 - 40\ 000 = 3\ 257.60$（元）

内部收益率（IRR）

$$(P/A, i, 5) = \frac{40000}{12000} = 3.3333$$

查表可得：当 $i = 15\%$ 时，$P/A = 3.3522$

当 $i = 16\%$ 时，$P/A = 3.2743$

故 $\text{IRR} = 15\% + \dfrac{3.3522-3.3333}{3.3522-3.2743} \times 1\%$

$15\% + \dfrac{0.0189}{0.0779} \times 1\% = 15\% + 0.24\% = 15.24\%$

现值指数 $\dfrac{43257.6}{40000} = 1.08144$

B 项目的有关指标计算如下：

净现值（NPV）$= 29\ 600 \times (P/A, 12\%, 5) - 100\ 000$

$= 29\ 600 \times 3.6048 - 100,000$

$= 106\ 702.08 - 100\ 000 = 6,702.08$（元）

内部收益率（IRR）：

$$(P/A, i, 5) = \frac{100000}{29600} = 3.3784$$

查表可得：当 $i = 15\%$ 时，$P/A = 3.3522$

当 $i = 14\%$ 时，$P/A = 3.4331$

故 $\text{IRR} = 14\% + \dfrac{3.4331-3.3784}{3.4331-3.3522} \times 1\%$

$$14\% + \frac{0.0547}{0.0809} \times 1\%$$

$$= 14\% + 0.68\%$$

$$= 14.68\%$$

$$现值指数 = \frac{106.702.08}{100000} = 1.067$$

(2)根据上述指标，就可以得出以下结论：如果这两个项目是互斥的，应该选择B项目，因为该项目的净现值较大；如果两个项目是独立的，则应选择A项目，因其内部收益率较高；但如果公司有足够的资金，则可以同时投资于这两个项目，因其净现值均大于零，或者说他们的内部收益率都高于资本成本(12%)。

第七章　全面预算

一、单项选择题

1. A　2. C　3. D　4. B　5. D　6. B　7. C　8. C　9. B　10. D　11. D　12. C　13. C　14. D　15. A　16. C　17. A　18. D　19. A　20. B　21. C

二、多项选择题

1. BC　2. ABCD　3. ABCD　4. ABCD　5. ABC　6. BCD　7. ABC　8. ABD　9. AC　10. CD　11. ABCDE　12. AB

三、判断题

1. ×　2. ×　3. √　4. √　5. ×

四、计算题

1. (1)本期生产量 = 400 + 450 − 300 = 550(元)

(2)本期生产量 = 400 + 289 − 300 = 389(元)

2. (1)上年十一月份销售总额 = 4000/10% = 40000(元)

上年十二月份销售总额 = 18000/40% = 45000(元)

销售预算

预算	一月份	二月份	三月份	合计
预计销售量(件)	2000	3000	3600	8600
单位售价(元)	50	50	50	50
销售收入(元)	100000	150000	180000	430000

3.

预期的现金收入分析表　　单位:元

摘要	1季度	2季度	3季度	4季度	全年
期初现金余额	8000	5000	5000	5625	24525
加:现金收入	60000	70000	96000	95000	321000
可动用现金合计	68000	75000	101000	100625	344625

续表

摘要	1季度	2季度	3季度	4季度	全年
减:现金支出					
采购材料	35000	45000	48000	35000	163000
营业费用	25000	30000	30000	28000	113000
购置设备	8000	8000	10000	10000	36000
支付股利	2000	2000	2000	2000	8000
现金支出合计	70000	85000	90000	75000	320000
收支相抵现金					
多余(或不足)	(2000)	(10000)	11000	25625	24625
通融资金					
银行借款	7000	15000		11000	33000
归还借款	-	-	(5000)	(17000)	(22000)
归还利息	-	-	(375)	(1325)	(1700)
期末现金	5000	5000	5625	18300	33925

注:第一次付息 $=5000\times10\%\times\frac{3}{4}=375$(元)

第二次付息 $=2000\times10\%+15000\times10\%\times\frac{3}{4}=1325$(元)

4.

直接材料预算

数量单位:公斤

2008年度　　金额单位:元

项 目	第一季度	第二季度	第三季度	第四季度	全年合计
预计生产量(件)	1050	1550	1950	1460	6010
单位产品材料用量	2	2	2	2	2
生产需用量	2100	3100	3900	2920	12020
加:预计期末材料存货	620	780	584	460	460
合计	2720	380	4484	3380	12480
减:预计期初材料存货	420	620	780	584	420
预计材料采购量	2300	3260	3704	2796	12060
每公斤单价	5	5	5	5	5
预计材料采购额(金额)	11500	16300	18520	13980	60300

预期的现金支出

2008 年度　　单位:元

项 目	第一季度	第二季度	第三季度	第四季度	全年合计
应付账款期初余额	6000				6000
第一季度采购额	5750	5750			11500
第二季度采购额		8150	8150		16300
第三季度采购额			9260	9260	18520
第四季度采购额				6990	6990
现金支出合计	11750	13900	17410	16250	59310

直接人工预算　　2008 年度

项 目	第一季度	第二季度	第三季度	第四季度	全年合计
预计生产量(件)	1050	1550	1950	1460	6010
单位产品直接人工工时(小时)	5	5	5	5	5
预计各期需用直接人工总工时(小时)	5250	7750	9750	7300	30050
每小时的直接人工成本(元)	4	4	4	4	4
各期的直接人工成本(元)	21000	31000	39000	29200	120200

5.(1)编制 1 月份销售预算与预计现金收入表如下:

销售量	销售额	现销额	期初应收账款	期末应收账款	当月现金收入
10000 件	90000 元	36000 元	50000 元	54000 元	86000 元

现销额 $=10000\times9\times40\%=36000$(元)

(2)采购预算及预计现金支出

当月需求量	期初存货	期末存货	采购量	付现	期初应付款	期末应付款	现金支出
10000 件	5000 件	4000 件	9000 件	10800 元	24000 元	25200 元	34800 元

期初存货资料来自资产负债表为:$20000/4=5000$(件)

采购量 $=4000+10000-5000=9000$(件)

付现款 $=9000\times4\times30\%=10800$(元)

期末应付款 $=9000\times4\times70\%=25200$(元)

现金支出 $=10800+24000=34800$(元)

(3)现金预算

单位:元

项目	金额
期初现金余额	10000
加:销售收入	86000
合计	96000
减:材料采购	34800
购设备	35000
保险租金	30000
合计	99800
现金多余或不足	-3800
资金筹集或运用(银行借款)	13800
期末现金余额	10000

(4)预计损益表

1月

项目	金额
销售收入	90000
变动成本	40000
贡献毛益	50000
固定成本	30000
预计利润	20000

(5)预计资产负债表

1月31日　　单位:元

资　产		权　益	
现金	10000	应收账款	25200
应收账款	54000	银行借款	23800
存货	16000		
房屋及设备	120000	所有者权益	161000
资产合计	200000	权益合计	200000

其中,期末存货 $=4000\times4=16000$(元)

房屋及设备 $=85000+35000=120000$(元)

所有者权益 $=141000+20000=161000$(元)

第八章　作业成本法

一、单项选择题

1.B　2.D　3.B　4.A　5.C　6.C　7.B　8.B　9.A　10.D

二、多项选择题

1. AB　2. ACD　3. CD　4. ABCD　5. ADE　6. AB　7. BD

三、判断题

1. ×　2. ×　3. √　4. √　5. ×　6. √　7. ×　8. ×

第九章　业绩评价

一、单项选择题

1. A　2. D　3. D　4. D　5. B　6. B　7. B　8. C　9. B　10. C　11. B　12. D　13. B　14. D　15. C　16. A

17. C（计算过程如下：

利润总额 = 200000 × 20% + 20000 = 60000（元）

$$投资利润率 = \frac{60000}{200000} \times 100\% = 30\%$$

18. C【A 责任中心如对外出售，最大销售净额 180 元（200 − 20），B 责任中心如向外购买，最大成本 200 元。定价应在 180 ~ 200 元之间，否则内部转移不会实现】

19. C（计算过程如下：

投资利润率 = 资产周转率 × 销售利润率

= 资产周转率 × 销售成本率 × 成本利润率

= 0.3 × 60% × 80%

= 14.4%

二、多项选择题

1. ABCDE　2. ABC　3. ABD　4. AD　5. CD　6. AC

7. ABCD（利润中心工作成果的评价与考核，主要是通过一定期间实际的利润同责任预算所确定的预计利润数进行对比。ABCD 都会对该利润是否能够完成造成影响）

8. ABCD　9. ABCD　10. ACD　11. BC　12. ABCD　13. ACD　14. ABC　15. CD

三、计算题

1. 解：

（1）投资利润率 = 经营净资产周转率 × 销售利润率

经营净资产周转率 = 25%/10% = 2.5

故资金周转率 2.5 次

2.5 次 = 销售收入/经营资产

故经营资产 = 480 000（元）

（2）剩余利润 = 经营净利润 − 最低应用有利润

= 120 000 − （18% × 480 000）

= 33 600（元）

2. 解：

（1）用剩余收益（RI）指标来评价两个事业部的业绩：

因为：RI = 营业利润 − （投资额 × 规定的最低报酬率）

所以：A 事业部的 RI = 55 000 − （250 000 × 14%）

= 55 000 − 35 000 = 20 000（元）

B 事业部的 RI = 131 250 - (750 000 × 14%)

= 131 250 - 105 000 = 26 250（元）

从以上计算结果可见，单用 RI 指标进行业绩评价时，B 事业部的 RI 较 A 事业部的 RI 要多用 6250 元，可以认为 B 事业部的业绩优于 A 事业部。

(2)用投资报酬率(ROI)指标来评价两个事业部的业绩：

A 事业部的 ROI = 55 000/250 000 × 100% = 22%

B 事业部的 ROI = 131 250/750 000 × 100% = 17.5%

根据以上计算的结果表明，A 事业部的 ROI 高于 B 事业部，应认为 A 事业部的业绩较优。

(3)综上所述可见，RI 指标忽视了两个事业部原投资额绝对数的比较，例如 B 事业部投资额比 A 事业部多投资了 500 000 元(750 000 - 250 000)，而其剩余收益只比 A 事业部多了 6250 元(26 250 - 20 000)，这是很不相称的。故在实际工作中遇到这类情况，必须联系原投资额的情况，结合 ROI 指标来进行评价，才是正确的。

附录

现值、终值表

复利现值系数表 $(P/F,i,n)=(1+i)^{-n}$

期数	1%	2%	3%	4%	5%	6%	7%	8%	9%	10%
1	0.9901	0.9804	0.9709	0.9615	0.9524	0.9434	0.9346	0.9259	0.9174	0.9091
2	0.9803	0.9612	0.9426	0.9246	0.9070	0.8900	0.8734	0.8573	0.8417	0.8264
3	0.9706	0.9423	0.9151	0.8890	0.8638	0.8396	0.8163	0.7938	0.7722	0.7513
4	0.9610	0.9238	0.8885	0.8548	0.8227	0.7921	0.7629	0.7350	0.7084	0.6830
5	0.9515	0.9057	0.8626	0.8219	0.7835	0.7473	0.7130	0.6806	0.6499	0.6209
6	0.9420	0.8880	0.8375	0.7903	0.7462	0.7050	0.6663	0.6302	0.5963	0.5645
7	0.9327	0.8706	0.8131	0.7599	0.7107	0.6651	0.6227	0.5835	0.5470	0.5132
8	0.9235	0.8535	0.7894	0.7307	0.6768	0.6274	0.5820	0.5403	0.5019	0.4665
9	0.9143	0.8368	0.7664	0.7026	0.6446	0.5919	0.5439	0.5002	0.4604	0.4241
10	0.9053	0.8203	0.7441	0.6756	0.6139	0.5584	0.5083	0.4632	0.4224	0.3855
11	0.8963	0.8043	0.7224	0.6496	0.5847	0.5268	0.4751	0.4289	0.3875	0.3505
12	0.8874	0.7885	0.7014	0.6246	0.5568	0.4970	0.4440	0.3971	0.3555	0.3186
13	0.8787	0.7730	0.6810	0.6006	0.5303	0.4688	0.4150	0.3677	0.3262	0.2897
14	0.8700	0.7579	0.6611	0.5775	0.5051	0.4423	0.3878	0.3405	0.2992	0.2633
15	0.8613	0.7430	0.6419	0.5553	0.4810	0.4173	0.3624	0.3152	0.2745	0.2394
16	0.8528	0.7284	0.6232	0.5339	0.4581	0.3936	0.3387	0.2919	0.2519	0.2176
17	0.8444	0.7142	0.6050	0.5134	0.4363	0.3714	0.3166	0.2703	0.2311	0.1978
18	0.8360	0.7002	0.5874	0.4936	0.4155	0.3503	0.2959	0.2502	0.2120	0.1799
19	0.8277	0.6864	0.5703	0.4746	0.3957	0.3305	0.2765	0.2317	0.1945	0.1635
20	0.8195	0.6730	0.5537	0.4564	0.3769	0.3118	0.2584	0.2145	0.1784	0.1486
21	0.8114	0.6598	0.5375	0.4388	0.3589	0.2942	0.2415	0.1987	0.1637	0.1351
22	0.8034	0.6468	0.5219	0.4220	0.3418	0.2775	0.2257	0.1839	0.1502	0.1228
23	0.7954	0.6342	0.5067	0.4057	0.3256	0.2618	0.2109	0.1703	0.1378	0.1117
24	0.7876	0.6217	0.4919	0.3901	0.3101	0.2470	0.1971	0.1577	0.1264	0.1015
25	0.7798	0.6095	0.4776	0.3751	0.2953	0.2330	0.1842	0.1460	0.1160	0.0923
26	0.7720	0.5976	0.4637	0.3607	0.2812	0.2198	0.1722	0.1352	0.1064	0.0839
27	0.7644	0.5859	0.4502	0.3468	0.2678	0.2074	0.1609	0.1252	0.0976	0.0763
28	0.7568	0.5744	0.4371	0.3335	0.2551	0.1956	0.1504	0.1159	0.0895	0.0693
29	0.7493	0.5631	0.4243	0.3207	0.2429	0.1846	0.1406	0.1073	0.0822	0.0630
30	0.7419	0.5521	0.4120	0.3083	0.2314	0.1741	0.1314	0.0994	0.0754	0.0573

续表

期数	11%	12%	13%	14%	15%	16%	17%	18%	19%	20%
1	0.9009	0.8929	0.8850	0.8772	0.8696	0.8621	0.8547	0.8475	0.8403	0.8333
2	0.8116	0.7972	0.7831	0.7695	0.7561	0.7432	0.7305	0.7182	0.7062	0.6944
3	0.7312	0.7118	0.6931	0.6750	0.6575	0.6407	0.6244	0.6086	0.5934	0.5787
4	0.6587	0.6355	0.6133	0.5921	0.5718	0.5523	0.5337	0.5158	0.4987	0.4823
5	0.5935	0.5674	0.5428	0.5194	0.4972	0.4761	0.4561	0.4371	0.4190	0.4019
6	0.5346	0.5066	0.4803	0.4556	0.4323	0.4104	0.3898	0.3704	0.3521	0.3349
7	0.4817	0.4523	0.4251	0.3996	0.3759	0.3538	0.3332	0.3139	0.2959	0.2791
8	0.4339	0.4039	0.3762	0.3506	0.3269	0.3050	0.2848	0.2660	0.2487	0.2326
9	0.3909	0.3606	0.3329	0.3075	0.2843	0.2630	0.2434	0.2255	0.2090	0.1938
10	0.3522	0.3220	0.2946	0.2697	0.2472	0.2267	0.2080	0.1911	0.1756	0.1615
11	0.3173	0.2875	0.2607	0.2366	0.2149	0.1954	0.1778	0.1619	0.1476	0.1346
12	0.2858	0.2567	0.2307	0.2076	0.1869	0.1685	0.1520	0.1372	0.1240	0.1122
13	0.2575	0.2292	0.2042	0.1821	0.1625	0.1452	0.1299	0.1163	0.1042	0.0935
14	0.2320	0.2046	0.1807	0.1597	0.1413	0.1252	0.1110	0.0985	0.0876	0.0779
15	0.2090	0.1827	0.1599	0.1401	0.1229	0.1079	0.0949	0.0835	0.0736	0.0649
16	0.1883	0.1631	0.1415	0.1229	0.1069	0.0930	0.0811	0.0708	0.0618	0.0541
17	0.1696	0.1456	0.1252	0.1078	0.0929	0.0802	0.0693	0.0600	0.0520	0.0451
18	0.1528	0.1300	0.1108	0.0946	0.0808	0.0691	0.0592	0.0508	0.0437	0.0376
19	0.1377	0.1161	0.0981	0.0829	0.0703	0.0596	0.0506	0.0431	0.0367	0.0313
20	0.1240	0.1037	0.0868	0.0728	0.0611	0.0514	0.0433	0.0365	0.0308	0.0261
21	0.1117	0.0926	0.0768	0.0638	0.0531	0.0443	0.0370	0.0309	0.0259	0.0217
22	0.1007	0.0826	0.0680	0.0560	0.0462	0.0382	0.0316	0.0262	0.0218	0.0181
23	0.0907	0.0738	0.0601	0.0491	0.0402	0.0329	0.0270	0.0222	0.0183	0.0151
24	0.0817	0.0659	0.0532	0.0431	0.0349	0.0284	0.0231	0.0188	0.0154	0.0126
25	0.0736	0.0588	0.0471	0.0378	0.0304	0.0245	0.0197	0.0160	0.0129	0.0105
26	0.0663	0.0525	0.0417	0.0331	0.0264	0.0211	0.0169	0.0135	0.0109	0.0087
27	0.0597	0.0469	0.0369	0.0291	0.0230	0.0182	0.0144	0.0115	0.0091	0.0073
28	0.0538	0.0419	0.0326	0.0255	0.0200	0.0157	0.0123	0.0097	0.0077	0.0061
29	0.0485	0.0374	0.0289	0.0224	0.0174	0.0135	0.0105	0.0082	0.0064	0.0051
30	0.0437	0.0334	0.0256	0.0196	0.0151	0.0116	0.0090	0.0070	0.0054	0.0042

续表

期数	21%	22%	23%	24%	25%	26%	27%	28%	29%	30%
1	0.8264	0.8197	0.8130	0.8065	0.8000	0.7937	0.7874	0.7813	0.7752	0.7692
2	0.6830	0.6719	0.6610	0.6504	0.6400	0.6299	0.6200	0.6104	0.6009	0.5917
3	0.5645	0.5507	0.5374	0.5245	0.5120	0.4999	0.4882	0.4768	0.4658	0.4552
4	0.4665	0.4514	0.4369	0.4230	0.4096	0.3968	0.3844	0.3725	0.3611	0.3501
5	0.3855	0.3700	0.3552	0.3411	0.3277	0.3149	0.3027	0.2910	0.2799	0.2693
6	0.3186	0.3033	0.2888	0.2751	0.2621	0.2499	0.2383	0.2274	0.2170	0.2072
7	0.2633	0.2486	0.2348	0.2218	0.2097	0.1983	0.1877	0.1776	0.1682	0.1594
8	0.2176	0.2038	0.1909	0.1789	0.1678	0.1574	0.1478	0.1388	0.1304	0.1226
9	0.1799	0.1670	0.1552	0.1443	0.1342	0.1249	0.1164	0.1084	0.1011	0.0943
10	0.1486	0.1369	0.1262	0.1164	0.1074	0.0992	0.0916	0.0847	0.0784	0.0725
11	0.1228	0.1122	0.1026	0.0938	0.0859	0.0787	0.0721	0.0662	0.0607	0.0558
12	0.1015	0.0920	0.0834	0.0757	0.0687	0.0625	0.0568	0.0517	0.0471	0.0429
13	0.0839	0.0754	0.0678	0.0610	0.0550	0.0496	0.0447	0.0404	0.0365	0.0330
14	0.0693	0.0618	0.0551	0.0492	0.0440	0.0393	0.0352	0.0316	0.0283	0.0254
15	0.0573	0.0507	0.0448	0.0397	0.0352	0.0312	0.0277	0.0247	0.0219	0.0195
16	0.0474	0.0415	0.0364	0.0320	0.0281	0.0248	0.0218	0.0193	0.0170	0.0150
17	0.0391	0.0340	0.0296	0.0258	0.0225	0.0197	0.0172	0.0150	0.0132	0.0116
18	0.0323	0.0279	0.0241	0.0208	0.0180	0.0156	0.0135	0.0118	0.0102	0.0089
19	0.0267	0.0229	0.0196	0.0168	0.0144	0.0124	0.0107	0.0092	0.0079	0.0068
20	0.0221	0.0187	0.0159	0.0135	0.0115	0.0098	0.0084	0.0072	0.0061	0.0053
21	0.0183	0.0154	0.0129	0.0109	0.0092	0.0078	0.0066	0.0056	0.0048	0.0040
22	0.0151	0.0126	0.0105	0.0088	0.0074	0.0062	0.0052	0.0044	0.0037	0.0031
23	0.0125	0.0103	0.0086	0.0071	0.0059	0.0049	0.0041	0.0034	0.0029	0.0024
24	0.0103	0.0085	0.0070	0.0057	0.0047	0.0039	0.0032	0.0027	0.0022	0.0018
25	0.0085	0.0069	0.0057	0.0046	0.0038	0.0031	0.0025	0.0021	0.0017	0.0014
26	0.0070	0.0057	0.0046	0.0037	0.0030	0.0025	0.0020	0.0016	0.0013	0.0011
27	0.0058	0.0047	0.0037	0.0030	0.0024	0.0019	0.0016	0.0013	0.0010	0.0008
28	0.0048	0.0038	0.0030	0.0024	0.0019	0.0015	0.0012	0.0010	0.0008	0.0006
29	0.0040	0.0031	0.0025	0.0020	0.0015	0.0012	0.0010	0.0008	0.0006	0.0005
30	0.0033	0.0026	0.0020	0.0016	0.0012	0.0010	0.0008	0.0006	0.0005	0.0004

复利终值系数表

$(F/P,i,n)=(1+i)^n$

期数	1%	2%	3%	4%	5%	6%	7%	8%	9%	10%
1	1.0100	1.0200	1.0300	1.0400	1.0500	1.0600	1.0700	1.0800	1.0900	1.1000
2	1.0201	1.0404	1.0609	1.0816	1.1025	1.1236	1.1449	1.1664	1.1881	1.2100
3	1.0303	1.0612	1.0927	1.1249	1.1576	1.1910	1.2250	1.2597	1.2950	1.3310
4	1.0406	1.0824	1.1255	1.1699	1.2155	1.2625	1.3108	1.3605	1.4116	1.4641
5	1.0510	1.1041	1.1593	1.2167	1.2763	1.3382	1.4026	1.4693	1.5386	1.6105
6	1.0615	1.1262	1.1941	1.2653	1.3401	1.4185	1.5007	1.5869	1.6771	1.7716
7	1.0721	1.1487	1.2299	1.3159	1.4071	1.5036	1.6058	1.7138	1.8280	1.9487
8	1.0829	1.1717	1.2668	1.3686	1.4775	1.5938	1.7182	1.8509	1.9926	2.1436
9	1.0937	1.1951	1.3048	1.4233	1.5513	1.6895	1.8385	1.9990	2.1719	2.3579
10	1.1046	1.2190	1.3439	1.4802	1.6289	1.7908	1.9672	2.1589	2.3674	2.5937
11	1.1157	1.2434	1.3842	1.5395	1.7103	1.8983	2.1049	2.3316	2.5804	2.8531
12	1.1268	1.2682	1.4258	1.6010	1.7959	2.0122	2.2522	2.5182	2.8127	3.1384
13	1.1381	1.2936	1.4685	1.6651	1.8856	2.1329	2.4098	2.7196	3.0658	3.4523
14	1.1495	1.3195	1.5126	1.7317	1.9799	2.2609	2.5785	2.9372	3.3417	3.7975
15	1.1610	1.3459	1.5580	1.8009	2.0789	2.3966	2.7590	3.1722	3.6425	4.1772
16	1.1726	1.3728	1.6047	1.8730	2.1829	2.5404	2.9522	3.4259	3.9703	4.5950
17	1.1843	1.4002	1.6528	1.9479	2.2920	2.6928	3.1588	3.7000	4.3276	5.0545
18	1.1961	1.4282	1.7024	2.0258	2.4066	2.8543	3.3799	3.9960	4.7171	5.5599
19	1.2081	1.4568	1.7535	2.1068	2.5270	3.0256	3.6165	4.3157	5.1417	6.1159
20	1.2202	1.4859	1.8061	2.1911	2.6533	3.2071	3.8697	4.6610	5.6044	6.7275
21	1.2324	1.5157	1.8603	2.2788	2.7860	3.3996	4.1406	5.0338	6.1088	7.4002
22	1.2447	1.5460	1.9161	2.3699	2.9253	3.6035	4.4304	5.4365	6.6586	8.1403
23	1.2572	1.5769	1.9736	2.4647	3.0715	3.8197	4.7405	5.8715	7.2579	8.9543
24	1.2697	1.6084	2.0328	2.5633	3.2251	4.0489	5.0724	6.3412	7.9111	9.8497
25	1.2824	1.6406	2.0938	2.6658	3.3864	4.2919	5.4274	6.8485	8.6231	10.8347
26	1.2953	1.6734	2.1566	2.7725	3.5557	4.5494	5.8074	7.3964	9.3992	11.9182
27	1.3082	1.7069	2.2213	2.8834	3.7335	4.8223	6.2139	7.9881	10.2451	13.1100
28	1.3213	1.7410	2.2879	2.9987	3.9201	5.1117	6.6488	8.6271	11.1671	14.4210
29	1.3345	1.7758	2.3566	3.1187	4.1161	5.4184	7.1143	9.3173	12.1722	15.8631
30	1.3478	1.8114	2.4273	3.2434	4.3219	5.7435	7.6123	10.0627	13.2677	17.4494

续表

期数	11%	12%	13%	14%	15%	16%	17%	18%	19%	20%
1	1.1100	1.1200	1.1300	1.1400	1.1500	1.1600	1.1700	1.1800	1.1900	1.2000
2	1.2321	1.2544	1.2769	1.2996	1.3225	1.3456	1.3689	1.3924	1.4161	1.4400
3	1.3676	1.4049	1.4429	1.4815	1.5209	1.5609	1.6016	1.6430	1.6852	1.7280
4	1.5181	1.5735	1.6305	1.6890	1.7490	1.8106	1.8739	1.9388	2.0053	2.0736
5	1.6851	1.7623	1.8424	1.9254	2.0114	2.1003	2.1924	2.2878	2.3864	2.4883
6	1.8704	1.9738	2.0820	2.1950	2.3131	2.4364	2.5652	2.6996	2.8398	2.9860
7	2.0762	2.2107	2.3526	2.5023	2.6600	2.8262	3.0012	3.1855	3.3793	3.5832
8	2.3045	2.4760	2.6584	2.8526	3.0590	3.2784	3.5115	3.7589	4.0214	4.2998
9	2.5580	2.7731	3.0040	3.2519	3.5179	3.8030	4.1084	4.4355	4.7854	5.1598
10	2.8394	3.1058	3.3946	3.7072	4.0456	4.4114	4.8068	5.2338	5.6947	6.1917
11	3.1518	3.4786	3.8359	4.2262	4.6524	5.1173	5.6240	6.1759	6.7767	7.4301
12	3.4985	3.8960	4.3345	4.8179	5.3503	5.9360	6.5801	7.2876	8.0642	8.9161
13	3.8833	4.3635	4.8980	5.4924	6.1528	6.8858	7.6987	8.5994	9.5964	10.6993
14	4.3104	4.8871	5.5348	6.2613	7.0757	7.9875	9.0075	10.1472	11.4198	12.8392
15	4.7846	5.4736	6.2543	7.1379	8.1371	9.2655	10.5387	11.9737	13.5895	15.4070
16	5.3109	6.1304	7.0673	8.1372	9.3576	10.7480	12.3303	14.1290	16.1715	18.4884
17	5.8951	6.8660	7.9861	9.2765	10.7613	12.4677	14.4265	16.6722	19.2441	22.1861
18	6.5436	7.6900	9.0243	10.5752	12.3755	14.4625	16.8790	19.6733	22.9005	26.6233
19	7.2633	8.6128	10.1974	12.0557	14.2318	16.7765	19.7484	23.2144	27.2516	31.9480
20	8.0623	9.6463	11.5231	13.7435	16.3665	19.4608	23.1056	27.3930	32.4294	38.3376
21	8.9492	10.8038	13.0211	15.6676	18.8215	22.5745	27.0336	32.3238	38.5910	46.0051
22	9.9336	12.1003	14.7138	17.8610	21.6447	26.1864	31.6293	38.1421	45.9233	55.2061
23	11.0263	13.5523	16.6266	20.3616	24.8915	30.3762	37.0062	45.0076	54.6487	66.2474
24	12.2392	15.1786	18.7881	23.2122	28.6252	35.2364	43.2973	53.1090	65.0320	79.4968
25	13.5855	17.0001	21.2305	26.4619	32.9190	40.8742	50.6578	62.6686	77.3881	95.3962
26	15.0799	19.0401	23.9905	30.1666	37.8568	47.4141	59.2697	73.9490	92.0918	114.4755
27	16.7387	21.3249	27.1093	34.3899	43.5353	55.0004	69.3455	87.2598	109.5893	137.3706
28	18.5799	23.8839	30.6335	39.2045	50.0656	63.8004	81.1342	102.9666	130.4112	164.8447
29	20.6237	26.7499	34.6158	44.6931	57.5755	74.0085	94.9271	121.5005	155.1893	197.8136
30	22.8923	29.9599	39.1159	50.9502	66.2118	85.8499	111.0647	143.3706	184.6753	237.3763

续表

期数	21%	22%	23%	24%	25%	26%	27%	28%	29%	30%
1	1.2100	1.2200	1.2300	1.2400	1.2500	1.2600	1.2700	1.2800	1.2900	1.3000
2	1.4641	1.4884	1.5129	1.5376	1.5625	1.5876	1.6129	1.6384	1.6641	1.6900
3	1.7716	1.8158	1.8609	1.9066	1.9531	2.0004	2.0484	2.0972	2.1467	2.1970
4	2.1436	2.2153	2.2889	2.3642	2.4414	2.5205	2.6014	2.6844	2.7692	2.8561
5	2.5937	2.7027	2.8153	2.9316	3.0518	3.1758	3.3038	3.4360	3.5723	3.7129
6	3.1384	3.2973	3.4628	3.6352	3.8147	4.0015	4.1959	4.3980	4.6083	4.8268
7	3.7975	4.0227	4.2593	4.5077	4.7684	5.0419	5.3288	5.6295	5.9447	6.2749
8	4.5950	4.9077	5.2389	5.5895	5.9605	6.3528	6.7675	7.2058	7.6686	8.1573
9	5.5599	5.9874	6.4439	6.9310	7.4506	8.0045	8.5948	9.2234	9.8925	10.6045
10	6.7275	7.3046	7.9259	8.5944	9.3132	10.0857	10.9153	11.8059	12.7614	13.7858
11	8.1403	8.9117	9.7489	10.6571	11.6415	12.7080	13.8625	15.1116	16.4622	17.9216
12	9.8497	10.8722	11.9912	13.2148	14.5519	16.0120	17.6053	19.3428	21.2362	23.2981
13	11.9182	13.2641	14.7491	16.3863	18.1899	20.1752	22.3588	24.7588	27.3947	30.2875
14	14.4210	16.1822	18.1414	20.3191	22.7374	25.4207	28.3957	31.6913	35.3391	39.3738
15	17.4494	19.7423	22.3140	25.1956	28.4217	32.0301	36.0625	40.5648	45.5875	51.1859
16	21.1138	24.0856	27.4462	31.2426	35.5271	40.3579	45.7994	51.9230	58.8079	66.5417
17	25.5477	29.3844	33.7588	38.7408	44.4089	50.8510	58.1652	66.4614	75.8621	86.5042
18	30.9127	35.8490	41.5233	48.0386	55.5112	64.0722	73.8698	85.0706	97.8622	112.4554
19	37.4043	43.7358	51.0737	59.5679	69.3889	80.7310	93.8147	108.8904	126.2422	146.1920
20	45.2593	53.3576	62.8206	73.8641	86.7362	101.7211	119.1446	139.3797	162.8524	190.0496
21	54.7637	65.0963	77.2694	91.5915	108.4202	128.1685	151.3137	178.4060	210.0796	247.0645
22	66.2641	79.4175	95.0413	113.5735	135.5253	161.4924	192.1683	228.3596	271.0027	321.1839
23	80.1795	96.8894	116.9008	140.8312	169.4066	203.4804	244.0538	292.3003	349.5935	417.5391
24	97.0172	118.2050	143.7880	174.6306	211.7582	256.3853	309.9483	374.1444	450.9756	542.8008
25	117.3909	144.2101	176.8593	216.5420	264.6978	323.0454	393.6344	478.9049	581.7585	705.6410
26	142.0429	175.9364	217.5369	268.5121	330.8722	407.0373	499.9157	612.9982	750.4685	917.3333
27	171.8719	214.6424	267.5704	332.9550	413.5903	512.8670	634.8929	784.6377	968.1044	1192.5333
28	207.9651	261.8637	329.1115	412.8642	516.9879	646.2124	806.3140	1004.3363	1248.8546	1550.2933
29	251.6377	319.4737	404.8072	511.9516	646.2349	814.2276	1024.0187	1285.5504	1611.0225	2015.3813
30	304.4816	389.7579	497.9129	634.8199	807.7936	1025.9267	1300.5038	1645.5046	2078.2190	2619.9956

年金现值系数表

$(PA/A,i,n) = [1-(1+i)^{-n}]/i$

期数	1%	2%	3%	4%	5%	6%	7%	8%	9%	10%
1	0.9901	0.9804	0.9709	0.9615	0.9524	0.9434	0.9346	0.9259	0.9174	0.9091
2	1.9704	1.9416	1.9135	1.8861	1.8594	1.8334	1.8080	1.7833	1.7591	1.7355
3	2.9410	2.8839	2.8286	2.7751	2.7232	2.6730	2.6243	2.5771	2.5313	2.4869
4	3.9020	3.8077	3.7171	3.6299	3.5460	3.4651	3.3872	3.3121	3.2397	3.1699
5	4.8534	4.7135	4.5797	4.4518	4.3295	4.2124	4.1002	3.9927	3.8897	3.7908
6	5.7955	5.6014	5.4172	5.2421	5.0757	4.9173	4.7665	4.6229	4.4859	4.3553
7	6.7282	6.4720	6.2303	6.0021	5.7864	5.5824	5.3893	5.2064	5.0330	4.8684
8	7.6517	7.3255	7.0197	6.7327	6.4632	6.2098	5.9713	5.7466	5.5348	5.3349
9	8.5660	8.1622	7.7861	7.4353	7.1078	6.8017	6.5152	6.2469	5.9952	5.7590
10	9.4713	8.9826	8.5302	8.1109	7.7217	7.3601	7.0236	6.7101	6.4177	6.1446
11	10.3676	9.7868	9.2526	8.7605	8.3064	7.8869	7.4987	7.1390	6.8052	6.4951
12	11.2551	10.5753	9.9540	9.3851	8.8633	8.3838	7.9427	7.5361	7.1607	6.8137
13	12.1337	11.3484	10.6350	9.9856	9.3936	8.8527	8.3577	7.9038	7.4869	7.1034
14	13.0037	12.1062	11.2961	10.5631	9.8986	9.2950	8.7455	8.2442	7.7862	7.3667
15	13.8651	12.8493	11.9379	11.1184	10.3797	9.7122	9.1079	8.5595	8.0607	7.6061
16	14.7179	13.5777	12.5611	11.6523	10.8378	10.1059	9.4466	8.8514	8.3126	7.8237
17	15.5623	14.2919	13.1661	12.1657	11.2741	10.4773	9.7632	9.1216	8.5436	8.0216
18	16.3983	14.9920	13.7535	12.6593	11.6896	10.8276	10.0591	9.3719	8.7556	8.2014
19	17.2260	15.6785	14.3238	13.1339	12.0853	11.1581	10.3356	9.6036	8.9501	8.3649
20	18.0456	16.3514	14.8775	13.5903	12.4622	11.4699	10.5940	9.8181	9.1285	8.5136
21	18.8570	17.0112	15.4150	14.0292	12.8212	11.7641	10.8355	10.0168	9.2922	8.6487
22	19.6604	17.6580	15.9369	14.4511	13.1630	12.0416	11.0612	10.2007	9.4424	8.7715
23	20.4558	18.2922	16.4436	14.8568	13.4886	12.3034	11.2722	10.3711	9.5802	8.8832
24	21.2434	18.9139	16.9355	15.2470	13.7986	12.5504	11.4693	10.5288	9.7066	8.9847
25	22.0232	19.5235	17.4131	15.6221	14.0939	12.7834	11.6536	10.6748	9.8226	9.0770
26	22.7952	20.1210	17.8768	15.9828	14.3752	13.0032	11.8258	10.8100	9.9290	9.1609
27	23.5596	20.7069	18.3270	16.3296	14.6430	13.2105	11.9867	10.9352	10.0266	9.2372
28	24.3164	21.2813	18.7641	16.6631	14.8981	13.4062	12.1371	11.0511	10.1161	9.3066
29	25.0658	21.8444	19.1885	16.9837	15.1411	13.5907	12.2777	11.1584	10.1983	9.3696
30	25.8077	22.3965	19.6004	17.2920	15.3725	13.7648	12.4090	11.2578	10.2737	9.4269

续表

期数	11%	12%	13%	14%	15%	16%	17%	18%	19%	20%
1	0.9009	0.8929	0.8850	0.8772	0.8696	0.8621	0.8547	0.8475	0.8403	0.8333
2	1.7125	1.6901	1.6681	1.6467	1.6257	1.6052	1.5852	1.5656	1.5465	1.5278
3	2.4437	2.4018	2.3612	2.3216	2.2832	2.2459	2.2096	2.1743	2.1399	2.1065
4	3.1024	3.0373	2.9745	2.9137	2.8550	2.7982	2.7432	2.6901	2.6386	2.5887
5	3.6959	3.6048	3.5172	3.4331	3.3522	3.2743	3.1993	3.1272	3.0576	2.9906
6	4.2305	4.1114	3.9975	3.8887	3.7845	3.6847	3.5892	3.4976	3.4098	3.3255
7	4.7122	4.5638	4.4226	4.2883	4.1604	4.0386	3.9224	3.8115	3.7057	3.6046
8	5.1461	4.9676	4.7988	4.6389	4.4873	4.3436	4.2072	4.0776	3.9544	3.8372
9	5.5370	5.3282	5.1317	4.9464	4.7716	4.6065	4.4506	4.3030	4.1633	4.0310
10	5.8892	5.6502	5.4262	5.2161	5.0188	4.8332	4.6586	4.4941	4.3389	4.1925
11	6.2065	5.9377	5.6869	5.4527	5.2337	5.0286	4.8364	4.6560	4.4865	4.3271
12	6.4924	6.1944	5.9176	5.6603	5.4206	5.1971	4.9884	4.7932	4.6105	4.4392
13	6.7499	6.4235	6.1218	5.8424	5.5831	5.3423	5.1183	4.9095	4.7147	4.5327
14	6.9819	6.6282	6.3025	6.0021	5.7245	5.4675	5.2293	5.0081	4.8023	4.6106
15	7.1909	6.8109	6.4624	6.1422	5.8474	5.5755	5.3242	5.0916	4.8759	4.6755
16	7.3792	6.9740	6.6039	6.2651	5.9542	5.6685	5.4053	5.1624	4.9377	4.7296
17	7.5488	7.1196	6.7291	6.3729	6.0472	5.7487	5.4746	5.2223	4.9897	4.7746
18	7.7016	7.2497	6.8399	6.4674	6.1280	5.8178	5.5339	5.2732	5.0333	4.8122
19	7.8393	7.3658	6.9380	6.5504	6.1982	5.8775	5.5845	5.3162	5.0700	4.8435
20	7.9633	7.4694	7.0248	6.6231	6.2593	5.9288	5.6278	5.3527	5.1009	4.8696
21	8.0751	7.5620	7.1016	6.6870	6.3125	5.9731	5.6648	5.3837	5.1268	4.8913
22	8.1757	7.6446	7.1695	6.7429	6.3587	6.0113	5.6964	5.4099	5.1486	4.9094
23	8.2664	7.7184	7.2297	6.7921	6.3988	6.0442	5.7234	5.4321	5.1668	4.9245
24	8.3481	7.7843	7.2829	6.8351	6.4338	6.0726	5.7465	5.4509	5.1822	4.9371
25	8.4217	7.8431	7.3300	6.8729	6.4641	6.0971	5.7662	5.4669	5.1951	4.9476
26	8.4881	7.8957	7.3717	6.9061	6.4906	6.1182	5.7831	5.4804	5.2060	4.9563
27	8.5478	7.9426	7.4086	6.9352	6.5135	6.1364	5.7975	5.4919	5.2151	4.9636
28	8.6016	7.9844	7.4412	6.9607	6.5335	6.1520	5.8099	5.5016	5.2228	4.9697
29	8.6501	8.0218	7.4701	6.9830	6.5509	6.1656	5.8204	5.5098	5.2292	4.9747
30	8.6938	8.0552	7.4957	7.0027	6.5660	6.1772	5.8294	5.5168	5.2347	4.9789

续表

期数	21%	22%	23%	24%	25%	26%	27%	28%	29%	30%
1	0.8264	0.8197	0.8130	0.8065	0.8000	0.7937	0.7874	0.7813	0.7752	0.7692
2	1.5095	1.4915	1.4740	1.4568	1.4400	1.4235	1.4074	1.3916	1.3761	1.3609
3	2.0739	2.0422	2.0114	1.9813	1.9520	1.9234	1.8956	1.8684	1.8420	1.8161
4	2.5404	2.4936	2.4483	2.4043	2.3616	2.3202	2.2800	2.2410	2.2031	2.1662
5	2.9260	2.8636	2.8035	2.7454	2.6893	2.6351	2.5827	2.5320	2.4830	2.4356
6	3.2446	3.1669	3.0923	3.0205	2.9514	2.8850	2.8210	2.7594	2.7000	2.6427
7	3.5079	3.4155	3.3270	3.2423	3.1611	3.0833	3.0087	2.9370	2.8682	2.8021
8	3.7256	3.6193	3.5179	3.4212	3.3289	3.2407	3.1564	3.0758	2.9986	2.9247
9	3.9054	3.7863	3.6731	3.5655	3.4631	3.3657	3.2728	3.1842	3.0997	3.0190
10	4.0541	3.9232	3.7993	3.6819	3.5705	3.4648	3.3644	3.2689	3.1781	3.0915
11	4.1769	4.0354	3.9018	3.7757	3.6564	3.5435	3.4365	3.3351	3.2388	3.1473
12	4.2784	4.1274	3.9852	3.8514	3.7251	3.6059	3.4933	3.3868	3.2859	3.1903
13	4.3624	4.2028	4.0530	3.9124	3.7801	3.6555	3.5381	3.4272	3.3224	3.2233
14	4.4317	4.2646	4.1082	3.9616	3.8241	3.6949	3.5733	3.4587	3.3507	3.2487
15	4.4890	4.3152	4.1530	4.0013	3.8593	3.7261	3.6010	3.4834	3.3726	3.2682
16	4.5364	4.3567	4.1894	4.0333	3.8874	3.7509	3.6228	3.5026	3.3896	3.2832
17	4.5755	4.3908	4.2190	4.0591	3.9099	3.7705	3.6400	3.5177	3.4028	3.2948
18	4.6079	4.4187	4.2431	4.0799	3.9279	3.7861	3.6536	3.5294	3.4130	3.3037
19	4.6346	4.4415	4.2627	4.0967	3.9424	3.7985	3.6642	3.5386	3.4210	3.3105
20	4.6567	4.4603	4.2786	4.1103	3.9539	3.8083	3.6726	3.5458	3.4271	3.3158
21	4.6750	4.4756	4.2916	4.1212	3.9631	3.8161	3.6792	3.5514	3.4319	3.3198
22	4.6900	4.4882	4.3021	4.1300	3.9705	3.8223	3.6844	3.5558	3.4356	3.3230
23	4.7025	4.4985	4.3106	4.1371	3.9764	3.8273	3.6885	3.5592	3.4384	3.3254
24	4.7128	4.5070	4.3176	4.1428	3.9811	3.8312	3.6918	3.5619	3.4406	3.3272
25	4.7213	4.5139	4.3232	4.1474	3.9849	3.8342	3.6943	3.5640	3.4423	3.3286
26	4.7284	4.5196	4.3278	4.1511	3.9879	3.8367	3.6963	3.5656	3.4437	3.3297
27	4.7342	4.5243	4.3316	4.1542	3.9903	3.8387	3.6979	3.5669	3.4447	3.3305
28	4.7390	4.5281	4.3346	4.1566	3.9923	3.8402	3.6991	3.5679	3.4455	3.3312
29	4.7430	4.5312	4.3371	4.1585	3.9938	3.8414	3.7001	3.5687	3.4461	3.3317
30	4.7463	4.5338	4.3391	4.1601	3.9950	3.8424	3.7009	3.5693	3.4466	3.3321

年金终值系数表

$(FA/A,i,n) = [(1+i)^{n-1}]/i$

期数	1%	2%	3%	4%	5%	6%	7%	8%	9%	10%
1	1. 0000	1. 0000	1. 0000	1. 0000	1. 0000	1. 0000	1. 0000	1. 0000	1. 0000	1. 0000
2	2. 0100	2. 0200	2. 0300	2. 0400	2. 0500	2. 0600	2. 0700	2. 0800	2. 0900	2. 1000
3	3. 0301	3. 0604	3. 0909	3. 1216	3. 1525	3. 1836	3. 2149	3. 2464	3. 2781	3. 3100
4	4. 0604	4. 1216	4. 1836	4. 2465	4. 3101	4. 3746	4. 4399	4. 5061	4. 5731	4. 6410
5	5. 1010	5. 2040	5. 3091	5. 4163	5. 5256	5. 6371	5. 7507	5. 8666	5. 9847	6. 1051
6	6. 1520	6. 3081	6. 4684	6. 6330	6. 8019	6. 9753	7. 1533	7. 3359	7. 5233	7. 7156
7	7. 2135	7. 4343	7. 6625	7. 8983	8. 1420	8. 3938	8. 6540	8. 9228	9. 2004	9. 4872
8	8. 2857	8. 5830	8. 8923	9. 2142	9. 5491	9. 8975	10. 2598	10. 6366	11. 0285	11. 4359
9	9. 3685	9. 7546	10. 1591	10. 5828	11. 0266	11. 4913	11. 9780	12. 4876	13. 0210	13. 5795
10	10. 4622	10. 9497	11. 4639	12. 0061	12. 5779	13. 1808	13. 8164	14. 4866	15. 1929	15. 9374
11	11. 5668	12. 1687	12. 8078	13. 4864	14. 2068	14. 9716	15. 7836	16. 6455	17. 5603	18. 5312
12	12. 6825	13. 4121	14. 1920	15. 0258	15. 9171	16. 8699	17. 8885	18. 9771	20. 1407	21. 3843
13	13. 8093	14. 6803	15. 6178	16. 6268	17. 7130	18. 8821	20. 1406	21. 4953	22. 9534	24. 5227
14	14. 9474	15. 9739	17. 0863	18. 2919	19. 5986	21. 0151	22. 5505	24. 2149	26. 0192	27. 9750
15	16. 0969	17. 2934	18. 5989	20. 0236	21. 5786	23. 2760	25. 1290	27. 1521	29. 3609	31. 7725
16	17. 2579	18. 6393	20. 1569	21. 8245	23. 6575	25. 6725	27. 8881	30. 324333. 003435. 9497		
17	18. 4304	20. 0121	21. 7616	23. 6975	25. 8404	28. 2129	30. 8402	33. 7502	36. 9737	40. 5447
18	19. 6147	21. 4123	23. 4144	25. 6454	28. 1324	30. 9057	33. 9990	37. 4502	41. 3013	45. 5992
19	20. 8109	22. 8406	25. 1169	27. 6712	30. 5390	33. 7600	37. 3790	41. 4463	46. 0185	51. 1591
20	22. 0190	24. 2974	26. 8704	29. 7781	33. 0660	36. 7856	40. 9955	45. 7620	51. 1601	57. 2750
21	23. 2392	25. 7833	28. 6765	31. 9692	35. 7193	39. 9927	44. 8652	50. 4229	56. 7645	64. 0025
22	24. 4716	27. 2990	30. 5368	34. 2480	38. 5052	43. 3923	49. 0057	55. 4568	62. 8733	71. 4027
23	25. 7163	28. 8450	32. 4529	36. 6179	41. 4305	46. 9958	53. 4361	60. 8933	69. 5319	79. 5430
24	26. 9735	30. 4219	34. 4265	39. 0826	44. 5020	50. 8156	58. 1767	66. 7648	76. 7898	88. 4973
25	28. 2432	32. 0303	36. 4593	41. 6459	47. 7271	54. 8645	63. 2490	73. 1059	84. 7009	98. 3471
26	29. 5256	33. 6709	38. 5530	44. 3117	51. 1135	59. 1564	68. 6765	79. 9544	93. 3240	109. 1818
27	30. 8209	35. 3443	40. 7096	47. 0842	54. 6691	63. 7058	74. 4838	87. 3508	102. 7231	121. 0999
28	32. 1291	37. 0512	42. 9309	49. 9676	58. 4026	68. 5281	80. 6977	95. 3388	112. 9682	134. 2099
29	33. 4504	38. 7922	45. 2189	52. 9663	62. 3227	73. 6398	87. 3465	103. 9659	124. 1354	148. 6309
30	34. 7849	40. 5681	47. 5754	56. 0849	66. 4388	79. 0582	94. 4608	113. 2832	136. 3075	164. 4940

续表

期数	11%	12%	13%	14%	15%	16%	17%	18%	19%	20%
1	1.0000	1.0000	1.0000	1.0000	1.0000	1.0000	1.0000	1.0000	1.0000	1.0000
2	2.1100	2.1200	2.1300	2.1400	2.1500	2.1600	2.1700	2.1800	2.1900	2.2000
3	3.3421	3.3744	3.4069	3.4396	3.4725	3.5056	3.5389	3.5724	3.6061	3.6400
4	4.7097	4.7793	4.8498	4.9211	4.9934	5.0665	5.1405	5.2154	5.2913	5.3680
5	6.2278	6.3528	6.4803	6.6101	6.7424	6.8771	7.0144	7.1542	7.2966	7.4416
6	7.9129	8.1152	8.3227	8.5355	8.7537	8.9775	9.2068	9.4420	9.6830	9.9299
7	9.7833	10.0890	10.4047	10.7305	11.0668	11.4139	11.7720	12.1415	12.5227	12.9159
8	11.8594	12.2997	12.7573	13.2328	13.7268	14.2401	14.7733	15.3270	15.9020	16.4991
9	14.1640	14.7757	15.4157	16.0853	16.7858	17.5185	18.2847	19.0859	19.9234	20.7989
10	16.7220	17.5487	18.4197	19.3373	20.3037	21.3215	22.3931	23.5213	24.7089	25.9587
11	19.5614	20.6546	21.8143	23.0445	24.3493	25.7329	27.1999	28.7551	30.4035	32.1504
12	22.7132	24.1331	25.6502	27.2707	29.0017	30.8502	32.8239	34.9311	37.1802	39.5805
13	26.2116	28.0291	29.9847	32.0887	34.3519	36.7862	39.4040	42.2187	45.2445	48.4966
14	30.0949	32.3926	34.8827	37.5811	40.5047	43.6720	47.1027	50.8180	54.8409	59.1959
15	34.4054	37.2797	40.4175	43.8424	47.5804	51.6595	56.1101	60.9653	66.2607	72.0351
16	39.1899	42.7533	46.6717	50.9804	55.7175	60.9250	66.6488	72.9390	79.8502	87.4421
17	44.5008	48.8837	53.7391	59.1176	65.0751	71.6730	78.9792	87.0680	96.0218	105.9306
18	50.3959	55.7497	61.7251	68.3941	75.8364	84.1407	93.4056	103.7403	115.2659	128.1167
19	56.9395	63.4397	70.7494	78.9692	88.2118	98.6032	110.2846	123.4135	138.1664	154.7400
20	64.2028	72.0524	80.9468	91.0249	102.4436	115.3797	130.0329	146.6280	165.4180	186.6880
21	72.2651	81.6987	92.4699	104.7684	118.8101	134.8405	153.1385	174.0210	197.8474	225.0256
22	81.2143	92.5026	105.4910	120.4360	137.6316	157.4150	180.1721	206.3448	236.4385	271.0307
23	91.1479	104.6029	120.2048	138.2970	159.2764	183.6014	211.8013	244.4868	282.3618	326.2369
24	102.1742	118.1552	136.8315	158.6586	184.1678	213.9776	248.8076	289.4945	337.0105	392.4842
25	114.4133	133.3339	155.6196	181.8708	212.7930	249.2140	292.1049	342.6035	402.0425	471.9811
26	127.9988	150.3339	176.8501	208.3327	245.7120	290.0883	342.7627	405.2721	479.4306	567.3773
27	143.0786	169.3740	200.8406	238.4993	283.5688	337.5024	402.0323	479.2211	571.5224	681.8528
28	159.8173	190.6989	227.9499	272.8892	327.1041	392.5028	471.3778	566.4809	681.1116	819.2233
29	178.3972	214.5828	258.5834	312.0937	377.1697	456.3032	552.5121	669.4475	811.5228	984.0680
30	199.0209	241.3327	293.1992	356.7868	434.7451	530.3117	647.4391	790.9480	966.7122	1181.8816

续表

期数	21%	22%	23%	24%	25%	26%	27%	28%	29%	30%
1	1.0000	1.0000	1.0000	1.0000	1.0000	1.0000	1.0000	1.0000	1.0000	1.0000
2	2.2100	2.2200	2.2300	2.2400	2.2500	2.2600	2.2700	2.2800	2.2900	2.3000
3	3.6741	3.7084	3.7429	3.7776	3.8125	3.8476	3.8829	3.9184	3.9541	3.9900
4	5.4457	5.5242	5.6038	5.6842	5.7656	5.8480	5.9313	6.0156	6.1008	6.1870
5	7.5892	7.7396	7.8926	8.0484	8.2070	8.3684	8.5327	8.6999	8.8700	9.0431
6	10.1830	10.4423	10.7079	10.9801	11.2588	11.5442	11.8366	12.1359	12.4423	12.7560
7	13.3214	13.7396	14.1708	14.6153	15.0735	15.5458	16.0324	16.5339	17.0506	17.5828
8	17.1189	17.7623	18.4300	19.1229	19.8419	20.5876	21.3612	22.1634	22.9953	23.8577
9	21.7139	22.6700	23.6690	24.7125	25.8023	26.9404	28.1287	29.3692	30.6639	32.0150
10	27.2738	28.6574	30.1128	31.6434	33.2529	34.9449	36.7235	38.5926	40.5564	42.6195
11	34.0013	35.9620	38.0388	40.2379	42.5661	45.0306	47.6388	50.3985	53.3178	56.4053
12	42.1416	44.8737	47.7877	50.8950	54.2077	57.7386	61.5013	65.5100	69.7800	74.3270
13	51.9913	55.7459	59.7788	64.1097	68.7596	73.7506	79.1066	84.8529	91.0161	97.6250
14	63.9095	69.0100	74.5280	80.4961	86.9495	93.9258	101.4654	109.6117	118.4108	127.9125
15	78.3305	85.1922	92.6694	100.8151	109.6868	119.3465	129.8611	141.3029	153.7500	167.2863
16	95.7799	104.9345	114.9834	126.0108	138.1085	151.3766	165.9236	181.8677	199.3374	218.4722
17	116.8937	129.0201	142.4295	157.2534	173.6357	191.7345	211.7230	233.7907	258.1453	285.0139
18	142.4413	158.4045	176.1883	195.9942	218.0446	242.5855	269.8882	300.2521	334.0074	371.5180
19	173.3540	194.2535	217.7116	244.0328	273.5558	306.6577	343.7580	385.3227	431.8696	483.9734
20	210.7584	237.9893	268.7853	303.6006	342.9447	387.3887	437.5726	494.2131	558.1118	630.1655
21	256.0176	291.3469	331.6059	377.4648	429.6809	489.1098	556.7173	633.5927	720.9642	820.2151
22	310.7813	356.4432	408.8753	469.0563	538.1011	617.2783	708.0309	811.9987	931.0438	1067.2796
23	377.0454	435.8607	503.9166	582.6298	673.6264	778.7707	900.1993	1040.3583	1202.0465	1388.4635
24	457.2249	532.7501	620.8174	723.4610	843.0329	982.2511	1144.2531	1332.6586	1551.6400	1806.0026
25	554.2422	650.9551	764.6054	898.0916	1054.7912	1238.6363	1454.2014	1706.8031	2002.6156	2348.8033
26	671.6330	795.1653	941.4647	1114.6336	1319.4890	1561.6818	1847.8358	2185.7079	2584.3741	3054.4443
27	813.6759	971.1016	1159.0016	1383.1457	1650.3612	1968.7191	2347.7515	2798.7061	3334.8426	3971.7776
28	985.5479	1185.7440	1426.5719	1716.1007	2063.9515	2481.5860	2982.6444	3583.3438	4302.9470	5164.3109
29	1193.5129	1447.6077	1755.6835	2128.9648	2580.9394	3127.7984	3788.9583	4587.6801	5551.8016	6714.6042
30	1445.1507	1767.0813	2160.4907	2640.9164	3227.1743	3942.0260	4812.9771	5873.2306	7162.8241	8729.9855

读者反馈意见

亲爱的读者：

感谢您对《管理会计》的学习和热爱！为了今后能给您提供更优质的服务，请您抽出宝贵时间填写下面意见反馈表，以便我们更好地对本教材做进一步的改进。同时如果您在使用本教材的过程中遇到了什么问题，或者有什么好的建议，也请您来信、来电告诉我们。

地址：北京市丰台区科学城南极星大厦108室

电话：010－83794590／83794403

电子邮箱：caikai6223@263.net　QQ：649319527　QQ：649319527

网址：WWW.KFHWH.CN

教材名称：《管理会计》

个人资料：

姓名：__________年龄：__________所在院校/专业__________

文化程度：__________通讯地址：__________

联系电话：__________电子信箱：__________

您使用本书是作为：□指定教材、□选用教材、□辅导教材

您对封面设计的满意度：

□很满意、□满意、□一般、□不满意　改进建议__________

您对本书印刷质量的满意度：

□很满意、□满意、□一般、□不满意　改进建议__________

您对本书的总体满意度：

从语言质量角度看：□很满意、□满意、□一般、□不满意

从科技含量角度看：□很满意、□满意、□一般、□不满意

本书最令您满意的是：

□指导明确 □内容充实 □讲解详尽 □实例丰富

您认为本书在哪些地方应进行修改？（可附页）

____

____

您希望本书在哪些方面需进行改进？（可附页）

____

____